新知　133
文库

XINZHI

The Great Detective:
The Amazing Rise and
Immortal Life of Sherlock
Holmes

The Great Detective: The Amazing Rise and Immortal Life of Sherlock Holmes

Copyright © 2015 Zach Dundas

This edition arranged with Houghton Mifflin Harcourt

through Andrew Nurnberg Associates International Limited

大侦探

福尔摩斯的惊人崛起和不朽生命

［美］扎克·邓达斯 著　肖洁茹 译

生活·讀書·新知 三联书店

Simplified Chinese Copyright © 2020 by SDX Joint Publishing Company.
All Rights Reserved.
本作品简体中文版权由生活·读书·新知三联书店所有。
未经许可，不得翻印。

图书在版编目（CIP）数据

大侦探：福尔摩斯的惊人崛起和不朽生命／（美）扎克·邓达斯著；
肖洁茹译．—北京：生活·读书·新知三联书店，2020.7（2022.3 重印）
（新知文库）
ISBN 978-7-108-06960-3

Ⅰ．①大…　Ⅱ．①扎…②肖…　Ⅲ．①福尔摩斯-传记
Ⅳ．①K835.615.19

中国版本图书馆 CIP 数据核字（2020）第 201282 号

责任编辑	徐国强
装帧设计	陆智昌　康　健
责任校对	张　睿
责任印制	卢　岳
出版发行	生活·讀書·新知 三联书店
	（北京市东城区美术馆东街 22 号 100010）
网　　址	www.sdxjpc.com
图　　字	01-2018-7534
经　　销	新华书店
印　　刷	三河市天润建兴印务有限公司
版　　次	2020 年 7 月北京第 1 版
	2022 年 3 月北京第 2 次印刷
开　　本	635 毫米 × 965 毫米　1/16　印张 24
字　　数	315 千字
印　　数	6,001-9,000 册
定　　价	59.00 元

（印装查询：01064002715；邮购查询：01084010542）

新知文库

出版说明

在今天三联书店的前身——生活书店、读书出版社和新知书店的出版史上，介绍新知识和新观念的图书曾占有很大比重。熟悉三联的读者也都会记得，20世纪80年代后期，我们曾以"新知文库"的名义，出版过一批译介西方现代人文社会科学知识的图书。今年是生活·读书·新知三联书店恢复独立建制20周年，我们再次推出"新知文库"，正是为了接续这一传统。

近半个世纪以来，无论在自然科学方面，还是在人文社会科学方面，知识都在以前所未有的速度更新。涉及自然环境、社会文化等领域的新发现、新探索和新成果层出不穷，并以同样前所未有的深度和广度影响人类的社会和生活。了解这种知识成果的内容，思考其与我们生活的关系，固然是明了社会变迁趋势的必需，但更为重要的，乃是通过知识演进的背景和过程，领悟和体会隐藏其中的理性精神和科学规律。

"新知文库"拟选编一些介绍人文社会科学和自然科学新知识及其如何被发现和传播的图书，陆续出版。希望读者能在愉悦的阅读中获取新知，开阔视野，启迪思维，激发好奇心和想象力。

生活·读书·新知三联书店
2006年3月

"现实"既不是真正艺术的主题，也不是它的对象。真正的艺术会创造自己独有的现实，这个现实与普通人所感知的平均"现实"没有关系。

——弗拉基米尔·纳博科夫，《微暗的火》

世上有两种类型的真相：一种可以照亮前路，一种可以温暖心灵。第一种是科学，而第二种则是艺术。两者互相依存，不分轩轾。没有艺术，科学会成为管子工手里的医用高位钳，徒有工具而无法施展；没有科学，艺术会变成粗制滥造的民俗和情感骗术。艺术的真谛赋予科学人性的光辉，科学的真理让艺术远离荒谬。

——雷蒙德·钱德勒，《笔记本》

目 录

序言　221B	1
第一章　波希米亚	7
第二章　基本演绎法	31
第三章　达特穆尔荒原	63
第四章　福尔摩斯与华生	97
第五章　莫里亚蒂和朋友们	137
第六章　巴斯克维尔的诅咒	181
第七章　秘密经历	209
第八章　黑色面具	239
第九章　伟大的游戏	265
第十章　福尔摩斯的回归	297
第十一章　探案集	339
致谢	357
注释与评论	361
参考文献	363

序言　221B

在伦敦的一座老房子里,我爬上了一段狭窄的楼梯,试着数清它的阶数。"11、12、13"——但是我周围人群拥挤,人数众多,推搡与冲撞干扰了我想要观察的小小意图。人们挤成一团向上移动,同走同停,直到到达我们共同的目的地——一间陈设风格老旧、灯光昏暗的小房间。

房间里的墙上贴着华丽的红色植绒壁纸,时不时被满是灰尘与破书的书架隔开。壁炉侧面放着一对老式的旧椅子。还有这儿、那儿,到处都是以最复杂形式呈现的混乱:老旧的化学仪器、奇特的纪念品、一把小提琴、一只大小惊人的弧形烟斗、一顶古怪的两边带沿的帽子、一只波斯拖鞋。对了,为什么只有一只呢?

我从一座庞大的儿童科学博物馆走出来,摆脱了那里的喧嚣。那是一个灯光耀眼,充满了无数十分年轻、十分响亮的声音的地方,就在俄勒冈州波特兰这个我移居的城市中。随着我努力移动穿过几个半黑的宽敞房间,噪声渐渐消退。最后,我进入了一个空间小得多的地方——这个地方同样放满了古老的书籍与怪异的仪器，物件摆放也同样围绕着一个烧火的壁炉与壁炉台，旁边还有两把空空的旧扶手椅，椅子的摆放位置显然符合心理学设计，能让两个坐在那儿的人感到家的舒适。在壁炉上方，一把折叠刀——折叠刀？——穿过一沓凌乱的纸张插在壁炉台上。

远处的角落里还立着一尊用白蜡渲染过（或者看起来是这样）的真人大小的半身蜡像，塑造出一位面如鹰隼、带有命令架势的高个子男人，他高高的前额上看起来——如果我用一点想象力的话——像是有一个子弹穿过的伤口。

又有一天，我从老邻居家出来，在街道上快跑着躲雨——他们家离我在波特兰市中心的工作地点不远——沿路有一所冷清的老共济会会堂，有贵妇旅馆、复古的鸡尾酒酒廊，还有砖砌的公寓大楼，这些几乎都是建于"一战"前的。随后我进入了一个空荡荡的剧场。舞台看起来很熟悉，有着植绒墙纸、壁炉、折叠刀、波斯拖鞋、小提琴。

我爬上了舞台，越过一道想象中的界线进入了伦敦圣玛丽勒本区（Marylebone）贝克街（Baker Street）221B，这是世界上唯一的咨询侦探（consulting detective）夏洛克·福尔摩斯（Sherlock Holmes）与他的同伴兼记录者约翰·华生（John H. Watson）的家。这个舞台布景中堆积了维多利亚式、仿维多利亚式以及各种异国和本土的不寻常的临时道具，这些东西被四处垒放，或钉在墙上，从而营造出阿瑟·柯南·道尔（Arthur Conan Doyle）在19世纪80年代作品之中首次描述的这个传奇单身汉的居所。一些面具与日本版画混在一起，正好抵着一摞摇摇欲坠的旧书和一只极不相称的毛绒穿山甲。一只精美的花瓶里随意地插着一把剑，壁炉台上摆着一只算盘。贝壳、头骨和小雕塑压在一沓旧报纸上,这些报纸有的是真的,有的——我后来通过与这家剧院的布景师交谈了解到——则是由大幅面打印机制作出来的。

这是一个显得稍假的场景再现,而被再现的对象却从未存在过,这让置身其中的人感觉有些怪异。我所在的这处对虚构场景的再现,是没完没了的贝克街221B客厅再现系列中最新的一处,那个房间也是大多数柯南·道尔的侦探冒险的起点。在他的故事里,福尔摩斯和华生正是坐在那个壁炉边上,等待客户来向他们咨询罕见的但往往是致命的问题。现在,在世界上最著名的犯罪与推理故事首印出版一个多世纪后,人们对那栋屋子产生了某种冲动。不同版本的贝克街221B突然在世界各地出现了。建造者往往声称自己的再现最"真实"或者最"准确"——尽管他们从来不提比较或衡量的标准是什么。就在我爬上波特兰那个舞台之前不久,一位《史密森尼》(Smithsonian)杂志的作者,记录总结了有关这个来自想象但现实中人们不断建造、再建造的公寓的奇闻逸事。根据他的统计,仅瑞士就有两个贝克街客厅,其中一个还宣扬窗户是从英国专门定制并海运过来的。明尼苏达大学在它的图书馆累积了大量关于福尔摩斯迷的档案资料之后,在明尼阿波利斯市建了一处221B。还有更特别的,密歇根大学重建了一个房间,这个房间原本位于一位收藏家的私人住宅中,在其死后捐赠并运送过来——换句话说,这是重建的重建。作者还指出,为英国广播公司(BBC)推出的电视剧《神探夏洛克》(Sherlock)而设的贝克街场景的虚拟重建"是存在的",这个场景是由一位夏洛克迷在参与式视频游戏《我的世界》(Minecraft)中制作的。我也知道一些其他的例子,顺着年份来说有:目前已停业的夏洛克·福尔摩斯屋顶酒吧,位于圣弗朗西斯科假日酒店的楼顶;还有一位"贝克街女孩"的成员，通过在前门挂上"221B"模仿BBC贝克街。还有——我即将亲眼看到——有关夏洛克寓所的商业性重建，已在真正的伦敦、真正的贝克街上（尽管位置是完全错误的）进行起来了，还有围绕221B的画展也于2013年在世界各地的科学博物馆中巡回展出，这距离柯南·道尔第一次描绘那个温暖的房间已有将近一百三十年。

夏洛克·福尔摩斯的居所也许是一种独有的现象：世界上唯一像病毒般复制的"房间"。当我小心翼翼地抚摸着波特兰舞台布景中那把刺过一沓凌乱纸张的刀时，我似乎没有处于一个地方，而是暂时占据了柯南·道尔脑海中重返人间的一个角落——这是早已逝去的人想象的片段，不知怎么脱离了实体的大脑回到了世间。为什么呢？我不由思索。怎样的合力推动着20世纪与21世纪中这么多人去重建——他们往往着迷于细节——这个从未存在过的维多利亚时代侦探的基地？为什么这么多人——有工作、有家庭，会正常地关注现实的人们——感受到了来自221B的壁炉的召唤？柯南·道尔是如何创造出这样一个虚幻的世界，如此强劲有力以至于在脑海中甚至现实空间中自我复制，并遍布全球？

有点儿复杂了。221B的奇特案例，那个自我复制的房间，似乎暗示着有一个更大的谜团围绕着贝克街的核心人物。人类会讲许多故事，创造许多人物。为什么夏洛克·福尔摩斯、约翰·华生以及柯南·道尔创造出来的需要他们去解决的谜团没有淹没其中，反而得到了如此热烈的追捧与传播呢？

这些问题似乎需要做一点研究。要考虑到我当下所处的环境，那才有意义。这个特殊版本的贝克街是由波特兰的布景师使用任何可以找到的能引起人共鸣（或许就是怪异）的东西胡拼乱凑而成的，它达到了理想的奇幻效果：任何时候，夏洛克·福尔摩斯都可以从想象中的维多利亚时代那笼罩迷雾的、点着煤气灯的街道，飞速穿过大门，带着新的急需解决的复杂谜案来到此处。在贝克街221B，总会有新的问题需要解决。不过最重要的是，那个房间，是冒险开始的地方。

第一章
波希米亚

大约1888年3月的一个晚上,又黑又冷,华生医生坐着一辆双轮马车行进在伦敦的大街上。他是个已婚男人,一位在职医师。经历了一天的忙碌巡诊,他很厌倦。说实话,他厌烦得要发疯。他从马车车窗探出头,看向那栋熟悉房子的二楼窗户;在那被照亮的百叶窗后,有一个身材瘦削、长着鹰钩鼻子的身影。他吩咐马车停车,然后踏上了贝克街221B号外面的这条点着煤气灯的路。

作者柯南·道尔以咨询侦探夏洛克·福尔摩斯和他最好的朋友,也是忠实记录者约翰·华生为主角,共写了五十六个短篇故事以及四部长篇小说。随着华生医生顺着楼梯走到221B,他启动了短篇系列的第一篇《波希米亚丑闻》。这篇故事登载在1891年7月的《河滨杂志》(*The Strand Magazine*)上。在随后的几个月里,一篇接一篇的夏洛克冒险故事来到了维多利亚时代英国的大小书摊上。这些故事的年轻作者刚刚30岁,平时是个繁忙的眼科专科医生,他在早前的几个故事里使用了这两个引人入胜的角色——一个鹰钩鼻子的超级侦探,以及他的搭档,一位拥有被低估的讲故事天赋的前军医——但市场反馈有好有坏。通过《波希米亚丑闻》,柯南·道尔真正地（不过也是偶然地）让夏洛克·福尔摩斯和华生在文学世界站稳了脚跟。

华生推开了贝克街221B的客厅门。整个屋子很亮堂，不过角落里很黑，那里堆满了夏洛克·福尔摩斯屡次冒险收集的岩石，煤气灯和壁炉的火光都没法照进去。每个角落里都堆积着皱巴巴的报纸、不出名的恐怖书籍、奇怪的化学仪器以及零散的武器。夏洛克不是那种在办公室里埋头苦干的警察，而是一个敏锐而善于自我创造的个体，独立对抗着那些扰乱着这个世界上最强大的城市的罪犯。这么说吧，他是在保卫属于他的维多利亚时代的伦敦。包围着这里的不是普通的骗子和一般的精神变态，而是疯狂的数学教授、策划阴谋的红发男人、穿着羔羊皮的行为鬼祟又狡诈的敲诈勒索犯，诸如此类。福尔摩斯生活的地方并非现实社会，而是一个更有趣的——或者说更危险的——维度。

华生发现福尔摩斯正在贝克街的客厅里暴跳如雷。他特有的烟草味和周身的神秘感让客厅笼罩在恐怖的气氛中。在《波希米亚丑闻》的第二段，好人华生已经警告过他的读者，福尔摩斯有"波希米亚的灵魂"和无常的个性。夏洛克曾在敖德萨和杀人犯（或是受害者）特雷波夫打过交道。他思量着发生在亭可马里（Trincomalee，现属斯里兰卡）的"奇异的悲剧"，并整理出一些与荷兰王室有关的烦人业务。我们的大侦探给他的老伙计递了一支雪茄。福尔摩斯一手拿着酒（在贝克街，随手都能找到一只杯子），一手拿出了一封来信，这是一封用蹩脚的英语写在厚厚的粉色信纸上的信，信中通知侦探，7点45分的时候会有一个人到访。到访者将头戴面具。福尔摩斯与华生根据信纸上的水印和手头上的"欧洲地名索引"推断，这封信来自"波希米亚"。（作为一个年轻读者，这个地名驱使我艰难地翻出了存在地下室的那套庞大的大英百科全书，查到波希米亚是捷克斯洛伐克的一个地名——似乎只是曾经是。维多利亚时代的读者会意识到波希米亚是二元君主国奥匈帝国版图的一部分。）此时这位神秘的客人跨过了门槛。

戴着面具的男人身高6英尺6英寸。其他的，我们得从华生的记述中推断：

> 他的袖子和双排纽扣的上衣前襟的开衩处都有着宽宽的羊羔皮镶边，肩上披的深蓝色大氅用猩红色的丝绸作衬里，领口别着一只用单颗火焰形的绿宝石镶嵌的胸针。加上脚上穿着一双高到小腿肚的皮靴，靴口上镶着深棕色毛皮，这就使得人们对于他整个外表粗野奢华的印象更加深刻……他戴着一个黑色的面具，从上半张脸一直遮到脸颊……

天啊——这难道是那个萨德侯爵（Marquis de Sade）吗？

我记得大概11岁的时候，在蒙大拿州的一个平常的冬日，我曾经在学校图书馆里找到一本厚厚的砖红色封面的书，书边已经卷了起来。这本书的标题还是性别平等运动前那种类型的，大概是《编给男孩的夏洛克·福尔摩斯》之类的。因为经手过很多人，它散发出一股淡淡的霉味。我翻到第一个故事，窥到了那个奇异的、成人风格的题目"波希米亚丑闻"并一头扎了进去。大家再也找不到我了。

当然，我以前听说过福尔摩斯。这个人物对于我那些20世纪80年代中期的朋友来说，主要印象来自"别废话，夏洛克"（no shit, Sherlock）这句俗语，而不是"那个欧洲最精力充沛的刑事案件代理人"。不过我对老阿瑟·柯南·道尔的接受度比大部分男孩和女孩都高。我的父母都是爱好读书的人，祖父辈曾当过图书管理员，家族族谱上全是作家和英语老师——我常想为什么我们家这一脉没有证券经纪人、电机工程师、医生、鞋匠之类的比文学更有吸引力的职业。我读的书对我这个年龄来说相当大胆，因为宠爱我的亲戚与和善警觉的老师一直不停地提醒我读书。我会为了好玩儿而读百科全书，而且，我更对外来的——在那时候的密苏拉（Missoula），只要口音不同就算——以及旧式的东西感兴趣，在20世纪80年代，任何没染成桃红色的东西都是旧式的。《波希米亚丑闻》满足上述一切条件。

我坐在和弟弟共享的卧室里那破旧的粗毛地毯上，后背靠在上下床的边缘，全神贯注地看着书。窗外，冬天的落基山寒风呼啸肆虐，被厚厚的塑料保温层挡在了窗外。我狼吞虎咽地看完了一个又一个故事：《波希米亚丑闻》《四签名》《银色马》。回想起来，我不能说当时抓住了所有要点——事实上，我很快就会发现，20世纪50年代的某位家长作风式的人物把《编给男孩的夏洛克·福尔摩斯》（或者不管什么名字）里有关福尔摩斯带有前卫性的描写都给删除了。他们删掉了可卡因，淡化了一些打斗场面。但是那个黑色的面具、那件羔羊皮、那"猩红色"的丝绸、那奇怪的维多利亚徽章、那由贝克街杂乱无章的报纸以及写在粉红信纸上的紧急信件所暗示的神秘世界，所有这些，都让童年的我心情激动。人们常把夏洛克·福尔摩斯的故事形容为"惬意而舒适的"，我明白他们的意思。在贝克街的炉火旁，确实是温暖舒适的。但我首先把这些故事看作充满活力又精美绝伦的文物，是镶嵌在粗糙黄铜中的令人惊艳的珠宝，闪耀着逝去时代的光芒。对我而言，从一开始，夏洛克的传奇故事就像逃向另一个错综复杂世界的窗口。

这些故事也是入门药。不久之后，我就摆脱了删节本，找到了真正的文本：一本厚重古老的道尔布迪版夏洛克·福尔摩斯完整版——拥有一个标题中就有"完整版"的版本无疑让人兴奋。当我在接下来的几年里通读（而后回顾）这六十个故事的时候，我也开始闲逛到密苏拉的图书馆和书店更为冷僻的角落，追逐更多福尔摩斯冒险故事激荡起的幽灵般的维多利亚时代感。随着时光的流逝，我的额叶皮质不断发育，这些维多利亚时代人物也不断激励着我。他们把我带入一个逝去的世界，在那里，男人都系着预先打好的领结，穿着双排扣礼服，戴着高檐礼帽，而这无处不在的礼仪传统和他们调皮风流的言行形成了鲜明对比。通过他们，我了解了那时的议会制度、报纸的演化、现代职业体育的起源，以及城市交通体系的创立。考虑到我们时代的普遍态度，也即认为1965年之前的任何事情或任何人都是言行无聊，属于前技术时代那种拘谨过分的类型——我很惊讶地发现，维多利亚人，在很多方面，比我更现代。藏在教室后面几乎没什么功能的电脑比不上19世纪伦敦的每天六次邮件投递，以及瞬时连通全球的电报网络。与帝国的大博弈以及那个商业科学不断进步时代的世界性视野相比，似乎没完没了的冷战对峙实在不够有趣。还有性文化！没过几年，我就发现对福尔摩斯的痴迷为研究伦敦维多利亚时代兴旺发达的古怪事物提供了一个很好的掩护，比如奶油花园，一个伦敦露天的时髦人聚会的地方，以供闹腾的花花公子和妓女们寻欢作乐而臭名昭著。[①] 谁能想到维多利亚时代还有这种地方？凭着青少年那格外无畏的钻研精神，我钻进故纸堆，发现正是这种创造了我所爱的禁欲者夏洛克的文化同

[①] "如果我们的学生、博学的牧师，以及神圣的主教大人会因为一年一度的希腊狂欢节撰写文章的话，那么为什么不写写我们自己奶油花园里的情景呢？那可是会持续一整个夏天的。"——J. 尤因·里奇（J. Ewing Ritchie），《夜晚的伦敦》（*The Night Side of London*），1958年。

样也产生了一本令人震惊的小册子《白金汉女士》或者《他们都做的事》，根据册子副标题所言，这本小册子印刷的原因是"不道德的社会"。

在那之后的几十年里，我和夏洛克将各自经历自己的起起伏伏。我有时也会走出他的视野，就像华生一样，很奇怪地把他的故事放到一边，有时甚至长达一两年。不过，我总能找到回贝克街的路。我把这个地方当成半私人的领地，而福尔摩斯则是我几乎完全保密的消遣，他对我的同龄人来说没什么吸引力，不过当有称心的年轻姑娘出现时，我也会把他置之脑后。夏洛克可说有很多身份，从单枪匹马的格斗专家到中世纪手稿的研究员，不过，根据里根时代任何公认的观念，他都不是一个很"酷"的人。

不过，最近，时代精神发生了一点神秘的转变。自夏洛克·福尔摩斯在阅后即扔的假日杂志上首次亮相后，已过去了将近一百三十年，现在的他似乎是无处不在的。主流屏幕上对这个角色至少有过三次诠释，都吸引了数百万的观众。在导演盖伊·里奇（Guy Ritchie）为华纳兄弟公司（Warner Brothers）执导的娱乐性极强的电影里，小罗伯特·唐尼（Robert Downey, Jr.）和裘德·洛（Jude Law）在肮脏的维多利亚式伦敦四处蹦跶，充满了慢动作的打斗场面和大规模爆炸式的火球。看这样的电影，就像吸着蓬松的棉花糖，不过全世界都喜欢：截至2014年，前两部夏洛克·福尔摩斯电影的全球总票房超过10亿美元。2010年，BBC推出了电视剧《神探夏洛克》，这是一个现代化的人物形象，精神紧张而喜怒无常，由一个名叫本尼迪克特·蒂莫西·卡尔顿·康伯巴奇（Benedict Timothy Carlton Cumberbatch）的大明星主演，他是伟大的侦探，而马丁·弗里曼（Martin Freeman）则饰演既聪明又呆萌的华生。故事背景设置在半写实的当代伦敦，到处是手机和廉价咖啡厅，这部剧集在计算机时代的人们所熟悉的每种媒体上都激发了几乎可听见的赞叹。

的确，21 世纪 10 年代看起来就像贝克街不可能拥有的黄金时代。夏洛克和华生以多种形式驻足流行文化中，包括我们熟悉的和陌生的。美国电视连续剧《福尔摩斯：基本演绎法》(*Elementary*)用约翰尼·李·米勒（Jonny Lee Miller）和刘玉玲（Lucy Liu）的非传统组合表现了这个二人组。俄罗斯人不久前塑造了一个戴眼镜、全副武装、正在打斗的福尔摩斯形象。当我听说动画片《吉诺密欧与朱丽叶》(*Gnomeo and Juliet*)的续集正是《淘气大侦探》(*Sherlock Gnomes*)时，我不由得深吸了几口气。

在柯南·道尔的故事中，夏洛克的兄弟迈克罗夫特（Mycroft）曾对华生说："自从你成为夏洛克的记录者之后，我总能听到他的消息。"这不是开玩笑。当然，福尔摩斯也经历了起起伏伏，但这个虚构的世界却一直不停地影响着现实人们的想象世界。我很早就接触了夏洛克迷（或者，对有些人来说，尤其在英国，应该叫福尔摩斯迷），这是一群来自世界各地的既亲切又有点古怪的夏洛克爱好者，他们聚在一起喝着精心准备的酒水，向柯南·道尔的角色们致敬，有时还会穿上全套的维多利亚时代服装。稍后我们会发现，这种"亚亚亚文化"（sub-sub-subculture）可以追溯到 20 世纪 30 年代，那时候一些好交际的纽约书商成立了贝克街小分队组织。据统计，现在大约有 300 个夏洛克俱乐部，从"澳大利亚的悉尼乘客"到"叶卡捷琳堡的乌拉尔·福尔摩斯协会"，再到"贝克街阿拉伯人"，顺便说一句，"贝克街阿拉伯人"的总部在美国驻巴格达大使馆。

不过这种俱乐部死忠分子相对较少，而对夏洛克着迷的群体则大量存在。快速浏览一下互联网，就能发现成千上万的粉丝，不过看不出他们是因为柯南·道尔还是因为迪士尼动画片《妙妙探》

(*The Great Mouse Detective*)而产生的兴趣。他们让 221B 号时刻渗透到生活的方方面面,用"我相信夏洛克·福尔摩斯"这个口号就能召集起一群快闪族。林赛·费伊(Lyndsay Faye)是纽约的一位推理小说家兼夏洛克忠实粉丝,从她那里我得知:"我们的共识是,不管你把福尔摩斯变成任何形象,他也依然比 1972 年左右的大卫·鲍伊更酷。"我在研究这股突如其来的夏洛克复兴热潮(事实上,这是费伊自己的说法)时认识了费伊,她是"贝克街女孩"的主要人物,"贝克街女孩"是一个年轻女性的国际小圈子,她们使用播客、推特、博客等媒体,独立发布所有关于福尔摩斯的东西。我会想回到过去,告诉 14 岁的自己,有朝一日会有一个名叫"贝克街女孩"的组织吗?很有可能。

现在正在发生什么?在一个满是动作片英雄和猫咪视频的网络世界里,一个 130 岁的穿着天鹅绒袍子的老侦探是怎么吸引到自己的粉丝的?夏洛克·福尔摩斯是怎么一直存在的?又是因为什么?

当我思考这些问题的时候,却又产生了更深的疑惑。在福尔摩斯首次登场的小说《血字研究》中,他告诉无能的警探格雷格森(Gregson)和莱斯特雷德(Lestrade):"太阳底下没有新鲜事。"柯南·道尔创造了一个贝克街总部,里面塞满了档案、剪报、卷宗、私人印刷的专著和晦涩难懂的犯罪历史记录——这样福尔摩斯就可以在新的问题里发现其中隐藏的与旧案件的相似之处。我这华生式的头脑很快想到这些以前都发生过:福尔摩斯如同哈雷彗星一样,不停地回归。这个角色是 20 世纪初最流行的舞台传奇剧角色之一;40 年代,福尔摩斯和纳粹分子战斗;70 年代,他又开始去疗养;80 年代,他喝了太多的可乐。每代人都按照自己的想象重塑这个大侦探。

这样,去诠释福尔摩斯本身,开始成了真正奇怪的事件。柯南·道尔是把早前发表的侦探小说里的形象和他学生时代的老教授形象糅合在一起，创造出福尔摩斯的，最初命名为"谢林福德"（Sherrinford），我开始思考：是什么让这个形象不仅不朽，而且可以容纳无穷无尽的变化呢？为什么不光伦敦有夏洛克协会，就连吉尔吉斯斯坦也有呢？为什么不仅西德尼·佩吉特（Sidney Paget）在经典的水墨插画中纪念他们，他们的形象还被做成了动图？刘玉玲怎么会成为华生？是时候进行一场属于我自己的适度探索了。

福尔摩斯曾经宣称过："侦探科学里最重要也最被忽视的就是追踪脚印的技术。"我决定追随他的足迹，看看会将我引向何方。我再次回到贝克街，将面对戴面具的波希米亚国王作为开始。

目标是一张照片。艾琳·阿德勒（Irene Adler）拥有它。波希米亚国王想要它。

关于艾琳·阿德勒，她是一个性感的歌剧明星，著名的"女冒险家"，前女权主义者（或原始女权主义者？），红颜祸水。她和国王陛下有一段插曲，这是秘密的，还有些其他的事。这张照片是他们共度时光的证据——照片上有他们两个，他们在一起。现在国王陛下要和一位高傲的斯堪的纳维亚公主结婚，所以，需要销毁过往的社交记录。他尝试着收买或者偷出照片，不过这位性感的歌剧明星不为所动。于是，国王需要夏洛克·福尔摩斯出马。

这些都是由柯南·道尔的几页对剧情有关键推动作用的对话表明的——他经常用唇枪舌剑式的对话给叙述增色，几乎不作多余的说明。国王啪地"拍下价值300英镑的金币和价值700英镑的纸币"。剧情切换到第二天。我们看到福尔摩斯装扮成一个醉酒的马夫手舞足蹈地回到了贝克街，他告诉了华生他对阿德勒的住所进行了监视。首先，他巡视了那周边，并与在马车上和马厩里的马夫形成了一个以酒为媒的小圈子,通过与他们交好,获得了许多秘密。然后,他尾随阿德勒小姐进了教堂,在那儿他大吃一惊,没想到自己成了阿德勒和一个名叫戈弗雷·诺顿(Godfrey Norton)的律师的仓促婚礼的见证人。这场结合,无疑让事情更加复杂。福尔摩斯叫了"一些冷牛肉和一杯啤酒",并把华生纳入了下一阶段的行动。然后,侦探进行了第二次伪装,变成了一个看起来很愚蠢的神职人员。在马车里,两个人快速敲定了如何给可怜的艾琳制造麻烦。

柯南·道尔在创作《波希米亚丑闻》时,对在前两本小说《血字研究》和《四签名》中业已勾画的人物和世界进行了有策略的使用。他凭直觉感到夏洛克·福尔摩斯和约翰·华生是一对现成的冒险机器,他设计了一个商业上的美好计划,把他们用在独立又内有关联的故事里,每个故事独立成篇,又和其他故事有所关联。他开始扩充和丰富自己的福尔摩斯式风格,完善华生讲故事的方式。

由于《波希米亚丑闻》是第一部关于夏洛克·福尔摩斯的短篇小说,它给了我们一个独特的机会,让我们越过柯南·道尔的肩膀,仔细观察这间贝克街的舒适客厅以及周边迷雾缭绕的世界——关于这个世界和世界里的人,他自己也在慢慢熟悉。

这个证据表明,柯南·道尔写《波希米亚丑闻》时,所处的环境与小说的氛围恰好相似,有可能影响到了小说的情调。我们可以允许自己想象一下,一个在苏格兰出生的爱尔兰裔年轻作家,31岁,坐在伦敦上温坡街(Upper Wimpole Street)一家新装修的诊所里,这是他几个星期前刚租下来的行医处所。他厚实的手掌里攥着一支笔。金属笔尖摩擦大页书写纸(约宽13英寸,长16英寸)的沙沙声是房间里唯一的声音,很少有病人会按响这个不为人知、怀才不遇、试图在当时世界上竞争最激烈的医学市场上以眼科医生的身份站稳脚跟的外乡人的门铃。

我们可以假设室外正是一片凄风苦雨。英国刚从一个严冬里走出来，这样的严寒和冰雪直到 2010 年才会再次经历。就在几个星期以前，一场"强烈的暴风雪"袭击了伦敦和英国，降雪的侵袭让首都长达数日陷入瘫痪。(《泰晤士报》报道："连续多个小时出租车和公交车停运，街道先是陷入泥泞的积雪里，然后变成了一个烂泥塘……")一场严重的流感正在肆虐。或许壁炉里炉火正旺。那一天，柯南·道尔坐在桌旁，他不知道自己的作品将永远占有一席之地。由于眼科医疗的灰暗前景，他只想赚到 35 英镑。

走到这一步，他的经历自有一番故事，这是维多利亚时代英国的一个年轻人的跨学科壮举。柯南·道尔是一些流亡海外的爱尔兰艺术家的后裔。单说隐藏在他父亲家族的，他的一位名叫迈克尔·柯南（Michael Conan）的叔祖父是巴黎《文艺杂志》(*The Art Journal*) 的编辑，这本杂志是业内最有影响的文艺杂志之一。在伦敦有一大批道尔家族的人，他们大多以各自的方式参与了 19 世纪初期和中期急速发展的视觉和图形艺术的产业。到 1859 年，柯南·道尔出生的时候，他们中有很多人已经非常富裕了。他的祖父曾是维多利亚早期卓越的社会和政治讽刺漫画家。柯南·道尔的叔叔伯父们里有印刷商、插画家和美术馆官员，理查德·道尔（Richard Doyle）设计的封面被讽刺漫画杂志《笨拙》(*Punch*) 使用了几十年。

柯南·道尔的父亲查尔斯·阿尔塔芒·道尔（Charles Altamont Doyle）本身就是一个艺术家，但是缺乏家族成员的经商手腕。他的绘画倾向于幻想、怪诞、恐怖又天真的元素：一群仙女在一片草地上休息，似乎将被一些巨大的啮齿动物吃掉；或者一名年轻女子抓着一只巨大的蝴蝶，正与一只成人大小的猫头鹰深谈。在他晚年的一幅自画像里，查尔斯让自己在一间昏暗的屋子里，与鬼魂和魔鬼一起爬行。这些奇怪的画作也不是任何温和的怪癖的产物：查尔斯是一个极其狂热、充满暴力倾向的酒鬼。道尔家族把他半流放到爱丁堡，在那里他偶尔做点像政府书记员这样没有前途的工作，当阿瑟还很年轻的时候，查尔斯就不再能工作了。

柯南·道尔的母亲玛丽是爱尔兰移民，她的出身与爱尔兰新教贵族和罗马天主教都有关系。和她那些富贵的祖先相比，她自己的境况大打折扣，而且显然，在她1855年嫁给查尔斯·道尔并生了七个孩子后，这种状况并无改善。在这七个孩子里，阿瑟是长子。这种境况下，玛丽·道尔顽强地培养出了对骑士精神、血统家世和中世纪贵族的终身爱好，并将其传递给了自己的儿子。尽管道尔家的环境很混乱——他们不停地在搬家，从爱丁堡的一所公寓或房子到另一所——玛丽在学识和爱读书方面给孩子树立了榜样。在一本自传体小说里，柯南·道尔回忆起了母亲："我看到她……一手拿着粥勺，一手拿着她的《两大陆评论》(*Revue des Deux Mondes*)，距自己鼻尖不到2英寸。"柯南·道尔总是称她为"女士"，母亲是他最亲密的顾问和最终的倾诉之处。

道尔家族很多人都是虔诚的天主教徒（查尔斯·阿尔塔芒尤甚）。9岁起，阿瑟就被家里人送到了听起来很可怕的耶稣寄宿学校。在这个机构里，他度过了自己的成长岁月，这里，维持纪律的工具是一大块印度橡胶，违反纪律的男孩会被用这个橡胶打手，打到他们双手肿胀，连门把手都转不开为止。（柯南·道尔在自传里写道："我特意去做一些恶作剧或者无礼的事，只为证明我的意志坚不可摧。"）他会编一些疯狂的即兴故事来逗乐周围的人，这使得朋友和家人都对他简洁流畅的叙事风格赞叹不已，而最终他也开始怀有文学梦想。所以当他被爱丁堡大学医学专业录取的时候，柯南·道尔已经有了一个双重职业的计划：为了保险而行医，为了名声和财富而写作。他常把午饭钱用来买二手书。他后来回忆道："在去上课的路上，我会路过世界上最吸引人的书店。"他如饥似渴地读书，涉猎范围很广。我们几乎可以说他的文学思想从阅读托马斯·巴宾顿·麦考利（Thomas Babington Macauley）的散文集开始，以同心圆的形式向外辐射。柯南·道尔把他对历史、哲学、文学和政治的几乎百科全书式的考察视为"向我开放了一个新的世界"。麦考利是一个苏格兰人，他在柯南·道尔还是个孩子时就去世了。他对任何事物都能进行大胆描写，只要给他一个主题，不管是什么，他都能"释放一番魅力"，而柯南·道尔也是这样的人。

从很年轻的时候，他就不断给当时的杂志投稿，包括短篇故事和散文；19岁的时候，他获得了第一笔小说稿费。只有3几尼（1几尼为1.05英镑），但却令他永生难忘——几十年后，他告诉访者他是"一只尝到了血的野兽，因为我知道……我曾证明了我能赚到金子……"。当他开始写作《波希米亚丑闻》的时候，他在两个领域都是经验丰富的专业人士。作为医生，他曾经在海滨城市朴次茅斯的郊区南海镇做过全科医生，现在他搬到了伦敦，开始尝试做一个眼科医生。他已结婚成家，过上了典型的中产阶级生活。他还把自己的思想变成了小说的蒸汽兰花房。他可以写探险故事、幽灵故事、寻宝故事、海洋故事——基本上任何你想要的故事，他都能提供情节和线索。在整个职业生涯中，他保存了一本巨大的"点子书"，里面都是一两行的摘要，可以拓展成一篇未来的故事，并在付印后做上标记剔除。他吸收学习了他所见到的各种叙述方式：短篇小说的结构定律、社论的节奏、官方历史的稳定鼓点和冒险传奇的惊心动魄。

他取得了一定的成功。杂志编辑们都认识他，他们甚至会带他外出,请他吃晚饭——对于一个年轻作家来说,这既是一种额外职业津贴,也是一个诱人的陷阱。他向这个世界交出了三篇小说。一切步入正轨,他只需要几次更大的成功。所以,现在他又回到了夏洛克·福尔摩斯身上。

这位世界上唯一的咨询侦探坐在贝克街上租来的房子里,等待客户的光临——有人会说,这和塑造他的医生也没什么不同。侦探的态度时而刻薄,时而圆滑;他为自己的工作而活;他有时会用一点可卡因和吗啡,否则他的行为就像一个高度紧张的艺术家。他会写一些关于"推理科学"的有强迫症倾向的文章——如何根据烟灰判断香烟的牌子之类。他擅长小提琴,会拳击,而且他经常能从细节上揭示很多东西。在《波希米亚丑闻》的头几页,福尔摩斯问华生从贝克街公寓进门处到客厅要走几步。华生答不出。福尔摩斯却知道:十七步。

"你看到(see),但你没有仔细观察(observe)……我既看到又仔细观察。"

这句话和那天他写的每个句子都把柯南·道尔变成了一个有史以来被记录得最详尽的人物之一:他是当时报纸的常驻人物,以及几十部传记的主题;他自己本身也成了小说、电影和戏剧中的角色。他的形象会被记录在绘画、照片和影片中。在这样的自画像中,柯南·道尔的头几乎是个规矩的长方形,长着一对大耳朵和异常浓密的胡子。尽管他和一个叫路易斯的姑娘结了婚,他叫这个姑娘图伊(Touie),最近又做了父亲,他那结实的双颊和锐利的眼睛仍保留着一些孩子气和顽皮的东西。他是个大块头,壮得像头熊。他日常会进行大量的板球运动。一个朋友——提醒你,是一个朋友——曾经这样描述柯南·道尔:"他是一个高大、魁梧、笨拙的人,有一个笨重的适合做地主管家的身体,一双像威斯特伐利亚火腿的手……"他的另一个朋友，《曾达的囚徒》的作者安东尼·霍普（Anthony Hope）在大约1890年初的时候说，柯南·道尔看上去像个没读过书的人，更别说写书了。不过这个迟钝的角色会表露出截然不同的侧面。

"他对事态精准的把握，敏锐精辟的推理，使我很高兴研究他的工作体系……"

在未来的几个星期里，柯南·道尔将创作出夏洛克·福尔摩斯短篇小说的第一个系列。到夏天的时候，他就已经写出了几篇世界上最有影响力的犯罪小说。（在状态良好、计划得当的情况下，柯南·道尔一天能敲下8000个单词，并直接送给印刷商。）这些故事能让他获得名誉和财富，不过，不知怎么回事，他还从中获得了更多。一年之内，报纸将发表深情的模仿福尔摩斯之作。到1893年，一个名叫查尔斯·布鲁克菲尔德（Charles Brookfield）的演员将在一台未获授权的舞台讽刺剧中扮演福尔摩斯。在1900年到来以前，一个自称柯南和道尔的二人组合将会去英国音乐厅巡回演出。血腥的半个世纪之后，南斯拉夫的红色强人、小说的狂热粉丝铁托元帅，将把柯南·道尔的侦探小说作为青年社会主义者的理想读物。到1953年，将有一部夏洛克·福尔摩斯同名芭蕾舞剧。在20世纪70年代，一个名叫夏洛克·福尔洛克（Sherlock Hemlock）的木偶侦探将会揭开芝麻街（Sesame Street）的许多秘密。

写完《波希米亚丑闻》后，柯南·道尔把它卷起来放在一个邮筒里，然后寄给了《河滨杂志》，它将把这个故事带给成千上万，乃至数以百万的读者。很快，福尔摩斯就将属于全世界。不过，在那一刻，福尔摩斯和华生仍然只属于作者本人，尽管是最后一次。在那个春寒料峭的夜晚，只有作者、侦探二人组和波希米亚国王在贝克街的炉火旁。

有一件关于《波希米亚丑闻》的趣闻（好吧，是趣闻之一）：故事里真正实行犯罪的其实是夏洛克·福尔摩斯和华生医生。当他们到达阿德勒的家时，他们在交叉路口看到了喧闹的街头景象，这是一个介于达蒙·鲁尼恩（Damon Runyon）作品和《坎特伯雷故事集》（*The Canterbury Tales*）之间的十字路口。"街头拐角有一群穿得破破烂烂、抽着烟、说说笑笑的人，"华生说，"一个带着脚踏磨轮磨剪子的人，两个正在同保姆调情的警卫，以及几个衣着体面、嘴里叼着雪茄烟、吊儿郎当的年轻人。"这群形形色色的人其实是一群匿名的演员，受到福尔摩斯雇用，在路边等着，看到艾琳从出租车出来时，立即制造一场小小的骚乱。乔装打扮的福尔摩斯混在骚乱中，假作受伤，然后趁机混进房子里。华生则根据指示，将一个小小的燃烧弹扔进窗口，目的是迫使阿德勒在她认为自己的房子要被烧毁的时候，暴露照片的藏匿之处。

夏洛克从房子里逃出来，和华生回到贝克街，对他们的重罪狂欢感到非常自豪。不过，当他们顺着熟悉的台阶拾级而上时，一个令人不安的声音从黑暗的街道响起："晚上好啊，夏洛克·福尔摩斯先生！"一个年轻人从拐角溜出来。侦探和他忠实的朋友凝望着黑暗，想知道这个魔鬼是谁。

很快，我对福尔摩斯以及他重新受到欢迎的思索就变成了"围绕一本书的工作"。当你是一个作家时，人们往往会问你是否正在写书，他们的脸上常常带着好奇和好笑混合的表情，就好像他们猜想你还在试图用老式的汽水瓶盖制作耶稣脸部的镶嵌画一样。当我告诉人们，我的确正在写一本关于福尔摩斯的书时，我得到了各种有趣的反应。

在一家营销机构的灰色商务会议室里，两个接近30岁的女人眼睛一亮。"夏洛克·福尔摩斯太酷了！"她们说。有趣的是，我还是青少年的时候，曾经希望能在同龄女孩里找到这种反应，但是从来没有。接着，她们就热烈讨论起了英国明星本尼迪克特·康伯巴奇。

进行圣诞采购的时候，我偶遇了一个朋友。我说："夏洛克·福尔摩斯。"他的眉毛戏剧性地扬起来，叫道："巴顿术——日本的摔跤术！"在柯南·道尔的小说里，这种武术在关键时刻挽救了夏洛克的培根。（当然，我们会回顾到这一段的。）然后我们开始讨论艾伦·穆尔（Alan Moore）的《超凡绅士同盟》（*League of Extraordinary Gentlemen*），这是一本奇怪的漫画书，充斥着潜水艇和飞行器，剧情设定在一个重新构想的夏洛克世界的周边地区。

在蒙大拿，被皑皑白雪覆盖的森林深处的一间房子里，一名女子停下了制作晚餐，躲过了她的两个孩子，跑到她的书架前。"现在这就是我最爱的夏洛克·福尔摩斯。"她边说边拿出了几本劳丽·金（Laurie King）的平装小说。劳丽·金是一位美国作家，她围绕一个名叫玛丽·罗素（Mary Russell）的人物，创作了一系列的推理小说。这些故事背景设定在20世纪一二十年代，年轻的玛丽遇到了一个年迈的养蜂人——实际就是夏洛克·福尔摩斯。他们一起破案，后来又结了婚。

我的针灸师在把一根精致的细针插入我的手腕时，解释了中医上关于这个部位的属性，它是可以让人失去知觉的。我当时迷迷糊糊地趴在床上，身上插满了针，所以没记笔记。"这一点很有夏洛克·福尔摩斯的范儿。"她说。

重读柯南·道尔的原作时，我发现，这些故事里确实有很多最初阅读没发现的东西。这一次，我试图用不同的思维来解读这些老伙计。我尽力（没法做得太好，但是我努力去做）假定自己从未读过它们。我设法忘记笼罩在故事上的长达一百三十年的夏洛克崇拜和怀旧情绪，把自己想象成一个1891年的年轻聪明的读者，首次在《河滨杂志》上读到了这个新鲜的故事。然后，我发现了自己12岁或22岁时没有发现的内容。一方面，这些小说除了是极好的冒险故事外，也很有趣：经常是调皮、狡猾的自我模仿。不过，它们也可以表现出尖锐的黑暗，柯南·道尔很少在这方面得到赞扬。在犯罪小说的思想史上，他经常扮演一个可爱的傻叔叔，在达希尔·哈米特（Dashiell Hammett）和雷蒙德·钱德勒（Raymond Chandler）这样言简意赅的现代作者出现之前，懒懒散散地写点儿小故事。实际上，福尔摩斯的故事充满了奇怪的欲望和原生的邪恶。《铜山毛榉案》发表于1892年，在这个故事里，一对夫妇雇用了一个可怜的年轻女人在他们那偏僻的房子里做家庭教师，他们用金钱收买了她，让她假装与他们关系亲密。他们强迫女孩剪掉漂亮的头发，每天同一时刻穿着同一件衣服坐在同一张椅子上。他们房子的另一侧是禁止入内的，年轻的女孩很快意识到她和别的什么人成为这里的囚徒了。她在锁着的抽屉里发现了一个长长的、和自己头发一样的发卷。不必成为一个文学理论家，读者也能感到一种模糊的带有性意味的威胁。

每个人都认为柯南·道尔是个高超的故事家，这是真的：尤其是夏洛克系列短篇故事，展开和结束都像瑞士手表一样精密。约翰·勒·卡雷（John le Carré）形容柯南·道尔的作品是一种"完美的叙事"。但是，简单有时能让他的作品产生一种可怕的力量。在《五粒橘核》中，当坏天气来袭时，"雨点击打着窗户，所以现在，即使在伟大的人造城市伦敦的中心，我们也不得不暂时脱离日常生活，认识到有一种强大的力量，如同笼中的野兽，透过人类文明的枷锁，向人类发出尖叫"。文明与野蛮之间的紧张关系一再成为福尔摩斯故事的主题。

当作者本人思考着"象征"和"隐喻",暴躁地搓着自己的胡子时,我发现了鲜明的意象,如梦境般强烈。在《红发俱乐部》里,福尔摩斯和华生身处一个漆黑的地下室,等着闯入者。"突然,"华生描述道,"我的眼睛看到了一丝光亮……开始,那只不过是石头路面上的一道火花。然后它越变越长,直到成了一线黄色的光,然后,没有任何警告和声音,门似乎开了一条缝,一条胳膊伸了进来,这是一只白皙的几乎像女人的手……过了一分钟或者更久,这只手,带着它弯曲的手指,伸向了地面……"荣格医生,我们应该怎么解读它呢?

我想起了一个奇怪的现象,几乎是夏洛克·福尔摩斯这个系列刚诞生就有的。当人们讨论大侦探和华生医生时,他们会不知不觉地把这两个人当成真实存在的。多年以来,有些人干脆把柯南·道尔的故事当成事实。有趣的是法国人似乎很容易犯这个错误:文森特·斯塔雷特(Vincent Starrett)在自己20世纪30年代发表的作品《福尔摩斯秘史》(*The Private Life of Sherlock Holmes*)中,记述了一个法国男孩们的聚会,这个聚会要求成员一到伦敦,就占领"夏洛克·福尔摩斯的房子"。在第一次世界大战期间,据说一个法国将军问过柯南·道尔,福尔摩斯曾经在英国哪个机构就职。众所周知,世界各地的人不停地给贝克街221B寄着信,热切寻求着福尔摩斯的忠告。

不过这个习惯也悄悄表现在那些对福尔摩斯故事了解更多的人身上。这是不知不觉发生的。我和自己认识的一位最博学的夏洛克迷讨论过,我们的谈话主题从推测柯南·道尔对伦敦的第一印象变成了对夏洛克和他在首都的"经历"的热切讨论。"他当然是住在贝克街前面的蒙塔古广场(Montague Place)。"我的朋友说,我面色了然地点点头。"那么贝克街应该是有一种明显的吸引力,在那儿,住着很多单身的绅士。"这效果很怪异。感觉好像夏洛克·福尔摩斯和约翰·华生不是故事里的人物,而是就在我们身边的真实世界里的主要公民。我开始觉得这是柯南·道尔真正的(抑或是偶然的)艺术成就:他创造了一个人们愿意在自己的思想里漫游的世界,甚至在我们苍白的世界里进行了实质性的重塑。

不过他不是唯一一个创造者。T. S. 艾略特(T. S. Eliot)以柯南·道尔作品里的恶棍莫里亚蒂(Moriarty)为基础,创作了他的诗作中神秘的猫麦卡维弟(Macavity)。他曾说过:"每个作家都从福尔摩斯那里偷过师。"他还抱怨过:"柯南·道尔……他和夏洛克·福尔摩斯有什么关系?"这实际是个很好的问题,因为柯南·道尔和大侦探的很多关键方面都没有关系。和夏洛克相关的诡辩术最基本的技巧就是指出在柯南·道尔的小说中,福尔摩斯实际上从来没有说过"基本演绎法,我亲爱的华生"。不过,在很大程度上要归功于巴兹尔·拉思伯恩(Basil Rathbone)在20世纪三四十年代对侦探的电影形象的优雅描绘,这句话已经成了人物的非正式格言。柯南·道尔从来没写过双沿猎鹿帽——那就是插画家西德尼·佩吉特对夏洛克着装的贡献,它以某种方式与大众心目中的侦探脑袋永久联系在一起。柯南·道尔从未描写过巨大的葫芦烟斗,这烟斗是借助演员威廉·胡克·吉勒特(William Hooker Gillette)和福尔摩斯联系在一起的,烟斗是一种增强喜剧性的道具。如今,亚马逊网站会向女士们(或者见鬼地,向绅士们——这是个新世界)售卖"性感的侦探"系列万圣节服装,服装由低腰千鸟格迷你裙、仿猎鹿帽和弯弯的烟管组成。往猪脑袋上拍个猎鹿帽,给它一个放大镜和烟斗,那么这头猪就成了一个调查大师,这一点可以参照《侦探弗雷迪》(*Freddy the Detective*,1932)。从21

世纪初的角度来看,可以更准确地说,是福尔摩斯创造了阿瑟·柯南·道尔,这样说并无不敬的意思。很显然,一切还在进行中,我们其他人还没有结束对福尔摩斯的创作。

为了见证这场大规模的行动,请看看艾琳·阿德勒。《波希米亚丑闻》中,在有限的几页里,她悄悄地出现,又无声地消失。柯南·道尔只给了她寥寥几行描写(虽然她得到了最好的几行)。然而,有多少读过《波希米亚丑闻》的男人和女人,思索过这个与大侦探周旋、和国王斗争的勇敢美人的短暂形象(更像是个幻影)?一个能迷住国王的年轻女士隐藏了自己的家乡,她来自哪里,新泽西吗?夏洛克发现她确实很可爱,他少见地告诉华生,她是"世界上最美丽的女人"。我们得知她在斯卡拉歌剧院担任首席女歌手。我们了解到,她从位于圣约翰伍德(Saint John's Wood)的"碧柔别墅"(Villa Bijou)冒险出发,去参加大都市周围的小型音乐会,圣约翰伍德距离伦敦西北部的贝克街大约一英里。夏洛克以后基本不会提起什么别的女孩了。在他显然修道士般的生活里,她总是扮演着"那位女士"的角色,而他也会为她叹息。

对夏洛克·福尔摩斯迷来说,她直到现在都是"那位女士",为柯南·道尔的男性世界点缀了一抹转瞬即逝的狡黠的女性气质。艾琳变得比角色更富于传奇色彩。考虑到柯南·道尔疯狂的写作速度,他可能在数小时之内创造了她,又抛弃了她。但其他人都不想让她走。在艾琳闪亮登场一个世纪后,美国作家卡罗尔·纳尔逊·道格拉斯(Carole Nelson Douglas)——《虚拟处女和吸血鬼日出》(*Virtual Virgin* and *Vampire Sunrise*)的作者——把她作为自己的一个系列八本小说的明星。在这期间,女演员雷切尔·麦克亚当斯(Rachel McAdams)和拉拉·普尔弗(Lara Pulver),在BBC巧妙改编的《贝尔戈维亚丑闻》里以裸体的形象摇曳地走过,把艾琳变成 21 世纪亚文化的性象征。

　　在如今的夏洛克迷聚会上，经常有人四处提议向这个《波希米亚丑闻》中性感的非正统女主角、不雅照片的拥有者、血腥咏叹调的歌者、新泽西女孩致敬。有人站起来陈述我们对她知之甚少。然后，就都是想象了。她到底长什么样子？她到底做了什么能赢得这个诱人的红字称号"女冒险家"？她从贝克街脱身后去了哪里？我们中见到她的人可以想象她有可能在做任何事，我们希望这是一件相当了不起的事情。然后酒杯端起，喊声响起："敬那位女士！"

　　为什么？

　　夏洛克·福尔摩斯是怎样变得不朽的？什么让他如此受欢迎？为什么我们渴望走进他的虚构世界？还有夏洛克·福尔摩斯到底是干什么的？是一个平淡（但是持久）的大众幻觉吗？这些问题——不管我看过多少部后世的电影或者查过多少疯狂的主题标签——总是让我回到柯南·道尔和最初的传奇：六十个故事诞生的环境和社会发展，横跨四十多年的动荡岁月，在维多利亚时代到达巅峰，然后一个猛转，经历巨大创伤后，走进了现代世界。不过，所有人做的任何有关夏洛克的事，都是对柯南·道尔所写文字的反应或改写。

　　所以本书的写作方式也是异曲同工。在接下来的章节里，我们将探寻柯南·道尔在维多利亚时代鼎盛时期创造夏洛克传奇的故事。但是我们也会看到其他很多人——著名的或无名的——与这部著名小说的诞生之间的关联：合作、占有、嘲笑、庆祝、借用，有时甚至是剽窃。我们将造访最初塑造了柯南·道尔作品的地方，但是也会光顾作者绝对想不到的地方，比如 21 世纪好莱坞的媒体群，不过不管怎样都是让我受到启发的地方。在他的一生中，如我们所见，夏洛克·福尔摩斯成了一种现象，柯南·道尔已经失去了对他的控制,他也不能完全理解这个角色。作者去世后,福尔摩斯继续活着,成了现代社会想象里卓越超然的人物。这个大侦探的传奇故事,以一种悄然又持久的方式,既影响着某些娱乐创意,也影响了流行文化本身的功能。不管怎样,这一切都是从那个壮实的苏格兰-爱尔兰医生开始的,他独自待在诊所里,想着如何多赚个几英镑。

我有时试着把这个已有一百三十年(数字还在不断增加)的夏洛克·福尔摩斯传奇和华生医生所记的那些黑暗的、难以形容的冒险做个比较:确实,侦探在现代社会里史诗般的壮旅听起来就像苏门答腊巨鼠或者业余行乞协会一般陌生。不过在这种情况下,我相信,世界已经做好准备(甚至迫切希望)去听听这个故事。

我决定用福尔摩斯自己的方法——他真实的方法,如同柯南·道尔描述过的。狡黠的道尔可称精通文学技巧的高手,他喜欢把夏洛克描述成一个"科学的"侦探。他用精心制作的小插图点缀情节,在插图里,福尔摩斯摆弄着他的化学仪器,宣称如果一瓶液体变成红色,就能代表一个人的生命,或者其他什么东西。让华生和221B永远的女房东哈德森夫人厌烦的是,夏洛克老是用试管试验着一些充满恶臭的东西。到目前为止,人们都把福尔摩斯作为法医的创始人之一来谈论。一旦仔细地考察,就会发现这几乎是虚张声势,这类情节对叙述没有实质性的影响。在柯南·道尔的情节中,科学哪怕起作用,往往也是次要的作用;相反,技术统治一切。

是的,福尔摩斯走向犯罪现场,看着一切,询问目击者。但是他也会看看闲书,坐下来凝望星空,拉拉小提琴,抽抽雪茄,听场音乐会,以及策划一场晚宴聚会。他穿着可笑的外套漫步街头,他给人买饮料,和他们聊天。他去本地酒吧,听酒保都说什么,并和所有反对他的人争执。夏洛克·福尔摩斯和政府警察的区别就是，警察会按照标准程序办案，追踪明显的线索，而独立侦探则调查他在窗台上注意到的琐碎东西，马夫喝啤酒的时候说了什么，他读到过的某个信息，或者是一只在夜里吠叫或不叫的狗。

用另一种方式来说，他的破案方法带有某种波希米亚的风格。不是我吹牛，但是我觉得，我至少可以模仿这种方法。

第二章
基本演绎法

显然，我得从最初开始。但是最初在哪儿？在一个晴朗的晚秋，我刚开始研究夏洛克现象的时候，我叫上了保罗·柯林斯（Paul Collins）共进午餐。

柯林斯有时候（比如在社交软件上）自称"文学侦探"。他的几本著作里包括对莎士比亚第一对开本"经历"的追寻，以及对19世纪最黑暗的角落里的犯罪和耸人听闻的新闻的深入探讨。实际上，当我在波特兰州立大学学术楼里保罗那间狭小的办公室外等他时，我突然想到保罗很多作品满足了年轻的华生在和福尔摩斯交往的初期给侦探的建议——侦探可以办一份报纸《警务新闻旧录》（Police News of the Past）。"这样的报纸可能会很有趣。"福尔摩斯回答说。

我们见面的时候，保罗正在写一本埃德加·爱伦·坡（Edgar Allan Poe）的传记，除此之外，他在波特兰州立大学还有教学任务（他的课程包括对夏洛克·福尔摩斯的深入调查），也会给杂志写稿。关于爱伦·坡，他告诉我："人们总是关注酗酒和那个不幸的娃娃新娘之类的事。但是如果你看看他真的做了什么，会发现他是个勤奋熟练的编辑。当你需要杂志封面故事迅速完工时,他就是你需要的人。"他即将出版一本关于亚伦·伯尔(Aaron Burr)和亚历山大·汉密尔顿(Alexander Hamilton)之间合作审判谋杀案的书,此事发生在他们决斗之前很久,已被人们遗忘。保罗的很大一部分工作都是基于对被遗忘的档案的侦查。当他在拐角处快步走来,挥了挥手,解开围巾,打开堆满书籍的办公室门时,我觉得自己所见的是一位亲切的 19 世纪自由文学精神的后代。

距我们这次见面大约一年以前,柯林斯把自己对侦探的热情放到了一边,揭开了《诺丁山之谜》的作者身份。《诺丁山之谜》是第一部成熟的现代推理小说。最初于 1862 年 11 月在一本伦敦杂志上以连载的方式发表,这个故事是关于一个喜欢在梦游的时候喝点儿醋的男爵夫人之死的,故事本身是一部由大量的证据组成的档案。这位籍籍无名的叫拉尔夫·亨德森(Ralph Henderson)的"侦探"实际上是一名保险理算师。

个人而言,哪怕是我有比较严重的维多利亚情结,也不会总是遵循 19 世纪的规则,在小说里时时出现 185× 年,某夫人日记的引文,而且我发现,《诺丁山之谜》很难被当作一本睡前读物。但是这本书显然颇具轰动效应,可以看作是后来小说中的反犯罪斗士的直系前辈和灵感来源。

这本书的作者是谁?柯林斯曾考虑过一个诱人的可能——"首相本杰明·迪斯雷利(Benjamin Disraeli),186× 年 × 月的晚上你在哪儿?"——排除了他之后,柯林斯把一个化名为"查尔斯·费利克斯"的人确定为这本书的出版商,此人真名为查尔斯·沃伦·亚当斯,关键线索隐藏在 1864 年某期《曼彻斯特时报》(The Manchester Times)"文学八卦"专栏中的一行文字里。通过这行文字,可以确定亚当斯就是那个"查尔斯·费利克斯"。保罗·柯林斯将竭尽全力找到这个人。

我和柯林斯漫步到了校园精选越南餐厅。午餐的时候，我们把时钟指针拨回到了19世纪。"查尔斯·亚当斯写《诺丁山之谜》的时候，"柯林斯说，"当时犯罪小说的市场刚刚起步。在他之前几十年，爱伦·坡写了第一本真正的侦探短篇小说，不过这类小说没有传承，不成体系，也没有成规。有趣的是《诺丁山之谜》成了一条死胡同：里面有逻辑，有线索，就是没有真正的角色，读起来像是证据的复述。这本小说对读者而言像是一个待解之谜，而不是一篇叙事故事。不过它仍然很有意义，因为它证明了这类小说有适合的读者群。报纸培养了读者对犯罪故事的认知和兴趣，有这样的读者群，但是没有人写这样的长篇小说。不夸张地说，《诺丁山之谜》创立了一个流派。"

我正在研究影响和导致《诺丁山之谜》产生的推动力——以及推动美剧《犯罪现场调查：拉斯维加斯》(*CSI: Las Vegas*)和《真正的侦探》(*True Detective*)诞生的力量，与保罗的对话只是研究的开始。从什么时候开始全世界的人们都决定，如果有机会，他们真的很想读一场精心安排的谋杀？又是为什么呢？

有人宣称《圣经》(或类似《圣经》的作品)是推理小说的先祖。在《旧约》的伪经里，先知但以理将灰撒在房间的地上，证明异教的祭司和他们的家属正在秘密地吃着供给异教偶像贝利的食物。(夏洛克·福尔摩斯正是用这种办法解决了1904年的《金边眼镜》中的案子，尽管他只抓住了一个无用的科普特语教授，教授在书柜里藏着一名俄罗斯异议人士。)祭司的全家都被处决了，然后每个人都从此过着幸福的生活。英国散文家、推理小说家，以及夏洛克·福尔摩斯的忠实粉丝多萝西·赛耶斯(Dorothy L. Sayers)

从《诗学》中找到了最早也是最好的侦探小说宣言,其中,当亚里士多德讨论悲剧的时候,他说:"也有可能发现某人是否做了或没做某事。"当然,莎士比亚的悲剧《麦克白》除去其他方面,也是一本真正的犯罪小说。

在犯罪文学上,1776 年是标志性的一年,这一年最著名的是《新门监狱年鉴,或犯罪分子登记》(*The Annals of Newgate, or, the Malefactor's Register*)的首次出版。这是一个监狱牧师对新门监狱(Newgate Prison)里听过他传教的最凶恶犯人的记录。在过去一千年的大部分时间里,这个可怕的庞然大物都是伦敦的主要监狱,它大致位于老贝利刑事法庭(Old Bailey Criminal Court)和圣巴塞洛缪医院(Saint Bartholomew's Hospital)之间,也是未来福尔摩斯和华生的相聚地点。这个四卷本的流行——它开创了一个长期的真实犯罪案例记录的门类,类别名字就叫"新门"——预示着 19 世纪将诞生一个巨大的危险暴力作品的英语读者群。

在 19 世纪的最初几十年里,伦敦和其他城市的小印刷商们印制了大量单页的谋杀和处决故事,卖得很便宜,一上市就被一抢而空。很多故事被冠以"垂死之言"这样的标题,也就是将被处决者的最后一番话,是他——或者更具轰动效应的,在某些情况下更具市场的"她"——在绞绳即将收紧的时候,对自己所做的忏悔。问题是,这些东西的卖点常常是绞刑本身,而读者则似乎并不在意。这些单张的真实案例会在吸引人的同时让人心生恐惧,提醒人们形形色色的事情都有可能导致绞刑——从"可怕、野蛮的谋杀"到仅仅敲诈了对方 5 先令。

这种大幅纸故事在 1828 年发展到了高潮,当时最受欢迎的是《威廉·科德的最后演说》。相关的案例恰好是日常家庭生活与古怪命运的结合。这有可能成为即将到来的维多利亚时代的犯罪新闻和小说的标志。威廉·科德（William Corder）在一个乡村谷仓里杀害了他的爱人，案件很普通，但是其传奇之处在于，在受害者的母亲作了一个关于这次犯罪的暗示性的梦之后，凶手才被逮捕。受害者死去的村子成了旅游景点，衍生出了大量印刷品。詹姆斯·卡特纳克（James Catnach）是诺布出版社的印刷商，他的印刷厂在伦敦七面钟（Seven Dials）商业区——他曾经花了六个月的时间起诉本地屠户售卖人肉——他快速印刷了大量《威廉·科德的最后演说》，在那个大不列颠岛只有不到2000万人口的时代，就卖出了110万份。

在2013年出版的书《谋杀的发明》（*The Invention of Murder*）中，社会历史学家朱迪思·弗兰德斯（Judith Flanders）追寻了这种大幅纸读物是如何借着当时报业的发展，以及广受欢迎的传奇剧剧院，创造了早期犯罪娱乐的生态系统的。尤其是她关于传奇剧的研究，表明了一场刺激的谋杀能多快地占领公众的意识。她指出，在19世纪60年代，仅仅伦敦就有超过3万个低价的面向工薪阶层的剧院座席；坐在这些席位的观众绝大多数都喜欢仿佛来自报纸头条的犯罪戏剧，剧情通常建立在匆匆完成的剧本上，能让模式化的演员表演给观众带来最新的恐惧。例如所谓的拉德利特谋杀案（业余拳击手因为300英镑的赌博债务射杀了一个初级律师，不但切开他的喉咙，还猛击他的大脑），发生在1823年的10月末。到11月中旬的时候，当时两家著名的伦敦剧院，科堡（后来的老维克）和萨里，都上演了基于这个案子改编的戏剧。那个时候，报纸和大量的大幅纸印刷物一样，连篇累牍地登载着这起凶杀案的血腥剧情。

没什么能比在清早来一通跨大西洋的关于19世纪谋杀的电话更让人精神振奋了，于是我给朱迪思·弗兰德斯打了个电话。她回顾了自19世纪以来大众媒体关注的犯罪案例，这些案例的确切形式和动机随着技术发展和社会道德变迁而变，但是它们的基本形式始终未变。"我考察了超过七十五年的时间里的大约五十起著名案例，"她告诉我。"只有四起仍悬而未决——或者更准确地说，没有找到确切的凶手。很多案例里，现在可以确认当局抓错了人。这些是著名的案件。而那些偶然的、肮脏的、匿名的凶杀，尽管数量很多，但是却很少能吸引进一步的关注。"这样我们能发现，大众的口味以某种方式预告着犯罪小说的类型。所以其实有一个封闭的嫌疑人圈子，对案件的调查会遵循下面的问题：是他吗？是她吗？这和报纸读者和剧院观众对真实故事的反应如出一辙。

"今天我们的文化已经失去了夸张的传奇剧中很重要的一点，就是天意的作用，"她继续说，"在犯罪传奇剧中，犯罪分子总能被认出，有时候是通过一些拙劣的巧合，因为事件的走向早已预先注定。这就是为什么传奇剧会让现在的我们感到拙劣。但是犯罪小说随着演进，可以在这一已经失去神圣感的社会扮演同样的角色。有坏事发生，但它是因为特定的坏人才发生的，而这些坏人是可以被抓住的。这是人们感到满意的模式。我们需要解决方案，犯罪小说仍然能提供这个。"

到19世纪50年代，英国在经历了一系列民粹主义运动之后，放弃了对印刷品征收最后的印花税。书籍、杂志和报纸的价格因此直线下降。针对之前买不起报纸的工人阶级而诞生的粗糙的大幅纸读物，慢慢被淘汰了。反过来，报纸则"欢欣鼓舞地抓住了之前大幅纸印刷物的广大读者群"。"如果翻开19世纪早期的报纸，你会发现，它们不会真的用叙述的方式报道犯罪，"保罗·柯林斯告诉我，"一般会有一个段落讲述发生了一件让人震惊的案子，一个段落讲述他们抓住了某人，再有一个段落说他们把某人绞死了。但是慢慢地，你会开始看到报纸把案件讲成了真实的故事，其中有对目击证人和失去亲人的受害者家人的采访，有犯罪场景和细节。如果死得很平淡，他们根本不会报道。我认为报纸在孕育犯罪小说类型的时候所起作用之大超过了人们的认知。大幅纸读物一般总有道德说教的成分：听听犯罪者在走向断头台时的忏悔，不要犯他犯过的错误。报纸不会这么做。他们意识到可以只讲故事而不用被迫在结尾来一堂基督道德课，也能卖得很好。"

与对最新谋杀案的狂热同时发展的，还有大众对警察工作的兴趣——警察工作本身成了一个新的主题。在1811年法国安保部门成立后，这个机构的创始人，前小偷和自学成才的大师尤根·弗朗西斯·维多克（Eugene Francois Vidocq）那狂妄自大的（很大程度上是虚构的）自传广受欢迎。苏格兰场成立于1829年，但是侦查部门直到1842年才成立——一共只有两名警察。哪怕这个小小的发展在英国也受到了争议，因为带薪侦探被视为来自大陆的影响，就像大蒜一样，可能会伤害英国的自由。（在苏格兰场成立之前，伦敦已经是世界上最大的城市了，其人口将在1860年超过300万。当时伦敦的秩序靠着教区治安官、守夜人和弓街跑探（Bow Street Runners）维持，最后这股力量不归属任何一个治安部门，他们充当着维持秩序和实施抓捕的角色。）公认的法医调查的奠基文本，奥地利犯罪学家汉斯·格罗斯的《法医、警官和军警手册》（Handbook for Coroners, Police Officials, and Military Policemen）直到1893年才会面世。尽管如此，对侦探和打击犯罪这两个概念的有系统的（娱乐性的）追求仍然变得流行起来。在19世纪四五十年代——可能大概是道尔在苏格兰出生的时期——《钱伯斯爱丁堡杂志》（Chambers's Edinburgh Journal）刊登了警察和律师的回忆录。1856年，回忆录结集成书，这本书很可能围绕着柯南·道尔的童年生活。而且，与对可敬的（或者不那么可敬的）警察和犯罪进行报道的中产阶级报纸和杂志同时存在的，是专供底层民众的"低俗恐怖读物"（penny-bloods）的大量发行，这种读物报道了一系列真实的或者带点真实性的、公开的、引人注目的犯罪传奇，每期有八至十六面。有一个叫作"谋杀的发明"的系列，连载了十二年，共有624期，总篇幅约450万单词。

"随着19世纪的车轮滚滚前行，大众媒体有了一个发现，"朱迪斯·弗兰德斯说，"这个重大的发现是，犯罪其实是有趣的。如果不是发生在自己身上，那么其实很有娱乐性。这种故事卖得很好，而且最重要的就是，它卖得很好。"

这些发展都被埃德加·爱伦·坡汇聚在一部三部曲小说中。

保罗·柯林斯告诉我："通过《莫格街谋杀案》《被窃之信》《玛丽·罗杰疑案》，爱伦·坡开创了推理小说围绕一个非凡的、有个人魅力的侦探展开的传统——这个侦探是在系统外工作的，他通过推理和观察侦破案件，而不是靠偶然的运气。"爱伦·坡的故事围绕着一个叫奥古斯特·杜宾（Auguste Dupin）的巴黎怪人展开。重要的是，他那无名而卑微的室友充当了叙述者的角色。后来，当我翻找这些发表在19世纪40年代的资料时，杜宾和他的伙计让我自高中时代以来第一次感到找到了福尔摩斯和华生的原型——尽管，在爱伦·坡的笔下，他们更加怪异。他们住在一座破败的大房子里，整天关着窗，人为制造夜晚，即"神圣的暗夜"。他们闲来无事会翻阅令人毛骨悚然的书籍，然后进入想入非非的恍惚状态。这是一个哈德森夫人后来用喷火器清理的地方。

这些故事本身——没有对这位巴尔的摩怪人不敬的意思，他的作品与读者对简洁和合理的期待显然不同——如今正嘎吱作响。《莫格街谋杀案》由一篇信马由缰的散文开篇,其中大段观察性质的描写与情节本身完全无关。小说情节中有两桩谋杀案,比柯南·道尔写得可怕多了——一个受害人被斩首,另一个则被砍得血肉模糊,然后头朝下被塞进了烟囱里。(对剧透敏感的读者可以先跳到下一段——但是如果你真想让一本首次出版于美国总统范·布伦当政时期的里程碑式作品"污染"你,那就去图书馆吧。)凶手是只猴子——哦,对不起,是"奥朗-乌坦"(一种分布于印度尼西亚和马来西亚的类人猿)。

"如今爱伦·坡的小说仍然吸引人的地方之一是他在作品中尝试了几种不同的写作方法,因为当时没有侦探小说这种门类,"柯林斯说,"在《莫格街谋杀案》里,你能读到全面的调查行动。《玛丽·罗杰疑案》则基本由杜宾谈论报道案件记者的愚蠢构成,基本全是对事实的叙述,几乎没有现场行动的描写。这部小说,就像是他在向你说教不要做什么。有趣的是,在爱伦·坡的所有作品里,杜宾和他的死党是仅有的两个贯穿始终的人物。似乎他是靠直觉创立了这种小说形式:先写了一部,然后再写一部。"

侦探小说这种新的小说形式,由此开始溜进文化领域。在1852年,狄更斯在《荒凉山庄》中用副线写了侦探情节。几乎在《诺丁山之谜》开始在杂志上连载的同时,巴黎文学多面手艾米莉·加博里乌(Emile Gaboriou)开始出版她那部长篇的、以勒科克(LeCop)为主角的离奇犯罪小说。勒科克是一个受到维多克回忆录启发而塑造出来的侦探。加博里乌的推理小说被迅速翻译成了英语,比如《寡妇勒鲁热》就获得了广泛而持久的喜爱。甚至就连夏洛克·福尔摩斯和华生都——在1887年出版的《血字研究》中,也即他们的首次合作里——辩论勒科克的优点。(华生赞成,夏洛克反对。)①

读者群和市场都在发展壮大。议会于1870年通过了具有里程碑意义的公共教育法案。在伦敦和其他英国城市里，新的技术、管理、制造和服务行业意味着庞大的通勤族群体——推理小说的最终读者——都聚集在郊区火车、公共汽车和地铁上；英国首条地铁于1863年建成通车。当时的记载描绘了无处不在的报刊点和如同汪洋大海的印刷品。很多人觉得大众阶层的这种阅读让人不安。现代研究记录了很多傲慢的关于报纸、杂志和书籍的传播的抱怨。的确，19世纪60—80年代的读者更喜欢廉价的文学刺激，让他们如饥似渴的是"黄色封底"小说，这么说是因为这些书都有着花花绿绿的图画封面，与设计"单调"的严肃书籍截然相反。"黄色封底"小说里都是犯罪、悲剧与冒险故事，买来就是在火车上打发时间的，看完就会随手遗忘在火车上。"即使这个领域的专家，"柯林斯说，"有时候也搞不清当时到底产出了多少火车文学。成千的出版商出版这类书，也使得侦探成了一个标准化的角色。"

有人把这种流行的为娱乐而进行的阅读视为一种相当于18世纪伦敦杜松子酒馆遍地开花的现象。1855年，一个不知名的卫理公会教徒写了一本名为"阅读小说有什么坏处？"的小册子。这是一本内容充实的册子。对小说的热情会直接导致无知的年轻女孩的婚前性行为。"对这种罪恶的快乐的金色梦想，"小册子写道，"会以耻辱、毁灭、疾病、心碎和早死而告终！"犯罪和"耸闻"小说，尤其受到了苛查。牛津大学一位名叫亨利·隆格维尔·曼塞尔

---

① 当我深吸一口气潜心阅读加博里乌的时候，我还以为勒科克名字所带的黄色双关含义是让我读下去的唯一因素。实际上，这些19世纪老掉牙的巴黎垃圾小说读起来还是相当愉悦的：作品带着高卢人的自信和热情，情节中还有活泼的细节——比如一种明显的三角关系——柯南·道尔可能会认为这种内容对于大众来说太过刺激。

（Henry Longueville Mansel）的作者在 1863 年写了一本专著，专著内容和他的名字一样冗长沉闷。曼塞尔现在已经被看作那个时代学者里臭名昭著的一位了，他在自己的长篇大论里把这种正在崛起的文学体裁称为"广泛传播的堕落的象征"，只适合"病态的胃口"。他也知道要指责谁，是杂志社、图书馆和火车站书报亭大肆将书卖给牛津绅士之外的读者。

即使还在成型期，犯罪和侦探小说也被视为一个正在加速的时代的标志。在曼塞尔大肆指责的同一年，一位不愿透露姓名的心理学家在专业杂志上发表了一篇更细致的评论。这位作者把"耸闻"文学看作新兴工业财富的副产品，以及维多利亚时代著名的道德风范对早前时代艳俗可怕的公众乐趣的胜利。（长期以来，公开斩首都是大众的主要娱乐，尤其是伦敦地区。现在它正退出历史舞台，最后一次公开处决发生在 1868 年，一个可能无辜的爱尔兰分离主义分子因为据说参与了一场轰炸而被绞死，他因为道听途说的证据和警方举报而被定罪。）"没事可做的人，"这位匿名心理学家认为，"都对'刺激'有很强的欲望——这种欲望总能在引人注目的犯罪行为和言论中得到满足。"

在 1868 年，威尔基·柯林斯（Wilkie Collins）通过在杂志上连载了一本门挡砖般厚重的小说《月光石》而步入了这个新兴的市场。这本杂志是他的好朋友查尔斯·狄更斯创办的。（《诺丁山之谜》则在另一本竞争性的杂志上连载。）《月光石》将当时所有"耸人听闻的"线索编织在一起，织成一张对维多利亚中期犯罪想象的华丽贝叶挂毯：梦游、鸦片、凶恶的印度阴谋者、无价之宝、破产的暴发户、虚伪的恋人、晕倒的少女，以及最关键的，一位精明的侦探。《月光石》的叙事从多个有内在关联的角度展开，它的叙事基调和类型也经历了从乡村哥特风格，到城市讽刺风格，到充满欲望的忏悔，再到警察程序的转变。这让它比现在很多同类的作品更有现代感。T. S. 艾略特对于犯罪小说向来比较苛刻，但他称誉柯林斯是这一文学范式的真正创立者。（这位满脸大胡子的狄更斯门徒各方面都很独特：他终生都在两个女人之间摇摆……）柯林斯采用了二十五年前由爱伦·坡勉强定下的公式，并把它转化成了艺术。威尔基还创立了一个新的流行作家的模式：粉丝可以买到他书中提到的各种商品，比如《白衣女子》中的香水。

保罗·柯林斯（和威尔基·柯林斯没有关系）解释说《月光石》在犯罪小说的道路上留下了关键一步。"柯林斯回到爱伦·坡定下的基调，创造了让读者跟随的叙事方式，在这种叙事方式中，犯罪线索是通过侦探和其他角色的经历和直觉来发现的，"保罗说道，"他为推理小说设定了规则，比游戏规则少一点，比故事规则多一点，焦点都集中在魅力十足的侦探身上。"

柯南·道尔崇拜爱伦·坡。他也喜欢加博里乌，至少他让夏洛克谈论过加博里乌。《月光石》本来对他来说是不可避免的。他后来会让华生医生成为一个廉价小说的忠实读者，他会给夏洛克·福尔摩斯灌输关于 19 世纪真正的犯罪小说的专业知识。（在他们刚刚认识的时候，华生就认为福尔摩斯对于"耸闻"文学的知识"极其丰富"，评论他"好像知道本世纪每个恐怖事件的细节"。）从一开始，夏洛克·福尔摩斯的故事就不单单是对 19 世纪早期的犯罪主题娱乐文学的详细展开，而且对它们进行了评论。当柯南·道尔考察之前的小说时——例如，他是美国作家安娜·凯瑟琳·格林（Anna Catherine Green）的小说《利文沃兹案》的忠实读者——他也知道怎么能做得更好。《利文沃兹案》于 1878 年出版，是一部生动但是节奏有点缓慢的谋杀和侦探小说。

"他真的不是创新者,真的,"当我们的好运饼端上来的时候,保罗·柯林斯告诉我,"其他作家发展了这种体裁,精细到侦探的地位和基本动作——他却是个局外人,他是个怪人。爱伦·坡和柯林斯创立了这种体裁的规则。但柯南·道尔写作的时间稍晚,当时用科学来破案的主题很有市场。他用这种前沿的(新方法),用侦探手法上的突破,将之前犯罪小说的所有元素融合在了一起。他采用了之前发展起来的形式,并加以完善。"

当柯南·道尔创造夏洛克·福尔摩斯时,他26岁,在南海镇(Southsea)做了几年全科医生,刚和图伊(路易斯)结婚不久。他们之间不是那种理想的恋爱;他们的相遇是在玛丽·路易斯·霍金斯(Mary Louise Hawkins)的弟弟搬进柯南·道尔的诊所时,当时她弟弟是个垂危的病人,不久就去世了。自从柯南·道尔的父亲精神失常后,他就把自己视作小家庭的家长,不仅要对妻子和随后出生的孩子负责,还要对他母亲、弟弟、姐姐和妹妹们负责(柯南·道尔的父母共有九个孩子,柯南·道尔排行老三,其中老二半年夭折,老四一个月夭折)。同时,他沉迷于冒险活动。在爱丁堡大学医学院做学生时,柯南·道尔曾冲动地与一艘北极捕鲸船签署了协议,要做船上的外科医生。他带着鱼叉出了海,参与了血腥的冰上海豹捕猎("野蛮的工作")。潜入海中时,他有几次都差点死了。后来他把这次出海称作真正的成人之旅。在他开始写小说后,他把这次野蛮的经历重塑为一次现实生活中的史诗般的冒险故事。这种经历不会是最后一次。

刚出校门,他就作为医生独自踏上了一艘往来非洲的客轮,这艘客轮满载着花天酒地的殖民者、狂热的传教士和靠棕榈油贸易发了财的非洲酋长。柯南·道尔不喜欢这些人,他也不喜欢自己的首次非洲之旅。旅途中，他看到的是无尽的、单调的绿色海岸，以及格雷厄姆·格林（Graham Greene）早期作品中人物的聚居点。他不喜欢在阳台上啜饮着鸡尾酒，交换对土著的抱怨。这趟旅行，既赋予了年轻医生世界性的视野，也帮助柯南·道尔坚定了决心，将来绝不从事与海军或殖民相关的职业。

1882年，他开始独自行医，在南海镇开了一家全科诊所。南海镇是英格兰南部朴次茅斯治下的一个时髦小镇。需要注意的是，除去领海，这个小镇是整个英国离爱丁堡最远的地方。（他再也不会住在苏格兰了。）为了保持外观的体面，柯南·道尔开始只装修了所租房子的客厅和诊室，门帘后面则像帐篷一样简陋。他自己搞明白了怎么用壁挂式燃气烤一片培根，然后，他让自己未成年的弟弟英尼斯（Innes）与自己同住，充当小伙计。不过最终他过得相当滋润，既是因为自己的医学天赋，也得益于他的合群个性，这让他在充斥着运动、俱乐部和半职业智力追求的男性中产阶级文化里如鱼得水。

他打保龄球和台球是为了交际，而打板球和踢足球则是严肃的爱好——这些运动都是赢得客户的好办法。足球场上，他为实力不俗的业余球队朴次茅斯AFC队出战。他使用"A. C. 史密斯"这个假名，担任守门员或者后卫。担任后卫时，他以战术技巧，或者也可以说是他强有力的拦截而出名。很久以后，他在板球队的队友会评价说，柯南·道尔在板球上的独特表现使得"失败率低得惊人"——板球是他最爱的运动。他的其他爱好也都能体现男子气概，比如：有时候他会为所属的政党——自由党统一派——担任精力充沛的街头工作人员。另外，他还有一些更文雅的爱好，他参加了朴次茅斯的很多文学和哲学社团。

同时，他一直坚持写作，努力让自己的短篇小说和文章发表（通常是匿名的），以获得稿费（通常是微薄的）。后来他把这样的日子称作"琐碎的日子"。作为一个年轻的作家,科南·道尔什么都写。杂志会给他一幅木刻版画插图,让他据此写一篇故事。为了4几尼,他会愉快地接受。他写过一篇亨利·詹姆斯(Henry James)风格的故事。他也写过很差的小说,交给出版商后又被退回来,还带着退稿信,"像信鸽一样精准"。

他的早期作品现在看来有些笨拙和吃力,但是仍然暗示着他的野心和眼界。例如,《约翰·胡克斯福德的间隙》以某种方式将软木工业的全球化转变成了一个暴力诱拐、失忆、身份丧失,以及分离五十年的恋人的催人泪下的(或者说插科打诨的)团圆故事。还有《J. 哈巴谷·杰芬的声明》,这是一篇根据虚构的目击者证词和航运新闻报道编写的海上惊悚故事。这两篇故事都登载在享有盛誉的《谷山》(Cornhill)杂志上,没有署名。有评论者误以为后者是罗伯特·路易斯·史蒂文森(Robert Louis Stevenson)的作品。柯南·道尔对此很满意,他更满意的是30英镑的稿费(相当于他行医年收入的十分之一,甚至更多)。

他知道自己可以做得更好。"我意识到,如果一直写短篇故事我可能永远取得不了进展。"这位未来的短篇小说大师后来回忆道。柯南·道尔感受到了年轻作者共同的渴求:写作出书的渴望——或者更准确地说,在出版的书上见到自己的名字。他凝视着自己的第一部小说,把它扔进了抽屉。

什么样的书能获得成功呢?柯南·道尔喜欢好的侦探小说,这种体裁后来也变得很受欢迎。可是,有趣的侦探和可信的情节又少之又少。他用想象力从他过去的经历中凝结成了一个形象:一张严肃的高颧骨的面孔、一头金属丝般的白色卷发、一张"似鹰的脸"。他听到了记忆中那激烈、尖锐的鼻音的回响,那是智慧的工具,能以手术刀的精度穿透生活的谜团。他想起了约瑟夫·贝尔（Joseph Bell）。

1879年左右的爱丁堡。煤气灯昏暗的灯光笼罩着巨大的报告厅。大量的医学生涌进来，体温勉强驱散了刺骨的寒冷。一个男人步履蹒跚地走向大厅的中央，他的鹰钩鼻和巫师般的灰色眼睛散发着指挥若定的气息。学生们的叽叽喳喳——那些喋喋不休的苏格兰人，混杂着被吸引到这座世界上最有创新精神的医学院的各国学生的杂乱的国际口音——都消退了。他们崇拜这个男人，他刚刚40多岁，但因为干脆利落的行文和辛辣坚定的语言风格而成为钢铁偶像。爱丁堡大学医学院是一所世界级的研究院——培育出了外科消毒技术的推广者约瑟夫·李斯特（Joseph Lister）以及军事医学、产科、精神病学和其他领域的很多创新者——但即使如此，约瑟夫·贝尔也是超群的。他已经完成了一本重要的手术指南。他是护理领域的先驱导师，也是弗洛伦丝·南丁格尔（Florence Nightingale）事迹的报道者。尽管如此，他最为学生所熟知的是他的"方法"。

大厅外面，贝尔精心挑选的学生办事员召集了一群贫穷的病人，他们自愿来作教学样本以换取治疗。刚刚20岁的柯南·道尔在大多数情况下都是个冷漠的学生。"一个60%的人。"他后来写道。因为一直很贫困，他决定在有限的时间里尽量多学一些课程，以便能提前一年从医学院毕业。他对数量的追求超过了质量。可以说他缺乏一定的专注力，总是为体育、家庭事务和文学而分心。即便如此，柯南·道尔还是和贝尔结下了不解之缘。贝尔选择他在自己的医务室里维持秩序。柯南·道尔把病人们按顺序排好——每次有七八十人之多——引导着他们一个接一个地接受贝尔的检查。

一个病人没说话，走到了煤气灯下。贝尔看着他。

"我发现你正因喝酒而饱受折磨，"他不耐地对这个可怜的老家伙说，"你甚至在外套口袋里带着个烧瓶。"

"我看你是个补鞋匠，"贝尔简单地告诉下一个男人，"观察，先生们，他裤子膝盖内侧的独特的穿着模式。他在那儿放了垫子。"

这时轮到一个跛行的老人了。"好吧，兄弟，"贝尔对他厉声说，"你曾经在军队服役过。"

"是的，先生。"

"刚退役不久？"

"不久，先生。"

"在高地团里？"

"是的，先生。"

"是个军士？"

"是的，先生。"

"驻扎在巴巴多斯？"

"是的，先生。"

"先生们！"贝尔转过身来面对着学生。"你们看，这个人身上有种恭敬的态度，但是他没有摘下帽子。他们在军队里都是不脱帽的。如果他退伍已久，那他就已经了解了平民的礼仪。他有种威严感，明显是个苏格兰人。说到巴巴多斯，他的痛苦来自象皮病，这是西印度群岛的……"①柯南·道尔站在旁边，听得入了迷。

---

① 约瑟夫·贝尔使用演绎法的场景是所有柯南·道尔传记里都必不可少的特征。这有很多例子。我选取的例子有两个来源，一是柯南·道尔的自传，那本有趣的删节本的《回忆和冒险》(Memories and Adventures)；二是柯南·道尔在1892年接受的《河滨杂志》哈里·豪（Harry How）的采访，还有贝尔写给他的长篇解释性信件作为补充。我关于爱丁堡大学医务室景象的描述，所据的是一篇不知出处的生动文章，作者是侦探小说学者霍华德·海克拉夫（Howard Haycraft），这篇文章出现在1946年出版的里程碑式的夏洛克研究选集《煤气灯影里的福尔摩斯》(Profile by Gaslight)之中。请追求严格准确的历史的读者们注意。

从年轻时起，贝尔就开始运用这种方法。他认为这是一项核心医学技能。他宣称："一切认真的教师都会告诉学生如何准确认识病案。"这最好是医生通过经验，用自己的眼睛看出来。毕竟病人有可能撒谎，也可能会搞错症状。一个长期受伤的人可能不会意识到其工作对他的伤害；一个酒鬼可能会隐瞒他的消费。对贝尔来说，观察可以直击诊断的真相。这全都和细节有关："对于疾病区别于健康状态的细节，进行准确快速的评估。"木匠和泥瓦匠会长不同的老茧。当人们为了生意和服兵役而外出游历时，他们会获得当地特有的印记。维多利亚时代的英国人在帝国的偏远地区收集到了独特的小玩意儿，会把它们戴在表链上。

贝尔不仅看到了，也观察到了。柯南·道尔永生难忘。（之后的岁月里，他一直在壁炉台上放着贝尔的画像。）所以当他决定塑造自己的侦探时，他回到了贝尔和他那有启发性的推理上。如果一个侦探也推理会怎样？贝尔自创的方法意味着对现实的严谨观察，而非抽象的理论。这颗群星中最亮的星星——这所大学就是它那个时代的医学硅谷——让柯南·道尔意识到在大师的运用下，科学、意识、实践知识和快速思考能做什么。从贝尔那里，夏洛克·福尔摩斯继承了他识别身份的技巧。例如，当一位名叫杰贝兹·威尔逊（Jabez Wilson）的壮硕的当铺老板在贝克街的客厅坐下时，福尔摩斯看了他一眼："除了显而易见的他有时会做体力劳动，他抽鼻烟，他是个共济会会员，他曾在中国待过，他最近写过相当数量的东西，这些之外，我推断不出别的什么了。"

好了。对于华生，对于我，对于你，对于杰贝兹·威尔逊先生，这个方法可能像一种巫术。对于我们得到精明的苏格兰老医生真传的大侦探来说，这不过是小菜一碟——基本演绎法。

柯南·道尔为一本侦探小说《混乱的一团》匆匆记下了一页笔记。不，这个书名不行，还是改叫"血字研究"吧，以上贝克街的谢林福德·福尔摩斯和他的朋友兼同事奥曼德·萨克（Ormand Sacker）为主角。不不！这太糟糕了。（谢林福德？奥曼德·萨克？）不过有个板球球员叫夏洛克……还有个在爱丁堡从事枪伤研究的可敬教授叫华生。现在，他可以确定一些东西了。

但速度并不快。《血字研究》完整稿件的出版步履维艰。最终，一家相对不起眼的小出版社给柯南·道尔的整部小说支付了25英镑稿费——是的，比他的短篇小说稿费都低。任何作家都能发现这是一笔糟糕的交易，也会明白为什么柯南·道尔会同意。出版商后来不客气地告诉他整个市场都充斥着"廉价小说"，所以他们得先把《血字研究》束之高阁。这部短篇小说最终在一年后的1887年在《比顿圣诞年刊》（Beeton's Christmas Annual）上发表。这是本软皮的小选集，里面还有两个毫无关联的故事，售价1先令，基本上是一件便宜的圣诞小礼物。[1]

（保罗·柯林斯告诉我："假日年刊和铁路廉价书有关系，但还是不同的。它们往往是出版商用重新包装或者非常便宜的内容快速赚钱的一种方式。出版商会选择一篇或两篇小说——已经付过稿酬

---

[1] 这可能是有史以来最容易赚钱的时代。在整个维多利亚时代，采用十进制前，1英镑等于20先令，1先令等于12便士。因此，1个先令大概相当于1个美国五分镍币，尽管维多利亚时代的1英镑比1美元值钱得多。（货币的实际购买力和功能从那时到现在发生了巨大的变化，所以很难再做有效的比较。在夏洛克的故事里，少量的钱几乎能发挥超现实的作用。1先令能支付一个街头顽童一天的工作。一年几百英镑的收入就很值得用精心策划一场重罪来获得。）根据一个比较合适的经验法则，维多利亚时代1英镑等于5美元。根据一个便利的在线通胀计算器，维多利亚时代的1英镑大约等于2013年的130美元，而《比顿圣诞年刊》的封面标价大概是6.5美元。2008年，一期《比顿圣诞年刊》偶然出现在英国慈善商店乐施会的捐赠品里。最终拍出了1.86万英镑的价格。

并单独出版过，把它们和其他的随便什么作品捆绑印刷。至少可以说，这不是作者赚钱的好机会。不过年刊发表至少是较易实现的。如果你像柯南·道尔一样，刚刚尝试着起步，那么这些便宜的出版物会让作品出版成为可能。"）

《血字研究》——宣传语是"惊险刺激的故事"——在英国没有激起太多评论。但是，美国人却相当喜欢这个故事。《波士顿家庭杂志》（Boston Home Journal）宣称："热爱优秀侦探小说的人会承认，这一篇属于最好之列……"最终，这些鼓励的话激励着柯南·道尔为夏洛克·福尔摩斯和约翰·华生再写几篇故事。人们似乎喜欢他们，将来可能还能用得上他们。几年后，一家雄心勃勃的美国新杂志的编辑向他约稿，想要一篇非常好的故事——这个邀约发生在出版史上最著名的晚宴之一上，我们下面会谈到——柯南·道尔又回到了夏洛克·福尔摩斯，写了《四签名》。后来，当他关注出版业持续的商业变革时，也不停思考着如何让福尔摩斯和华生帮他赢得署名和支票。

当时间进入19世纪90年代，柯南·道尔判断连载小说的黄金时代已经结束了。狄更斯、萨克雷、陀思妥耶夫斯基以及和他们齐名的维多利亚中期文学泰斗们一直采用的方式不再适合忙碌的通勤者和疲惫的家庭主妇。这可是快到20世纪了！迟早你会错过一期杂志，然后连载的故事就没法连贯了。那么写一系列内在联系又各自独立的故事如何呢？这些故事都有相同的核心人物，又可以从任意一篇开始阅读。柯南·道尔后来有一次颇为得意地把这个主意形容为"革命性的"。不管是不是他第一个想到了这个主意，这个概念让他将夏洛克·福尔摩斯改造成一个短篇小说里的角色——让他适合一本出版物。

1891年1月，《河滨杂志》创刊号出现在英国报刊亭里，这本杂志可说是那个杂志黄金年代里最新最有创造力的一本。《河滨杂志》的创刊号发行量为30万册。杂志出版商乔治·纽恩斯（George Newnes）从他最喜欢的几本美国杂志，尤其是《哈珀新月刊》（*Harper's New Monthly*）那借鉴了杂志的形式。这本杂志几乎每页都有一张图片，这在当时前所未见。为了完善杂志，纽恩斯聘请了赫伯特·格林霍夫·史密斯（Herbert Greenhough Smith）做编辑，他是一个30多岁的失败小说家，也是个知名的纸牌高手，他作为研究法国诗歌的专家克服了障碍，在报刊界取得了成功。

这两个人的合作实现了一种天才的搭配，他们可以说是舰队街出版史上黑暗艺术的最佳实践者。（河滨街本身在当时就属于时尚艳俗、追赶艺术潮流的伦敦街道，其东端连接着舰队街。这本与街道同名的杂志将办公室设在南安普敦街，就在河滨街附近。）由于杂志销售火爆，纽恩斯待在幕后，提供资金支持。大概四十年后，史密斯成为杂志编辑中少有的将自己卑微的技艺转化成类似艺术的人。他把《河滨杂志》变成了集流行新闻、消费服务、名人魅力和原创娱乐于一体的盛大杂烩，刊登的都是那个时代最优秀的流行作家的作品。最重要的是，他创造了我们至今在牙医诊所仍会用来打发时间的那份杂志。

史密斯在杂志创办之初就发表了柯南·道尔的文章。所以他可能是以乐于接纳的心情翻开了柯南·道尔寄给他的前两篇夏洛克·福尔摩斯故事，《波希米亚丑闻》和《红发俱乐部》。后来回想起来，他还记得这幸福的一天——无疑对任何杂志编辑来说，都会是最好的一天——这是一个兴奋的时刻。"我马上意识到这是自埃德加·爱伦·坡之后最好的短篇小说作家……对于一个长期在毫无意义的文字里跋涉，已经疲惫不堪的编辑来说，他就像一个天降之喜。"他甚至连柯南·道尔的字体都喜欢。他立刻和这个年轻的作者签订了六篇小说的合同，酬劳也很体面，每篇35英镑。

如今人们可以在 iPad 上读到1891年7月的《河滨杂志》。这种体验会让人感到一种诡异的融合的感觉——过去、现在和未来，全都缠绕交织在一起——围绕着所有和夏洛克有关的东西。有些材料感觉相当古老：一位名叫欧文·蒙塔古（Irving Montagu）的作者写了一篇《战争之路的逸事》，体现了维多利亚时代特有的恶作剧，就是把征服全球写得像一个心不在焉的玩笑，充满了有趣的外国人物，这些人物偶尔必须被杀掉。《好孩子》《努比亚人》都是这类的东西。在另一个故事里，一张模糊的老照片上，军队的自行车手们正立正听训，旁边是一段精彩的注释，解释了如何在骑自行车时用马刀杀人。

但是其他一些杂志，会让我们感到具备了现代杂志的雏形。《河滨杂志》是现代《人物》一类杂志的先驱，这体现在它对"不同时代名人生活的刻画"上——尽管它刻画的法伊夫公爵看起来像个可怜的真人秀节目新手。最让人吃惊的是，这期杂志除了《波希米亚丑闻》外，还有另一个侦探故事。这个故事讲述了一个叫乔治·马克森（George Markson）的人，有个一心想做明星的朋友兼同伴——竟然也是马克森的室友！这个室友还是一个记录者，记录着他朋友卓越的观察力。（"说到人有五感，乔治至少有十感。他能看清一个案子，看透一个人，甚至几乎能看透别人的思想……"）偶然发现这篇之前遗失的福尔摩斯的相似篇什，感觉就像得知猫王那流产的孪生兄弟竟然还活着，还能录制单曲。

不过那时候，情况就是这样。"夏洛克·福尔摩斯冒险史，第一部：《波希米亚丑闻》"——翻过一页页严肃的双栏排版后，这个故事渐渐结束了。柯南·道尔那轻灵的语句围绕着西德尼·佩吉特的钢笔画铺排开来，他们烟雾般的明暗对比、逼真生动的机智敏捷、具有讽刺性的庄严，以及幽默感的结合都极具美感。佩吉特把波希米亚国王描画成一个高大、性感的野兽——有一把略略可笑的、抹了蜡的胡子。他描画了福尔摩斯的两个伪装形象，醉酒的新郎和诡诈的牧师，都颇具喜剧的微妙效果。但是他画的夏洛克本人却看起来高贵、时髦又英俊——就连柯南·道尔自己也觉得有些过分英俊了。

在此之前，不多的几幅描绘夏洛克·福尔摩斯的前两篇故事的图画，都把侦探先生表现成一个浪荡的边缘性人物。[①] 不过，佩吉特正相反，他赋予柯南·道尔的这位调查员一种忧郁的优雅——整齐的衣着、清瘦带鹰钩鼻子的脸庞、轻盈的身姿和浑身的肌肉——一副永不会输的形象。佩吉特为夏洛克注入了风格。这位年仅30岁的插画师是个英俊的年轻人，他常常透过眼镜用锐利的眼神注视过去的照片，他在伦敦商业艺术领域很受认可，但仍然是个崭露头角的新人。过去有传言说赫伯特·格林霍夫·史密斯本来打算聘请他名气更大的兄弟沃尔特（Walter）来画插画，但忘记了他兄弟名字的第一个词。佩吉特成为第一个把柯南·道尔的文字变成流行形象的人。他也成为行业内除柯南·道尔以外第一个夏洛克的代名词，但远不是最后一个。

这样《波希米亚丑闻》就集几方面优势于一身：最火的杂志、极好的故事、卓越的插图。除了回顾性的文字，我们很难捕捉到当时大众的反馈。我们得知了《河滨杂志》很快把额外售出的10万

---

① 柯南·道尔那发疯的父亲查尔斯·阿尔塔芒，不知为何也给某版《血字研究》画了插图；他把夏洛克画成了有一把尖尖的胡须的形象，基本就是他的自画像。那些插图对于表现夏洛克·福尔摩斯来说很糟糕，但却让我们得以一窥他精神错乱的头脑；插画中的男性角色经常穿着女性上衣。

份归功于柯南·道尔。出版商纽恩斯同时在他面向低端市场的《美味》(Tit-Bits)杂志上也刊登了夏洛克的冒险故事,《美味》主要面对热心阅读的工人阶级,填补了《河滨杂志》只面向中产阶级的空白。不过还不止这些,就像当代夏洛克迷和侦探小说家林赛·费伊在我们第一次谈话时告诉我的:"不管对于当时,即1891年意味着什么,这个角色立刻像'病毒'一样流行起来。"模仿文章和致敬文章几乎是立刻就出现了。《波希米亚丑闻》首次出版后不到一年,《有闲人杂志》(The Idler)出版了讽刺探险故事《夏洛·科摩斯》(Sherlaw Kombs)①,《卢德盖特周刊》(Ludgate Weekly)则策划了《夏伍德·福克斯》(Sherwood Hoakes)的故事,二者的名字都是在模仿夏洛克·福尔摩斯。《美味》自己也在1892年登载了一篇《夏洛克·欧姆斯》(Shylock Oams),大概1893年的时候登载了《夏伯-洛克·福尔摩斯》(Chubb-Lock Homes)。1891年11月,集演员、作家、戏剧各项才能于一身的查尔斯·布鲁斯菲尔德成为第一个演绎侦探的知名演员——尽管只是在一台未经授权的音乐滑稽剧中出演,这部舞台剧在时尚的皇家宫廷剧院上演。投机取巧的《血字研究》新版本——回想起来,幸运的出版商拥有这部作品的完全版权——的引言把福尔摩斯描述为"一个家喻户晓的词,几乎成了一个大众知名人物"。

这一切发生得很快。当你在这里、夏洛克最初的诞生地读到他的时候,你就会明白原因了。在《河滨杂志》那按照商业效益策划编排的各种文章里,《波希米亚丑闻》熠熠生辉。这个故事既和这

---

① 夏洛的好帮手沃特森发现他在拉小提琴,"他脸上有一种甜美的宁静和安详,我从来没有近距离在谁的脸上发现过这样的表情"。这篇故事写得很有感情——柯南·道尔是《有闲人杂志》编辑杰尔姆·杰尔姆(Jerome K. Jerome)的朋友——是个不赖的故事。不过这类事情如果不多的话还是很有帮助的。

期杂志的基调一致，情节热闹，极尽华丽之能事，但又有别于其他文章：这篇故事在设计和布局方面有独特的现代性。华生简洁明快的介绍性评介赋予了作品现实感和连贯性，其他作家往往通过虚构日记或者信件来苦苦追寻这个效果。埃德加·爱伦·坡在《莫格街谋杀案》中，用长篇大论介绍了观察和推理的性质，这在福尔摩斯作品中简化成了两搭档的寥寥数语。

> 福尔摩斯：……我再次在实践中观察到了。你没告诉我……
> 华生：那么，你是怎么知道的？
> 福尔摩斯：我看到的，我演绎得来的。[1]

砰！剧情平缓地向前推移着，开始几乎难以察觉，很快就像一个怒气冲冲的君主戴面具冲进屋子一样进入高潮。柯南·道尔设计过他的调查员的理想模式：用七八千个单词来推动一件案子——更恰当地说，一次探险——从开始到结束，完美地没有一个无用的音节。

1891年的读者要求重印这个故事。赫伯特·格林霍夫·史密斯当然高兴坏了。考虑到《河滨杂志》对夏洛克的迫切需求，他与柯南·道尔签订了一份合同，以便发表他更多的小说。在作者这方面，他似乎嗅到了一丝微弱的陷阱的气味，要求大幅增加稿酬。柯南·道尔是第一批聘请文学代理的作者，他聘请了令人敬畏的 A. P. 沃特（A. P. Watt）。后者很快将代表维多利亚时代的小说大咖们，处理"令人讨厌的讨价还价"。当首批十二篇被代理的

---

[1] 或者就像一位夏洛克评论家 J. L. 希钦斯（J. L. Hitchings）在1946年发表在《贝克街杂志》(*The Baker Street Journal*)的一篇文章中所写的："如果说奥古斯特·杜宾的逻辑闪耀着完美无瑕的银色光芒，那么福尔摩斯的逻辑则如同有魔力的金子般熠熠生辉。"

小说，按照计划结集为《福尔摩斯历险记》出版后，史密斯又约了十二篇故事。柯南·道尔要求了 1000 英镑的稿酬——这是他做全科医生收入最高年份的年收入的三倍还多。史密斯没有一丝犹豫就同意了。

文森特·斯塔雷特是一位重要的研究夏洛克的作家，他在作品《福尔摩斯秘史》里，充分解释了为什么《波希米亚丑闻》拥有"冒险故事需要的所有重要因素"。斯塔雷特是芝加哥的一位优秀学者和记者，他生活的年代从 1886 年起直到"地狱迪斯科"（一款开放性的世界冒险游戏）诞生的 1975 年止。对于福尔摩斯这个角色在 20 世纪的推广，他是关键的文学评论家之一。《福尔摩斯秘史》出版于 1933 年，仍然是一本令人愉快的鸡尾酒读物，基调是欢快、高雅而热情的；在当今的夏洛克俱乐部见面会上，我曾见过这本书的平装版被当作圣书在会员间传递。斯塔雷特指出，华生的叙事方式恰到好处：他会讲述贝克街的场景，巧妙地指出过于敏感的不宜透露的信息（那个淘气的荷兰王室成员！），也会讲到客户带着问题到来的重要时刻——此时夏洛克的头脑可以暂时摆脱药物和报纸存档。

除了运用约瑟夫·贝尔的演绎法来完善侦探小说，以及对短篇小说这种形式的灵活运用外，《波希米亚丑闻》还凝聚了柯南·道尔成功的第三个重要催化因素。这项更难捉摸的成就其实就是小说的氛围：极其重要的福尔摩斯式氛围，即斯塔雷特巧妙地形容为"忧郁的魅力"的东西。埃德加·史密斯（Edgar W. Smith）是另一位研究夏洛克的先驱，会把它解释为"贝克街的景象"。这个氛围超越了柯南·道尔笔下情节的任何细节，创造了一种持续诱人的感觉，让人觉得他的每个故事都只是一个完整世界的惊鸿一瞥。这个世界存在于载着华生去往贝克街的漂亮马车的嘚嘚声中，存在于夏洛克客厅的亮光中，存在于波希米亚生产的粉色厚信纸上，存在于国王的面具里，存在于汽水制造机和装酒的玻璃柜子里。这是一个由些许优雅和小小阴谋塑造的世界，这个世界靠着侦探居所的幽静与窗外大街的喧嚣之间的张力支持着。大街上，乔装的国王可能正经过假扮的乞丐。在很大程度上，柯南·道尔是无意中创造了这个世界，他只是把想象中的窗饰碎片堆到了面前的大页纸上。他想充实他的侦探故事，使它们看起来合理、有趣而且有市场，却一不小心让它们变得近乎真实。

柯南·道尔的个人现实世界不光持久，而且还吸引着不管时间还是地点都已远离他创造的那个时代的人们。比如说，在我即将上五年级的那个暑假，我母亲、兄弟和我都搬到了我外祖母那位于密苏拉市中心以西尘土飞扬的平原上的家。这是城镇的新兴地段，其中很大一部分是我曾祖父母以前的农场。在 20 世纪初，我们家族在小镇边上经营着一家杂货店，还有一个果园，后来"小镇"越来越大。到 20 世纪七八十年代，也就是我的童年时代时，我们这个古老家族的核心产业发展成为一个带有巨大停车场的超市，周边则是瓦砾遍地的空旷场地。超市位于一条喧嚣的马路边上，后来，这条路上陆续开了好几家密苏拉本地大型超市。无趣的宽马路和四方的街区占领了这些空地，每个街区都满是低矮的农场式房子，每栋房子都带有一个大院子。外祖母的家是一座舒适宽敞的、战后常见的房子，没有一点浪漫的设计，绝不会让人想到她的先祖曾是这个地方的庄园主。

整个地区都体现了 20 世纪 50 年代的美国梦，它被一步步地剥除了一切值得探访的东西，每条路都拓宽到可通汽车的程度：这是广阔天空下的橘色之城。尽管当时我是个幸福而衣食无忧的孩童，我还是会感到一种模糊的、属于孩童的对周边环境的焦虑。有一年夏天，我躺在后院的吊床上，全身心沉浸在《夏洛克·福尔摩斯全集》里，这是继我在学校图书馆里读完那个删节本后的升级阅读，那个夏天，除了读《全集》，我什么也没做。

我疯狂地盯着看《全集》那布满了文字的阔大书页，好像希望白热化的注视（以及全然的忘我）能把我传送到柯南·道尔的世界。贝克街的奢华场景让密苏拉20世纪80年代的休闲生活像是一个被曾经更精彩的世界淘汰的仿制品。确实，我外祖母收集并珍藏的一些老照片也暗示着，就在几十年以前，我们先祖们在空旷的农场上耕作时，穿的服装就像温莎王朝养尊处优的贵族一般。我出生得太晚，注定只能成为穿着宽大冲浪T恤和运动裤的一代，生活在叮当作响的金属栅栏之后。

汽水制作机？玻璃酒柜？算了吧，新款可乐刚刚面世呢。

柯南·道尔浓缩展现了另外一种文化，与其说他提供了一些可读的东西，不如说他提供了一个可去的地方。我想这就是他吸引我的地方：其作品的立体效果，他创造的妙不可言却又颇具真实感的世界。他塑造了贝克街独特的内部装饰，又通过一个个故事，不停地增加细节——福尔摩斯在波斯拖鞋里放烟叶！他用小刀把未答复的信件钉在壁炉台上！无聊的时候他还把女王的首字母VR打到墙上玩！作者用诱人的暗示装点着他的世界的边缘：衣衫褴褛从事秘密活动的"阿拉伯人"，伦敦的隐蔽地点——他暗示着，从不揭开——福尔摩斯可以藏起来改变伪装的地方。俄国羔羊皮！我一定不是第一个感觉这个想象的王国按理应该是我的故乡的人。在我躺在吊床上沉浸在这个世界里的那个短暂夏日的几十年前，文森特·斯塔雷特就写下了著名宣言，表达他对夏洛克式生活的向往：

> 一缕黄雾打着旋儿地绕上了窗子，
> 当夜晚降临在这条虚幻的大街：
> 一辆孤独的马车踏破了雨幕，
> 幽暗的煤气灯光消失在二十英尺外。
> 这里，有世界爆炸后，仅有的两个幸存者，
> 这里是永远的 1895 年。

永远 1895？当时的我太小，不明白它的真正含义，不过我的理解力足以让我明白这个想法有多诱人。

不管怎么说，距离吊床岁月已过去二十几载，我发现自己又一次被侦探和他的场景迷住了。这一次，我想弄明白柯南·道尔是怎么做到的。他抓住了维多利亚时代犯罪和侦探的迷雾，有真实的，也有想象的，他从约瑟夫·贝尔的形象中提炼出了夏洛克·福尔摩斯，他通过紧密合作的《河滨杂志》发表了系列作品，他还利用了贝克街特有的周边环境。然后呢？

当我再一次剖析柯南·道尔，研究一百三十多年来围绕着夏洛克·福尔摩斯衍生出的种种历史或假历史、文学或准文学的文本时，我注意到自己正在按计划创造一个夏洛克式的模拟工作场景。我发现自己坐在扶手椅中，周围环绕着笔记本、古旧平装书、从国会图书馆挖掘来的影印本、时间久远的封面发灰的精装本，以及字迹模糊的报刊。我想我的"技巧"可能经不起同行的审查，但我要为自己辩护一句，也许对福尔摩斯进行真正完整的研究是不可能

的。资料实在是太多了。[1] 在时间过了如此之久后，调查夏洛克，就像盯着荒野——你最终必须选择其中一条路线，开始前行。

我决定把柯南·道尔最初的传奇当作我的地图。我一个接一个地读这六十个故事，没有维多利亚时代读者经历的成月甚至上年的时间间隔，这种连续阅读方式创造了一种阴谋感和持续紧张感。你会开始注意所有的东西，甚至不真实的东西。我是在一个阴暗、寒冷的秋冬季节开始阅读的——这也是福尔摩斯的自然季节。夜以继日地读了这些书后，我会骑上自行车——那是维多利亚时代卓越的创造——走进波特兰连绵的雨季，有时候会感觉我和夏洛克的世界处处交融在一起。我会穿过钢铁大桥（一座建于1912年的黑色大桥，已经锈迹斑斑），由此感受19世纪末20世纪初的天才人物，也有助于我的工作。波特兰的冬天常常笼罩着浓雾，这座老城的角落里还有一些鹅卵石路，可惜没有了煤气灯，有的只是浮华笨重的仿古灯。

实际上，波特兰奇异地很适合充当背景。它离东京的距离比贝克街要近，面积只有现代伦敦的十分之一。波特兰不像伦敦已经有两千年的历史，波特兰是由柯南·道尔的美国同时代人建立的，这个城市既有进步的思潮、有序的时代精神，也有一些洛可可时代的倾向。每天，我都会穿过一条条19世纪40年代规划的整洁、紧凑、布局合理的街道，街边一些外观华丽的建筑可以追溯到19世纪七八十年代。我工作的地点是市中心一座建于1914年的建筑，穿过一条街（这条街以内战中一位将军的名字命名）就是波特兰的

---

[1] 一位名为罗伯特·伯特·德沃尔（Robert Burt de Wall）的夏洛克学者在1974年开始编纂一份和福尔摩斯相关的文学与学术资料"通用"的图书目录——这份目录现存于多伦多大学，是定价280美元的精装五卷本，不过也可以通过明尼苏达州立大学图书馆的链接线上阅读。

老城区和中国城街区。在周边有一些旧式的小客栈、廉价的咖啡馆、低矮肮脏的小酒吧，以及仍然在追寻传说中 19 世纪走私渠道的人们。这个城市中许多最亮堂的时髦商店和最高端的科技创业公司也在那里扎根，让人产生一种幻觉，觉得 21 世纪直接从 19 世纪的种子里开出了花，中间并没有 20 世纪。那时候，年轻人甚至还留着八字胡。

事实上，我提出了一个理论：21 世纪 10 年代就是某种意义上的新维多利亚时代，比起我出生的 20 世纪中晚期，它和 1895 年的世界有更多相似之处。比方说，福尔摩斯和华生（以及他们生活中的朋友们）往往从很多不同渠道获取大量信息——柯南·道尔常常把贝克街描述成一个堆满报纸的乱室，深受其苦的哈德森夫人每天都要清理掉几十份报纸。他们很快就能搞明白我们现今被互联网、手机还有其他媒体环绕的乱象，可能会觉得这比 1981 年只有报纸和几个广播电视台的生活更容易接受。短信和电子邮件不会让一个依赖高速电报和每天多封邮件的侦探吃惊。（柯南·道尔的福尔摩斯能发电报的时候从不写信；本尼迪克特·康伯巴奇的夏洛克则是能发短信就不打电话。）贝克街上嗡嗡的电报声现在看来似乎是古色古香的东西。历史学家马修·斯威特（Matthew Sweet）在自己卓越的修订版《创造维多利亚人》（Inventing the Victorians）中指出，维多利亚时代的电报服务和我们现代的电子邮件基本一样：非常方便，也极其烦人，例如，电报也会向人们发送不想收到的广告。斯威特也梳理了维多利亚时代的影像文化——在鲁米尔兄弟于 1895 年发明第一台摄像机之前很久（以及之后几十年），人们通过各种现在已经消失的方法记录着移动的影像。维多利亚时代人能掌握我们现今浏览画质粗糙的网站视频和画质清晰的电视的技巧。实际上，我开始觉得，夏洛克·福尔摩斯和华生医生如果来到我们的生活中，来到现代的波特兰，会适应得相当快。他们肯定会比经历了"冷战"时代的伊恩·弗莱明（Ian Fleming）笔下的詹姆斯·邦德（James Bond）或约翰·勒卡雷（John le Carré）笔下的乔治·斯迈利（George Smiley）更快地了解错综复杂的地缘政治。

　　波特兰阴沉的雨天给那座古旧的生铁建筑罩上了一层釉光。下午3点钟，笨重的街灯开始闪烁。这似乎是夏洛克要求我来一场游走于现实和想象之间的调查。我已经想象过了贝克街的历史和虚构的建筑。是时候去看看这些（不）真实的东西了。

第三章
达特穆尔荒原

想象一下，一个男人待在酒馆里，喝酒打发下午时光。他身处一个琥珀色的长方形房间内，每面墙壁上都有大理石圆柱形的拱门，金色的马赛克天花板上点缀着星星点点的青金石。说实话，他看起来很不好：他消瘦的骨架像是失去了三分之一的血肉，猪肝色的皮肤散发着病态的气息。他只有 20 多岁，但是不知怎么的，看起来并不年轻。这一天是元旦，他的头很疼。

克莱蒂伦（Criterion）酒吧吸引了一群大胡子赌徒和时髦的小伙子，但是没有人和这位先生讲话。他独自一人喝着酒，目光呆滞空洞。他能隐约听到皮卡迪利大街上来回行驶的马车和公交车的声音，看到人行道上形形色色的骗子、流浪汉和游客。伦敦，好一个污水池——挤满了帝国的懒汉和浪荡鬼，当然也包括他。他肩膀上被长管滑膛火枪子弹打中过的地方很疼。

刚从医学院毕业，他就参了军。在他到达印度前，英国与阿富汗的战争爆发了，他加入了攻占坎大哈的军队，发现病房里处处血腥，人满为患。军队把他从诺森伯兰第五燧发枪团转入了第六十六步兵团。7 月，兵团拦截了一支庞大的阿富汗部队，这支部队由自称埃米尔的赫拉特省（Herat）统治者指挥。在一个叫迈万德的村庄，年轻医生所属军队的 2500 名英国和印度士兵对阵 25000 名阿富汗士兵。阿富汗军队撕开了左翼的印度本地士兵防线，然后顺势而上，第六十六兵团全线溃败。士兵们只能用棍棒和砍刀肉搏。军医吩咐他的勤务兵穆雷，在部队开始撤退的时候收集一切能收集的东西。然后，一粒子弹打中了他，擦伤了他锁骨下的动脉。年轻的穆雷把他扔到马背上，等他醒来时，他已经躺在白沙瓦（Peshawar）的基地医院里了。

经历了六个月的康复，其间还感染了一点伤寒，医生活了下来，他在河滨街一家贵得离谱又沉闷无趣的宾馆里快速清点着自己 11 先令 6 便士的日常津贴。他知道这不是长久之计。

突然，一个熟悉的声音穿过喧嚣响起。医生转过身，看到一个从前在医学院的熟人——叫什么名字来着？斯坦福德。对，斯坦福德！一个不错的老伙计。（他们以前也并没有走得太近，但是在这个庞大而陌生的伦敦，看到一张友善的脸就足够了。）而斯坦福德——也许他手上的鸡尾酒不是元旦的第一杯了——看上去有点晕乎。

"华生！约翰·华生。老伙计，看到你太高兴了。"

故事就这样开始了。这是《血字研究》开篇的场景。《血字研究》是夏洛克·福尔摩斯系列小说的第一篇，引出故事的不是一个容易兴奋的侦探，而是约翰·华生，他身有旧伤，在这个城市里漂泊无依，孤立无援。故事开头的布景也不是贝克街上那间虚构的舒适房间，而是真实存在的克莱蒂伦酒吧，在真实存在的皮卡迪利大街上，在优雅而冷漠的伦敦城里。

柯南·道尔将故事的开始放在了伦敦这个当时可称世界之都

的城市。对英国作家来说这是设置神秘故事唯一合理的地点。他让自己的耳目——这是他赋予华生的功能——深入这个城市纷乱躁动的中心,在那里,一次偶遇引发了夏洛克·福尔摩斯长达一百三十年的传奇。这样的事不可能发生在其他任何地方。在这六十个故事里,柯南·道尔的角色们都会成为伦敦人。他描写的城市风光——经由作者对现实、想象、刻板印象、都市传奇、真实描写以及主观想象的调和——对故事的吸引力来说至关重要。从那时到 21 世纪,一百多年过去了,数百万人都将感受到柯南·道尔笔下亮着煤气灯、浓雾笼罩的伦敦的魅力。这个读者心中的城市(永远停留在 1895 年)将演变成一个奇怪的混合体:它是虚构的,不过有许多具体而真实的细节,却也是似是而非的真实。

或者可以这么说,它可以被塑造得充满真实感。没有伦敦作为住址和原料,柯南·道尔就不可能塑造出夏洛克·福尔摩斯。反过来说,夏洛克·福尔摩斯和围绕在他身上的小说气氛也会慢慢浸润——以一种微小却不可避免的方式,定义——这座真实的城市。如果游走在合适的街区,思路正确,只需要略微模糊一下视觉就可以感受到福尔摩斯的伦敦:或是在出租车和公共汽车的川流不息中,或是当你走进建于维多利亚时代的地铁站,偷听到神秘的手机对话,低声用某种你不知道的语言交谈时。在今天的伦敦,只要你肯听,在哪里都能听到夏洛克。

一个穿得像维多利亚时代警察的年轻人俯视着贝克街,他的脸绷紧着,压抑着不断上涌的职业忧虑感。他的耳朵和面颊在寒风中冻得通红。冬日的天光被灰黑的乌云扼住了咽喉,开始隐退。在北边,黑暗笼罩了摄政公园,我注意到越来越多的行人快步走向角落里的志愿者酒吧。我看到那个戴着复古警察头盔的年轻人默数着从门口延伸到贝克街 221B 的队列，计算着他能否在离关门不到 20 分钟的时间里，管理好至少五十个来自美国、德国、日本、挪威、尼日利亚或者其他未知之地的游客。我从自己在队列里的位置，听到身后一阵喧闹，转过身，我看到几十个俄罗斯青少年正哗啦啦穿过大街，手里都握着价值 8 英镑的门票。我们的假警察进一步眯起了眼睛。

我的妻子在贝克街上踱来踱去，她用戴手套的手捂着耳朵，眼泪汪汪的。我和 5 岁的儿子一起站在队列里，想着他会因为他父亲执意要参观这个世上最著名的夏洛克·福尔摩斯旅游"陷阱"而感染哪种新型肺炎。我可以为自己辩解的一点是，有一大群世界各国的游客都在等着参观。他们（或者说我们）挤在博物馆下面的一层商店里，浏览着和夏洛克·福尔摩斯相关的各种小玩意儿。年轻的日本姑娘握着纪念版放大镜，德国小孩在试戴售价 30 英镑的猎鹿帽，而我在几次防范自己孩子弄坏巴斯克维尔象棋子或者别的什么东西后，来到了结算柜台。"店里一直这么多人吗？""不不，先生，从来没有，"穿着维多利亚连衣裙的年轻女店主高兴地说，"通常来说，这里是畅通无阻的，我也不知道今天是怎么回事。"她把我买的门票和大明信片塞进一只印着 Logo 的塑料袋里，送我出店，指引我排上等着进入博物馆的队伍。"在那儿，先生。我们塑料袋本身就是个很好的纪念品哦！"

这座位于今日贝克街 221B 的博物馆是在 1990 年对外开放的，不过它的旅游和纪念品售卖业务是基于大侦探的住所"仍忠实地保留着维多利亚时代的原貌"这个前提的。[①] 建筑的外墙仿照伦敦历

---

① 2013 年，经营博物馆的家族经历了一场众所周知的纷争。母亲和女儿起诉儿子，声称他有超过 200 万英镑的灰色收入。大众媒体都报道了那个保险柜里的 50 万英镑现金的故事，不过儿子反诉他母亲负责博物馆期间，有 40 万英镑不知去向。

史人物的故居，有一块蓝色的牌子。（本尼迪克特·阿诺德的牌匾离贝克街不远，奇怪地把他形容成"一个美国爱国者"。）实际上，在19世纪80年代时，并没有221B这个门牌号。真正的"贝克街"指的是大道南端一段完全不同的街道，直到20世纪30年代才延伸到现在的位置。而且——抱歉又提起这个——夏洛克·福尔摩斯也不存在，所以他也没有任何实际存在的居所。

不过就像福尔摩斯处理罪案一样，他本人其实是想象中的人物，似乎也没让队伍里的任何人感到困扰。戴着仿制警帽的年轻人很明智，他每次只允许几个人走进那扇著名的门，游客们戴着猎鹿帽，叼着为拍照备好的葫芦形烟斗（我对卫生问题感到疑虑），摆着各种姿势在门前拍照，然后，走进博物馆。我前前后后看了看这支队伍。大家的平均年龄应该是25岁。我敢打赌这其中大部分人从来没读过夏洛克·福尔摩斯故事中的任何一个。不管怎么说，我们这些人——不过无论在现实还是小说里，都不能说是拜访贝克街的最奇怪的一群人——尽管花了不少钱来参观一个从未真正存在过的地方，这个地方以营利为目的，只是自称为夏洛克故居。没有比这更不真实的事了。或许事实上，这个地方以它自己的方式，反而更符合柯南·道尔塑造的伦敦。他也喜欢充分利用人们对这个地方的想象。

实际上，柯南·道尔并非很了解伦敦。他年轻的时候游览过几次伦敦，偶尔会因为专业原因，或者为了采购家具而从南海镇来到伦敦。不过对于一个生活在1886年的雄心勃勃的作家来说，也真的没有别的地方可以作为犯罪故事的展开地了。几个世纪以来，整个文化界一直浸润在伦敦的艳情传说中。18世纪50年代，这座城市被叫作"恶棍渊薮"（a hydra of villains），在维多利亚初期，《弗雷泽杂志》(*Fraser's Magazine*)警告它的读者,存在"一支新的训练有素的犯罪力量",自称"犯罪庇护者"。除了直接犯罪,这个城市还以吸引四处漂泊的旅人、浪荡子和那些金钱或时间特别充裕的人著称,尤其是对于那些不住在这里的人来说:这是一座灰色人群的雾都。1888年,一本名为《今日伦敦》(*London Today*)的书把伦敦形容为"全球懒汉的乐土",正好呼应了约翰·华生在《血字研究》开篇的形容:"一个污水池,大英帝国境内所有的游民懒汉都会不由自主地流入。"

如同现代小说或电影会用"拉斯维加斯"来简称不好的行为,柯南·道尔利用了大众的刻板印象以及每日报纸的内容,来唤起大众脑海中的现成场景。克莱蒂伦酒吧、皮卡迪利大街、河滨街上一家孤零零的酒店——大部分购买都市谋杀小说的英国成年人都会代入他们自己对世界的看法:伦敦属于有魅力的捣乱分子,并由金钱和那些胡子打卷的不道德人士统治。柯南·道尔认识到,在那个世界中,他可以放进任何角色,让任何事情发生,而读者都会相信这个故事。所以,他把华生放到了这片现代神话的风景中。

塑造华生时,时年25岁的作家在某种意义上塑造了另一个自己。他为角色赋予了他曾拒绝的军医职业,让他比自己大了几岁,好能赶上迈万德之战。这场战斗在英国文化里影响很大:柯南·道尔写作《血字研究》那一年,为了纪念迈万德之战,一座铁狮子在雷丁铸成,之后不久,约瑟夫·鲁德亚德·吉卜林(Joseph Rudyard Kipling)会为这场杀戮写作一首充满伤感的诗歌。有人相信,最初,柯南·道尔塑造华生是以一位名叫亚历山大·弗朗西斯·普雷斯顿(Alexander Francis Preston)的人为原型的。此人是迈万德之战中受伤的军医,在撤退中苦撑了33小时终于退到坎大哈。柯南·道尔的笔记表明他也想过写一段故事,从第一次英阿战争回溯到 19 世纪 30 年代和 40 年代初期,故事里一位军官经历了一场绝望的逃亡。爱丁堡大学医学院的教授帕特里克·艾伦·华生(Patrick Heron Watson)与其虚构的同名人物一样,在克里米亚战争中担任陆军医生。柯南·道尔本应该在朴次茅斯实习,了解和诊治受伤的老兵。朴次茅斯是一个主要的军港,他让华生回国后在那里上岸。在 1886 年的英国,不幸在阿富汗作战中受伤的老兵随处可见。

我在童年时代第一次读《血字研究》时,忽略了华生的刻骨绝望,这种绝望在小说开篇那平淡的叙述中显得很微妙。那几个简洁的段落透露了柯南·道尔写《血字研究》的意图,以及这第一个故事的伦敦背景,由于他的叙述方式,现代读者可能会忽略这些信息,但当时购买《比顿圣诞年刊》的读者却会产生共鸣。

华生住在河滨街一间价格过高的公寓里。如今,当你挤开熙熙攘攘的游客时,庞大的娱乐场所和国际公司会提醒你,可怜的人啊,对于全球化来说你是多么的微不足道。在维多利亚时代,大街同样喧嚣,而且更加肮脏。在 19 世纪 60 年代,法国社会观察家伊波利特·泰纳(Hippolyte Taine)宣称:"每走一百步,都能碰到二十个妓女。"我们可以想象一下柯南·道尔本人会怎么想:他那受伤的、无亲无故的军医会在人群中迫切寻找一个落脚点,不过很快就会后悔。

克莱蒂伦酒吧,这个某天下午华生偶遇了年轻的斯坦福德的地方①,也能激起某种特定的印象。"克莱"是一家相对新的时髦酒吧,几年前才开张,以新奇的美国鸡尾酒和当时常常出现在八卦绯闻和

---

① 《血字研究》开篇设在元旦是夏洛克迷的一种传统看法,与大多数故事中的大多数年代元素一样,这个观点是有争议的。柯南·道尔并没有给出明确的日期。

犯罪新闻里的人物而闻名。在它旁边,是皮卡迪利大街,也有自己的社会属性。柯南·道尔开始写《血字研究》之前的夏天,一位匿名的通讯记者在《蓓尔美公报》(The Pall Mall Gazette)上以"午夜皮卡迪利马戏团"为标题,报道了一个故事。记者站在克莱蒂伦的门口记下了他的观察:"三个年轻漂亮的女孩,穿着救世军制服,正在皮卡迪利大街上走来走去,六七个妓女非常亲热地围着她们,周围还有一大群街头流浪汉。"对于《血字研究》的第一代读者来说,皮卡迪利就意味着不道德的生活、诱惑和罪恶。

华生碰到斯坦福德之后,这两个学校时期的老熟人继续作乐。他们去了霍尔本(Holborn),这是热衷聚会的威尔士亲王所钟爱的饭店,那里的咖喱肉汤可能会比"辣酱小牛头肉"更好吃。一瓶红酒下肚后,他们讨论起华生想改变环境的愿望。华生需要一个能支付得起租金的住所,而斯坦福德正好知道一个完美的室友。于是,吃饱喝足后,二人匆匆穿过古老的城市,赶往圣巴塞洛缪医院。

如果那天真的是("真的"——这如何发生?)元旦,华生和斯坦福德会发现圣巴塞洛缪医院的石头建筑就像我在最近的冬季假日里发现的一样:禁止进入。大楼和两座古老的教堂(圣巴塞洛缪大教堂和圣巴塞洛缪小教堂)以及伦敦唯一一座亨利八世的雕像一样,静寂肃穆,笼罩着中世纪的气息。他们冒险走进医院,走进一个实验室,实验室里只有一个人,弓着背在摆弄试管。这个消瘦的长着鹰钩鼻子的人似乎正处于亢奋状态。他说的第一句话是:"我找到了!"他招呼他们的话是一段关于科学突破的自我祝贺,他发现了一种鉴定血渍的方法,希望能借此抓到很多犯人。华生发现喝了几杯鸡尾酒和一瓶红酒后,很难接住这个话题。但是更让他吃惊的是,这个刚刚认识的人只看了他一眼,就告诉他:"依我看,您在阿富汗待过。"

那么在华生走进实验室大门之前,夏洛克·福尔摩斯在哪里呢?就像某个让人难以理解的量子物理理论一样,他可能在或不在任何地方,主要看你怎么想。柯南·道尔塑造这个在实验室里辛苦做事的年轻侦探时,他也不知道——至少根据我们的记录——这个角色在哪儿生活过,他在哪里长大,他的家人可能是谁。作家的一些记录灵感的便签还保存着,但是除了夏洛克(原来是谢林福德)喜欢小提琴这个信息之外,后面几乎没有任何内容。直到数年后,柯南·道尔才创造了比夏洛克更聪明的哥哥——也是他唯一出现的家人——迈克罗夫特。夏洛克在华生出现之前的存在只能靠猜测、推断和想象。

柯南·道尔最终决定,在《马格雷夫典礼》发表数年之后,让年轻的福尔摩斯在蒙塔古街进行了第一次自我塑造。蒙塔古街就在大英博物馆旁边。足以让人高兴的是,蒙塔古街上乔治时代风格的联排砖建别墅那华丽的阳台并没有太大的改变。这一复古的特点让这个地方长期以来都是夏洛克迷构建福尔摩斯式伦敦的特别之地。自 20 世纪中叶起,任何人要写侦探和他的城市,谴责伦敦的变化时,都绕不开这个地方——伦敦的变化有时候看起来就像一场对维多利亚时代(夏洛克时代)伦敦有计划的破坏。希特勒自然是炸毁了大片的城市景观,而战后出现的现代派城市规划并不认可精巧的砖砌街区或极有情调的煤气灯街道。(议会在 1946 年通过了新村法案,法案制定了将伦敦中心城区的人群疏散到远郊的策略。于是在 50 年代早期,远郊高层塔楼社区开始崛起。)在 1958 年,夏洛克研究学者迈克尔·哈里森(Michael Harrison)在他的著作《追随夏洛克·福尔摩斯的脚步》(*In the Footsteps of Sherlock Holmes*)中大量描述了这种趋势。这本书对柯南·道尔描绘的世界有着深刻的认识——例如,有一个福尔摩斯和华生经常光顾的土耳其浴室,占地12000平方英尺，晚上7点后，价格从3先令6便士直接降到了2先令。（注意，这是夏洛克迷关注的细节。）作者还在书中对建筑商、开发商、规划者和政府官僚进行了嘲讽。他描述诺森伯兰大道（Northumberland Avenue）说："街上每家豪华酒店都被内政部征用了，那些极好的公共空间早已陷入了政府所不可避免的肮脏衰败。"如果读一读过去一百二十五年里研究夏洛克·福尔摩斯和"他的伦敦"的作品，可以从中看到许多抱怨。例如，在1979年出版的《夏洛克·福尔摩斯：其人和他的世界》（*Sherlock Holmes: The Man and His World*）中，已故推理小说家基廷（H. R. F. Keating）对公共教育和达尔文的理论表达了不满。

我能理解这些。当看到古建筑被不切实际的规划者和唯利是图的地产商摧毁时，我也会情绪激动。但是如今看来，似乎是20世纪中期的夏洛克研究者错过了真实的故事。在我最近去朝圣过的蒙塔古街，阳光照耀着颜色鲜艳的前门，门上面是有特色的扇形窗户。这一排房子都有超过两百年的历史了，即使是现在，它们看上去也很时髦别致。我对夏洛克的伦敦的理解，是通过超过十五年来的一次次探访形成的，而这一景象坚定了我的看法：柯南·道尔描绘的这座城市奇迹般地完好无损。如果借助某种科幻小说里的邪恶技术，复制一个现代的福尔摩斯，那么他仍然能找到回家的路。

福尔摩斯和华生很快搬到了一起。华生身上带着战争留下的伤痕，领着微薄的津贴，在《血字研究》开头的大部分篇幅里，他都坐在角落，用探究的眼睛观察着他那奇怪的室友。他们没有谈论过夏洛克靠什么谋生，尽管他们在圣巴塞洛缪医院相遇，但夏洛克绝对不是一个传统医学院的毕业生。（斯坦福德曾说，夏洛克为了观察人死后所受的瘀伤可以达到什么程度，在解剖室里击打尸体。）

他会吸引奇怪的来访者。一个"脸色蜡黄、面相阴险、长着黑眼睛的家伙",名叫莱斯特雷德先生,他总是会来。有一天,夏洛克兴高采烈地接待了一位时髦的年轻女士,她身后还跟着一个衣衫褴褛的老商贩。还有铁路搬运工、老头——这些人是谁?福尔摩斯为什么要征用客厅来见他们?

夏洛克简单粗暴地将他们解释为"客户"。客户?显然,这个年轻人正以贝克街为总部进行着某种秘密交易,这真是个狡猾的选择。19世纪80年代,选择贝克街上的寓所是极其体面又勉强能付得起租金的。(据哈里森的《脚步》一书考证,租一间带两个卧室的公寓,包括房间费、伙食费、偶尔的室内射击练习和化学实验,每周费用为三四英镑。按此水准,华生分摊的房费还是会占去他的一半的抚恤金……这让我想起了一个澳大利亚小伙子曾经告诉我的关于住在伦敦的感受:"每天我都想往自己的钱包里吐出点东西来。")街上那些乔治时代风格的平房是商住两用的,租给了很多工匠和自由职业者。先锋职业摄影师在那里营业——例如,艾略特和弗莱先生(Mssrs. Elliot and Fry)照相馆拍摄了很多戏剧名人的头像。小规模的私立学校在那里开课。家具公司和钢琴店在报纸上疯狂投放广告。过去的照片显示了当时轻快便捷、还没有过分发达的交通:有人乘坐马车,也有人步行前往一楼底商。也许他们正在前往杜莎夫人蜡像博物馆的路上,这是一座19世纪30年代成立于贝克街的博物馆。换句话说,这是一条任何人都可以自由往来的街道。没人知道什么人在贝克街上做什么,说实在的,谁又关心呢?这真的不是皮卡迪利广场或者河滨街——这条街不会在读者心中形成太多有关魅力、紧张之类的联想。贝克街是一个进行秘密交易的好地方。

不计其数的人想弄清楚"真正"的221B到底在哪里,因为在时间上这是一个不可能存在的门牌号。总有夏洛克迷按照柯南·道尔寥寥数笔的有限描写，带着古老的军用地图和小笔记本在贝克街上缓步探索。现代学者可以把维多利亚时代的纸质地图和网络街景地图结合起来，获得出人意料的效果。不过能实地考察、亲自探寻小说中最著名地址的原型还是更有意思的。柯南·道尔"因为充足的理由"而终生都不肯透露这个原型所在。最近的街灯离房子有多近？烟草店在哪里？线索有很多，但是经过了近一个世纪的探寻，夏洛克迷却从未得出一个确定的结果。这是这部传奇长期成功的一个秘密：它吸引着人们对永远不可能回答的问题进行无尽的探寻。

我自己在探寻的时候，开始感到过去的"真正"的贝克街上半数的房子，都有221B的影子。詹姆斯·爱德华·霍尔罗伊德（James Edward Holroyd）在自己1959年出版的那本笔调活泼的《贝克街冷门研究》（Baker Street By-ways）里，为了支持自己的选择，对柯南·道尔的篇章进行了兴奋又疯狂的数字分析，据此他得出实际地点是贝克街109号。伯纳德·戴维斯，一个演员和学者，写了一篇细致研究的文章《贝克街的后院》：对华生曾经提到的街灯、大门、小巷、可能的行走路线，以及后院那棵孤零零的树的可能位置，都进行了细致入微的分析。他认定的结果是贝克街31号。①

我站在后者选择的地点，在贝克街和布兰福德街的交接路口。我发现可怜的贝克街31号被一座灯火通明的现代写字楼包围了，它现在是一家名叫"率性"（Tossed）的、色调过于欢快的临街商店，售卖沙拉、冰果露和面包。我急忙走到大街的另一边，也就是

---

① 这个"让我们找到221B"的游戏偶尔也会冒出一些异端的理论，即这座神圣的公寓实际根本不在贝克街上，而是在伦敦的其他地方。对这种级别的挑衅，我们无须放在眼里。

还有乔治时代风格公寓的一边。我伸长脖子，举着手机拍下了贝克街 33 号的第四层，那里有三个狭小的窗户，外墙是棕色砖块。这栋建筑里有"猎手"（Hunters）的办公室，这是一家名字很吸引人的房地产公司。根据戴维斯的分析，这应该是《空房子》的地点原型。在这个故事里，福尔摩斯和华生在这里引诱塞巴斯蒂安·莫兰上校。上校是一名枪手、一名纸牌老千高手，当然也是一名出色的猎手——他们把福尔摩斯的蜡像放在对面房间的窗户前作诱饵。

"猎手"公司在我面前沉默地矗立着，这是留给夏洛克迷极好的遗产。能算遗产吗？可以！不过这个小小的谜团有个问题：当你考察一个可能的地点时，另一个也会起劲儿地暗示它才是真正的地点。你可以从贝克街的一头走到另一头，最后真正会发现的是柯南·道尔一直都在狡猾地笑着。"哦，你觉得这里可能是？恩，也许吧。" 20 世纪 20 年代，当文森特·斯塔雷特站在贝克街 66 号门外时，产生了一种神秘的感觉，告诉他自己这里就是真正的地点。66 号接近现在的赛百味（Subway）店。在大概同一时代——夏洛克·福尔摩斯的故事有时仍会悄悄登上《河滨杂志》的时代——一位名叫格雷·钱德勒·布里格斯（Gray Chandler Briggs）的圣路易斯医生到贝克街朝圣，他拍下了照片，写下了笔记，并猜测长期以来邮局的位置，贝克街 111 号，应该是真正的圣地。也许是与夏洛克迷的秘密地理记录都不同，布里格斯亲自把他的发现呈给了柯南·道尔。布里格斯关于此事的回忆在斯塔雷特的《夏洛克·福尔摩斯的私人生活》中有所记录。"道尔告诉我，以一种不容置疑的严肃，"布里格斯详细描述道，"他相信自己这辈子并没有到过贝克街……"

"不管怎么说，道尔是有点神秘莫测的地方……"

神秘莫测，我们可以相信——在那个时候，柯南·道尔已经变成了一个白发苍苍的名人，惯于对死后的生活发表神秘的意见。他显然也还是充满幽默感的。有一次，他在池塘对面遇到了一个医学同行，此人显然是个狂热粉丝，随身带着笔记本和柯达相机，柯南·道尔趁机戴上了面纱。他也当然到过贝克街——实际上，他和这条街有些有趣的联系，让他觉得此街很特别。

在他塑造夏洛克·福尔摩斯大概十几年前，还是青少年的柯南·道尔拜访了他在伦敦的亲戚——充满艺术气息的道尔家族，并在伦敦城里四处游览。当时，他的亲戚是虔诚的罗马天主教徒，他们把他带到了——或许他会有点小小的不情愿，因为年轻的道尔已经皈依了新教——一个法语社区的小教堂里。这个小教堂就在贝克街附近。（当贝克街开始变成乔治时代风格的社区时，很多居民都是法国大革命后的贵族难民。）他怀着更大的热情参观了杜莎夫人的蜡像工作室，工作室那时位于贝克街巴扎（Baker Street Bazaar）的建筑群里。老夫人和她的后人们制作出售名人和普通人的蜡像已经长达几十年，他们尤其擅长制作被绞死的谋杀犯和被斩首的头颅的蜡像。夫人根据威廉·科德（William Corder）的死亡面部模型（用柔软物质压在死人脸上，变硬后取下制成）制作了他的蜡像，威廉是一位臭名昭著的杀人犯，也是19世纪20年代大部分畅销大幅纸读物的灵感源泉。在小酒馆和展览馆巡回展出了数年后，杜莎工坊在巴扎扎了根，这处巴扎曾经是一座军营，后来成为多种商业贸易的经营场所。

在蜡像博物馆，柯南·道尔发现自己"无法抗拒地被那些谋杀犯的蜡像吸引"，这些蜡像陈列在臭名昭著的恐怖陈列室里。他欣赏着刑具和巴黎恐怖分子被斩下的头颅。他看到了来自他的家乡爱丁堡的臭名昭著的杀人犯伯克和黑尔，在柯南·道尔上大学前，这两个人把刚杀掉的人卖给大学医学院的外科手术室用于解剖。（这个罪案会体现在好几个夏洛克故事里，例如在《弗朗西斯·卡法克斯女士的失踪》中，福尔摩斯和华生从棺材里拉出了一个半死不活的女人，她是被坏人藏在棺材里的。而柯南·道尔在爱丁堡大学的一位教授就这个案子进行了法医鉴定工作：他在解剖室击打了尸体，以验证盗墓人关于他们的"战利品"在死后遭遇了击打的说法。）除了这个血腥的陈列室之外，这个习惯了寄宿学校昏暗大厅的小伙子会发现，杜莎家族把这个过去的军营改造成了一个壮观的玻璃幕墙大厅：有着高高的天花板、镀金装饰和帷帘、奢华的家具。那些栩栩如生的国王和王子从每个角落散发着高雅的光芒。

回到19世纪70年代那个阴沉沉的伦敦，想象一下这个健壮的小伙子，他吃惊地面对着贝克街上熙熙攘攘的生意人和马车。他那颗擅讲故事的心因一种难以描述的直觉颤动着。他刚刚窥见了来自一位夫人的商业秘密：精心制作的假象有种奇幻的力量。刚从恐怖陈列室走出来，年轻的柯南·道尔可能会发现"正常"城市生活隐秘的另一面，此时他第一次显露出自己敏锐的观察力，可以窥见隐秘的世界。① 几年后，当他需要为小说中的探索者寻一个家时，他脑海中浮现的可能就是这个巴扎。

长期以来，贝克街一直经历着大规模重建。例如，德国空军在1940年12月8日炸毁了交易市场，而原来柯南·道尔欣赏伯克和黑尔蜡像的地方，现在则是一片办公大楼。不过，作者塑造伦敦时，既有心理气氛的烘托，也有实体细节的描述。漫步在圣玛丽勒

---

① 柯南·道尔在写作《血字研究》期间的一则没那么神秘的笔记显示，他当时在朴次茅斯当地的文学组织里很活跃。同组织的成员有珀西·布尔努瓦（Percy Boulnois），一个很有才华的土木工程师；布尔努瓦的家族负责贝克街巴扎的重建，而他的兄弟埃德蒙（Edmund）则实施了重建。这种私人关系可能会让柯南·道尔对杜莎夫人蜡像馆和圣玛丽勒本街区的印象更加深刻。

第三章 达特穆尔荒原

本街区的小路上，你几乎会立即发现夏洛克世界的踪影。在一条街外的格洛斯特广场（Gloucester Place），乔治时代风格的房子整齐地排列着，色彩明快，扇形的房门证明了奥威尔所说的"英国人生活的私密性"——那种感觉就是在这些门后，任何生活方式都有可能，不需要别人知道。

有一天早上，我逛到了这个古老的街区。我从艾奇维尔路（Edgware Road）地铁站出来，顺荷马街（Homer Row）而下，进入一个夏洛克式的梯形砖砌平台。在罗德马丁（Rodmarton）和布兰福德（Blandford），有四座连在一起的房子，可说是一个特别的范本。它们那带铁栏杆的阳台和每扇窄窗上面巧妙的红色装饰都诱惑着我，或许就是那里，那栋建筑，布兰福德街104号。那里可能是"贝克街"，也可能是贝克街的原型，又或者至少是柯南·道尔在遥远的南海镇那躁动的心灵中存在些许真实基础的模拟物。然后我抬头看了看——没有扇形窗。暴击！华生很明确地描述过一扇凸出的扇形窗。可是我面前的这座房子——就像整条街上其他所有的房子一样——没有扇形窗。这么说吧，扇形窗真能让夏洛克迷发疯。它到底在哪儿？

在我看来，要想不太费力地实地探索夏洛克的贝克街，就不能纠结于任何一个地址，而是要漫步街头。多塞特、格洛斯特广场、蒙塔古广场：这一圈路线会经过一些白漆砖墙的房子，其中有些房子确实有凸出的二楼窗户，尽管窗户的形状不是完美的扇形。然后，再回到现代贝克街，会发现它的每个部分都很适合你。那是因为，尽管贝克街也经受了希特勒帝国和地产开发商的巨大破坏，它毕竟还保留了很多东西。各式各样的商店、公司、咖啡馆、酒店和各种交通工具汇成了一道洪流，这正是夏洛克曾经需要的赖以开展并维持业务的洪流。如今，他那虚构出来的事业与这条街上真正的商业交织在了一起。贝克街地铁站从19世纪60年代起就开始吞吐客流。如今，乘客们会驻足拍摄瓷砖拼成的福尔摩斯侧影，那幅侧影标志明显，极易辨认——猎鹿帽、鹰钩鼻、烟斗——再说一遍，烟斗是沃霍尔式的，颜色是20世纪70年代流行的那种棕色、白色、黑色和铁锈红拼色。有两家酒店都叫"夏洛克·福尔摩斯酒店"。烟斗和猎鹿帽还出现在咖啡馆的标志上和纪念品商店中。侦探已经成了他这些老邻居的护身符和吉祥物。

我们在博物馆门前的台阶上等候，假警察去叫真警察了，我们为此在寒风中等了几分钟，我刚打算去催催他，他就回来了。最后，在两个叽叽喳喳的日本女粉丝轮流用猎鹿帽和烟斗拍了照后，他终于让我们进去了。

夏洛克·福尔摩斯博物馆有几间紧凑的、半明半暗的房间，里面装满了维多利亚时代的碎片，以一种无意识但恰到好处的方式向科南·道尔参观贝克街巴扎的情景致敬。我可以绕过或者离开这些做旧的化学装置以及布满尘土的小提琴，但是我觉得这些模型很是有趣。格林斯比·莱洛兹医生，那个《花斑带之谜》里邪恶的继父、误入歧途的异国动物爱好者，坐在角落里，他头上缠着一条玩具蛇，带着一种妄想的神情。看到布鲁顿，那个擅长破译密码的偷盗男仆还是死亡的状态，我舒了口气。在《马斯格雷夫典礼》中，管家被闷死在一座庄园的地下室里，谢天谢地。在隔壁房间，福尔摩斯和华生看上去像是两个趾高气扬的猎手，他们身旁是刚刚被人从棺材里拖出来的、神情惊恐的弗朗西斯·卡法克斯女士。

"爸爸，这些人是谁呀？"我从弗朗西斯女士身上收回视线，转向我儿子。他正指着一个好似在玩儿杂耍的波希米亚国王。国王戴着一个很蠢的面具，正在对艾琳·阿德勒进行抗议。"那是国王和歌剧演员。"我告诉他。（不久前，我刚给他详细讲述了删掉两性关系版本的《波希米亚丑闻》。）"那边，那个难看的、脑袋秃顶、头皮发白的标本呢？""哦，那是一个邪恶的数学家，莫里亚蒂教授。"我儿子眯起眼睛看了我一眼。"一个邪恶的数学家？"

  我们一一抚摸着博物馆里这些可笑的收藏：华生生了锈的左轮手枪、福尔摩斯身上被某个心怀感激又任性的王室成员挂上的奖章、一只维多利亚时代的马桶。在一张边桌旁，有一沓人们从世界各地寄到贝克街221B的信。一家曾经位于221B的财务机构据说曾经专门指派了一名员工处理夏洛克的邮箱。现在，尽管人们生活中一般不再写信，但是他们仍然会给夏洛克写信，就走失的宠物寻求帮助，或者索要签名。就在这群俄罗斯学生一起穿过屋子的时候，我悄悄走近了他们的领队，想尝试着操演我的大学俄语。尽管我的水平只相当于一个聪明的2岁孩子，我还是了解到他们是从下诺夫哥罗德（Nizhny Novgorod）来此朝圣的（她后来好心地转用了英语），他们此前都很期待这次15分钟的贝克街之旅。"俄罗斯人都很喜欢夏洛克·福尔摩斯。"这位女教师肯定地告诉我，然后就急匆匆去确保她带来的学生不会顺手牵羊拿走汽水机了。关门时间快要到了——221B窗户里透进来的如水的光线正在消失。小说里，每天这个时候，福尔摩斯和华生会拨旺炉火，打开酒柜，喝点白兰地，拉上一会儿小提琴。现实中，一个穿着19世纪复古衣裙的20多岁的女子，站在楼梯上，看上去极其想离开。我希望能在她之前到达志愿者服务处。

  华生在和福尔摩斯合住的头几个星期情况很糟糕。他很少出门，整日抱怨着战争留下的伤痕和鬼天气。理论上讲，《血字研究》是从华生回忆中提取出来的。在这篇完全是日记体的故事里，这位可怜的医生坦陈自己"毫无目标",过着一种黯淡无聊的生活,并没有什么能吸引他的注意力。

好吧,除了夏洛克·福尔摩斯。福尔摩斯思考问题的时候,华生也在注视着这位住在隔壁房间的人形灵犬。他私下把这位室友的"知识缺陷"列了个表。关于福尔摩斯的哲学和文学知识,华生总结为"零"。夏洛克完全不懂天文学——他甚至不知道地球是绕太阳转的。他认为这种知识对自己的工作毫无用处,所以断然拒绝接受。尽管华生做了这个偷窥式的表格,但不知怎么的,他却没有问问福尔摩斯做什么工作。夏洛克在剑术和单手棍术方面十分精通。他还可以根据颜色分辨伦敦不同地区的土壤。夏洛克了解如何种植有毒植物,却不知道如何种黄瓜。

夏洛克,夏洛克,夏洛克!我们的华生正成为限制令的有力候选人。然后,在一个寒冷的 3 月,他们两人就杂志上一篇匿名的文章发生了争论,这篇文章宣称一个敏锐的观察者只需要凭一滴水就能推断出大西洋的存在。华生讽刺了这篇文章,结果发现夏洛克·福尔摩斯——夏洛克!——竟然是文章的作者。福尔摩斯告诉他自己是个"咨询侦探",或许还是世上唯一的咨询侦探。人们遇到问题的时候会来找他,警察经常会对罪案迷惑不解,他们也会来拜访夏洛克·福尔摩斯。如果他不介意这么说的话,他是非常聪明的。

华生觉得这个新发现很让人烦恼。仅仅几分钟后,他们就收到了一封来自托比亚斯·格雷格森的信,他是一位苏格兰场的警探(与莱斯特雷德一样),他信中讲述了一桩发生在布里克斯顿路(Brixton Road)尽头的劳瑞斯顿花园的恶性案件。空空的屋子里有一具美国男尸。在这样一个寒冷的 3 月,还有什么比这更刺激的呢?福尔摩斯让华生也拿上帽子。这是为什么?"要是你没什么更好的消遣的话。"福尔摩斯答道。这样，夏洛克·福尔摩斯向着波涛汹涌的大海伸出了一只手，把华生拉到了最后一艘救生艇上。

那天天气很糟，典型的夏洛克系列早期故事里的天气，暗淡的天空映照着泥泞的街道。劳瑞斯顿花园3号也没法让人愉悦。它坐落在一个杂草丛生、几近荒废的街区，周围是泥泞的南伦敦街道。"三排空洞凄凉的窗户……到处贴着的出租告示，就像灰扑扑的玻璃上长满了白翳。"福尔摩斯和华生走进房子时，读者会感到潮冷，听到地板的咯吱声，闻到尘土和陈旧的下水道的味道。发生凶案的房间光线昏暗，可是仅仅隔着一扇灰蒙蒙的窗子，外面就是依然喧嚣的伦敦。

华生发现了一幅恐怖与荒诞交织的画面。墙上那廉价而花哨的墙纸，已经有了霉点，开始大片剥落。一个仿大理石的壁炉台营造了一种迷人的假象。在房间中间躺着死者伊诺克·德雷伯，他的帽子掉落在身边，还很整洁。华生，通过柯南·道尔的笔，回到了爱伦·坡那种叙事方式，用精雕细琢的笔墨刻画了一具可怕的尸体："他僵硬的脸上有种恐惧的表情，在我看来，还带着仇恨……他那狰狞扭曲的可怕面容，加上低矮的额头、扁平的鼻子和突出的下巴，让他看起来和猿猴格外相似……"

夏洛克·福尔摩斯高兴极了。他用自己修长、灵巧的手指匆匆查看了一下尸体，在屋子里走来走去，并不断抛出自己观察的细节和犯罪的蛛丝马迹。这是头一次他在羞辱警察的时候有人记录，这让他极其兴奋。地上有血，但不是德雷伯的血。这让他想起了1834年"发生在乌德勒支的范詹森之死"。格雷格森在处理一位50岁的荷兰人的凶杀案里，表现出让人尴尬的无能。自然，房间里的烟灰来自特里奇诺波利雪茄。（夏洛克·福尔摩斯针对怎么辨别不同的烟灰还专门写了一篇专著。啧啧！）就像惊悚剧里的场景，莱斯特雷德发现在墙上有几个用血写的字母"RACHE"，他立刻想到了一个叫瑞秋（Rachel）的女人。夏洛克一哂，因为他知道，Rache是德语"复仇"的意思。他也知道，这不过是个障眼法，因为字母R的书写方式是非德国式的——不过这个发现仍然有助于推断凶手的身高和他凹凸不平的指甲。这位业余的侦探告诉他专业的同行们，凶手身材高大，脸庞发红，坐着一辆双轮马车而来。

这一幕让华生沉醉其中。而他之前的那丝在恶劣天气出门的不情愿也神奇地消失了。很快，他就和福尔摩斯一起穿过阴雨连绵的伦敦南部，去拜访那个发现德雷伯尸体的辖区警察。（他们很着急，因为夏洛克下午还想听场室内音乐会。）他们寻访警探时，走过了一连串肮脏的街道和阴暗的小巷，来到一个围着一圈小屋子的方形庭院。睡眼惺忪的警察坐在他的马毛沙发上，为了10先令的好处费，开始讲述那个夜晚：小酒馆里的纷争，雨夜、布里克斯顿路上那个荒废肮脏的社区。他看到劳瑞斯顿花园3号透出了亮光。他知道这座房子应该是空的，因为房东拒不修理管道，导致之前的房客被污水害死了。当时，当他和他叫来的同事一起处理犯罪现场时，他们碰到了一个高大的、唱着美国歌曲的醉汉。他们让醉汉走了——这让夏洛克很恼火，因为这个人就是凶手，你个傻瓜。

在《血字研究》里，典型的夏洛克·福尔摩斯故事里关于舒适旧时光的剪影，煤气灯、马蹄嘚嘚声等都一一褪去了。这个故事里的伦敦并无魅力，而是一个充满暴力的潮湿泥潭，的确，就像华生在故事一开始所描述的，是居住了四百万奸诈野兽的"一片荒野"，一座人们在出租屋里从事肮脏交易的城市。福尔摩斯和华生就在出租屋里与喝了威士忌的警察、衣衫褴褛的街边小孩（他们聘请这些小孩提供情报），以及一个狡猾的男扮女装的人做着交易。一个男人在一家廉价小旅馆那破旧的房间里被捅死了。就像福尔摩斯所说，有一根谋杀的红线贯穿了日常普通生活的一团乱麻。

发生在伦敦的暴行支撑着现实生活中的报纸发行量。1881年，柯南·道尔开始写作《血字研究》的那年，伦敦东区的一个德国面包师的消失引发了一场叫作"圣卢克谜案"的著名案件。相关方面聘请了一位沃尔特·谢勒先生来破案。他是一个德国移民，在法庭公开声明中，他自称是一个"专业的咨询侦探"（这是我要重点强调的），这个不同寻常的词显然在柯南·道尔的心里扎了根。① 他借用了这个独立调查员的身份，并借此塑造了一个新的人物：一位都市侠客。在故事的末尾，福尔摩斯和华生可以说在一定程度上，已经成了调查罪案的搭档。当他们发现伊诺克·德雷伯之死时，两人想到了一个不太成型但是更加关键的事实：在这个冰冷空旷的现代城市——一个会在废弃房间杀了人还像什么都没发生一样的地方——能让人得到救赎、获得快乐的只有友谊，并且这一切只有在共同进退的冒险经历中才能获得。

我从斯托克韦尔地铁站出来，沿着布里克斯顿路去探寻《血字研究》中的罪案现场，或者可能的罪案现场。路边古老的房子都竖着砖砌的烟囱，烟囱直指暗淡的天空。我正在尽我所能地还原劳瑞斯顿花园的氛围，在3月末的一个恶劣的天气出发，去探寻那条美国人生命终结于斯的街道。

关于布里克斯顿路，我不怎么了解。当我为工作拜访位于该路

---

① 1971年，夏洛克研究作家迈克·哈里森在《埃勒里·奎因推理杂志》(Ellery Queen's Mystery Magazine)上发表了一篇阐述详尽的文章（有人会说过于详尽了），试图在《血字研究》和现实中的"圣卢克谜案"之间建立文本联系。他认为谢勒而非约瑟夫·贝尔是夏洛克·福尔摩斯真正的原型。我通过特雷弗·霍尔（Trevor H. Hall）出版于1977年的《夏洛克·福尔摩斯和他的创造者》(Sherlock Holmes and His Creator)找到了这个可疑的论断，以及它背后那有趣的历史故事。

附近多塞特街的杂志社时,一位记者同人说道:"啊,布里克斯顿啊,我就住在那儿。那是柯南·道尔安排谋杀案的地方嘛。不过变化很大了。"我对这个隔壁街区的唯一印象来自少年时光。那时候,我花时间试图学会用低音吉他弹奏一首名为"布里克斯顿的枪"的刺耳曲子。这首曲子让我对这个地方有了一丝虽然模糊但是尚能忆起的印象。(一个永恒的问题:"当有人闯进你的前门时,你会怎么做?你会抱头投降,还是扣动扳机?")我的任务就是让柯南·道尔接受这个测试。对于一个相对不太了解伦敦的人来说,皮卡迪利大街和圣巴特洛缪这样著名的地方都很适合游览。不过,"真实的"劳瑞斯顿花园存在吗?学者欧文·达德利·爱德华(Owen Dudley Edwards)在《牛津版夏洛克·福尔摩斯》(*The Oxford Sherlock Holmes*)的注释中认为,柯南·道尔小说中的伦敦场景都是他从更熟悉的城市中拼凑出来的,主要是爱丁堡和伯明翰。他曾经在伯明翰做过相当于现在无薪实习医师的职业。爱德华辨别出《血字研究》中的很多建筑原型都在离伦敦很远的地方。柯南·道尔也玩笑地说过,他的很多地理场景都是从邮政地图里来的。"劳瑞斯顿花园"这个地名就是从爱丁堡中心的一条街道来的,这条街道离他所上的大学不远。他可能会故意忽略准确性——在他的回忆录里,柯南·道尔记录到在他早期的背景设置在新西兰的一篇短篇故事里,他把一家农场准确设定在离海20英里的地方。"这都是些小事,"他写道,"有些时候,精确是必要的,还有些时候,构思最重要,地点则是虚构的。"

很好,先生。不过夏洛克·福尔摩斯首次登场的罪案现场很难被界定成虚构的。而且我注意到,尽管现实的细节可能混乱、模糊,或者直接被忽略,但是柯南·道尔很少会发明一个全新的地方。他的叙事风格建立在对实物细节快速敏锐的观察上——杂草丛生的庭院、马鬃沙发。我只是想知道他的布里克斯顿路有多少成分是真的。我很快就会有自己的结论了。

在布里克斯顿路，交通拥挤而混乱，路两旁都是破旧的店铺。我在一个街角停下来，向北看看，向南看看，又向对面看看——那里有一座四门的乔治时代风格的房子。铁质栅栏和杂草丛生的花园包围了这座房子，把它和布里克斯顿路隔了开来。围绕着坚硬砖面的白色装饰上布满了碎片和裂缝。窗户向外凝视着，凶险而空洞。一个单元的房号用白笔潦草地写在前门上方半月形的窗子上。我开了个好头。

我把手机拿出来，向着南边慢慢地走着。边走边在那小小的屏幕上重读华生的描述。这位好医生对劳瑞斯顿花园的印象是——没错！——一座四门房子，有三排"凄凉"的窗户，房前长着一些病怏怏的植物。"一座不吉利的凶宅。"他说。我从口袋里，拿出了一张揉皱了的单子，上面列出了这些年来众多探索夏洛克秘密的研究者研究得出的可能原型。我边走边审视着这里的整体景观。除了第一眼的发现让人兴奋，我对面似乎是一排20世纪中叶建造的低矮公寓，它们是在20世纪50年代的社会民主主义中建的，时间并不长。时不时地，会有一个来自19世纪的遗民探出头来，像一个长着络腮胡须的古代上校一样，透过单片眼镜困惑地窥视着当代的景象。

但是，我所在的这边街道，却挤满了可能是劳瑞斯顿花园的房子。

我曾经读过一点儿当地历史，了解到布里克斯顿路上曾经建满了联排别墅，一栋挨着一栋。这些房子有很多目前依然保存着，伊诺克·德雷伯要是如今还在，想必也不会没有地方被杀，不过说实在的，过去的研究者找到的可能是劳瑞斯顿花园的房子，现在都粉刷得过新了，甚至有园林美化的痕迹。华生曾经描述过劳瑞斯顿花园房子的墙上到处贴着出租告示，与此对应的是，现在的路边竖着一些房产出售的牌子。不过，这些牌子看上去边缘锋利而平整。现实中，和我同路的人看上去都像是处在上升通道中；此时是一个工作日接近尾声的时候，活泼的商业齿轮运转不息，成为街道中的盛景。我能感到那个伟大的房产代理商的眼睛在看着我们所有人。

1950 年左右，大约 400 个加勒比移民乘坐"帝国疾风号"（*Empire Windrush*）到达了伦敦，这是英国多元化的一个被大大神话了的分水岭。他们中很多人都在布里克斯顿落脚。随之而来的文化融合让这个地区以新的方式为更广阔的世界所知晓。一些城市中产阶级占据了主导，《Time Out 伦敦》杂志和各种关于正宗民族美食的博客也是这样告诉我的，经过了标准的帝国主义时髦的重塑，这个地区有了"布里克斯托尼亚"（Brixtonia）的昵称。我路过了一家酒馆，酒馆铺着人造的仿旧木地板，啤酒桶供应布鲁克林浓啤酒，我看到了至少一个骑着变速轮自行车的人。与迈克尔·哈里森和 20 世纪 50 年代其他对政府及其作品满腹埋怨的人一样，我开始产生了抱怨，只是现在对维多利亚文化的威胁似乎来自完全不同的方面。目前全球都在兴起的这股投机的仿造潮流，以及大都市财富观念的驱动力，对于以后的犯罪小说探访者来说可不是好兆头。

然后，就在我考虑建立一个狂热的逆潮流的夏洛克保卫协会时，我发现了它：我最终的劳瑞斯顿花园。

早在 20 世纪 30 年代，夏洛克研究者 H. W. 贝尔（H. W. Bell）就曾认为 314—322 号房子有可能是劳瑞斯顿花园。自那以后，没有人拿着大刷子拜访过那里。在一侧的大门处，凹形入口周围竖着一圈干裂的白色柱子，大片剥落的油漆让房子原本庄严肃穆的形象大打折扣。破败的花园里仍有花木生长着——或者说至少存活着——华生在和福尔摩斯一起进行罪案调查前曾对这周遭环境进行了描述，眼前的景象和他的描述很像。我看多了外表普通的珠宝盒子，所以知道，这样一个地方不管里面有什么都是可能的。但是就我而言，面前的这道砖墙后，隐藏着空旷、尘土和冒险之旅的开始。一辆双轮马车可能突然从布里克斯顿路的车流中显现，从里面下来一些满脸横肉的苏格兰场警察。柯南·道尔可能会时不时有技巧地改造一下他的伦敦，但是他向我展示了这种满是尘土的美。他是否曾经亲眼看过这个地方，或者为何指向了此地，又或者他把对布里克斯顿短途游览的印象和伯明翰城市房屋的形象结合起来创造了这么一个形象，真相如何，我们永远不得而知了。

太阳冲破了乌云，阳光笼罩了街道。一对慢跑的男女从我身边经过。我正要向那逝去的城市恐怖故事致敬，此时，一个身穿黑色T恤的男人一瘸一拐地从我身边走过，他身后跟着一条大型黑色斗牛犬，狗脖子上还戴着镶有钉子的项圈。他就是那种会让我绕行几条街躲开的人，也是夏洛克·福尔摩斯有可能会支付1先令来交换消息的人。当然即使是现在，"布里克斯托尼亚"里也有一些值得深挖的秘密。

创作《血字研究》时，柯南·道尔还很年轻，不过他正在迅速成熟。他在南海镇的行医生涯几乎是从一无所有开始的。19世纪80年代早期，当地报纸上登载了他的一些事迹：他快速走出前门处理落马事故；他诊治因为掉到酒吧地窖里而摔断了脖子的珠宝商；他平息了一伙醉汉的争端后，出庭作证。他成了一名受到认可的医生，有一间装修豪华的咨询室，里面挂着17幅画，其中很多出自他父亲之手。他几乎什么都做一点——做手术、治癌症、为保险公司做奇怪的工作。这是一种生存之道，但这样的生活并不让人满意。柯南·道尔很快就会通过夏洛克·福尔摩斯宣布:"我追求精神的兴奋……我憎恶生活的一成不变。"几十年后,福尔摩斯会把他的大脑比作一台发动机,如果使用不当,可能会"把它自己撕成碎片",而且他常常哀叹"庸常"生活的可怕。

他坚持写作。随着年纪的增长,他开始感到自己文学技巧的巨大进步。1883年,在一封寄给母亲的信中,他讲到自己正在浪费时间写着冗长的匿名政治文章,对抗各种出版壁垒。到1885年底,他已经参与了几场重要的出版活动。出版界开始注意到他——《谷山》杂志邀请他参加了1884年在格林尼治船上酒吧举行的受邀人士圣诞狂欢。同时参加的还有乔治·杜·莫里耶(George du Maurier)和几位当时的畅销书作家。他后来写到,在随之而来的1885年夏天,他的婚姻为他的作家生涯注入了新的力量。

柯南·道尔常常不由自主地写到自己的母亲,也会长篇大论地描写其他人,他的信里常常提到钱。他在信里描述自己财产状况的方式有些古怪,有些不明智,不管收信人是谁,他都要告诉人家他赚了多少钱,他有多少财产,他的税务状况。六十年后,他还记得他在一年内赚了154英镑。不过很难为此而责难他。他未成年的弟弟英尼斯也在南海镇和他住在一起,而他的三个姐妹在葡萄牙当家庭女教师。这一切都可以追溯到1876年,当时查尔斯·阿尔塔芒·道尔进了被他儿子委婉称为"疗养院"的地方——我们可以称之为安全的室内康复机构。他在那儿依然酒不离手,而且记录显示,他有暴力出逃的行为,还打碎了玻璃窗。有人认为,家里的咒语可能会导致酗酒和癫痫发作,这是他的儿子可能已经在忍受的。在《血字研究》的高潮战斗场景中,柯南·道尔特别描述了恶棍的"癫痫"力量。1885年,阿瑟·柯南·道尔结婚,查尔斯·阿尔塔芒·道尔被转移到苏格兰蒙特罗斯的皇家疯人院。在那里,他颤颤巍巍地画着疯狂的写生簿，并偶尔闪现黑色幽默，哀叹他的命运。在一处笔记中，他将他的监禁归咎于"狭隘的苏格兰人对玩笑的误解"。

父亲的行为让柯南·道尔备受困扰，在将近半个世纪之后的回忆录里，他放肆地将父亲查尔斯的去世日期写成写作期间——实际上，老道尔一直活到了1893年。父亲这种起初间歇、后来持续的行为还引起了其他的混乱。19世纪70年代，柯南·道尔的母亲开始考虑到爱丁堡谋生。一位名叫查尔斯·沃勒（Charles Waller）的医生成了她亲近的朋友，当然从柯南·道尔的角度来看，或许过于亲近了。玛丽·道尔开始到沃勒家位于约克郡的房子消磨时光，最后干脆搬到了里面。人们探究过这段关系的性质是什么，不过不管怎样，年幼的柯南·道尔都是不太喜欢的。尽管沃勒试图扮演类似父亲的角色——而且，用孩子的视角来看，他成了家中财政安全的保障——柯南·道尔就是不喜欢他。在20世纪20年代，柯南·道尔把沃勒从自己的回忆录中完全删除了。而沃勒此时仍然好好地活着，不得不忍受这种怠慢。

所以，在年轻的柯南·道尔那平静的中产阶级外表下，暗流涌动，关于约瑟夫·贝尔演绎法的回忆和出版界的共同推动成就了《血字研究》。他在1886年的3月开始写作，创造出一篇交织着焦虑恐惧、混合着对警察和媒体的尖锐讽刺、影射着无耻的性侵犯罪的文章，并或多或少地宽容了为复仇而进行的谋杀。这部小说的结构很奇怪：后半部分突然转向了对北美大陆西部荒野历史的描述，场景设定在19世纪50年代的犹他州，里面没有夏洛克或者华生，把摩门教会描述为一个暴力拐卖妇女的组织。（这一部分满是真实恐怖的描写，可能是其他所有犯罪小说最常跳过的部分之一。这一部分也展现了柯南·道尔对美国的奇怪看法，美国在福尔摩斯系列故事里是一片充满了迷信和秘密组织的乐土，而事实上，美国3K党的暗杀组织让爱尔兰民族主义组织和一夫多妻制暗杀组织都吃了苦头。）从更长远的意义上来说，柯南·道尔也开始对夏洛克·福尔摩斯和约翰·华生进行了深入描写——读者在此处已经可以感觉到跳动在角色身上的脉搏了。不过这篇故事里最让人印象深刻的，还是对外部环境的描写。柯南·道尔为自己的想象力找到了一个气氛严峻的舞台，展现了一个暗藏着秘密世界的伦敦。这是一座城市，不过，在柯南·道尔的笔下，它将成为那座特定的城市，呈现出有着秘密通道、低洼小巷和辉煌大厅的典型外观，使得任何事情都有可能在这里发生。柯南·道尔的伦敦将为他（还有其他很多人）提供神圣的灵感，但是它的建造者一定是疯了。

尽管我花费了无数的时间猜测、归纳、总结，或者把自己融入夏洛克·福尔摩斯和他的世界，我仍然是个能力有限的探索者。比如，我花费数天时间外出追寻《血字研究》的足迹，钻研阴暗的伦敦南部可能存在的谋杀伎俩，时不时地去贝克街报到，这之后，才想起最重要的一点。没错，夏洛克的演绎法宣称：要调查任何事物，通常第一步应该是去它所诞生的地方看看。

幸运的是，我离皮卡迪利广场很近，意识到这一点的时候，我也很想来杯喝的。我推开一扇抛光的门，把自己塞进了克莱蒂伦酒吧的一个角落，在这里，华生偶遇了年轻的斯坦福德，然后不知不觉地进入了福尔摩斯的圈子。从那以后，古老的克莱蒂伦经历了一些奇怪的时期。20世纪中期，这里被改造成一个叫作"牛奶吧"的地方。然后，在20世纪80年代，这里变成了一个廉价酒吧，食客们在褪色的光环里消费着廉价的酒水。几年前，一些欣赏乔治时代风格的企业家把这里进行了升级改造。我不太了解改造后的价格，一位《卫报》（*Guardian*）评论员不久之前表达了他的希望——带着柯南·道尔的隐喻："夏洛克仍坐在这里某张桌子上……不管是谁在食物上动了手脚，他都可以调查出来。"

经典的果馅派还是很诱人的。那弧形的金色天花板、暧昧的灯光、来自欧洲各地的酒吧员工都呈现出一种现代伦敦市中心的气氛，在这里，人们呼吸的不是空气，而是金钱。一位身着黑色燕尾服的年轻斯拉夫绅士把鸡尾酒单递给我，我强迫自己的双眼忽略价格。

我想过那个下午华生在喝什么。医生给自己开的药常常简单又直接：白兰地、兑水威士忌、苏打汽水、一两瓶红葡萄酒，或者和福尔摩斯一起去办案的时候再来杯浓啤酒。但是克莱蒂伦酒吧并不是那种简陋的酒馆。与其他英国酒吧不同，它是英国历史上第一个将鸡尾酒引入伦敦的"美国酒吧"。19世纪七八十年代，克莱蒂伦聘请了一个典型的名人调酒师——利奥·恩格尔（Leo Engel）。他是一个纽约人，有着一张滑稽淘气的嘴和一把好胡子。1878年，恩格尔写了一本书《美国酒和其他酒》（*American & Other Drinks*），不论是在内容方面还是在搞笑方面，这本书依然可以和现在的鸡尾酒配方图书抗衡。书中有超过200个配方，教人制作美国和其他地方的主流饮品。实用的配方配上不现实的喝法就是"诺福克潘趣酒"，这种酒是由20夸脱白兰地、20个柠檬、30个橘子，"在温暖的酒窖里储存六个月"。这样就和酒吧周边的生活交织起来了。关于蛋奶酒，恩格尔写道："在东方，睿智之士喝蛋奶酒；在西方，自大之人信赖蛋奶酒；在北方，一年四季蛋奶酒都是人们的最爱。"他还引用一位冰镇薄荷酒的狂热爱好者的话："他们就像美国女士一样，不可抗拒。"

现代克莱蒂伦酒吧的酒单上有几个利奥·恩格尔原创的品种，

其中一个吸引了我的目光。我招手叫来了调酒的小伙子,点了"克莱蒂伦复活者"。①

克莱蒂伦复活者

使用一只苏打水平底杯。

一杯半的威士忌,一小块冰,配上白兰地的苦味冲击,一瓶陶努斯山泉水,带着气泡喝下。

简单!有劲!华生式的!当装饰着奇怪却令人愉悦的橘子片的"复活者"来到我手边时,淡金色的威士忌和屋顶镀金的七棱柱吊灯交相辉映,折射出琥珀色的光芒。喝下去,第一口很冰,泡沫很多,有点淡淡的姜辛味。我靠到椅背上,和华生分享着这杯饮料,观察着克莱蒂伦。

餐厅里回响着轻柔的、让人昏昏欲睡的国际舞曲,几个中年美国人谈论着大学录取和医疗条件。几个体面的法国人则在另一张桌前落座。就在下午5点30分的时候,餐厅的灯光和音乐都被调低。戏前大餐开始了。面前的报纸上全是内阁危机、阿富汗局势和某个俄罗斯寡头在浴室离奇死亡之类的新闻。我慢慢啜饮着"复活者"。它属于那种喝上一会儿就能打开穴道的饮料。我品位着大理石墙上的弧形壁龛和绚丽的天花板,感觉华生的世界一点儿也不遥远。

我开始重新思考《血字研究》。之前,我总觉得柯南·道尔的第一部福尔摩斯小说是一部城市黑色小说。不过现在,"复活者"让我有了至少一种不一样的理解,只需要轻微调整一下视角。(总

---

① 在恩格尔的书中,"复活者"的配方出现在一种叫作"拥你入怀"的鸡尾酒之前——这个名字听起来有点邪恶,配方是草莓糖浆、白兰地和一个鸡蛋混合。如果你哪天尝了这种酒,别忘了告诉我。

是有不止一种理解自己心中的柯南·道尔的方式。)让街道的肮脏、街头伤人事件以及怪异的死亡崇拜隐退回背景,《血字研究》就成了一个关于约翰·华生如何找回自我的、令人振奋的故事。当他闲逛到克莱蒂伦酒吧的时候,刚刚结束的军人生涯让他在情感和经济上备感失落。不过也许,喝上一大口利奥·恩格尔的"复活者",再加上利奥·恩格尔一个狡黠的眨眼,他便能感受到伦敦生活的另一面。一个有这么好喝饮品的城市,不会差到哪里去。

喝酒的时候,他那年轻的心智也进行着反思。他真的应该在某个乡村定居吗?这条路会把他最终引向和乡村牧师的女儿结婚或者其他同样乏味的结局。不。20世纪50年代,艺名"基钦那勋爵"(Lord Kitchener)的歌手带来了卡里普索的音乐冲击,他是特立尼达一个铁匠的儿子,他的父亲曾搭乘"帝国疾风号"来到了布里克斯托尼亚。在伦敦,华生也注定会有一番奇遇。在伦敦,你永远不知道谁会出现,或者有什么想象不到的新生活会从400万喧嚣混杂的灵魂中脱颖而出。就像柯南·道尔把自己融入了华生的世界,他也将自己的部分灵魂赋予了这个角色,他绝不能接受在南海镇靠行医消磨人生的主意。华生常常被描述成正常先生,相对夏洛克来说是一个更循规蹈矩的陪衬。可是在《血字研究》开篇,他是一个几乎被传统——专业训练、军队和社会——毁掉的人。他需要一种新的生活,也需要一种新的思想。这座城市是一个巨大的新生活的制造机,也是一座新思想的反应堆。华生尽管是一个完全想象出来的人物,他曾经是(现在仍然是)这幅挂毯中的一条线。柯南·道尔通过塑造属于他自己的半虚幻、半真实的伦敦,也为这座城市的过去、现在乃至未来增加了维度。

福尔摩斯会吹嘘自己对伦敦"精准了解"。与此相应,我也有自己关于这里的心理地图,上面标注着福尔摩斯故事、文学琐事、

70年代的朋克歌曲以及我自己年轻时的几次不幸遭遇。我的伦敦是一代文坛盟主塞缪尔·约翰逊（Samuel Johnson）总能偶遇"性手枪乐队"的地方。最近一次到访伦敦，我兴奋地发现，那家让我和家人的午餐花了大价钱的小酒馆就在"抢银行者"的拐角处。"抢银行者"是一间粉色的前卫艺术画廊，名字来源于英国朋克乐队"冲突"的一首歌。而"抢银行者"离乔治·奥威尔（George Orwell）的寓所只有几个街区。都聚到了一起！同样在伦敦，当我20岁出头、精力旺盛的时候，我在卡姆登镇（Camden Town）一家令人恐怖的中国餐馆围观了一起斗殴事件，后来在10品脱苦艾酒的作用下，我失去了意识。伦敦这个地方，换句话说，是一个朦胧的"浪漫仙境"——这是柯南·道尔形容夏洛克·福尔摩斯的世界时所使用的短语，这是他想象中的伦敦，后来逐渐与真实的伦敦融为一体。总而言之，我的伦敦——正如夏洛克·福尔摩斯的伦敦——是一个有故事发生的地方。有一天，在一个美国酒吧，这座城市让华生遇到了一个老熟人，然后，这位受伤的老兵的人生轨迹从此转向了新的方向。《血字研究》给我们的启迪可能是，有时候，我们这些约翰·华生，只需要让人生美好的混乱顺其自然地发生即可。坐下来，喝杯"复活者"，在冒着气泡的时候喝下它。

第四章
福尔摩斯与华生

一个金黄色的傍晚。柯南·道尔将永远铭记这个傍晚。这是1889年的秋末。

他登上了一列开往伦敦的火车,然后租了一辆马车去了朗廷酒店(Langham Hotel)。朗廷酒店位于摄政街(Regents Street),有400个装饰着天鹅绒的房间,这里汇聚了伦敦的精英。在这里,一个人可以买到去地球上任何地方的火车票或轮船票。这里也有世界上最好的台球桌供人消遣。这里的电话能连接到伦敦其他所有地方(当然,是其他所有重要的地方)。柯南·道尔一定很喜欢这个地方。就在几年以前,他还在南海镇每天靠着几便士勉强为生,夜里才能擦一擦门上的铭牌,以防被邻居看到他亲自在做这些事。

约瑟夫·斯托达特(Joseph Stoddart)是一位美国杂志编辑,他很赏识柯南·道尔。多亏了美国对国际版权的漠视,英国作家才能在那里得到大量关注——这至少有一点意义。《血字研究》在英国出版后没有什么水花①，而其两年后在美国出版后，倒是收获了相当一批读者。斯托达特代表的是一本叫作《利平科特》（*Lippincott's*）的费城新杂志，这本杂志的目标是招揽有才华的英国作家，因此他们向柯南·道尔发出了邀请。不过这个晚上的主角是另一个爱尔兰裔作家。他有一个长长的下巴，有一双柔和朦胧的眼睛，头发中分垂下，系着结构复杂的华丽领结，他看上去光芒万丈，他的名字叫奥斯卡·王尔德（Oscar Wilde）。

此时，王尔德为《妇女世界》（*The Woman's World*）工作，他是一个著名的、有才华的、有时又有点无聊的编辑。他想离开，摆脱一眼能看到头的命运，去追求更好的东西。报纸格外关注他，他是报道的好对象。在此之前的2月，《蓓尔美公报》的专栏"今日闲聊"称："这是奥斯卡·王尔德的最新消息。他偶然拜访了一位女士，这位女士买了几块日本屏风，王尔德去的时候，屏风杂乱地摆在她的客厅里。女士说：'你来得正好，帮我摆放一下屏风。'可是王尔德说：'别摆了，让它们就这样吧。'"

王尔德赞扬了柯南·道尔的第一个重要文学成就——《弥迦·克拉克》（*Micah Clarke*），这是一部缜密的历史小说，出版于当年早些时候，讲述了清教徒的反叛。他们的对话轻松随意，灵感频现。在某个节点，王尔德建议未来的战争可以只由对战双方的化学家来参加，每人手里拿一个瓶子上前线。柯南·道尔这个新当上的父亲、板球狂热者、足球业余爱好者、自由派公会会员，和王尔德这种极其玩世不恭的态度很合得来。与柯南·道尔之前遇到的人都不一样，这位唯美主义的王者说话的时候伴随着一种奇特的、敏

---

① 这并不是说《血字研究》在英国没有得到任何关注。例如，1887年12月3日的《汉普郡电报》就称赞说："夏洛克·福尔摩斯，一位拥有最有趣癖好和最奇特力量的咨询侦探……一位伦敦侦探界尚未被认可的厉害角色。"

感的手势与态度。根据柯南·道尔的回忆,王尔德不仅很能说,还是个专注的倾听者。尽管很有维多利亚式的男子气概,柯南·道尔的血液里一直保留着一种凯尔特艺术气质,他一定是从对面这个上帝的杰作身上意识到了时代的独特脉搏。像他笔下的福尔摩斯一样,奥斯卡·王尔德见到了,也观察到了。

斯托达特向他们两个人都进行了短篇小说约稿,《利平科特》将把他们两人的小说当作未来出版的中心。奥斯卡·王尔德后来交出了《道林·格雷的画像》(*The Picture of Dorian Gray*),而柯南·道尔决定再来一部夏洛克·福尔摩斯先生的故事。

当次年2月《利平科特》登载《四签名》时,世界再次参与到夏洛克与华生在贝克街的亲密一刻中来。福尔摩斯打开一个"精巧的摩洛哥皮箱",拿出一个注射器,装上7%的可卡因溶液,然后注射到自己身上。华生午饭的时候喝了很多法国红酒,不断抱怨着侦探的这个坏习惯,但是福尔摩斯欢迎不同意见:"他把五指并拢,手肘倚在椅子扶手上,像是一个对谈话津津乐道的人。"

福尔摩斯坚持认为,可卡因能避免他这个世界上最好的侦探死于无聊。他需要刺激,需要一场皇室婚姻危机、一个日晷上的密码、一具尸体或是一场绑架——所有日常生活事务都会让他失望。当然,他可以把自己的精力倾注到几乎没人感兴趣的专门研究上。例如工人手掌的形状——他还画了插图!他可以用自己关于犯罪历史的精准记忆帮助处处碰壁的法国侦探。(顺便说,这里有一封感谢信,来自一位遇到困难的法国侦探。)他可以仔细查看华生继承来的一块旧表,从中推断出医生已故的兄弟是个一无是处的酒鬼。不过其他的呢?"没有脑力劳动我活不下去,"夏洛克说,"这个世界一直这么枯燥、阴沉、没有意义吗?"好吧,就这样吧。

柯南·道尔在《四签名》的开头做了几件事。① 专注于药物是件很吸引人的事：自从 20 世纪 60 年代后期开始，福尔摩斯手里的可卡因针头不经意间让这个角色在一些自 20 世纪 60 年代后期以来出现的虚无主义者心中增加了亲和力。柯南·道尔不可能预料到我们这个有点儿肤浅的文化关注，但是针头的确是他用来描绘一个全新的侦探形象的方式。开篇的这一幕着重描写了福尔摩斯的形象。此时，距离柯南·道尔完成《血字研究》已有四年。这段时间里，柯南·道尔似乎成熟了。关于这点，《四签名》中表现出新的证据。《血字研究》介绍了夏洛克，但是从来没有仔细描写过他，只是提纲式地列举了他的一些优点。现在，我们看到了他强壮的前臂上斑驳的痕迹、微妙而富有表现力的手势、花花公子式的以自我为中心以及简洁明了的说话方式。柯南·道尔在见到奥斯卡·王尔德的几周内写下了这个段落，似乎并不是巧合。

柯南·道尔——尽管他还不知道，即使意识到了也会感到可怕——将在未来花上将近四十年来塑造福尔摩斯和华生以及他们的友谊。这项长期（如果并无计划）的关于友谊的研究，为未来所有

---

① 这篇小说的名字经历了变化。最初在《利平科特》上发表的版本使用的书名是 "The Sign of the Four"，因此我也更偏爱这个名字。不过，也常被称作 "The Sign of Four"。关于夏洛克的系列故事，出版的版本之间有相当大的文本出入。有题目置换，也有文字替换。莱斯利·克林格的《新注本夏洛克·福尔摩斯全集》(*New Annotated Sherlock Holmes*) 考证出很多这样的怪异之处。例如，1893 年的短篇小说《瑞盖特的冒险》，有时被写作"瑞盖特·斯夸尔"，有时被写作"瑞盖特·普佐"。不过，这些书名的奇怪之处，与故事内容的矛盾与不连贯比起来就是小巫见大巫了。例如，《四签名》的时间设置在 1888 年，而《血字研究》则发生在 1881 年——可是在华生的叙述中，这两次事件之间似乎并没有时间间隔。更让人惊讶的是，《血字研究》的开篇就很清晰地点明了当时的时间是 7 月。而几页之后，时间不知怎么就变成了 9 月。后面的作品证明，时间设置的异常是个反复出现在夏洛克系列故事中的问题（也许就像有人说的，这是个特色，不是个问题）。在《红发俱乐部》中，华生开始讲述的时候着重强调了当时是秋天，然后就讲到了一份 4 月出版的报纸，还说这是"两个月前刚出的"，然后再次开始讲述的时候，时间变成了 10 月。就像柯南·道尔说的，这些小事总会发生。

的冒险提供了结构和灵魂。如果没有塑造出这段伟大的友谊，柯南·道尔有可能随便给读者抛出他的《巴斯克维尔的猎犬》、他的《四签名》、他的《波希米亚丑闻》以及其他任何什么故事。他需要福尔摩斯和华生两个人。华生，代表着正直（有时候有点懒散，嗜好点红酒）和专业，主张实践、理智以及健康的生活。你可以想象他在板球队的样子。夏洛克则坚持技术和感觉，过着狂热的工作与故意的自我遗忘交替的生活。从《四签名》之后，这种或推或拉的张力就一直持续着：华生一成不变，福尔摩斯非常善变，他们两人都依靠对方获得另一种生活体验。[①] 夏洛克很兴奋，华生有点醉了，他们都极其需要一个案子来激活贝克街这个想象下生成的世界。

此时，玛丽·莫斯坦（Mary Morstan）走进了他们的生活。

在伦敦，一个天气晴朗的下午，我在兰心剧院（Lyceum Theatre）外，从左边找到了第三根柱子。这座古老的剧院就在河滨街附近，柯南·道尔青少年时期参观伦敦的时候到过这里，观看了亨利·欧文（Henry Irving）的演出。（我发现《狮子王》显然是长演不衰。）剧院入口有六根有点斑驳的柱子。在《四签名》中，玛丽·莫斯坦小姐正值27岁，她父母已故，自己是个家庭教师。她收到了一个神秘的指示，要她带着两个朋友到达剧院左数第三根柱子处，这两个朋友不能是警察。柱子的基座与剧院外墙之间距离很近——仅能容纳三四个人。现在，我站在这里，心中有种崇敬感。这里静悄悄的，只我一人，除此之外，人行道上只有一个正在融化的冰淇淋三明治。从这里开始，夏洛克的世界开始把触手伸向一个

[①] 柯南·道尔晚年写了两篇故事，只有福尔摩斯，没有华生。这两篇故事，即使说得委婉一些，也不属于成功的作品。

更广阔的阴谋世界。

和其他案例一样，莫斯坦小姐带着一个秘密来到了贝克街。她的父亲是驻扎在印度洋上一座监狱里的英军军官。有一次轮休回国，然后很快就失踪了。几年以后，莫斯坦小姐开始每年都能通过一封匿名邮件收到一颗昂贵的珍珠。现在，她的资助人让她到兰心剧院来，承诺告知她一切秘密。

在玛丽讲述自己故事的时候，柯南·道尔允许华生去慢吞吞地欣赏这位年轻的女士——这展现了我们约翰新的一面，而在《血字研究》中，他这男性欲望的一面因为精神创伤太大而被压抑了。（福尔摩斯系列的其他故事里，女性角色不是尸体就是男扮女装的男人。）现在他让人大开眼界地提到他有"接触过很多国家的、遍布三大洲的女性的经验"。华生可真行！玛丽，他提到，穿着一身时髦而简洁的灰色套装，戴着一顶无檐帽，帽檐上有一点白色羽毛作为装饰。她的样子很普通，但是她敏感的气质很吸引人。（柯南·道尔可能是在描写他自己的妻子图伊，作家在她身上注意到了一种简单而害羞的性格，这与他自己外向的性格以及善变的宗教观点形成了鲜明的对比。）华生被迷倒了。福尔摩斯当然对荷尔蒙之类的事情没有兴趣，除非它们指向用毒或者敲诈勒索——不过他觉得这桩关于神秘的珍珠和失踪的父亲的案子很刺激。他们三个很快走进了伦敦的雾霾中，走向兰心剧院。寥寥几个句子就奠定了《四签名》交织着哲学思考的迷雾般的美感。

……浓浓的迷雾笼罩了这座伟大的城市。街道上一片泥泞，天空中密布着令人压抑的浓浓乌云。伦敦河滨路上的暗淡路灯，照到满是泥浆的人行道上，映照出一团团微弱的光晕。还有淡淡的黄色灯光从两旁店铺的玻璃窗里射出来，穿过迷茫的雾气，朦胧地照到车马拥挤的大街上……络绎不绝的行人，他们的面部表情有欢喜的和悲伤的，有憔悴的和快活的。好像人类的一生，从黑暗来到光明，又由光明返回黑暗。

在我去拜访兰心剧院的路上，只有一个破败的马格南酒吧（Magnum Bar），我发现自己喜欢这个人流密集而生动的世界。当三位探险者来到剧院，他们看到了密集的人潮、漂亮的马车、穿着晚礼服的男人和戴着钻石首饰的女人。① 这个故事对人性的描写充分全面，包括所有你能想象到的，或想象不到的。《四签名》让我想起了一个关于参军的笑话：去有趣的地方，见有魅力的人，然后杀了他们。柯南·道尔从我们人类复杂的快速致富计划、健康恐惧症、报复执念以及室内装饰怪癖中找到了幽默和恐怖电影般的刺激。他的小说把高度现代的文明和古老的野蛮交织在了一起。

一个凶巴巴的车夫催促着华生、福尔摩斯和莫斯坦进了一辆停着的马车，然后就向着未知的郊区驶去。他们见到了一个叫塞笛厄斯·舒尔托的人，这是一个非常古怪的人，陪同他的还有一个头缠黄色头巾、身系黄色腰带的印度仆人。舒尔托是个脑袋秃顶、五官痉挛、牙齿参差不齐的疑病综合征患者，他把华生三人带到了一个香气浓郁的房间，房间铺着地毯，挂着虎皮和织锦挂毯。在这里舒尔托吸了一口水烟，并自豪地描述他收藏的艺术品。（这难道是奥斯卡·王尔德的另一面？）舒尔托讲述了玛丽父亲失踪的秘密。那时候，老莫斯坦找到了舒尔托的父亲，一位他在安达曼岛监狱驻守

---

① 剧院 1888 年的剧目——如果《四签名》确实是在这年发生的——包括《麦克白》和《化身博士》，后者根据柯南·道尔在爱丁堡的校友（最终成了笔友）罗伯特·路易斯·史蒂文森（Robert Louis Stevenson）的小说改编。就像柯南·道尔在 1889 年底写的那样，这些细节对于他这个兰心剧迷来说很新鲜。

时的好友。他们发生了争吵,老莫斯坦因为心脏病发作而倒地死亡。老舒尔托和他的印度仆人偷偷把他埋葬了。

好像担心在这个东方情调的房间里讲述的这些猛料还不足以打击可怜的玛丽,塞笛厄斯又解释了当初两人为何要争吵:他们从印度抢来了一大批珠宝,对于如何分配珠宝产生了分歧。老舒尔托还没来得及告诉自己的双胞胎儿子塞笛厄斯和巴塞洛缪珠宝藏在哪里就死去了,只给兄弟俩留下一些珍珠,这些珍珠让人不难想象那批隐匿的珠宝该是多么珍贵。尽管巴塞洛缪反对,塞笛厄斯还是把珍珠寄给了玛丽。现在,珠宝在一个秘密的阁楼里被找到了!塞笛厄斯提议大家一起到舒尔托家族的老房子——旁第切瑞别墅去找自己的兄长摊牌,以求得财富在自己、兄长和玛丽之间公平分配。玛丽即将变成富豪!(而华生心如死灰,他高攀不上玛丽了。)

于是,这场午夜大戏的场景转移到了旁第切瑞别墅,这座阴沉的房子位于伦敦南部,四周环绕着高墙,院子里满是垃圾堆,显示出舒尔托兄弟数年来寻找珠宝的努力。① 屋内,几个人发现巴塞洛缪·舒尔托被锁在屋里,令人遗憾的是,他已经死了(尽管他的死听起来只是个小损失),他脸上带着扭曲的微笑,像是戴着一个死亡面具,一根浸过不知名毒液的荆棘扎在他的脖子上。而就在前一晚从这里的秘密阁楼里找到的财宝箱,已经不翼而飞了。

要理清目前的状况,需要仔细思考,尤其是在苏格兰场的蠢货埃瑟尔尼·琼斯出现并逮捕了可怜的塞笛厄斯以及别墅里所有的仆人之后。但是夏洛克·福尔摩斯已经有过很多成功破案的经验了,他迅速弄清了真正的凶手:一个独腿的男人和食人岛民。前者是一

---

① 柯南·道尔年轻时参观伦敦的时候,到过伦敦南部。夏洛克研究者伯纳德·戴维斯(Bernard Davies)认为柯南曾对基拉沃克别墅留下深刻印象,这是一座19世纪早期的雄伟建筑,位于一座公园边上,后来他把这里转换成了旁第切瑞别墅。

个从殖民地监狱里逃脱的犯人,来此的目的是复仇。后者假扮成"本地人",实际却是身材矮小,脑袋硕大,擅长使用毒箭。他们正在追寻一批珍宝。这批珍宝是从前独腿男人和他的三个同伴(呼应了题目中的四个!)一起从一座印度城堡里偷出来的。后来,珍宝被莫斯坦和舒尔托骗走了。于是,独腿男人和食人岛民偷偷回到了伦敦,就像两个来自遥远殖民地的罪恶幽灵。他们要夺回珍宝。

这部小说很快就进入了长时间追逐场景的匆忙节奏,间或夹杂着超现实主义的描述。首先,福尔摩斯和华生追随着一条从一个狄更斯爱好者的小动物园借来的猎犬,徒步追逐着独腿男人和食人岛民。这段追踪成功结束后,福尔摩斯抬头仰望破晓的天空,并形容"那朵小小的云彩,飘动的样子就像一只巨大的火烈鸟身上的一片粉色羽毛"。(柯南·道尔的父亲经常会画一些比例怪异的鸟类。同时,几年后,柯南·道尔将对王尔德使用生动而奇怪的色彩表现自己的作品进行评价。)不过他的作品中很少提及阳光——《四签名》展现的是潮热的夜间图景和阴暗的诡计。柯南·道尔创造了一种特殊强度的心理氛围,其间,梦幻般的斯托纳哲学(stoner philosophy)和残酷无情的暴力交替出现。例如,通过短短三个段落,夏洛克思考了托马斯·卡莱尔(Thomas Carlyle)、让·保罗·里克特(Jean Paul Richter)、人类发现自己意义的能力——然后突然发誓要射死岛民。小说中的角色有时候会从他们冷酷的追踪活动中暂时走开,展开饭桌交际活动。"我有牡蛎和一只松鸡,还有一点不错的白葡萄酒,"有一次,福尔摩斯告诉华生和苏格兰场低能王琼斯,"华生,你还不知道我持家方面的能力吧。"

高潮发生在漆黑肮脏的泰晤士河上,两艘船穿行在夜色中,致命的小型武器交替开火。岛民表现得就像一个兽性的野蛮人——说实在的,这部小说里所有关于印度人的描写都是为了制造气氛,这些描写能吸引一个生活自律的大学毕业生熬夜阅读。(我询问过现实生活中来自印度的人,他们对于夏洛克·福尔摩斯的感情还是很轻松愉快的。)不过这个关于被偷的珠宝和谋杀复仇的故事也可以被解读为回到本国的旧帝国的罪孽,以及所有罪案中都潜藏着的殖民主义的贪婪。(这个故事结尾处回到了 1857—1858 年的那场印度叛乱,当时,在当地定居的白人家庭被屠杀,哗变的印度士兵则被绑在大炮上,炸成了碎片。结尾处还有一场可怕的谋杀等着读者。)

不管怎么说,这本书政治上的不正确,只是增加了伦敦城里秘密天地的神秘气息,有畸形秀,也有诱人而混乱的夜间追踪。在我看来,《四签名》是夏洛克故事系列中的高水准之作——像是一段特别成功的幻象,或者是喝过华生钟爱的红酒之后,在漫漫长夜的一段假寐。不过总的来说,在这部小说中,两人之间从《血字研究》中不确定的友谊,转变为成熟牢固的伙伴。夏洛克现在会温柔地拉上一曲小提琴,以助筋疲力尽的华生进入梦乡。是的,在终章结尾的时候,华生说明了自己对玛丽·莫斯坦的爱意,福尔摩斯摇了摇头,把手伸向了可卡因瓶子,带着一种"你会回来的"暗示。订婚典礼已经开始,但是可怜的玛丽——她真的有什么机会吗?

夏洛克·福尔摩斯确实是个富有魅力的人。他蜷缩在扶手椅中,笼罩在烟雾里:这个灰眼睛、肌肉劲瘦的男人裹着一件睡袍。他是想象力创造出的一朵奇葩,作者用不同的色调和阴影进行了精心的描绘。柯南·道尔在《血字研究》中粗略地画出了轮廓,然后,在《四签名》里又赋予他血肉。很快,在 1891—1893 年所写的 24 个河滨街的故事里,他将把福尔摩斯塑造成家喻户晓的人物。这些故事结集成《福尔摩斯历险记》和《福尔摩斯回忆录》,再加上两个早期的故事,共同构成了夏洛克系列的核心,并塑造了一个经久不息、极富魅力和可塑性很强的角色。

那么谁是福尔摩斯？柯南·道尔的原作里给我们提供了多个夏洛克形象，有忧郁的小提琴即兴演奏家，有高级嗜毒者，有顶级业余拳击手，也有古怪的家庭经济学家——他会将一天的烟草残余物捆成恼人的一团，并在第二天早餐前吸掉。观看巴兹尔·拉思伯恩或者本尼迪克特·康伯巴奇表演的人，都会留下这样一个突出的印象，他们时不时来段语速极快的台词，用以表达超速运转的、极其精确的思想。或者我们脑海里会形成一个固定印象，福尔摩斯有一个大鼻子，戴着一顶奇怪的帽子，带着放大镜以及一个迷迷糊糊、通常也是胖乎乎的同伴。就目前而言，这些印象也无伤大雅，但是每个印象都只能诠释柯南·道尔塑造的这个多面人物的部分形象，而且都忽略了某个核心要素。比方说，几乎所有舞台或荧幕上塑造的福尔摩斯形象，都忽略了柯南·道尔自己费心强调的两个品质。

首先——也许也是最令人惊讶的一点是，尽管以刻薄苛刻、对普通人没有耐性著称，但福尔摩斯基本上是一个很好的人。在《历险记》和《回忆录》里，柯南·道尔有很多次，都描写了侦探温和、礼貌、友好的一面。福尔摩斯的言行举止非常有教养，与人相处也"轻松愉快"。在《绿玉皇冠案》中，一位因为一件毁坏的皇家珍宝而焦灼至几乎疯癫的委托人来找他——这个人急得开始用头撞墙。福尔摩斯用安抚而低调的善意让他平静了下来："你是来讲述你的故事的，是不是？你匆匆赶来，一定累了……来，让自己镇定下来……明白地告诉我你是谁，你身上发生了什么。"在《黄面人》中，当另一个非常苦恼的委托人焦躁不安，并喋喋不休地唠叨着一件可能拆散他婚姻的奇怪事情的时候，夏洛克让他冷静下来。"我的朋友和我在这间屋子里听过很多离奇的秘密，"他说道，"而且……我们运气很好，给很多备受困扰的灵魂都带去了好运。"他对任何需要安抚的人都表现得友好亲切。当华生带着一个年轻的遭受了断指之痛的工程师出现时（故事的名字恰如其分的叫作《工程师大拇指案》），他首先让这个小伙子坐下来，吃点鸡蛋和培根。

其次，夏洛克·福尔摩斯带着一种孩子气的热情和快乐处理他的工作，也即他的艺术。当他听到什么令人兴奋的罪案时，他会在扶手椅上高兴地扭动，像个6岁的孩子。就如同我们在《四签名》开篇所看到的，夏洛克渴望行动和刺激。有时候，这种渴望会把他最不好的一面带出来——往往在有新的委托人之前，他会对华生表现出刻薄的一面。这个时候，无聊的福尔摩斯常常沉浸在对华生所写作品的业余评论中，说什么"你把本来应该成为讲座的东西降级成了一系列故事"之类的话。不过，一旦有了新的案子，福尔摩斯就变了。夏洛克·福尔摩斯在调查追踪上的表现打破了人们对盎格鲁-撒克逊人的固有印象，会让人感觉他是个拉丁人。他轻松潇洒，自信体面，热忱勇敢，挥洒自如。捉到凶手后，福尔摩斯会给他递一支雪茄。对于夏洛克而言，只有当一条线索能被浓缩成一句警句时才算线索；关于这一点，最著名的表现是短篇小说《银色马》。

  探员格雷戈里：你有什么要特别提醒我的地方吗？
  夏洛克·福尔摩斯：关于狗在夜里的奇怪举动。
  格雷戈里：狗在夜里什么也没做啊。
  夏洛克·福尔摩斯：那就是奇怪之处啊。

当下很流行把福尔摩斯刻画成一个全能的人，他精力充沛，既能上阵对打，又能舌灿莲花。这方面的例子有小罗伯特·唐尼领衔主演的动作/冒险大片。不过实际上（或者说在柯南·道尔的小说里），福尔摩斯最擅长的还是脑力劳动，而不是身手矫健或者舌战群雄。追踪线索的时候，福尔摩斯常常看起来像一个身处幻觉中的人。在《博斯库姆溪谷谜案》中，当他到达受害人被钝器打死的乡间时：他面色通红，神色严肃。他的眉毛拧成了两道坚毅的黑线，而眉毛下面，他的眼睛则闪耀着金属般的寒光……他的鼻孔似乎扩张了起来……他默不作声，沿着小径飞速前行，小径纵贯牧场，然后又穿过树林伸向博斯库姆池塘……

他还有可能赤身裸体在丛林间奔跑，只为追寻自己的灵感。福尔摩斯常把自己的破案行动比作古代的猎杀行动。他会把未知的犯罪分子描述成"猎物"。当他最终把罪犯弄得筋疲力尽时，他更喜欢亲自捕获，而让警察和华生做他的后援。"我喜欢带着自己人去抓捕。"在后面的一个故事里他如是说。抓捕解救了所有无聊的下午。有一天清晨，他来到华生的床头把他叫醒，干脆利落地宣布说："来吧，华生，快来！游戏开始了！"

不过在柯南·道尔关于福尔摩斯最关键的几个故事里，夏洛克同样也很依赖深思。他知道如何长时间静坐不动，任由思绪飘荡。老实说，这个爱好不是那么戏剧化，但是依然可以为戏剧行业所用。《歪唇男人》是柯南·道尔早期的在制造气氛和悬疑方面成功的作品之一。在这个故事里，福尔摩斯和华生调查了一起特别神秘的人口失踪案。消失的先生像是从一间屋子里人间蒸发了，周围是掩人耳目的痕迹。当找到关键突破口的时候，夏洛克正坐在他用五个枕头给自己打造的王座上——华生称它是"一种东方式的长榻"，夏洛克盘腿坐在长榻上，抽着烟。他抽烟，凝视，又抽烟。整个晚上，他一动不动地坐在那里，抽着烟斗，直到搞明白了一切。

柯南·道尔用某种方式，让这个冥想的场景和打斗场景一样令人难忘。他用精确的语言刻画了这个场景，并用了一个简单明快的句子表现了大侦探令人不可磨灭的印象:"在暗淡的灯光下,我看到他坐在那里,嘴里叼着一个石南烟斗,眼睛茫然地盯着天花板的角落,蓝色的烟雾从他身上袅袅升起,他沉默地坐在那里,一动不动,烟斗的火光映照着他鹰一般坚毅的面容。"作家独特的描写使得夏洛克很多完全静默的时刻在塑造角色方面的作用不逊于任何对他实际进行调查的描写。对夏洛克进行过深入研究的读者,脑海中都有关于侦探如何阅读报纸、吃早餐或者凝视窗外的生动图景。柯南·道尔的这种才能,在他精力分散的时候,会变成一种叙事的怠惰。(比较一下《五粒橘核》[①] 和《花斑带之谜》,前面的故事里,当夏洛克思考犹豫的时候,凶手已经高效地杀害了委托人;后面是一部非凡的经典,故事里,在一间漆黑的屋子中,夏洛克和一条训练有素的杀人毒蛇有一场正面较量。柯南·道尔作品的平均水准很高,但是他涉及的范围太广。)不过,通过有效的障眼法,夏洛克·福尔摩斯系列故事把思考升华成了有戏剧张力的情节,这可说是柯南·道尔的伟大功绩了。

　　想一想这部虚构的作品如何与他的第一批读者产生共鸣,是件很有趣的事。从一开始,夏洛克就有了自己的拥趸。《血字研究》能从大批投向沃德-洛克出版公司(Ward & Lock Co.)的稿件中胜出,多亏了编辑的妻子珍妮·格温·贝特尼(Jeannie Gwynne Bettany),她是一位很有才华的小说家,鉴赏品位也很高。而在《四签名》发表后不久,柯南·道尔就收到了一封来自传奇外科医生劳森·泰特(Lawson Tait)的信。这封信也代表着英国高等法院王座庭庭长柯勒律治男爵(就是诗人柯勒律治的那个姓氏)的心

---

① 这是一部怪异的作品:里面全是不可能的情况,比如未成年人被叫去做遗嘱见证人,可是作品却完全没有什么情节可言。

意。当时，夏洛克·福尔摩斯充其量只是一个小小的虚构角色，但是这两位大人物都表达了他们对这个角色的热情，并请道尔创作更多有关的故事。毫无疑问这封信对于激发《河滨杂志》系列故事帮助很大。而且一旦这个系列启动了，夏洛克的崇拜者也变得越来越多。英国大大小小的报纸都在赞扬这个角色。《约克郡公报》（*Yorkshire Gazette*）称赞探案系列"在虚构类作品中实属最佳"。到1893年2月，《林肯郡回声报》（*Lincolnshire Echo*）把当地警察在钢铁厂抢劫案中的表现比作夏洛克·福尔摩斯，这可说是对他们的最高赞扬。面向低端市场的《每日邮报》（*Daily Mail*），受到乔治·纽恩斯的《美味》杂志启发，为了吸引中低阶层通勤的读者，推出了一部可爱的模仿作品，名为《夏洛克·福尔摩斯二世》，作者署名是"夏洛特女士"。

不管是坐着火车从伦敦西区回到克拉彭（Clapham）的疲惫的办公室职员，还是穿过伯明翰市区回家的手腕酸痛的女打字员，对于他们来说，夏洛克·福尔摩斯都像是他们通勤生活和天然气费用的解毒剂。贝克街的场景演变成一种诱人的生活方式，这种生活的几个要素是不规律的生活时间、充分的自主性以及烟草。夏洛克·福尔摩斯很少提及钱（除了帮一位贵族找到失踪的儿子后收了6000英镑）。他不光以工作勤奋敬业著称，同样出名的还有他的怠惰——有女房东哈德森夫人给他做咖喱鸡当早饭，提供咖啡，他很少为自己的生活动一根手指。由于他对发展罗曼蒂克关系并无兴趣，这个设定让他有很多时间研究危险的化学品、中世纪手稿，以及其他任何能引起他兴趣的东西。用一句话来说就是，他很自由。

不知不觉地，柯南·道尔把福尔摩斯塑造成了一类独特的新型人群的理想版本：独立的城市脑力劳动者，与浮夸的贵族、沉默的办公室职员、资本家、小店主、工人和农民都有本质的不同。

在网络犹太杂志《书板》(Tablet)上,作家利尔·利博维茨(Liel Liebovitz)——赞同伊萨克·多伊彻(Isaac Deutscher)和历史学家尤里·斯列茨金(Yuri Slezkine)的观点——认为,福尔摩斯与卡尔·马克思和西格蒙·弗洛伊德一样,都象征着"在即将到来的全球主义新时代的一种激进的全新的生活方式"。引用斯列兹金斯基的《犹太世纪》(The Jewish Century)中的话,利博维茨认为,夏洛克的某些主要性格特征——"城市化、易变、善于表达、智力高超……最主要的是灵活多变"——让他"不是犹太人,胜似犹太人"。有几个故事的关键就在于福尔摩斯那十足的世界主义者和城里人的身份,例如:在《单身贵族》中,由于夏洛克立刻想到一家高端酒店的雪利酒价格,所以谜案不解自破了。

学术文论分析常把夏洛克·福尔摩斯看作法律、秩序、帝国和维多利亚式道德的象征。[①] 我不会否定任何学者追寻次理论或类似理论的乐趣,不过这种解读可能更多的是根据现代学术的一种趋势,而非这些故事本身。福尔摩斯之所以曾经给维多利亚时代的读者带来那么多欢乐,至少部分原因是柯南·道尔把他塑造成了一个叛逆形象。当政府系统适合他的时候,他也会代表系统运用他的侦探能力,不过,他从来不属于这个系统。他本身很少提到国家,但却反复提到"团体",这对我来说意味着一种更深刻、更自由的主权。他似乎很喜欢女王——除了在墙上射击她的首字母,他最终还

---

① "柯南·道尔的小说对帝国的、父权的英国的原则和意识形态持认可态度。"(乔恩·汤普森,《小说、犯罪与帝国:现代性与后现代主义的线索》,1993 年)"福尔摩斯代表着东方通,就是那类利用欧洲的东方学研究来揭发和击败与犯罪有关的'他者'的人。"(尼古拉斯·斯图亚特,《柯南·道尔关于福尔摩斯叙述的后殖民典范和文化修正》,1999 年)"尽管夏洛克·福尔摩斯的故事记录了人们关于英国领土可能存在的不可知与不可控的担忧,但也通过侦探的性格和方法提出了虚构的解决办法。福尔摩斯是稳定与秩序的保证者。"(允娜·西迪克,《帝国的焦虑与虚构的密谋》,2008 年)等。

是会和她打交道——但他对内阁部长和任性贵族的态度却很蛮横（他差点把总理赶出了贝克街，而且几乎懒得打开上面印有男爵字样的信件）。他对资本主义成就不感兴趣。在晚期作品《雷神桥之谜》中，他招待了一位美国的"金矿大王"，这个人被描写成世界上最有钱的人，又是一个小心眼的坏蛋。福尔摩斯欣赏独立自主的类型，就像《铜山毛榉案》中的维奥莱特·亨特，一个坚定勇敢、机智灵活的女家庭教师（华生甚至希望福尔摩斯能爱上她，但是无果），或者是艾琳·阿德勒。他也对才华横溢的罪犯表示过赞赏。他似乎认为政府官僚机构只是一个功能性的（或者没有功能的）组织，不管什么时候，如果法律程序与他对正义的理解发生了冲突，他都会把它们像棉绒一样刷落。在《蓝宝石案》中，他放走了第一次偷盗宝石的人，然后得意地告诉华生："警察并没有请我去给他们拾遗补缺。"而且，那天也是圣诞节。

　　夏洛克·福尔摩斯是个某种程度上的无政府主义者吗？不算是——实际上，他对各种不可归类的政治观点都兼容并包。柯南·道尔也是如此。他可以写文章赞扬左翼政党在伦敦选举中的胜利，然后转身又支持当时那种类似战争的帝国主义扩张。有一次，夏洛克表达了一个惊人的观点，他认为美国和英国应该重新统一，而这其实正是柯南·道尔的观点。

　　我们无法简洁明了地定义夏洛克。有时候，他像一个唯物主义者，没有任何宗教情感。然后他又会突然沉思花朵的神学象征。剑士和小提琴家两种身份在他身上共存。不过不管他在做什么，他永远是，也只能是夏洛克·福尔摩斯，那个不停改变的、以某种方式散发独特人格魅力的人。在这方面，他几乎像个真实存在的人。不过现在还不能完全肯定我们尊敬的作者先生是有意这样写的——他写作福尔摩斯系列故事的时候，为了多赚钱，速度极快，所以作品在连贯性方面存在不足——笔下的福尔摩斯反复无常，时而狂躁，时而平静；时而动如脱兔，时而陷入梦幻；时而崇尚科学，时而爱好艺术；时而癫狂，时而沉郁，不过这些都让我想到了一个真实存在的人——柯南·道尔。

你可以把夏洛克·福尔摩斯放到火星上（确实有人这样做了），但他还是夏洛克·福尔摩斯。不过，不管这个角色多少次出现在舞台、荧幕、广播、漫画书和电子游戏里（《我的世界》的游戏玩家们建造了一个超棒的夏洛克式迷你世界），完整的福尔摩斯还是只存在于柯南·道尔的原著中。作者通过自己丰富的经历、对那个时代的印象以及他自己的复杂个性塑造了福尔摩斯这个形象。柯南·道尔引导并放大了这些影响，就像谐振频率中只有他能听到的一种精神信息。

最近在伦敦的某一天，在互联网上搜索价格合理的酒店把我们全家引到了一家在海德公园边上的连锁酒店，条件虽然一般，但尚可居住。酒店和一家加油站、一家便利店共享一个院子——也许这个信息会对你有用。从五楼的窗户向外看去，不出所料，景色让人印象深刻：尽管树叶已经剥落，一幅冬天的景象，但是公园占地很大，色调深绿，随处有泛着波光的水面。当我看着远方的景色沉思时（忽略我5岁的儿子从一张床跳到另一张——真是漫长的一天），我突然注意到把公园和人行道隔开的一个小门。

天哪，这可是哈蒂·多兰的逃跑路线啊。

我们的宾馆，尽管并不吸引人，但是离《单身贵族》的场景[①]只有100码的距离。《单身贵族》是1892年问世的一个惊险的上流

[①] 剧透警告！

社会喜剧故事。与同系列的五十九个故事相比,《单身贵族》不算经典,这里没有夏洛克故事里的关键元素——没有可卡因,没有泰晤士河上的夜间追踪,没有夜里静默的狗,也没有街头顽童小分队。不过这部作品表现了独特的大都会繁华,并为我们研究柯南·道尔的策略和技巧提供了一个绝佳的视角。这个故事为福尔摩斯那令人兴奋的世界打开了一扇窗户——而不是巧合地要求读者喝一杯鸡尾酒(因为故事角色们喝了很多)。

华生一直在读报纸。福尔摩斯收到了一封奇怪的信,如上所述,他对信不太感兴趣——他更喜欢来自鱼贩的通讯。但是这封信的实际内容很有趣:有位叫圣西蒙的勋爵失去了妻子,一位美国的女继承人,她从位于兰开斯特门(Lancaster Gate)街区(此时正是我的隔壁街区,在公园的旁边)的喜宴现场匆匆离去。华生对报纸报道记忆犹新,给侦探简要介绍了案情。不仅是这位妻子失踪了,当时还有一件事,就是另一个女人,阿勒格罗剧院的舞蹈演员出现在喜宴上,制造了一起风波,这位女士是新郎之前的"朋友"。同时,这场婚礼本身有一个《唐顿庄园》(Downton Abbey)式的财务基础。圣西蒙的父亲已经开始变卖家族藏画了,而哈蒂·多兰的父亲则在加利福尼亚州的淘金中发了财。这场联姻是双赢的,或者说看上去如此。

圣西蒙来了——福尔摩斯隐晦而巧妙地讽刺了这位贵族——并把失踪的哈蒂比作一个性感的西部野丫头。他给华生看了哈蒂的头像,华生看了后也赞同他的观点,不过圣西蒙对这位女士自由随性的共和党人作风连声哀叹。她在典礼前还很高兴,不过在走向圣坛的路上遇到了一个奇怪的男人,然后她就开始神思不属,之后就失踪了。最后一次被看到是和那位痛苦的阿勒格罗舞蹈女孩一起走过海德公园。这位贵族的叙述让福尔摩斯感觉很需要立刻来点威士忌和苏打水。

不久之后,警探莱斯特雷德先生来到了221B,穿着一件让人难忘的粗呢水手服,刚从九曲湖打捞现场回来。九曲湖是海德公园里一个长而曲折的湖,他去九曲湖打捞是想寻找哈蒂·多兰的尸体。他攥紧了自己的杯子,声称他只捞到了哈蒂的结婚礼服还有一张便条,便条是由一个不知名的人写在一家酒店收据背面的。福尔摩斯告诉他这个收据是很重要的东西,此时莱斯特雷德开始不耐烦了,他拿起自己的外套转身走了。

福尔摩斯出发去了伦敦,留下华生在贝克街坐镇。很快,让医生吃惊的是,送餐服务到了,并带来了一桌盛宴:有冷拼山鹬、野鸡还有储藏已久的陈酿。福尔摩斯回来了,圣西蒙勋爵也回来了——不过很快,就又来了两位离奇的客人:失踪的妻子哈蒂,以及她真正的丈夫——矿主弗朗西斯·海伊·莫尔顿!这两位在多年前就秘密结婚了!但是后来据传弗朗西斯在一场印第安人袭击中丧生了,不过现在他又回来了,所以哈蒂和圣西蒙的婚姻从未真正有效!明白了吗?(福尔摩斯,如前所述,通过分析那张遗失的酒店收据上的鸡尾酒价格找到了这对逃走的夫妇。)

这对勋爵大人以及他的银行账户都是个打击,但对其他人来说却皆大欢喜。除了这种喜气洋洋的气氛——并没有真正的犯罪发生,基本上圣西蒙以外的所有人都留下来参加了聚会——《单身贵族》体现了柯南·道尔令人羡慕的讲故事的能力。夏洛克·福尔摩斯这个系列的故事,尽管表面上看都是"神秘的",但实际上包含了各种主要的流行小说类型。光是《单身贵族》这个故事就从礼仪喜剧转成了社会讽刺剧(对报纸八卦专栏的仿写传达了大量的叙事信息),然后又偏偏转向了西部小说。柯南·道尔在他的六十个故事里,风格时而黑色压抑,时而浪漫优雅,又时而有种哥特式的恐怖。(我认识的有些世故的成年人拒绝重读《花斑带之谜》)。《银色马》和《失踪的中卫》是和运动有关的故事，故事的背景分别是赛马和橄榄球。《格洛里亚斯科特号》和《黑彼得探险记》有种海的味道，柯南·道尔为了表达自己对这种题材的喜爱，让华生成了威廉·克拉克·罗素的粉丝，罗素是当时一位优秀的航海小说家。《马斯格雷夫典礼》记录了一段轻松的庄园寻宝活动。《驼背人》则是驻镇军旅生活的社会现实主义写照。有诸如《第二块血迹》这样劲爆的间谍故事，也有《爬行人》这样科幻类的作品。后者讲述了一个欲望腐朽的老教授，对从猴子体内提取的一种能让人重返青春的物质上了瘾，并最终把自己变成了一个人猿混合体。笔调诚恳的传奇剧《黄面人》比不上《银行办事员》中的大卫·马梅特式骗局。近似于自画像的《身份问题》似乎主要和华生的时尚感有关[①]，不过这很快让位于残忍的乡间复仇故事《博斯库姆溪谷谜案》，这个故事又可以和柯南·道尔的另一幅狂野西部世界的图景联系起来，不过这幅图景的背景设置在澳大利亚。

在这些范围极广的领域里，福尔摩斯系列故事也与柯南·道尔更大的职业背景相吻合。基本上，他什么都能做——或者至少，他愿意尝试。《二重唱，偶尔合唱》是他最不出名的一部小说之一，是一部发表于1899年的朴素直接的（坦白说也是无聊的）现代爱情故事，让当时的夏洛克粉丝圈很惊讶。就在一年前，他发表了《克罗斯科的悲剧》，一篇像是从报纸头条摘录下来的恐怖小说，主

[①] 委托人是一位女士，她的未婚夫消失了，她得到了华生匆匆一瞥后的评价："一位身材高大的女士，颈间围着厚厚的皮毛围脖，斜戴在耳边的宽沿帽上插着一根大大的卷曲的红色羽毛，很像德文郡公爵夫人那卖弄风骚的姿态。"作为一个观察者，不管华生还有什么缺点，他都是一个重要的时尚力量，福尔摩斯甚至称赞他"对色彩的敏锐观察"。这个故事神秘的关键线索在于眼镜上。

要讲的是尼罗河上的极端穆斯林。柯南·道尔可以在各种题材中自由徜徉，因为——除了他那近似魔鬼般的职业操守——他也掌握了一些能让写作更轻松的技巧。在几乎每个夏洛克·福尔摩斯故事里，他都采用了不同的叙事模式。往往先是一段长长的新闻报道式的叙述，暗示了来自街头顽童或者警察的令人紧张的最新进展，这形成了华生叙事上的短暂高潮，然后接下来的几段是由一个人回忆案件过程，再加上夏洛克关于如何破案的解释。柯南·道尔把不同故事拼接在一起的技术让他最有个人特色的把戏成为可能：他让你以为事情正在发生，而实际上什么都没发生。就像他能把福尔摩斯盯着天花板什么也不做的场景变成一个饶有趣味的小插曲（如同在《歪唇男人》里所演示的），他可以从一些固定片段和声音的集合中提炼出高度浓缩的叙事，与其说是行动，不如说是行动的幻觉。在《单身贵族》中，很多生动的场景一一展现：婚礼、失踪、警察调查、晚宴、淘金贩子、印第安人袭击，所有你喜欢的，应有尽有。即使没有搞明白故事中狡猾的玩笑，你也能尽情感受故事的热闹。华生，我们的叙述者，从来没有从贝克街的客厅离开过。整个故事几乎都是幻象，不过是华生从别人讲述的故事里变幻出来的。

而其他那些人可能也很重要。作者为贝克街的场景设计的都是令人难忘的小人物，而这些故事也属于他们——既属于大侦探，也属于哈蒂·多兰们。

在一个角落里，我找到了一位杰贝兹·威尔逊先生。这是一位肥胖、迟钝、脸上汗津津的当铺老板，有着一头火红的头发。另一个角落里，有约翰·克雷，"杀人凶手、小偷、抢劫犯以及诈骗犯"，被夏洛克·福尔摩斯评价为"伦敦城里第四聪明的人"，特点是脸上有一道酸溅的伤疤，耳朵上有耳洞。和艾琳·阿德勒一样，这两位也是突然出现在夏洛克故事里，占据了一页或者三页的篇幅，然后就不再出现了。不过他们以及他们出现的故事《红发俱乐部》，向我们展示了柯南·道尔是如何把现实和想象结合起来塑造他的小说人物的。

威尔逊带着困惑出现在贝克街。他在伦敦下城广场开了一家拐角当铺——他的生意没什么人光顾，注意到的只有他的助手，一个聪明的年轻人，耳朵有耳洞，前额有道酸液灼烧的疤痕，这个年轻人最近找到他，愿意以半薪工作。几个星期前，这位助手给威尔逊看了一则报纸广告，说是有一个红发俱乐部，由一个精神失常的美国百万富翁捐赠。一个长着正宗红发的人一周基本不用做什么，就能挣得4英镑。有此抱负的红发男人们，只需要到舰队街（Fleet Street）的办公室进行申请。威尔逊和他能干的帮手急急忙忙地赶到了指定的地点。在那里，他们看到了"各种各样头发颜色的人……草黄、柠檬黄、橘色、砖红、爱尔兰长毛犬红、猪肝红、土红"。不过威尔逊（惊喜！）被组织馆员选定为头发最红的男人，他被推着接受了指令，每天抄写四个小时的大英百科全书。他照办了，一直从修道院长（Abbot）到弓箭（Archery）到建筑（Architecture）到阿提卡（Attica），直到有一天他上班的时候看到一张神秘的通知，通知宣布俱乐部解散了。唯一能找到的中转地址实际上是个人工护膝生产厂商。

该怎么做呢？前几页的叙述除了向我们展示了一个轻幽默的超现实主义先锋范例，也把威尔逊本人写成了这个谜案的关键线索。华生把他形容成一个友善而愚笨的人。放在今天，每个尼日利亚电邮诈骗犯都会很高兴遇上杰贝兹·威尔逊这样的人。他的外表结合了笨重的邋遢（宽松的格子裤、肮脏的工装外套）和男性的炫耀（黄铜表链、共济会饰品、汉语文身）。不过在他身上有一些呆笨的尊严：他真正想弄清楚的不过是事情的真相，而他又听说夏洛克·福尔摩斯很擅长推测演绎这类问题。他摆出了问题，然后就很实在地忘了这件事。夏洛克·福尔摩斯系列故事里满是杰贝兹·威尔逊这样的人：他们来自维多利亚时代的各行各业，被刻画得绘声绘色，只在大侦探那有魔力的场景露了一两次面就退场了。柯南·道尔塑造了无数（或者说成群的）这样的角色，充实了他剧情的副线。

威尔逊对当铺伙计的描述让福尔摩斯听起来很耳熟，侦探觉得威尔逊说的这个助手所有空闲时间都待在暗房里摆弄"摄影"令人浮想联翩。经过调查（调查中吃了三明治，听了小提琴作为休息），福尔摩斯发现"文森特·斯波尔丁"其实是约翰·克雷，一个犯罪天才。红发俱乐部其实是一个把威尔逊引开的高明把戏，这样克雷就可以从当铺挖一条通往临近城镇银行的地道，以便偷取价值30000法郎的金币。

抓住约翰·克雷成了尚还稚嫩的夏洛克系列故事的一个重要时刻——《红发俱乐部》发表于1891年秋天，是发表在《河滨杂志》上的第二个短篇故事。福尔摩斯、华生、苏格兰场老好人琼斯和一个银行官员在一个漆黑的银行地窖里静静地等着，等到了克雷和他的同伙用凿子凿穿地面的时刻。当克雷从下面爬上来的时候，他们抓住了他。短暂的挣扎后，罪犯（我们得知他是一位公爵的后裔）表现出了高傲的自尊。"我请求你不要用你的脏手碰到我，"他尖声说道，"另外，劳驾和我说话的时候，记得说'先生'和'请'。"说完这几句话，他夸张地鞠了个躬，然后走了出去。

如果说杰贝兹·威尔逊是柯南·道尔系列的一个普通人，克雷则向我们揭示了柯南·道尔是如何运用犯罪历史和知识的。这是一个出身良好、带有特权阶级特征（他打了耳洞，还不止一个）的贼，塑造这个人物借鉴了维多利亚时代一直存在的类似的犯罪贵族形象。尤其是，当时一个古老的传统是把窃贼看成是某个领域的专家。约翰·宾尼（John Binny）是19世纪50年代的巨著《伦敦的劳动者与穷人》（London Labour and the London Poor）的作者，社会观察家亨利·马修（Henry Mayhew）的合作者之一，他把"盗贼"誉为大都会里不法者中的精英："他们外表看上去像成功商人……他们中很多人除了出入象堡酒店，有时也会出现在小旅馆，他们常在象堡为自己点上一杯最好的红酒，花起钱来极其慷慨。"顶尖的盗贼会光顾专业工具制造商，特别是伯明翰定制工匠，早在19世纪70年代，他们的产品就有贵达200英镑的金刚钻。① 使用临近的空置的建筑可说是工业时代的标准做法，很多臭名昭著的案件背后都有着大胆的挖掘和密谋。1865年2月，一伙盗贼受到盗窃行当大人物托马斯·卡斯雷（Thomas Caseley）的指使，攻破了位于康希尔街的一家珠宝商的地窖。这个地窖本来被认为是牢不可破的。在一个周六，他们溜进了隔壁的裁缝铺，挖了一条通往地窖下面的地道，然后顺便打开了保险箱。卡斯雷——最后被一个嫉妒的女人出卖，被判有罪并流放到澳大利亚西部——获得了短暂的声誉。在证人席上，他表现出的聪明才智和优雅风度，用一个《河滨杂志》记者的话说，"让所有听到他说话的人都感到这样的人竟然做了贼，多么可惜啊"。

如果说约翰·克雷在小说中短暂而生动的出场表露了柯南·道尔在现实方面的欠缺，那么故事奇妙的设置——杰贝兹·威尔逊与红发人群如同梦幻般的邂逅，这位肥胖的先生手抄百科全书的荒诞

---

① 这一观点以及其他一些关于维多利亚时代现实犯罪环境的观点，可以在大众历史学家兼夏洛克迷唐纳德·托马斯（Donald Thomas）的著作《维多利亚时代的下流社会》（The Victorian Underworld，纽约大学出版社，1998年）中找到。

喜剧——都让这个故事变得独具柯南·道尔风格。如同他从真实的犯罪新闻或引起义愤的事件中进行借鉴一样,他也给了自己完全的自由去忽略现实。夏洛克·福尔摩斯系列故事里没有出现斯拉夫-犹太暴力街头团伙在现实的伦敦东区出没的痕迹,这起团伙主要是由比萨拉比人和奥德赛人组成的。论起凶残程度,柯南·道尔小说中的大部分罪犯比起现实中的罪犯还是不及,1879年,一个叫凯特·韦伯斯特(Kate Webster)的家庭服务员,也是一个连环窃贼,将她的雇主杀害分尸后,把尸块零散抛到了伦敦多个地方。最著名的是开膛手杰克,1888年,他在伦敦东区的白教堂地区实施了自己的血腥犯罪,时间在《血字研究》和《四签名》之间,不过他始终没有露出真容。

其实,通常柯南·道尔是很愿意翻阅其他小说的。在一个寒冷的下午,我曾经长久地徘徊在泰晤士河北岸,寻找黄金烟馆的可能位置,却一无所获。黄金烟馆是个诱人又肮脏的鸦片窝点,也是人渣、罪恶和东方主义的巢穴。酒吧里挤满了面黄肌瘦的马来人和鬼鬼祟祟的东印度水手——作者在《歪唇男人》的开篇津津乐道地写道。华生冒险去黄金烟馆纯粹出于好心,去找一个瘾君子朋友,没想到竟碰上了化装成大烟鬼的夏洛克·福尔摩斯。华生来到了黄金烟馆,来到了那条"污秽的弄堂",在迷宫般的肮脏街道和码头建筑中找到了上斯旺丹巷(Upper Swandam Lane)。

我带上了维多利亚时代搜索地图的影印版,希望能从当时很多连接上泰晤士街(Upper Thames Street)的小巷中找到这个烟馆的位置。上泰晤士街是这个地区的一条干道。我发现很多古老的路早就被现代建筑埋在下面了,不过,糖码头步道(Sugar Quay Walk)和天鹅巷(Swan Lane)至少还能隐约透露出一个更复杂的维多利亚城市地理轮廓。在糖码头步道,褐色的泰晤士河淹没了过去的石阶，而天鹅巷现在则被各家金融机构占据（不知是好是坏）。有几条窄窄的小径通向酒吧——故事着重提及了其中的一条小径，将其视为路标。在马丁巷（Martin Lane），我找到了一家起源于19世纪60年代的酒吧，而在布什巷（Bush Lane）的尽头，则有一个叫作贝尔的禁区。不过，没去的主要原因是我感冒了。

尽管柯南·道尔设计情节定位时，参考的也一定是同一份地图，不过想到这个烟馆可能是他从别的地方凭空搬来的，我缓解了对自己寻找夏洛克故地能力的失望。柯南·道尔很有可能是从伟大小说家狄更斯的《艾德温·德鲁德之谜》(The Mystery of Edwin Drood)中借鉴来的。毫无疑问，柯南·道尔很崇拜狄更斯，而《艾德温·德鲁德之谜》的开篇就是一个鸦片烟馆中的迷幻场景。狄更斯的烟馆也以各式各样的亚洲人为特征①，还有一个"在鸦片烟雾缭绕下和中国人奇异地相似的英国女人"。《艾德温·德鲁德之谜》面世于1870年，取材于当时流行的新闻报道：一些大胆的记者到远东地区考察后为了写出大胆报道，往往不可避免地要参观一下鸦片馆。实际上，就像历史学家马修·斯威特在《创造维多利亚人》里写的那样，所有作家都不停地参观同一家鸦片馆。"19世纪的报道里涉及的烟馆都是对沙德维尔区（Shadwell）新庭（New Court）两家烟馆中的某家以及这家烟馆里床上和地上顾客的描写。"

这都说明柯南·道尔所写的不是真正的罪案。要获取现实生活的灵感很方便，不过涉及夏洛克的时候，作者做的研究很少，他的故事喷薄而出，明显在细节和连贯性方面有欠考虑。（柯南·道尔偶然在一封信中提到，自己在两个星期内完成了四部夏洛克·福尔

---

① 维多利亚时代的文化中既有疯狂的黄祸东方学，也有社会进步的重要时刻。1892年，在《歪唇男人》首次出版之后的一年，印度自由派达达拜·瑙罗吉（Dadabhai Naoroji）成为英国第一位亚洲裔议员。

摩斯故事。）与此形成对比的是，他在自己的历史小说上极其细致用心，为写历史小说阅读了上百卷的关于英国剑术或者拿破仑之类的史料。这些历史小说现在也还有支持者，不过坦白说它们没那么有趣，因为它们承载着要符合事实的沉重负担。

尽管从另一方面来说，夏洛克·福尔摩斯系列故事一直强调要关注事实，不过它们的本质还是艺术。《银色马》是一部没有狗吠的赛马小说，小说里错误太多，以至于它只能是一部可笑的近似赛马的小说。比方说，福尔摩斯让赛马的竞争者照管众人以为失踪的银色马，然后秘密为它下注，而这匹马也取得了一场大比赛的胜利。你可能会说，这不过是赌注计算上的一点微小优势。就像柯南·道尔自己随后提到的，这样的行为会给所有相关的人都带来很大的麻烦。"有一半的人会被关进监狱，"这位有趣的作家指出，"另一半则会收到警告，永远不能靠近跑马场。"不过有人在意这个吗？在令人毛骨悚然的《花斑带之谜》里，作者赋予了一条蛇各种生理上不可能完成的动作：有谋杀之意的训练者用一只口哨来训练它，用一茶碟牛奶来引诱它。其实蛇既不能听到声音，也不喝牛奶。不过谁会关心这个？

柯南·道尔的志向不是写出一部社会记录，而是希望能在印象和感觉方面胜出。他写的不是历史，而是传奇。对于每个从报纸记录获得灵感的银行抢劫故事，背后肯定有一个虚构的红发俱乐部。如果柯南·道尔需要一家黄金烟馆，他就直接从狄更斯小说或者耸人听闻的报纸新闻里借鉴一个。严格来说，这些故事不会发生在我们现实生活中。就像柯南·道尔自己晚年说的，这些故事发生于"幻想的浪漫国度"。

当然，具有讽刺意味的是，这些故事对于某些心灵来说是无比真实的，比如说我。

我 12 岁时的一天，我叔叔来到我们家，眼睛里闪着善意又淘气的光芒。他递给我一个浅蓝色的信封。

信封正面用一种华丽的紫色墨水龙飞凤舞地写着我的姓名和地址。对我来说，纹理细腻的书写纸和萎缩的脑袋一样奇怪。我把信封翻过来，看了看回信地址，背面用同一种讲究的方式写着：

医学博士约翰·H. 华生
伦敦 W1 区贝克街 221B

里面的便条内容简短而诚挚友好，让我很吃惊。这张便条完全是华生式的风格。由于童年时的我，对于华生存在的信念虽然时隐时现，但很强烈，这张便条就像是来自圣诞老人的电报。那个时候，我从早到晚地读着夏洛克·福尔摩斯。在我的世界里，人们是喝健怡可乐、淡啤酒和半脱脂牛奶的。在福尔摩斯那个世界里，很多体面的男人会频繁出入私人俱乐部，玩巴卡拉纸牌。我甚至可以说出他们的行动地点。我怀疑那个时候的我变成了一个有点问题的孩子。

多亏了我叔叔，尤其是多亏了他的一个聪明朋友。这个朋友对这些症状很熟悉。他们设计出一个完美的能让 12 岁的我高兴的方案。我当然知道福尔摩斯和华生不是"真的"——不管怎样，我理智的部分是知道的。不过这个认知很少会困扰到当时的我这样一个即将迈入青春期的孩子。当时我的身体里装满了把我变成一个现成的狂热分子的荷尔蒙。（想想 21 世纪有多少大成本的流行文化是来源于 12 岁孩子的幻想的，比如没精打采的吸血鬼、饥饿游戏以及没完没了的超人系列。）对于我头脑中感受最强烈、最不理智的部分来说，华生描绘的那个亮着煤气灯的、伦敦最邪恶的人穿着俄国羔羊皮的世界是真实的，或者说是比真实更好的。在这里，在我脏兮兮的手中的是那个世界一个有形的碎片，它让这个世界不再虚幻。

如果你相信美元是违宪的，那么就很容易将我的夏洛克情结归结于我居住的地方。我所在的州是众所周知的垂钓圣地，或者说归隐之所。不过我想，即使我住在纽约、东京或者尊贵的伦敦，福尔摩斯的故事也会对我有同样的效果。回顾过去，我想是夏洛克系列的怀旧特质激发了我的想象，让它像一把被敲击的音叉一般颤动不已。柯南·道尔精心地（或者说不经意地）组织安排了这些故事[1]，让它们拥有了一种催眠般的魔力，类似在篝火营地里聆听一位长者讲述寓言。对于一个尚未有探险经历的人来说，他讲述故事的方式有一种特殊的吸引力。

我感觉手上这封可爱的模仿信是我刚开始玩的某种复杂游戏的一部分。我渴望更进一步，所以很快地给"华生"回了信。我没有意识到的是，我已经参与到了夏洛克·福尔摩斯故事从一开始就有的一种传统：半真半假的演戏传统。后期归入《探案集》和《回忆录》的那些故事也是由《河滨杂志》发表的，后期读者都闹着要阿瑟·柯南·道尔署名为"夏洛克·福尔摩斯"。作者拒绝了。他的回应暗示了他感到此事相当烦人。为什么呢？可能是他隐约感到了一些让人不安的力量。（他母亲的朋友也希望他署名S.H.，而他的母亲则觉得他太挑剔了。）夏洛克这个角色快速增长的财富潜能让他的创造者也感到了轻微的不安。尽管柯南·道尔因此换上了大房子，也能一直维持打板球的爱好。尽管柯南·道尔喜欢赚钱，但是

---

[1] 在《地图与传说》（*Maps and Legends*）中，迈克尔·沙邦（Michael Chabon）为夏洛克·福尔摩斯的故事提供了一个有洞见的隐喻，我发现这个隐喻对我自己的想法很有影响：一套互锁的齿轮，每个都被设计用于设置下一个动作，这套齿轮可称为"讲故事的引擎"。

他不喜欢受人指使。在与《河滨杂志》谈判时，他不停提高福尔摩斯系列的稿酬——而杂志也总是答应。如果在所有的角色里，只有福尔摩斯能让一家杂志高高兴兴地支付 1000 英镑，柯南·道尔还有什么机会摆脱这位侦探呢？

就像我的长辈在我刚开始沉迷于福尔摩斯系列故事时的心情一样，柯南·道尔一定曾感到事情有点失控了。

改革俱乐部（Reform Club）位于伦敦蓓尔美街，外表看上去像是世界上最大的葬礼纪念碑，又像成人版的霍格沃兹魔法学校。在门口和一位不知来自欧洲哪国的、衣着简洁、剃光头的门卫交涉了一番后，我站在了酒吧中央以马赛克铺地的穹顶中庭里，注视着炭灰色的庭柱、闪烁天光的穹顶，以及逝去名人的大幅油画肖像。作为一个美国人，我的感觉也很美式。我一直努力让自己闭上嘴巴，大体看上去不像是新客人。

"嘿，你还穿着夹克啊？"右侧突如其来的一声招呼把我拉回了现实。西蒙·布伦德尔（Simon Blundell），改革俱乐部的工作人员，和善地带领我参观了这座维多利亚时代的长方形建筑。当时我正躲进潮湿的衣帽间——衣帽间非常朴素，墙上有一排排拳头大小的木制旋钮——存放我的物品。布伦德尔这个敏锐的年轻人，立刻找到了这里。"柯南·道尔有什么特别的政见吗？"他问道。我对柯南·道尔的自由联盟主义观点做了一个有点说服力的描述。"啊，好吧，那么他在这里肯定是如鱼得水的。这个酒吧是为有抱负的人结识其他有抱负、见解相似的人准备的。这是它曾经的运行方式，也是它现在的运行方式。"

当布伦德尔带着我走过铺着厚厚地毯的走廊，通过宽敞的餐厅，经过有着大红色皮革沙发和大理石雕塑的阳台时，确实，很容易想象当时的柯南·道尔肯定是头晕眼花的。1891年春天，他在伦敦开了一家眼科诊所。到7月的时候，《河滨杂志》发表了《波希米亚丑闻》。10月，他被推荐加入改革俱乐部。这个俱乐部成立于19世纪40年代，最初目的是为政治改革分子——激进的国会议员和记者等——提供一个避难所。到1891年，改革俱乐部已经失去了过去那种明确的党派偏好，并欢迎文学界、专业界和政界等各界人士加入。不过，布伦德尔解释，它还保留着对自由党派精英的偏好。要获得这个俱乐部的资格并不容易，柯南·道尔一直等到1892年才获得确认。在一间存满了令人印象深刻的线装档案的舒适房间里，布伦德尔从大量的选票簿中找到了有柯南·道尔入会的那一本。在那一本里，他的会员编号是5402号，在他简洁有力的签名旁边有一行自我描述——"作家兼医生"。据这本簿子记载，是托马斯·威姆斯·里德（Thomas Wemyss Reid）提名他入会的。里德的履历很是辉煌，他既供职于一家地方报纸，为其担任议会特约记者，也是一家伦敦报社的编辑，他本人可说是爵士阶层的顶尖人物。在里德自己的回忆录里，记录了改革俱乐部里有一个小团体喜欢投反对票，希望把后来者拒之门外。"在改革这样的俱乐部，要获得会员资格，个人影响力……比其他任何要素都更重要。"这样一个小团体也欢迎柯南·道尔——夏洛克·福尔摩斯的创造者，进入他们的圈子。

再见，南海镇！不过，就在他慢慢融入伦敦的时候，柯南·道尔并没有失去他作为外来者的观察天赋，也还保留着用尖锐的讽刺方式把现实转化成小说的爱好。《希腊译员》发表于柯南·道尔加入改革不久以后，在这个故事里，华生突然得知夏洛克·福尔摩斯有一个兄弟：一个比他大、比他更聪明的哥哥，名叫迈克罗夫特。迈克罗夫特为政府做一些工作，除了第欧根尼俱乐部（Diogenes Club），很少去其他地方。第欧根尼俱乐部是伦敦"最古怪的俱乐部"，这里会聚了一批厌恶社交的人，除了陌生人搭讪室，俱乐部里禁止交谈。医生和侦探匆匆赶往蓓尔美街，然后静静走进这个社交的坟墓。"透过玻璃隔板，"华生叙述道，"我瞥见了一个宽敞奢华的房间，里面有一大帮人正坐着读报纸，每个人都独自占据着一个小角落。"迈克罗夫特摇晃着走进了陌生人搭讪室，他有一双灰色的眼睛，神情淡漠，并且透着古怪的危险。他很快透露他为夏洛克准备了一个问题，探险接踵而至。说实话，这不算一个特别优秀的故事。如同另外几个夏洛克故事，《希腊译员》最值得一提的是它这种有感染力的场景设置，以及可能是柯南·道尔为他在改革的新朋友准备的、痞里痞气的内部笑话。在第欧根尼俱乐部，作者创造出一个终极"否决团"，是这群不爱交际的隐士中的阴谋小团体。

　　《希腊译员》算是柯南·道尔给《河滨杂志》写的第二批故事之一。《河滨杂志》支付的 1000 英镑稿酬最终转化为包含这个故事的《福尔摩斯回忆录》。《回忆录》中的故事反响不如之前的作品。最早的《历险记》中，尚有一些欢快的场景，比如颇为嘲讽的《红发俱乐部》和《身份问题》中的时尚灾难。作为犯罪小说，这些早期的故事包含的暴力因素少到让人吃惊。随着夏洛克来到壮年，柯南·道尔也开始释放黑暗的一面：诡异吊死的男人、窒息而死的管家、有头脑的驯马师、被骗后企图自杀的艺术家、被折磨和奴役的殖民军队老兵，以及在暴力中瓦解的性背叛。

　　同时，写下这些残忍故事的人成了一个快乐的城郊居民，拥有持续运动获得的古铜色皮肤，而且比他曾经梦想的更加富有。在 1892 年的夏天，《河滨杂志》派记者哈里·霍尔去采访这位新星。霍尔发现柯南·道尔一家舒舒服服地住在南诺伍德镇（South Norwood）——阿瑟关闭了眼科诊所，开始全职写作，他们一家逃离了伦敦市中心。记者看到的是一个"幸福、亲切、平凡的男人"，

"高个子，宽肩膀，握手时坚定有力，尽管很有诚意，不过让人很疼"。柯南·道尔急切地向霍尔展示了自己的房子以及来自著名的艾略特和弗莱先生照相馆的摄影师。（还记得他们吗？他们的商店在贝克街。）他的妻子和女儿已经回避，好让男人们在这间富有创造性的杂乱屋子里抽雪茄：这里有道尔的各种艺术作品、来自北极的纪念品、从埃及宫殿掠夺而来的瓷器（用他在南海镇行医的收入购买的）、板球纪念品，以及一张夏洛克的灵感来源约瑟夫·贝尔的画像。

柯南·道尔一定是心情很好。他打开了自己的传记，向来访者解释自己对中世纪英国弓箭手的崇拜。他透露他常在打板球、与图伊一起骑轮子巨大的双人三轮车，或者网球场上构思夏洛克·福尔摩斯的情节。同时，最近糊涂的大众正攻击他对夏洛克的奇怪但无用的安排。最近的一篇文章提到了新西兰中毒案的细节，以及关于布里斯托尔一份有争议的遗嘱的大量文件。柯南·道尔向来访者肯定地表示，这些他哪个也不需要，他有足够的资料，足以支撑一段时间的夏洛克·福尔摩斯。他发誓，下一个故事会是所有故事里最扑朔迷离的！[①]

[①] 柯南·道尔从来不缺胆量。就在霍尔采访的几个月前，他试着写了一出独幕剧，并把它直接寄给了亨利·欧文，当时最著名的演员之一。欧文和他的经理布拉姆·斯托克（Bram Stoker），即后来著名的吸血鬼小说《德古拉》（Dracula）的作者，很喜欢这个故事并立刻买下了它。这部剧叫《滑铁卢》，是一个拿破仑时代老兵的掠影，它成了欧文的主打剧。柯南·道尔尝到了戏剧的甜头。第二年，他和朋友 J. M. 巴里埃（《彼得·潘》等作品的作者）合作了一部音乐剧，结果失败了。巴里埃后来写了一篇情真意切的模仿夏洛克风格的作品，名为《两个合作者的探险记》，故事中，巴里埃和柯南·道尔现身贝克街，并和夏洛克面对面地相遇了。两位现实中的作家要求福尔摩斯参与到他们失败的音乐剧中来，帮他们分析一下失败原因是什么，而福尔摩斯拒绝了。柯南·道尔威胁他，但福尔摩斯毫不动摇。于是柯南·道尔拿出一把小刀，福尔摩斯却神奇地将其融化为虚无，最后只剩下天花板上飘荡的一圈轻烟，用一种幽灵般的声音嘲弄着柯南·道尔："笨蛋，傻瓜！" J. M. 巴里埃真是个有洞察力的家伙。

在柯南·道尔城堡中的这场友好会面过后几个月,《河滨杂志》的读者就都被《硬纸壳盒子》吸引住了。一位住在市郊的无辜老妇人收到了一个令人毛骨悚然的包裹：里面有两只人类的耳朵,一只男人的,一只女人的,胡乱地裹在盐里。夏洛克·福尔摩斯查看了一下这个盒子,又看了一下收件人的耳朵,和善地打探了收件人的家庭烦恼,然后推断出这只女性的耳朵是收件人的一个妹妹的。行凶者被抓住时,讲了一个可怕的故事,这段供词是福尔摩斯系列里最严格的逐字引用。他娶了一个女孩,他们彼此相爱,但是他喝酒成瘾,常常沉浸在酒精中。他的妻子在一位心怀鬼胎的女性亲戚的影响下,开始了一段不伦的外遇。一个下午,醉酒的丈夫跟踪妻子和她的情人到了一个海滨疗养胜地,在那里他们租了一艘游船,在那个雾蒙蒙的下午,他们划船前行。丈夫跟踪着他们,穿过薄雾,来到海边,薄雾很快让这两艘船和周遭隔绝开来。在那里,醉酒的丈夫打死了这对情人并割下了他们的耳朵以作报复的象征。"你可以绞死我,"凶手说,"但是不能用我已经受到过的惩罚来惩罚我。"

下面是一段资料。当《回忆录》结集出版的时候,柯南·道尔没有完整版权。他把《硬纸壳盒子》挪出了这本集子,所以这个集子里一共有十一个故事。作者经常在无情的诚实和自己久经打磨、几乎是条件反射般的压抑本能之间摇摆——想想他在自己的回忆录里关于父亲去世日期的那个无耻的谎言——再想想他几乎是以柯南·道尔本人的身份在讨论故事里的不伦之恋。1892 年 12 月,他的母亲给克莱顿疗养院的负责人写了一封信——查尔斯·阿尔塔芒·道尔在被诊断为痴呆并因康复无望被赶出之前的疗养院后,就开始大部分时间住在克莱顿了（柯南·道尔在转院证明上签了字）。"我可怜的丈夫目前的状况都是喝酒造成的,"玛丽在信中写道,"为了饮酒,他无所不用其极,多次触犯法律,他或我拥有的所有值钱的东西都被他秘密偷走……我得知，爱丁堡的一个小酒馆里有他最有价值的素描图，是他为了喝酒抵押在那里的……他会把所有衣物脱下，冒着生命危险用床单顺着水管往下爬，他会弄开孩子们的存钱罐。他甚至会喝家具清漆……如果他重获自由，我相信几周内他就能把自己给害死。"

在玛丽写这封信的时候，她的儿子应该正在写作《硬纸壳盒子》。当时他在俱乐部如鱼得水，在文学上如日中天，还住在郊区——不过他同时也是人性深处的管子工，对他自己的生活保持着敏锐的批判性，同时还会思考宇宙的意义到底是什么。他拒绝接受罗马天主教，而他母亲和妻子信奉的英国国教对他来说也不够热血。多年来，他一直在读唯心论方面的书，用一种近似科学的方式追求死后仍有生命的证据。他曾经召集过降神会，也寻找过枯瘦的灵媒。他在这些集会里看到的东西既满足了自己的好奇心，也符合他特有的、古怪的道德观。"请所有进行探究的人牢记现象是通往终点的唯一方式，"1887年他在给神学杂志《光》的信中写道，"如果能向我们保证死后有灵，那么将对我们祛除自身粗俗的动物般的情感，培养更高级、高贵的想法很有帮助。"是的，要通过一切办法祛除自身粗俗的动物般的情感。所以，《硬纸壳盒子》必须消失。关于他父亲的去世日期，他曾在一封信中写道："最好让它发生在苏格兰。"不过他的大脑和身体里仍有很多想法互相冲突，没有办法通过在改革俱乐部的社交下午茶或者打场网球来解决。所以，这些激情和困惑不得不通过别的途径表现出来，例如在《硬纸壳盒子》的最后几行：

"这是什么意思，华生？"夏洛克·福尔摩斯严肃地说，"这一连串的痛苦、暴力、恐惧究竟目的何在？这一定有某种目的，否则我们的宇宙就是受偶然支配的,这是不可想象的。那么,是有什么目的呢?"

是的,生活是一个可怕的泪水之谷。你需要一个朋友帮忙通过它,一个能在背后支持你、在你失控的时候把焦炭针从你手中撬出来的朋友,一个能帮你倾听所有人的……该死的……问题的人。

夏洛克有他的华生,华生不在他会迷失。随着故事展开,约翰·华生成了夏洛克宇宙的暗物质,是能把所有事情凝聚在一起的一种力量。在柯南·道尔半真半假的伦敦的400万居民中,只有华生,能打开聪明绝顶的侦探那封闭的心灵。如果放任侦探不管,他会一边把《河滨杂志》上的招聘广告按字母排序,一边抽烟抽到昏天黑地。没有华生,我们也会迷失。所以得感谢那种灵感,它让柯南·道尔塑造出一个这么好的人——一个坚如磐石的人,一个密友,一个有行动力、能保护女士的男人,一个偶尔忧郁的单身汉,不过总之是一个现代文化可以再爱一百三十年的人。

夏洛克对华生可说是随意使唤了,他常常打探华生的文学作品,并不断要求他放弃壁炉和家的温暖去追踪罪案。我想,可能我们对于爱的人都是如此吧。侦探那傲慢的内心深处明白是怎么回事。直到《红发俱乐部》——柯南·道尔创造这个传奇的早期——福尔摩斯都把偶然成为他室友的军医描述成他的"伙伴和帮手"。正如华生不知怎么就找到了与这位吹毛求疵的侦探相处的方式并对他产生敬佩(尽管他不会这么说),福尔摩斯也在华生身上发现了一些令人惊奇的特质,他发现华生其实在假扮正常人。"你和我一样,也喜欢那些奇特的离经叛道之事。"福尔摩斯很肯定地说。(我们可以想象华生会想"是吗?",不过他确实是这样的。)在一些需要动手的场合,福尔摩斯知道自己可以对华生以性命相托。华生总能擦好并带上自己服役时的左轮手枪，站在一旁准备战斗。当你在一间漆黑的屋子里等待着训练有素的毒蛇或者伦敦第四危险的人出现时，你会很希望他能在你身边。在《铜山毛榉案》中，当一条疯狂的藏獒扑到主人身上并开始撕咬他的喉咙时（其实这是主人罪有应得），是华生走上前去，冷静地给了这个畜生一枪。华生是个老兵，也是个糙汉型旅行者，他只要带上一支牙刷、一本流行小说，就能立即乘火车开始一场全国旅行。

毫无疑问，柯南·道尔在塑造华生的时候，心里有很多原型，有很多不同时代的人物，其中也包括他自己。尽管华生这个形象比任何一个特定类型的人都丰满，不过，我还是认为作者把华生设计成了某种类型的人：一个精力充沛的多面手。柯南·道尔对华生在贝克街之外生活的描写合情合理。例如，在《四签名》中，华生透露他曾去过澳大利亚的金矿区。澳大利亚？什么时候？怎么去的？不过，当时的作者本人，尽管成长条件有限，到他写作这部小说的时候，已经到过了巴黎、北极和非洲。华生是一个柯南·道尔式喜欢往外跑、满世界做事的人。很久以后，华生还顺便提到，他曾为布莱克西斯俱乐部打过英式橄榄球。这似乎与主题没什么关系，不过柯南·道尔的同时代人能认出布莱克西斯不是什么普通的橄榄球俱乐部，而是世界上第三古老的球队。曾在运动演化中扮演过重要角色。[①] 在 19 世纪 70 年代的中后期，华生还是在伦敦学医的一个运动青年，在当时为布莱克西斯俱乐部打球，就是与橄榄球界的精英们一起打球。当柯南·道尔提笔写下这段华生的趣事时，他脑海中划过的可能是伦纳德·斯托克斯这样的人：他是一个有着卷曲八

---

① 布莱克西斯带头将早期橄榄球与早期英式足球区分开来。其中一个成员将英式足球那不够野蛮的规则蔑称为只适合"很多法国人"。这一点阿森纳的球迷们可得注意了。

字胡的人，在医学职业取得胜利的情况下，他作为四分之三后卫，是布莱克西斯和英格兰的明星，他成名的时间正好也应该是华生打橄榄球的阶段。像斯托克斯这样的人——既是重要的业余球员，同时还在与运动完全不相干的领域取得了成绩——在维多利亚时代有很多。柯南·道尔自己就是他们中的一员，他把华生的一部分塑造成了这样直爽热诚的形象。

不过华生并没有完全投身橄榄球，也不是世界上最有气概的男人。我们常常能发现他在"沉思"，烦躁地翻着无聊的报纸，注视着贝克街寓所里战争英雄的装饰画，思考着人类的愚蠢。我们能感到一种内心痛苦与孤独的悸动。在《血字研究》中，他宣称自己在英格兰"既无朋友也无亲人"。他可能有点自毁倾向。有趣的是，夏洛克为了保护华生的财产，把华生的支票簿锁在柜子里。有时候，医生会边喝酒边有点过度自我反思的倾向。在《波希米亚丑闻》中，他陷入懒惰的泥潭，福尔摩斯注意到新婚的华生自上次出现在贝克街之后已经增加了 7 磅体重。华生有时候宣称自己是"飞毛腿"，不过其他时候又说自己"完全缺乏锻炼"。

这可有点左右摇摆啊，亲爱的华生，可能总是有些许的不满足吧。当他在贝克街待着时，他渴望有位妻子，渴望稳定的医疗实践。但他结了婚开始四处诊治病人时，他又想念夏洛克·福尔摩斯和罪案。让他只生活在这两种模式中的一种里，他一定很难受。每当他收到福尔摩斯的"紧急"消息时，他的妻子[①]显然都异常想摆脱他。"噢，安斯特拉瑟会替你做完的。"她有一次乐呵呵地说。这句暗示让我担心华生的婚姻将会出现可怕的场景。就华生而言，他

---

① 好吧，关于华生的妻子，我所要说的就是人们通常认为的，在夏洛克系列中，华生有不止一位妻子，可能有三位，也可能有五位。《四签名》中的玛丽·莫斯坦可能是第一位，不过……算了，这会让问题更复杂，不说了。

似乎觉得普通的家庭生活异常腐蚀灵魂,这让他生理上"苍白",让他需要一些致命的冒险。与夏洛克·福尔摩斯一样,他也讨厌一成不变。

因此他需要福尔摩斯,而且对福尔摩斯保持了长期的忠实友谊。大部分人可能早就受不了了,会要求这贝克街的侦探收敛一下他的尖酸脾气,也不同意侦探继续在屋里进行射击练习。在这一系列故事中,华生对福尔摩斯的服务——这是他实际使用的词——几乎达到了牧师般的水平。尽管他有很多追求,但是华生发现他真正的使命就是在夏洛克·福尔摩斯身边,并与他那极其难处但是智慧的人格生出平等的伙伴关系。即使他的朋友令人难以忍受,华生对他仍然忠诚——他可以看开一切。在他们相处早期的某个时候,华生就决定,不管将来生活中发生了什么,他都会是夏洛克·福尔摩斯的朋友。

通过华生,柯南·道尔给文学上关于奉献这个主题提供了一个绝佳的研究范本。反过来说,福尔摩斯也需要华生,尽管这种需要未被承认过。去大学城里学习古代英语宪章?最好带上华生。放长线追踪德国间谍的戒指?最好带上华生。需要有人冲到图书馆学习所有关于中国陶器的知识(福尔摩斯就是这么说的)?华生就是合适的人。总之,华生的长期经历成了关于持久的友爱的杰作,让每个看故事的人都能留心到。谁会不想看看如何保持一段无论什么时候都忠诚坚定的友谊呢?

当然,华生不是一个人。《回忆录》在《河滨杂志》上骄傲自信地连载的时候,夏洛克·福尔摩斯也确实成了一个非常受欢迎的人物。报纸把他当作优秀的代名词,女士们争相写信,要求做他的"管家"。似乎每个人都爱我们的大侦探,爱贝克街的闪耀传奇。

或者,我们得说,几乎每个人。

第五章
莫里亚蒂和朋友们

她的头发差点刺穿了我。在大片羽毛的簇拥下,深色的发卷倾泻而下——一位年轻女士头上的羽毛管以一种攻击的角度向外支棱着,突然转向了我,当时我们正前后排队买饮料,靠得很近。就在片刻之前,我还担心被她裙子后面那个像丝质龙虾的东西挂到,这东西奇怪得像是从一个多世纪前的纽约来的。我向后挪了一步。这似乎就是做一个夏洛克研究者要经受的身体和精神风险。

我让自己退到了安全距离。刚刚提到的这位女士穿着层层精巧复杂的蕾丝花边,颜色是深浅不一的橄榄绿。尽管,在意式凉拌俱乐部(Salmagundi Club)的大概 75 个人里,她的穿着最让人印象深刻,不过,她并没有显得格格不入。男人们都戴着高高的礼帽,把人带回到 1891 年曼哈顿第五大道古董艺术家联合会那咯吱作响的地板上。这个联合会成立于 1871 年。在这里,很多人戴着圆顶硬礼帽,穿着花呢套装,同时也带着拐杖和猎鹿帽。在另一边,一支三人乐队奏出了一曲悲壮的哥特挽歌。

我是在 2013 年初来到纽约的,目的是寻找夏洛克研究回潮的原因。贝克街小分队(The Baker Street Irregulars)是由一小群热衷福尔摩斯亚文化的人组成的小团队。每年1月6日左右，小分队都要在纽约举行会议，这一传统已有九十六年之久。[1]这一盛事可以追溯到20世纪30年代的某个欢乐的夜晚，当时，禁酒令已经解除，几个纽约文学界的年轻人聚在一起，共同举杯向夏洛克·福尔摩斯致敬。这一传承使得每年一次的秘密聚会成为我们粉丝文化史中最悠久的表现。当然，人们总会为拳击手、歌手、晕倒的文学女主角、为艺术自杀的年轻诗人，或者最出色的赛马而疯狂。不过，贝克街小分队可以追溯到某种流行的文化或文学现象的爱好者刚刚开始自发组织起来的时候。尽管动漫展上的《魔戒》主人公弗罗多模仿者离1934年的那个鸡尾酒之夜很远，但小分队就像一条线索，可以把这么多年以来的流行文化庆典联结在一起。

如果说贝克街小分队本身代表了一些古旧的东西，那么在意式凉拌俱乐部的聚会就代表了某种新兴事物。纽约一年一度的夏洛克迷聚会很久前就超出了普通聚会的范畴，发展成了一整个周末的各种附加活动，除了主要的小分队晚宴外（非邀请不得参加），还有圈外人晚餐和非正式的鸡尾酒会。这个特殊的集会，最精致的无檐帽舞会——这个名字是为了向艾琳·阿德勒致敬——是由一些被称作贝克街女孩（Baker Street Babes）的年轻女性发起的。这些女孩从未组织过非正式的周末聚会，作为首次尝试，这个舞会无疑令人印象深刻。桌上高高地摞着夏洛克系列图书、艺术品，墙上装饰着收藏品。受BBC电视剧《神探夏洛克》启发，这里有各种口味的茶，还有很多像是《夏洛克·福尔摩斯：召唤吸血鬼的降神会》（*Sherlock Holmes: Séance for a Vampire*）之类的模仿之作，这些书

---

[1] 定在这么寒冷的季节是因为一种信念——这种信念完全是由一个世纪前的粉丝创造出来的，因为侦探两次引用《第十二夜》，而且在《恐怖谷》中，1月7日，他似乎有点微醺，再加上其他一些随意的原因——1月6日就成了夏洛克的生日。就是这样！

堆成了一个斜塔。在这里，无声的现场拍卖会筹集款项，帮助在战争中受伤的退伍老兵，这是为了向华生在阿富汗的遭遇致敬。

在人群中，我遇到了阿尔迪（Ardy），一个在德国出生、英国生活的图书管理员，也是贝克街女孩中的一员——这个团体倾向于利用互联网进行组织操作。短短两年间，她们就研发了一套混合了 21 世纪特征的夏洛克社团习俗，打头的是过去的纽约书商。例如，阿尔迪说："我们在特拉法加尔广场（Trafalgar Square）进行了一场快闪活动。"在上一年 4 月，很多人在呼吁保护道尔在安德肖（Undershaw）的房子的标语下面表演冰冻的姿势，这是柯南·道尔的一处故居，受到了改建的威胁。"这两个来自芝加哥的 15 岁双胞胎姐妹竟然也赶来参加了集会。她们是如此可爱而热忱。她们告诉我们，她们是学校里独有的两个喜欢夏洛克·福尔摩斯的孩子。在家乡，根本没有人理解这个。她们看上去是那么的快乐，让我们都很想抱抱她们。很多人都对同一个故事有着不同的理解版本。"

我很了解这种感觉：遇到其他同好的时候，那种奇怪但又纯粹的兴奋感。我沿着画廊的边缘闲逛，看到一间挂满了古怪礼服的屋子，可以唤起我们关于 19 世纪的想象，足以令人惊叹。这是我们现今享受文化的方式。这里一定有《广告狂人》（Mad Men）主题的鸡尾酒会，以威斯特洛大陆（出自《冰与火之歌》）风格为灵感的结婚礼服（我看过视频），以及一本粉丝写的小说，把霍格沃兹魔法学校的学生团体的错点鸳鸯谱组合都详尽地描写出来。尽管这让一些夏洛克迷感到震惊，尤其是那些更喜欢旧式风格的保守者，亚文化的悠久历史预示着现在每种流行媒体的粉丝都在做什么。

"最精致的无檐帽舞会"体现了一种真正生气勃勃的夏洛克粉丝文化。粉丝的绘画作品，包括本尼迪克特·康伯巴奇和马丁·弗里曼在 BBC 电视剧中的形象，挂在显眼的位置。在一张桌子上，我发现了一个奇妙古怪的东西：一幅长方形的镶了框的画作，将夏洛克系列的一些角色描绘成了微笑的骷髅——包括艾琳·阿德勒、哈德森夫人、福尔摩斯、华生，以及其他一些人。这份致敬礼让人有点毛骨悚然，不过倒也是一种恰当的方式。如果我们的大侦探没有来世，那么很有可能那个晚上我们没人会在那里聚会。骷髅让人想起夏洛克·福尔摩斯传奇中从1886年到现在的一些最诡异的时刻：一些不错的年轻人正身着新维多利亚式的衣饰啜饮着鸡尾酒，然后遭遇了一个巨大的情节转折——夏洛克·福尔摩斯之死。

柯南·道尔得了感冒。

在4月的一天里，他坐在炉火边，边休养着痛苦的身体，边初次读起了《傲慢与偏见》，同时，他谋杀了大侦探。他正在写作最后一部夏洛克·福尔摩斯故事。在给母亲的信中，他写道："这部之后，这位先生将会消失，永不出现。"

当然，每个人都恳请他不要这样做。曾经快要写完第12个侦探故事的时候，他就想终结侦探这个角色了，不过他的母亲出手干预了。（不要！不行！不许这样做！）《河滨杂志》的先生们也感到夏洛克的前途堪忧——杂志每月可以卖出5万份，不难想象主要是夏洛克·福尔摩斯的功劳。不过作者不为所动。他告诉母亲："我已经厌倦了他的名字。"

对此人们有各式各样的说法。他们说柯南·道尔"憎恨"福尔摩斯之类。我想他可能只是被惹恼了。柯南·道尔就像一台人形永动机。在设计福尔摩斯之死的时候，他正忙着粉刷房子，帮他妹妹准备婚礼，准备自己在伦敦的第一次重要演讲，告诫母亲注意财物问题，以及其他诸如此类的事务。柯南·道尔在大部分的信件里都很少提起福尔摩斯，除非是顺便一提。板球，提过；双人自行车骑行 30 英里，提过；与文学友人们聚会，提过；福尔摩斯，没那么多——更别说有任何出奇愤怒的痕迹。这场谋杀是一个职业性的而非心理上的决定。到 1893 年的时候，柯南·道尔希望能靠历史小说获得更多关注，渴望开始他的演讲生涯，并继续为舞台剧进行创作。想想那些不断涌向他的要求他署名夏洛克·福尔摩斯回复的信件，不难想象他会感到被困在贝克街。他会想："公众要求的总是夏洛克·福尔摩斯的故事。我有种被操纵的危险。"

当然，他不能简单地把福尔摩斯一杆挥到莱姆豪斯区的某个小巷子里，或者让他被某个乡绅恶霸打死。一个现象的终结需要独特别致的设计。柯南·道尔在去瑞士徒步旅行的时候，找到了这个地方。当他和友人一起在麦灵根村庄附近的山脉徒步时，他们来到了莱辛巴赫瀑布（Reichenbach Falls）附近，这是一个有着 250 米落差的高山瀑布。根据一份记录，柯南·道尔和他的朋友们当时已经开始畅谈残杀夏洛克的计划。看到他杀死侦探的决心不可动摇，一个同伴指着瀑布说：看，这就是贝克街大师合适的坟墓。柯南·道尔很赞同。现在他只需要一个杀手。

1893 年 12 月刊的《河滨杂志》读者是最早（但不是仅有的）惊讶地觉察到约翰·华生明显带有不祥之兆的口吻的。"我怀着沉重的心情，提笔最后一次记录我的朋友夏洛克·福尔摩斯，叙写他卓尔不群的天赋。"这是什么东西？还有，故事的题目叫"最后一案"。而卷首西德尼·佩吉特创作的那幅很棒的（但也是令人忧心的）的插图，描绘了福尔摩斯在嶙峋的悬崖峭壁边上，被一个奇怪的老头子纠缠着，而周围的泡沫模糊了背景。

从这句话起，事情开始变得更加怪异。一段抒情之后（"我生活的缺憾"），华生提到了从未提到过的名字"莫里亚蒂教授"，并

第五章　莫里亚蒂和朋友们

发誓最后（？）会披露这位神秘人物与夏洛克·福尔摩斯之间发生的事。早期的贝克街女孩读到这里，会感觉心里空落落的。华生放弃了他惯常的模式：没有221B房间的炉火，没有福尔摩斯对着试管发牢骚，也没有忧心忡忡的客户。相反的是，在一个4月的夜晚，福尔摩斯出现在华生婚后的住所，他神情紧张，指关节还受伤流血了。（还记得吗，柯南·道尔就是在4月一边打着喷嚏，读着简·奥斯汀，一边起了杀机。）福尔摩斯关上了窗板，唠叨着防范"气枪"的风险（？），并出人意料地建议华生和他一起前往欧洲大陆。

我们这位好医生和其他人一样迷惑不解，而夏洛克的解释也没有拨开迷雾。看起来似乎是福尔摩斯正与一位犯罪首脑——"罪犯中的拿破仑"——斗智斗勇。这位对手真名叫詹姆斯·莫里亚蒂，是一位极其邪恶的数学教授（？），此刻似乎掌控着伦敦的犯罪组织。"多年来，我持续感觉到……某种深藏不露的势力一直在阻碍法律的实施，并为不法之徒提供庇护，"福尔摩斯宣称，"他是伦敦半数罪案的主谋，而那些悬而未决的疑案几乎都出自他的筹划。"

好吧，这可真是第一次听说。

从好的一面看，福尔摩斯解释再有几天就可以将莫里亚蒂的犯罪组织绳之以法了。困难在于警察必须等到周一才能行动（因为某种原因），而教授的爪牙们也在寻觅，寻找机会在福尔摩斯结案前杀了他。他们在街角处截住了福尔摩斯，很快又试图烧毁他在贝克街的寓所。（这就是所谓的周密计划吗，阿瑟？）莫里亚蒂甚至亲自去拜访了夏洛克。夏洛克用让人难忘的夸张描述向华生讲述了这次会面：这位卑劣的教授骨瘦如柴，额头突出，他极其阴险地摇晃着脑袋，用一种如同五十年后丘吉尔的那种坚定有力的语气威胁着他的对手。"您想把我送上被告席，"莫里亚蒂宣称，"我告诉您，我是绝对不会站上被告席的。您还想击败我,我也告诉您,这是永远不可能的。"

因此福尔摩斯提议了这次匆忙的出国旅行。华生自然是同意的,然后,在一些涉及蒙面马车夫的情节描写以及福尔摩斯化装成一个年迈的意大利神父上车之后,他们离开了伦敦。这趟旅途可说是文学史上最悲惨的欧洲度假之一了。两人走投无路地来到了瑞士群山之中,不知怎么的在莱辛巴赫瀑布落了脚,这是一个"平静的地方",有"一个巨大的深渊",是一个"白沫翻涌、深不可测的洞穴",然后又说了一次"深渊",以防粗心的读者没有注意到,如果不幸入了这个峡谷,就一定会死亡,也就是终结,不用任何调查。

此刻,一个极易识破的谎言把华生骗走了,留下福尔摩斯独自在悬崖边上沉思,完全落入了柯南·道尔的摆布。华生回来的时候,这里已经没有人了。有很多打斗的痕迹(还有一封福尔摩斯的告别信,语气平静得令人厌烦),一切都暗示着莫里亚蒂找到了侦探,经过一番面对面的较量后,两人双双坠入了莱辛巴赫瀑布。

尽管第一次读《最后一案》的时候,会感到扣人心弦,但是再次回味时,就会发现故事安排过于匆忙了。一个邪恶的(但是没带武器的)数学教授?瀑布?还在该死的瑞士?就好像柯南·道尔在头顶咆哮:我知道,这个故事不够好,不过我不在乎。夏洛克·福尔摩斯已经死了!死了!死了!好吧,作家先生,我们听到了。在一团乱麻般纠缠不清的细节与心碎感伤的气氛里,华生结束了叙事,并引用亚里士多德的话来赞颂他的朋友为"生平所识最优秀、最睿智的人"。这样夏洛克的传奇就结束了。不过这只是表面上的。

在纽约,我参加了贝克街小分队及其伙伴的冒险之旅。旅途开始于市中心的一个会议室。这里挤满了专注的听众,很多戴着猎鹿帽,都在聆听一个穿着奇怪褐色晚礼服的人讨论罪恶的本质。在这个周末,贝克街小分队讲座作为一个以讨论而非鸡尾酒为中心的活动,很受人瞩目。在讲台上,金·纽曼(Kim Newman)思考着莫里亚蒂教授那件奇怪的案子。他是一位长着连鬓胡子的英国作家,他曾为推理小说的变体列过一份极其古怪的参考书目——在他自己的小说《安诺·德古拉》(Anno Dracula)中,身为吸血鬼的特兰西瓦尼亚伯爵成了英格兰的统治者。

"随着国际银行业务慢慢形成如今的格局,"纽曼说,"在全球的每个角落都发生着屠杀,我们的文化越来越简单粗暴——这背后一定有一个莫里亚蒂。"纽曼勾画着莫里亚蒂的典型形象——他从未在《最后一案》中直接露面,只在一列高速列车中远远地出现了一次,就像一个骑着扫帚的巫师。"恶魔般的主谋,"他讲道,"简直是另一个人种。也许他真的是杀不死的……我们最近的追忆总是在讲他们的事……莫里亚蒂已经活过了很多人生。"他的演讲把小说和现实结合起来,把莫里亚蒂和从幽灵党(Spectre)到莱曼兄弟会(Lehmann Brothers)等种种组织联系了起来。纽曼坚持:看看当今世界,这位"杀人犯数学家"一定还在逍遥法外。即使"从高处跌落,对这个恶魔般的主谋来说似乎也不过是一种职业风险而已"——看看路西法就知道了——他眉毛上竖,"他的尸体可从来没有被找到过"。

我坐在屋子的后面,纽曼的演讲让我想起了一个很古老的问题,莫里亚蒂来自哪里?在《最后一案》中,教授出场(然后消失)就已经完全定型了,像是一颗瞄准了夏洛克·福尔摩斯的红外导弹。柯南·道尔关于这个"罪犯中的拿破仑"的塑造引发了很多推断。在20世纪70年代那篇极其疯狂的论文《裸体是最好的伪装》中,塞缪尔·罗森伯格(Samuel Rosenberg)充分论证了柯南·道尔设计莫里亚蒂是为了影射、讽喻弗里德里希·尼采（Friedrich Niestzche）。正直的苏格兰人对于这位先生一点也看不上。[①] 我怀疑罗森伯格是不是挖掘得太深了。一方面，真正的恶罪场景有几种模式。亚当·沃思（Adam Worth），一位出生在德国的美国人，由于在上流社会实施的惊人敲诈和骗术，被伦敦警方封为"罪犯中的拿破仑"，他在1893年接受了审判，这也是柯南·道尔写作《最后一案》的那一年。其他之前的犯罪分子形象也会在我们脑海中浮现。詹姆斯·赛沃德（James Saward），别名"作家詹"，是一个给罪犯辩护的律师（也是一个负债很多的赌徒），多年来一直利用自己在内殿律师学院（Inner Temple）的房间进行造假和行骗，直到1857年被当局抓获并流放澳大利亚。"法律顾问赛沃德"之所以被捕是因为卷入了1855年的黄金大劫案，这是一宗极其复杂的铁路抢劫案，涉案黄金价值高达12000英镑。那是一个犯罪野心高涨的年代，根据1857年8月1日《伦敦城市新闻》（London City Press）的报道，政府给一条载有罪犯驶向澳大利亚的船上配备了全明星阵容："诈骗银行家"三人组、"水晶宫造假者鲁滨逊"、"大北方铁路伪造犯雷德帕斯"，还有埃德加·阿加，黄金大劫案的主谋。

即便在这些名人里，赛沃德也是突出的一个。根据当时的报纸报道，他是"过去二十年大都会发生的所有抢劫案的推动者"。稍微一联想，就能想到柯南·道尔的"伦敦半数罪案和几乎所有未侦

[①] 罗森伯格的观点，有着后弗洛伊德式的狂野大胆，他认为所有夏洛克系列的故事都是一个复杂的寓言，极度压抑的柯南·道尔在故事里描写着畸形的两性关系和大量的谋杀。好吧，管他怎么说呢。他的理论在1974年引起了很大反响，尽管有一些明显的不准确和夸张的同性恋恐惧症，但仍值得回头研究。这可说是对20世纪70年代的思考行动的有趣一瞥，并且证明了——至少证明了——福尔摩斯的背后另有文章。

破案件的组织者"。赛沃德的传奇延续到了夏洛克时代：一出很受欢迎、频繁上演的剧目把这个恶棍律师改写成一个——没错——恶魔般的主谋，处在全球犯罪链的顶端。

小说中洞察一切的邪恶魔王形象至少可以追溯到希腊女神赫卡忒（Hecate），莎士比亚曾在《麦克白》中将这位发狂的女神描写成命运三女神的灵魂顾问，是"一切危害的密谋者"，在维多利亚文化的"通灵世界"（从现代学术中借用一下这个吸引人的术语）里，尤其是中世纪的"耸闻"小说里，罪犯的阴谋神通广大，这些小说为夏洛克·福尔摩斯的形象打下了基础。

即使不考虑灵感，柯南·道尔也已经拥有了一个绝妙的参考典型——福尔摩斯。要摧毁大侦探，作家只需要将角色扭转到反面。他赋予教授异常的科学天赋（数学，而福尔摩斯是医学-化学天赋）。就像福尔摩斯舒舒服服地坐在贝克街，却可以将伦敦的隐秘事件了如指掌一样，柯南·道尔把他这位奇怪的学者描述为"静止着，就像一只蜘蛛待在蛛网的中央，不过蛛网有一千条蛛丝，所以他也明了每条的震颤"。他塑造的莫里亚蒂在罪犯圈里声名显赫，如同侦探在警察圈里一样。福尔摩斯认为莫里亚蒂在智力上与自己不相上下。他甚至可能会说莫里亚蒂是自己的邪恶版。

如同夏洛克·福尔摩斯一样，莫里亚蒂也能激发人们的想象力。按照柯南·道尔在1893年的想法，他写这个人物实在是个巨大的错误。因为加了这么一个神秘的对手，人们更有理由一直怀念夏洛克·福尔摩斯了。如同艾琳·阿德勒一样，这也是一个激发想象的人物。如今，2013年的我们，也在猜想推测着。金·纽曼自己就是长期以来研究莫里亚蒂的一个绝佳范例。他2011年出版的小说《德伯家的猎犬》(*The Hound of the d'Urbervilles*)把基本的福尔摩斯式设置进行了一个快乐的反转：故事把莫里亚蒂设为主角，让他负责暗杀的党羽莫兰上校充当了这个奇异世界里的华生。莫兰的叙述语气像一头斗牛狂犬，这二人组以"上流社会毁灭者""红色行星"之类的名头参与犯罪活动。在通篇小说中，纽曼疯狂地将各种维多利亚时代的小说风格交织在一起，正如标题对托马斯·哈代的影射所暗示的那样。"你想创造一个人口稠密的宇宙，每个人的路径都相互交叉，"他告诉自己作品的粉丝，"也许当赫拉克勒斯成为阿尔戈英雄的一员时……你可以创造一种感觉，就是所有来自不同故事的人都认识对方。也许他们不太喜欢对方。"

"一个人口稠密的宇宙"，这其实就是阿瑟·柯南·道尔创造的世界，尽管他以为自己写的只是侦探故事。莫里亚蒂填补了永不可缺的邪恶化身这个空白，完善了这个宇宙。当作者把恶棍和侦探一起投放到瑞士瀑布的时候，作者就永远失去了作为这个拥挤宇宙唯一执掌生杀大权的王者的地位。

当福尔摩斯"死亡"时，夏洛克迷在纽约市的街道上戴着黑色臂章，或者至少据说是这样的。真的，几十年来，几代人以来，一直流传着一个传奇，当年《河滨杂志》这毁灭性的一期发售后，伦敦的年轻人都穿上了哀悼的服装。这是一个很好的故事，反映了一个角色在短短几年内从默默无闻到获得了偶像般的崇拜。

不幸的是，这似乎不是真的。近年来，夏洛克研究者想尽一切办法，寻找文献证据，想证明在伦敦，曾有人——不管是谁——因为福尔摩斯的原因公开戴黑臂章。目前为止，还一无所获。我自己也进行了一番调查。我聘请了一位历史学家用事实的严谨来完善我自己不系统的、近似夏洛克式的研究方法。（顺便说一下，聘请一位研究者真是一种乐趣。）他的研究表明，这个虚幻的臂章的传说起源于约翰·迪克松·卡尔（John Dickson Carr）于1949年发表的柯南·道尔的传记。卡尔本身是一位著名的推理作家,他曾花时间与柯南·道尔的一个儿子探讨专业问题。他们可能曾推动过某个将福尔摩斯封圣的项目。

大众对在瑞士的这场针对夏洛克的暗杀的实际反应似乎更加平淡。(当然,有位女读者曾对着柯南·道尔疯狂咒骂"你这个畜生",这种情况不算在内。)1893年12月的报刊专栏都对此报以失望或者困惑的态度。格恩西岛的《星报》(Star)评论:"柯南·道尔医生通过杀死夏洛克·福尔摩斯而让自己圆满了……我们不能不说,用这种方式终结一个侦探的生涯是令人印象非常深刻的。"接着,这位主笔用一种与其说是愤怒,不如说是伤感的语调评论说这个故事简直令人难以置信。(《星报》很有预见地问道:"华生既然不在现场,他怎么知道究竟发生了什么呢?")《利兹时报》(Leeds Times)为"这位划时代、划地区最伟大的侦探……当代文学史上最有趣的人物"感到哀叹。《泰晤士报》(The Times)的记者也指出了一个恼人的事实,柯南·道尔是因夏洛克·福尔摩斯而出名,而非反之。"想想大侦探为朋友所做的事,悬崖边上的谋杀真是一次糟糕的回报,如果允许,我想说这是很糟糕的艺术。"《河滨杂志》用来代替福尔摩斯的是一个叫作"医生日记"的系列故事,一位评论家认为这个故事对于"那位先生不幸而突然的去世"是一个小小的安慰。

当《最后一案》投下莱辛巴赫瀑布这一弹的时候,柯南·道尔手头还有更严肃的问题。他的父亲于1893年10月在克莱顿疗养院去世了。关于他的死因,官方记录上潦草地记载着查尔斯·阿尔塔芒是个艺术家,死因是癫痫。大约在这时,柯南·道尔的妻子图伊开始经受病痛和咳嗽的折磨。一位医生为她诊断出严重的、不可治愈的肺结核——他们用"痨病"(consumption)这个古怪的词来称呼这种不算很少见的病。此病在发现前可能已经纠缠了她很多年了，鉴于柯南·道尔对此病进行过特别研究，所以这一事实在多年后引起了一些人的注意。不知他之前是否有点漫不经心，不过，他认真对待了此事，制订计划积极应对，想保住妻子的性命：他们在瑞士长期居留，去了达沃斯（Davos）和圣莫里兹（St. Moritz）。然后又去了气候干燥的埃及。同时，柯南·道尔也感到了巨大的压力。"康妮（Connie）的婚礼、爸爸的去世，还有图伊的病，"他写道，"有点让我难以承受了。"

　　柯南·道尔曾经形容自己一家成了"流动的部落"，他们辗转于瑞士群山、开罗沙漠和英格兰之间。在英格兰他们住在安德肖的一座乡间小屋，作家住在这里，能让妻子在漫长的恢复期感到舒适。和往常一样，在此期间他也一直在写作——光是比较亮眼的作品就有拿破仑一世的准将杰拉德的冒险故事、一部讲述尼罗河上恐怖故事的小书，还有轻度虚构他早期行医生涯的作品。他对政治也有所涉猎，发表了反对爱尔兰自治运动的演讲，他还打板球，属于球队的顶级球员。他坐在改革俱乐部里，拆着最近寄给报社的文学论战信。

　　要做好柯南·道尔是件费力的事，需要稳定的现金收入。幸好他赚的钱足够多。我曾经对他在19世纪90年代中期的版税收入做过一个随机分析，从一份绝对反映不了他财务状况全貌的文档来看，他一直在兑现大额支票。例如1896年的某一天，单靠医学短篇小说，他就从美国拿到了1488.31美元（折合今日40000美元）的收入。到1897年，单是《来福士·霍尔的所作所为》一本篇幅不大的小说的加拿大版税就超过了十二年前他一年的总收入。

　　当然，他还有一位生病的妻子、两个孩子、一个需要他提供财务支持的不断壮大的家族，还有需要支持的板球爱好。在建造装修安德肖的房子期间，他精打细算，最终花了大约7000英镑。他还需要更多的钱。他知道在自己的所有作品中，有一个赚钱的保障——不幸的是，这个保障葬身于瑞士的瀑布了。到1897年秋季的时候，距他所写的莱辛巴赫瀑布事件仅仅四年，他就实施了一个复活福尔摩斯的办法，至少是个商业主张——舞台。

之前，演员和剧作家们都在未经授权的情况下，零星地演绎过夏洛克这个形象，不过对于戏剧史和柯南·道尔的银行账户都没甚影响。查尔斯·布鲁克菲尔德在讽刺音乐剧中扮演的夏洛克，是有记载的第一个将侦探搬上舞台的。据说这一举动激怒了柯南·道尔，这个角色对于作家来说可能有点过于夸张了。（剧中的华生，据记载不停地重复着："哦，夏洛克，你这个了不起的人！"）同一年，格拉斯哥剧院上演了《私人侦探夏洛克·福尔摩斯》，剧中华生被一个杀人狂魔绑架了。《格拉斯哥先驱报》(Glasgow Herald)称赞了约翰·韦布（John Webb）扮演的福尔摩斯，但是认为"总体来说是一部很怪异的戏剧"。夏洛克还有其他舞台演绎的版本如《克劳德·杜瓦尔》，这是为喜剧演员阿瑟·罗伯茨（Arthur Roberts）创作的一部闹剧，以一个名叫"夏洛克·福尔摩斯－斯波特"的侦探为主角。还有一个名叫麦克斯·戈德堡（Max Goldberg）的演员，因为演绎《英国的银行，夏洛克·福尔摩斯的历险生涯》而在各省市郊区很受欢迎。

对于这些，柯南·道尔会怎么想我们无从得知，不过不难猜测：有人正靠着他过去塑造的角色赚钱，而赚钱的却不是他。一个经过授权许可的福尔摩斯形象，由他的创造者来创作排演戏剧（或者创造者只收版税就更好了），似乎开始成为对一个死去的侦探最好的利用方式。

威廉·胡克·吉勒特，一个美国演员，考虑了阿瑟·柯南·道尔所写的剧本后，开始通过戏剧业务渠道插手此事。他会扮演这个角色吗？吉勒特因为极妙的情节剧《情报部门》《落入敌手》而出名，是康涅狄格州建立者的后裔。从青少年时期起，威廉就开始沉醉于舞台剧中，他和同伴伪造了一份海报，让自己那古板的父亲相信，巡回演出的是一部莎士比亚的喜剧，很适合观看。从青年时代开始，他从在圣路易斯和新奥尔良市的剧院中无偿跑龙套，到在纽约和伦敦西区出演主角，一步步攀上事业高峰。在伦敦西区的莎士比亚戏剧《科里奥兰纳斯》中，他获得了成功。

刚刚结束了在伦敦广受欢迎的《情报部门》，他需要一部新的戏剧。这样，夏洛克·福尔摩斯就是个选择。吉勒特身材高大威严，面容强硬充满气概，犹如刀削斧琢。尽管他是喜剧界的明星，他也是戏剧克制性表演的先锋："既冷静又有智谋……在极度危险的时候，也能镇定自若。"《体育与戏剧新闻画报》（*Illustrated Sporting and Dramatic News*）如是说。格特鲁德·施泰因（Gertrude Stein）曾称颂过他的"静若处子，动如脱兔"，认为吉勒特创造了最适合剧院的表演方式。当然，侦探这个角色会很适合他，即使有争议认为他的年纪扮演45岁的角色有点过老。（他公开的生日是1855年，但他实际的出生年份是1853年。还有人说，他曾在耶鲁大学、麻省理工、波士顿大学和哈佛大学上过课，这种说法很谨慎，因为他没有大学学位。）这个混合着激情与庄严的角色，很吸引人。

不过，柯南·道尔的这个剧本，根本行不通。吉勒特最受欢迎的剧本是自己写的，凡是不贴合观众的内容，他一向毫不犹豫地加以删改。如果《夏洛克·福尔摩斯》要想大红大紫，那么还需要经过他那有经验的手笔。

他们达成一致，吉勒特开始了工作。他打开了一本普通的蓝色布面精装的 1895 年版《福尔摩斯历险记》，翻看一个个故事，手里拿着铅笔，用细长的字体标注释，画重点，突出标记对话，并砍掉他认为没有用的部分。他将西德尼·佩吉特的插图直接从书中裁出来，以备将来参考。他格外注意柯南·道尔对夏洛克言谈举止的描写：侦探如何蜷缩在扶手椅里，他的脸上如何浮现出"无边的倦意"。在《博斯库姆溪谷谜案》里，在描写福尔摩斯是个"戴着布帽子的……憔悴男人"的句子下面，他标注了重点。他翻旧了整本书，在长长的段落里，挑出了"表现力强的场景"，其他一概弃之不用。

吉勒特做过笔记的《历险记》保存在纽约公共图书馆里。它那翻旧了的书页为我们提供了一个窥视夏洛克·福尔摩斯发展史上关键时刻的机会：一个独立、敏锐、实用主义的大脑侵入了柯南·道尔的源代码，剥离出故事情节的框架和气氛的要点。例如，吉勒特在《红发俱乐部》中注意到"很好的、有效的研究资料"，并精心地将福尔摩斯场景精华提取出来以备重新设计时使用。在《历险记》的最后几页，他写下了大段的注释，并做了索引，建立了一个夏洛克购物清单："也抽雪茄……有烟嘴、雪茄、香烟、可卡因……""穿着棒球短夹克……晚上工作。"他还将夏洛克·福尔摩斯作为一个角色进行了剖析："尊重女性的直觉。"他梳理出了侦探独处时刻文本的戏剧潜力。在《歪唇男人》中，当福尔摩斯为思索罪案的关键时刻用枕头砌出一个"东方榻"的时候，吉勒特潦草地写道："我能否在第二幕设置这样一个场景，好好表现它呢？"

不过总之，这本蓝皮书反映出吉勒特是如何在柯南·道尔的文本中进行摘选并化为己用的。在《铜山毛榉案》中，柯南·道尔的福尔摩斯抱怨自己就是"给寄宿学校的年轻姑娘提供建议的"。演员用铅笔写着：威廉·吉勒特的福尔摩斯会怎么做呢？（"年轻夫妇需要给彼此的建议吗?")当美国人摘出自己需要的页面,并在行间潦草地注释时,他为已经死去、被放弃的夏洛克·福尔摩斯注入了活力,将其变成了一个和之前略有不同的个体:这是一个合作项目,就像接力赛跑的接力棒,从柯南·道尔手中传了过来。吉勒特把夏洛克放到了自己的工作台上,对他进行了彻底的检修。这样可行,那样不行。把这一点放在那儿,和那一部分对接上。于是我们就有了某种新的东西。

曾经一度,吉勒特在大西洋彼岸引燃了一个致柯南·道尔的重要问题:"我能和福尔摩斯结婚吗?"

柯南·道尔的回答是:"想结就结,想杀就杀,对他做什么都可以。"

此时此刻,我也说不清楚在 20 世纪 80 年代,我是怎么了解到现实或者传说中夏洛克迷亚文化的存在的。在互联网时代之前,一个人是怎么获取信息的呢?好吧,让我们现在来怀念一下不久前的时代,那个时候人们把地址印在杂志的封底,然后读者给他们的邮箱写信,他们回信答复。人们去图书馆,在《杂志文学读者指南》(*The Readers' Guide to Periodical Literature*)中搜寻条目,就像福尔摩斯一样检查索引。我这么说不是出于反对新技术——我喜欢一个好的社交软件话题——而是因为我们需得牢记,当年,这项工作是必要的,而且是一个 12 岁孩子有能力完成的。

不管过程怎样,我了解了贝克街小分队和他们创造的世界。他们是这样运转的:

在美国,贝克街小分队对于有组织的夏洛克迷来说发挥着北极星的作用。非邀请("授权")不得入会,因此也出奇的排外,并有某种骷髅会(Skull and Bones)般的神秘感。对于落选的人来说,还有很多小社团可供选择，主要是地方性的。例如，在波特兰，我们有高贵而最独特的蓝宝石兄弟会，这个富有魅力的群体每个圣诞节都会吃鹅。登记各支部地址和名字的清单又长又怪，有肖尔斯（Shoals）的"声名狼藉的小稻草人"（在亚拉巴马州），有俄克拉荷马州的"阿富汗观察家"，还有希博伊根（Sheboygan）的"梅里波特住宅的访客"。也有专为心理学家、丧礼承办人、诗人和数学家成立的支部——最后一个自然是为莫里亚蒂成立的。

在美国之外，鼎鼎有名的自然是"伦敦福尔摩斯协会"（Sherlock Holmes Society of London），这是与贝克街小分队势均力敌的组织，是合作者，也是隐而不宣的贝克街小分队的替代组织。（例如，尽管伦敦福尔摩斯协会的会员规则多年来有所变化，现在它是向所有人开放的。也就是说，他们允许我入会。）还有很多国家都有一个最重要的全国性协会，比如澳大利亚的"悉尼旅行者"、加拿大多伦多的"靴匠"，还有捷克布拉格的"捷克福尔摩斯协会"。说实在的，福尔摩斯协会——大型的、小型的、微型的——遍布全球，如同另一个联合国。我目前情感上最喜欢的是：吉尔吉斯斯坦的"十七片大草原"。

不过不管地理位置在哪儿，这些协会几乎都在向20世纪早期出版业和文学巨擘克里斯托弗·莫利（Christopher Morley）致敬。莫利出生于1890年，父母是英裔美国人，在布林莫尔（Bryn Mawr）和巴尔的摩（Baltimore）长大。莫利的文学生涯令人震惊，会让一个现代观察者都替他感觉累。几乎任何体裁他都能驾驭。他写作小说、散文和诗歌——他在22岁的时候出版了个人第一本诗集，当时他刚刚获得了罗德奖学金。到36岁的时候，他已经写作了超过20本书。他的文章主题有苹果酒、金融、书店和纽约地理。他策划戏剧，编辑文集。他为报纸写稿，还创办了杂志。后来，他成为一个电台主持人。多年来，他长期撰写着几个有全国影响力的每周专栏。

不过莫利真正特别的天赋表现在他对成立社团的狂热中。从孩提时代起，不管他走到哪里，都要成立社团——通常同时成立几个社团。社团的组成越怪异越好。在大学的时候，他成立过一个两人社团，还有一个三人社团，在后面这个组织里，他和其他两个成员由于某种原因假扮成羊毛大亨麦吉尔的儿子。作为《纽约晚邮报》（*New York Evening Post*）和《周六文学评论》（*Saturday Review of Literature*）的专栏作家，他用自己的三小时午餐俱乐部来逗读者开心。莫利对待社交联谊活动非常严肃认真，在20世纪50年代早期，莫利宣称他让自己的三个兄弟都加入了他组织的最早期的夏洛克粉丝会，别号"四签名"，这个名字可以追溯到1902年，那个时候他自己才12岁。

所以，在20世纪30年代早期，当人到中年的莫利开始公开谈论他毕生喜爱的夏洛克·福尔摩斯时，后续的情况就是不可避免的了。1933年1月7日，他的晚报专栏突然宣布夏洛克·福尔摩斯的生日刚刚过去。（这可说是1月6日被提名为夏洛克生日的几个原因之一：1月6日也是莫利兄弟菲利克斯的生日。）读者用他们自己的福尔摩斯式思维开始采用这种说法。第二年的同一时间，莫利在《周六文学评论》（在出版商解散了《纽约晚邮报》的图书部门后成立的）上写道："贝克街小分队是一个由福尔摩斯和华生的崇拜者成立的俱乐部，在1月6日举办了第一次会议……"5月，杂志举办了一个以夏洛克·福尔摩斯为主题的字谜比赛（由菲利克斯在大西洋城一个无趣的交叉路口举办的，不过以"托比亚斯·格雷格森"作品的形式呈现。）每个正确完成字谜的人都能得到莫利的入会许可。第二年2月，莫利的专栏出现了一部章程，宣称贝克街小分队的官员们将是"饮料充气机、玻璃酒柜和门卫",并且,小分队的一项规章要求,任何成员如果没能按要求分辨出柯南·道尔文本中的引语,就应该参加下一轮测试。

在 1934 年 6 月,八个人聚集在克莱斯特·塞拉(Christ Cella)位于纽约东 44 大街的著名餐厅(按照莫利的构想,其实这是一个"地下酒吧",而此时禁酒令刚刚结束)。他们吃吃喝喝,谈论着夏洛克。当他们从桌旁起身时,各位绅士们意识到他们刚刚共享了一段轻松的友谊时光,在这里,思维碰撞的火花、高雅品位带来的欢乐几乎可以与贝克街本身相提并论。他们知道很会他们将会再次聚会。

贝克街小分队不是凭空诞生的。在 20 世纪 20 年代晚期,当时夏洛克·福尔摩斯原创故事偶然仍会出现在《河滨杂志》和《科利尔》(Collier's)杂志上,一个传统开始萌发,那就是有了研究夏洛克·福尔摩斯的书和文章。在莫利创办小分队之前和差不多同一时期,学界出现了一部又一部的大部头,像是剑桥学者 S. C. 罗伯茨(S. C. Roberts)的《华生医生:传记问题研究绪论》(*Dr. Watson: Prolegomena to the Study of a Biographical Problem*)以及 T. S. 布莱克尼(T. S. Blakeney)的《夏洛克·福尔摩斯:事实还是虚构》(*Sherlock Holmes: Fact or Fiction*)。哈罗德·威尔默丁·贝尔(Harold Wilmerding Bell)这个特别的名字属于一位考古学家,同时也是个藏书家,他写了《夏洛克·福尔摩斯与华生医生:探案编年史》(*Sherlock Holmes and Doctor Watson: A Chronology of Their Adventures*)一书,试图解决华生习惯性从春天跳到秋天之类的问题。这些努力并非默默无闻。1933 年,麦克米伦出版社出版了文森特·斯塔雷特的《福尔摩斯秘史》,在全国新闻界获得了很多评论。《洛杉矶时报》宣称:"斯塔雷特的这部书,文笔轻松随意,亮点频现，言之有物，将会被证明是一本不可或缺的指南，是一本通向令人难忘的迷人之地的入门指南。"贝克街小分队首次聚会后的第二年，著名的 G. K. 切斯特顿（G. K. Chesterton）写了一篇文章探讨似乎不朽的大侦探——《夏洛克·福尔摩斯：神之存在》。

流行文化的构造板块也发生了深层的变化。"fan"一词有人说是"fanatic"（狂热者）的缩写，或者可能（更受认可的）来自于"the Fancy"，即 18 世纪拳击运动的追随者正在发出他的（或她的，不过那时候大多数是他的）呐喊声音。在 1926 年，创业编辑兼出版商雨果·根斯巴克（Hugo Gernsback，科幻小说的雨果奖即根据他而命名）出版了《惊异传奇》（Amazing Stories），一本以"科幻"为主题的低级杂志。根斯巴克可能是卢森堡人中最有趣的一个，他通过杂志的读者来信培养了一个团体，将喜欢刚形成的科幻小说这种文体的人们团结起来，互相鼓励。在印刷得密密麻麻的"讨论"板块，粉丝激烈辩论着儒勒·凡尔纳（Jules Verne）的功过是非或者"生殖细胞的可能性"。

这些交流孕育产生了跨国的通信交流团体，并在真实世界产生了联系。例如，距贝克街小分队在曼哈顿的克莱斯特·塞拉餐厅的那次晚餐几个月后，洛杉矶科幻联合会在一个创始成员的车库里举行了第一次会议。芝加哥科学通信俱乐部创立了《彗星》（The Comet）杂志，这可能是第一份"发烧友杂志"（fanzine，这个单词是 1940 年拼合的），开创了繁荣至今的地下出版物乱象丛生的传统。1946 年，《贝克街杂志》（The Baker Street Journal）——一本可称发烧友杂志终结者的出版物，它印刷精美，设计高雅，文学水平很高——在埃德加·史密斯，一位聪明的通用汽车高管的支持下办了起来。

读者并行不悖的这两种热情代表了自 19 世纪晚期起文学激情

的特殊表达方式的演化过程。或者正如我想象的，是一项充满心机的事业，重塑了战前科幻读者和夏洛克读者的情感。我把自己仿福尔摩斯式的调查方法付诸实现，通过熟人间接介绍，找到了文化历史学家迈克尔·扎勒（Michael Saler）以及他的新书《如真：现实的魅力以及虚拟现实的文学史》(*As If: Modern Enchantment and the Literary History of Virtual Reality*)。这本书的神韵和风格都证明了这一少见的学术论文观点。或者说恰好击中了水平不高的我：扎勒引人注目地引用了吉卜赛-庞克乐队果戈里·博尔德洛（Gogol Bordello）的话：这何止是真实的，它实际发生过。扎勒认为，现代粉丝文化起源于读者对《金银岛》《海底两万里》《她与德古拉》这类小说的喜爱。这类书使用了类似科学的讲述手法——有地图、虚拟文件、虚构回应、图表——来创造现代生活的"迷人"幻象。这些小说把神话传说和19世纪占统治地位的科学、考古学以及勘探学结合起来。他们让读者幻想自己正处在想象的世界。用扎勒的话说，夏洛克·福尔摩斯大步走入这种"新浪漫主义"的文学类型，成了小说中"第一个虚拟现实角色"，并且是最吸引读者的那一个。

　　早期的报纸和杂志仿作常常影射这种迷恋。到20世纪30年代，这种迷恋发展成了小分队的愿望——这种渴望中既有狡黠的自我意识，也有孩子气的渴望——让想象中夏洛克的世界与他们真实的世界产生交流。小分队成员聚集在曼哈顿舒适的男人角，喝着酒[①]，带着微醺长久地聊着想象中的伦敦，他们为自己仿造了一种贝克街炉火旁的气氛，这里还有些像第欧根尼俱乐部的陌生人聊天室：用迈克尔·扎勒的词来说，就是一种虚拟现实，在里面浪漫和

[①] 到1946年，贝克街小分队已经远超当初围聚一桌的规模，当年的一次贝克街小分队聚会的消费记录显示，他们共喝了96杯鸡尾酒、243杯苏格兰威士忌、98杯黑麦酒和2杯啤酒。

探险大行其道。

事实证明,这种虚拟现实很有吸引力。在1934年那次即兴的聚会后,小分队持续发展壮大,并开始在全国乃至全世界设立分支机构。到1946年埃德加·史密斯创办杂志时,夏洛克迷的消息来源很丰富。从创办伊始,杂志就有来自波士顿的"花斑带之谜"分社、来自韦斯特切斯特的"五粒橘核"分社以及芝加哥的"巴斯克维尔猎犬"(这个名字起得妙!)分社的支持。最后的这个分社,是一个令人十分敬畏的、以文森特·斯塔雷特和查尔斯·柯林斯(Charles Collins)的喜好为特色的分社。查尔斯·柯林斯是《芝加哥论坛报》的专栏作者,他把自己的专栏变成了"夏洛克迷的笔记和问题交流中心"。"巴斯克维尔猎犬"分社的会员在"文学服务员理查德的关照下,在芝加哥新闻业首屈一指的施勒格尔酒吧聚会"。即使在恶劣的环境中,夏洛克协会也能蓬勃发展。在1946年的一次贝克街小分队聚会上,一个名为"东京西部译员"(West of Tokyo Interpreter)的组织报告称,他们来自太平洋上的美国海运船"伯罗斯号"(*Burrows*):"去年我们遭遇了多次神风攻击,以及两场可怕的台风……我们打算坚持下去。"

不是每个人都觉得这种行为很吸引人。在《纽约客》(*New Yorker*)杂志上,文学批评家埃德蒙·威尔逊(Edmund Wilson)公开指责贝克街小分队和"对夏洛克·福尔摩斯的崇拜"是"幼稚可笑的"。(威尔逊在20世纪40年代中期从整体上对侦探小说进行了讨伐。)不过反对者面对的不是一小群崇拜者,而是一种社会趋势——贝克街小分队反映并开创了一种回应小说角色和世界的方式,这种方式将变得常见,几乎成为标准做法。

我来到迈克尔·扎勒位于加州大学戴维斯分校的办公室,听他讲述关于现代粉丝文化的起源。"以前当然也短暂爆发过对某些

第五章 莫里亚蒂和朋友们

特定角色的兴趣，"他告诉我，"但是，这些兴趣不是持续的，更不要说维持到角色诞生的几十年后还如此强烈了。我也不知道还有什么人为了向角色致敬而举行晚宴。事情的关键不光在于小分队是首个或者首批这样做的团体之一，也和贝克街小分队成员的影响力有关。莫利的朋友们往往是记者或者其他有特殊渠道接触媒体的人，他们这些人有能力对粉丝文化进行塑造。他们都是有头有脸的人，有时候还是卓越的人。尽管人们倾向认为科幻小说粉丝都是邋里邋遢的青少年和工人阶级爱好者①，可是不管何时报纸写到贝克街小分队时，他们的观点都是，嘿，这些人可不蠢。他们让整个粉丝文化都变得光明正大了。他们可以用埃德蒙·威尔逊自己的办法来对付像他这样的人。"

当我还是个沉迷于夏洛克的小孩时，夏洛克式的场景听起来像是一个人能想象出来的最棒的东西。（有利条件是，当时的我属于孩童中极少的一类，对我来说，和一群穿着粗花呢的大胡子在一个镶着木板的房间碰头听起来很有趣。）当然，那曾经最热烈的聚会离我已有六七十年之久，现在到了我戴上自己象征性的猎鹿帽（在密苏拉的商店，射击服装往往是橙色迷彩的猎手服），然后加入进去的时候。

我发现有个问题，就是我住在地球上少数几个没有夏洛克·福尔摩斯粉丝俱乐部的地区。而在东海岸，这样的俱乐部有很多。旧金山和西雅图在夏洛克纪念地图上有自己的星星。明尼苏达有自己

---

① 《惊异传奇》早期的那种华丽炫彩的广告通常都带有商业性质："在13个月内学会电工！""月赚200—800美元！""3节免费速写课！""通过化学方法找到掩埋的珠宝！"与此形成对比的是，《贝克街杂志》的46期出版物（从未以营利为目的）对推理小说的喜爱更加端庄得体，更加轻柔和缓，"高贵优雅……远离喧嚣"的默里山酒店（Murray Hill Hotel）成了贝克街小分队的非官方总部。

的挪威探险者。甚至在我北方的亚伯达的冰原上也有一个非凡的社团——贝克街十二人组。可是，如同柯南·道尔在《血字研究》中描写西部腹地时所说的，我被一片"贫瘠可憎的荒原"包围着。对于威士忌高脚杯，我还太小，不过我渴望和其他粉丝交流。而此处，我是孤独的一个人。

1899年10月23日，夏洛克·福尔摩斯在布法罗的舞台上重获新生。贝克街客厅的壁炉（位于左侧）里再一次燃起了欢快的红色火焰。哈德森太太这间出租的屋子，装饰着绿色的丝绸窗帘，嵌在壁龛里的化学实验台上有一盏燃烧着蓝色火焰的油灯，照亮了屋子。屋里再次回荡起侦探那刻薄的语调。他自己站起来往前走了一步："很高，面色苍白，胡子刮得很干净……克制的……"威廉·吉勒特这个人——通过他扮演福尔摩斯的照片来判断——是一个既高雅又简朴的人。他的华服被方正的下巴和坚毅的神情抵消了，威严、疲惫和冷峻在他身上并存。伦敦的剧院报纸《大事记》的一位记者报道说，四幕剧每幕结束时，观众都要求谢幕。吉勒特不经意间走进了这个将定义他职业生涯的角色。"没有哪个看过他演的夏洛克·福尔摩斯的人第一次想起他的时候会想到别的角色，"三十年后，一个记者如是写道，"他的扮演是一个演员与角色之间少有而难忘的联姻，这种情况虽然存在，但很少见……"吉勒特甚至在表演结束之前就把自己和角色融为一体了：在他和柯南·道尔第一次会面时，吉勒特突然出现在英国一个火车站台上，戴着猎鹿帽，掏出一个放大镜，并宣称："毫无疑问是个作家！"

夏洛克·福尔摩斯的舞台之旅并非一帆风顺。一年前，旧金山一家旅店的大火烧毁了据吉勒特所言唯一的剧本草稿。（吉勒特作为明星，住在比巡演剧团里其他人更好的酒店里。他刚从火里逃出来的秘书,在午夜唤醒了他。据说吉勒特的反应是:"好吧,是这家酒店起火了吗?")不过吉勒特迅速重新创作、排练并把福尔摩斯搬上了舞台。他的侦探不是对柯南·道尔作品形象的直接演绎,而是一个全新的、声音沙哑的、出手大方的形象。吉勒特从柯南·道尔的几部作品里这里取一点,那里用一些,尤其是《波希米亚丑闻》和《最后一案》,创作了一部福尔摩斯语录精选汇编。他虚构了一个疯狂的剧情,里面有一个被囚禁的女孩、一个神秘的文件袋、暗中谋划的绑匪、莫里亚蒂教授(场景设置在一个让人毛骨悚然的地下洞穴里,洞穴里还有电话和传话筒)、一间在斯泰波尼的毒气室,以及一点"有特色的音乐"。剧本带有一种蓝调的狂野,一个接一个的大胆场景,需要连续不断的音乐伴奏。伴奏的关键词不断转换:音乐,危险,伤感的,极低音,兴奋的,B大调……一两家怪异的酒吧……一个奇怪的脉搏……伤感又夸张。

面对柯南·道尔的要求,吉勒特表现得感情夸张并有点儿可怜,他为福尔摩斯配置了爱情环节,这发生在夏洛克的世界中最诡异离奇的(并且带有奇怪标点的)一处对话里:

  爱丽丝:从你说话的方式——从你看待——所有这一切的——方式!(轻轻笑了一下。)你不是唯一一个——能从小细节——发现线索的人。

  福尔摩斯:(向她走近了一步。)你观察的能力算是很优秀了,福克纳小姐。你的推理是完全正确的!我想——我也确实认为——我爱上你了。我爱你……[1]

---

[1] 有一位名叫佩格·恩特威斯尔的女演员说过这些台词,后来,她从好莱坞的标志上一跃而下死去了。

在短短几行之内，爱丽丝的右手就搭在了福尔摩斯的胸前，他用手臂环抱着女孩，他们意味深长地凝视着对方，此时灯光渐渐隐退。这足以让任何思维正常的人急匆匆赶往斯旺丹巷的鸦片馆，不过吉勒特知道自己的市场所在。布法罗这次成功的演出后，这场戏剧在百老汇演出了超过250场，然后在全美巡回演出，并在1901年来到英国演出。经过在利物浦的热身后，《夏洛克·福尔摩斯》在兰心剧院开演了。这是夏洛克与华生和玛丽·莫斯坦约定见面的地方，在《四签名》里，他们相约在左边第三根黄色柱子处见面。

伦敦媒体没有一边倒地给予好评。"大部分观众都是带着一种失望的情绪走出剧院的。"这是一则负面评价。大众忽略了这些批评。这场演出持续了几个月，然后催生出一套完整的巡演特许权，由其他演员担纲主演。特别是 H. A. 圣茨伯里（H. A. Saintsbury），他扮演福尔摩斯超过 1000 场次，有些人甚至认为他比吉勒特演得更好。一位博学的旁观者写道："圣茨伯里……是《河滨杂志》中侦探形象的真实再现。"这位旁观者他的名字叫查理·卓别林，在职业生涯的早期曾扮演过《夏洛克·福尔摩斯》中的比利·佩吉一角。上演三年之后，《夏洛克·福尔摩斯》依然广受群众欢迎，持续盈利。在新世纪的头十年，这部戏剧证明了，也激发了大众对福尔摩斯的热情。

而对戏剧记者来说，不管他们是否喜欢这部戏剧，都得承认吉勒特虽然剧情夸张并且爱情陈旧，但注入了真正的舞台创新。人们公认他的手法预示着电影式叙事的到来。戏剧在一个几乎一片漆黑的剧院开场，然后幕布无声地缓缓拉开。灯光隐去，场景显现。他的退场令人难忘："他的形象一直留在我们脑海中——就像一些震撼甚至美丽的图画合集。"《切尔滕纳姆观察者》（*Cheltenham Looker-on*）报道说。这家报纸注意到伦敦其他所有剧院的舞台经理和技术人员都被深深地震撼了。当时的剧照表现出非凡的质感和细节深度，剧本要求灯光从高雅的高级画室到贝克街再到斯蒂芬尼那破败的地牢毒气室快速变换。吉勒特的福尔摩斯就是在毒气室用智谋战胜莫里亚蒂的心腹的。当时他关着灯，用雪茄的明灭诱捕了他。

吉勒特的喜剧标志着侦探在出版物之外获得了第一次决定性的成功，当时大众娱乐即将进入电影和收音机的时代。吉勒特成为新时代第一个通过改编夏洛克·福尔摩斯而成名的人。这样，侦探有了一张属于真实世界的面孔，这张脸通常看起来是威廉·吉勒特的样子，但是也会变成 H. A. 圣茨伯里的样子，他扮演侦探的时间更久，更有一种猎犬的敏锐——再或者别的什么形式。在任何地方，福尔摩斯都能一遍又一遍地重生。他可以坠入爱河。他可以用无数种办法打败莫里亚蒂。（教授也总能回归。）总的来说，只要有猎鹿帽和烟斗他就能做任何事情。（柯南·道尔表示自己很高兴，尤其对于金钱上的结果。）1902 年，吉勒特来到英格兰巡回演出，一个特别的时刻到来了。《北安普敦晚间电讯报》（*Northants Evening Telegraph*）报道，在皇家剧院，"衣着时髦的观众"被《夏洛克·福尔摩斯》这个有魔力的名字吸引而来，"济济一堂"。舞台上展示着一个神秘的把戏："奇异的灯光和科学秀一般的效果……让这位著名侦探的举止看上去更加诡异而又现实，再加上吉勒特先生和这个角色的相像，使得这个角色在大众心中几乎要变成一个真实的人物……"

福尔摩斯爬出了他那潮湿的坟墓。

如果当时没有可供我加入的夏洛克·福尔摩斯社团，那答案很明显——我得成立一个。我当时 12 岁，这个事实没有动摇我，只是确实需要一些策略。我不想遍寻自己的家乡，只为寻找失散的夏洛克迷；如果他们存在（我很肯定他们不存在），他们会觉察到一个眼含热切、手中紧握一本破旧的双日出版社《全集》的小孩的令人紧张的靠近吧。我决定采用全球搜索加就近招募的方式。我创立了俱乐部"街头流浪儿"，并宣称（未经查证）这是世界上第一个低龄夏洛克迷俱乐部，面向所有21岁以下的粉丝开放。这个名字参考了福尔摩斯在《血字研究》和《四签名》中的街头顽童兼小助手，也是在暗暗对贝克街小分队致敬。（我完全没有想到任何种族问题，这可能和蒙大拿州的人口构成有关。[①]）我决定，如有必要，我们可以成立一个附属的社团，把父母、监护人、老师以及看护人员吸收进来。至于当我自己到了21岁会发生什么，由于我无法想象在宇宙热寂之前会发生这样的事，所以我并不担心。我强迫我弟弟和两个表亲参加，他们都比我小一点儿，在此之前，我已经用夏洛克·福尔摩斯折磨过他们很多次了。后来，我进一步模仿贝克街小分队，给了每人一个夏洛克粉丝式的化名——我的表弟阿里，我记得，得到了一个"劳丽·里昂"的化名，这个名字来自《巴斯克维尔的猎犬》。关于作为一个社团我们实际要做什么，我并无概念，重要的只是要有这样一个俱乐部。

然后最诡异的事情发生了，我们家的房子位于老旧城区，属于那种战后建的方方正正的类型，我发现在院子栅栏上的邮箱开始塞满来自异国的信封。意大利的、英格兰的（竟然有英格兰的！）、澳大利亚的、日本的，这些来自世界各地的孩子，他们从《贝克街杂志》的封底以及其他夏洛克粉丝等级服务处抄到了我的地址，开

---

① 俱乐部的名称为 The Street Arabs，出自柯南道尔的著作，其中 Arab 有阿拉伯人之意，也有大城市流浪儿之意。——译者注

始给我写信，讲述他们和夏洛克·福尔摩斯的故事。有一个名叫马蒂亚斯的年轻人从瑞典写了信，后来他和我弟弟建立起通信联系。我很快与佛罗伦萨的男孩们以及东京的女孩们成了笔友。当时，用着我们家现在已成历史的电脑，我开始煞费苦心地想办一期打印版的杂志。我的设想名字要加上"journal"。夏洛克爱好者不太会用"zine"这个词，一直以来，大家用的都是前者。我最后把它命名为《威金斯报道》(Wiggins' Report)，用来纪念福尔摩斯的那个在街头流浪的侦探小首领，我在杂志里编辑的都是从街头流浪儿团友们那里得来的"新闻"和文章，然后发动我们全家进行漫长的影印、折页以及装订工作。

我有一个很有耐心的家庭。

我开始把航空邮件回复的优惠券以及在国际通信中每个人都会用的那种精致的薄纸当作货币的替代品。当时的我没有意识到那是模拟时代的最后时光——短短几年之后，这种费力又迷人的方式就要成为过去，接着很快就成了古老的方式。如果互联网能供我随意支配使用，事情对我来说会更容易——不过，我控制不住地想到，也会少了很多乐趣。当我套上臃肿的冬装，走到那个灰色的邮箱前，我的指尖会因为期待而颤抖。当结冰的邮箱门发出粗重的咯吱声缓缓打开时，我能看到盖着全球各地邮戳的信封，它们都经历了不可思议的跋涉，漂洋过海而来，有的因被雨水浸渍而斑驳，还有的已经磨损破旧。我把它们拿进室内，在沙发上分类。

我与夏洛克·福尔摩斯之间的罗曼史既让我对自己在密苏拉的温暖生活充满了激情（几个月来，我一直收集《密苏拉日报》，觉得我也可以像夏洛克一样收集大量的当地线索，做成索引，直到我的收集物变成了严重的火灾隐患），又赋予我观察生活的敏锐视角。我感觉世界离我很远，但夏洛克粉丝联合会让它变得近了。"街头流浪儿"给我寄来了他们的生活片段。我也给他们寄去了我的小片段。在幻想中的贝克街笼罩下，我们创造出属于我们自己的短暂现实，创造了一段在青春期初期的凌乱风中的友谊。在家里，我们是对古旧小说人物有特殊兴趣的小孩。可是，我们联合在一起，就是完全不同的了：我们是一支未成年的文学队伍，玩着我们自己设计的游戏。恕我直言，这是一种基本需求。

音乐和鸡尾酒后，意式凉拌俱乐部的人群汇聚到老牧师的地下室里，在这里，微微倾斜的枝形吊灯在粗壮的黑色梁柱和丰裕的自助餐上投下了一片浪漫的光影。当我往盘子里放入鸡肉和土豆泥时，我想到"最精致的无檐帽舞会"里的其他人都是随着已成立的夏洛克社团一起来的。于是，我面临着高中餐厅的那种困境——没有人可以一起坐。

我坐上一张没人的双人凳子，感觉像是《麦克白》中班柯的鬼魂一样可笑。从事媒体工作已经让我自己出了十几年洋相了，所以应该对这种社交耻辱免疫了，不过后来我得知我吃自助鸡肉的表情像是一只被遗弃的小狗。我很快抬头，看到了一位身高超过1米8的女士带着关切的表情向我靠近。"你想加入我们吗？"她用一种带着英格兰口音的温和语气问道，这种语气应该很有利于她舒缓街头疯子的神经。她指了指自己身后那张坐满了女士的桌子。我当然知道何时该说好。

于是，我发现自己成为被七个贝克街女孩围绕着的唯一男士：一种幻想/实质的焦虑涌上了街头流浪儿时代的扎克。她们看上去都不到30岁（一个绅士不会询问女士的年龄），然后我又得知她们都是以极其离奇的方式了解贝克街的。我的拯救者克费尔（Kafers），最初是通过动画片《鼠辈侦探》（*Basil of Baker Street*）

知道夏洛克的。这部动画片是过去孩子们的最爱，主角是一个老鼠侦探。据她讲述，直到2010年小罗伯特·唐尼的《夏洛克·福尔摩斯》上映后，她才读了柯南·道尔的原著。我的另一边坐着梅丽莎（Melissa），她是个布鲁克林人，她了解这个角色的方式像是《星际迷航》的系统一样不现实。在《星际迷航：下一代》中，数据指挥官和乔迪·拉·福吉装扮成福尔摩斯和华生的样子去附近的矿山探险。桌子对面坐着克里斯蒂娜·马嫩特（Kristina Manente），又叫卷发四眼姐，她是贝克街女孩的创始人，她也是小时候看老鼠侦探的动画片开始了解，后来又看了BBC的《神探夏洛克》，本尼迪克特·康伯巴奇重新激发了她的热情。

我们开始喝起了红酒。

贝克街女孩这个组织始于两年前。当时，克里斯蒂娜·马嫩特开始以夏洛克·福尔摩斯的相关内容娱乐大众，就像九十六年前的克里斯托弗·莫利所做的那样。与莫利不一样，她不在大量发行的周刊上拥有专栏——巧合的是这种形式的出版物已经不复存在了——克里斯蒂娜开了一个播客，最初听起来就像是她无意识的一些现场直播。但是她的节目迅速获得了关注，有了追随者与合作者。"当时有点让人眩晕，"克里斯蒂娜后来告诉我，"我听到了来自牛人的反馈。我之前并不是很了解传统的夏洛克世界——传统学派的夏洛克世界——直到我开始从收听者那里得到反馈。然后成员数量就开始疯狂增长了。"

她自制的谈话秀在一个很合适的历史时刻冲击了互联网。很大程度上是因为《神探夏洛克》，网络上又有了夏洛克迷的新动态。《神探夏洛克》一剧的粉丝饥渴地发掘着关于剧情、戏服、演员、场景和制片人等一切细节。他们可以买《神探夏洛克》手机铃声。克里斯蒂娜属于追逐这股热潮的一代人。她和她不断发展壮大的女孩团体发展出了一整套业余媒体阵容——播客、博客还有微博，组成了一个跨越时代的图像和文本集合，可以在半秒钟的时间内从刘玉玲跨越到柯南·道尔。对于女孩们来说，夏洛克世界里完全不同的碎片愉快地集合在一起。播客主要围绕着丹尼尔·斯塔肖尔展开。斯塔肖尔是一部评价很高的柯南·道尔传记的作者，他还用笔名写了几部有露骨色情描写的粉丝小说。播客的气氛是年轻愉悦而又女性化的（这是全网"唯一完全属于女性的夏洛克·福尔摩斯播客"），离20世纪30年代的夏洛克迷兄弟会要多远有多远。

　　林赛·费伊加入贝克街女孩的时间很早。林赛出生于20世纪，在华盛顿区的朗维尤（Longview）长大，朗维尤离波特兰不远。林赛年少时曾读了大量鲍威尔的书。（我发现她非常和善可亲。）现在，她是一位很受认可的推理小说家，她的故事系列设定在南北战争前的纽约城，被提名了推理小说界的奥斯卡奖——埃德加奖。她的处女作是一部有名的模仿之作，作品中，她让福尔摩斯和华生与开膛手杰克进行了较量。同时，她因为自己的坚定决心而成了贝克街小分队的一员。"当我第一次参加贝克街小分队活动时，绝对没有收到邀请，"她告诉我，"我就那么来了。当时应该是在小罗伯特·唐尼的《夏洛克·福尔摩斯》上映前，当时的大众媒体没有什么水花。就在走进屋子的时候，我把自己定位为正统的夏洛克迷。要不我怎么会知道有这么个活动存在呢？"

　　林赛变成了贝克街女孩和历史更长的贝克街小分队文化之间的某种沟通渠道。"就我看来，活动形式多种多样，"她说，"很多比我小10—15岁的年轻人很擅长在各种媒体中寻找优秀故事。如果他们喜欢某种媒介，像是电影、电视、电脑游戏之类所呈现的故事，他们就会溯源，找到原始文本或者同一主题在不同媒介上的展现。我不敢说每个人都会这么做，不过很多人是这样做的。现在，很多聪明优秀的年轻人因为小罗伯特·唐尼或者本尼迪克特·康伯巴奇而开始首次阅读柯南·道尔的著作，而我认为这是一件好事。"

"传统的夏洛克亚文化研究者可能关注的点很微小。有些人只愿意讨论柯南·道尔。有些人只愿意讨论吉勒特。我认识的一个人能讲出关于巴兹尔·拉思伯恩的一切，还有一些人，他们对西德尼·佩吉特了如指掌。而我则是什么都喜欢一点。不过贝克街女孩们采用的是完全不同的方式。我们正在努力让她们互相了解。不然，大家怎么一起坐下来喝龙舌兰呢？"

我觉得这些勤奋的年轻女士①对于夏洛克研究来说是个好消息。我在纽约参加的贝克街小分队活动成员的平均年龄预示着这个群落即将到来的崩溃。不过让人吃惊的是——也可能不是——女孩们融入这一切的过程并不是完全顺利的。克里斯蒂娜·马嫩特给我讲述了她第一次冒险参加一个传统的夏洛克活动的经历："我感觉我是唯一的年纪小于40的人，在那儿就像地球上最奇怪的人一样。"她又说道，一段难熬的时间后，一位著名的加拿大夏洛克研究者走过来打破了僵局，不过"有人对我的到来很兴奋，其他人则不是。还有些人甚至不拿正眼看我，他们说贝克街女孩是'不严肃的'。那是我第一次察觉到分歧的存在"。

就在我参加纽约的这次聚会不久，一个名为"夏洛克迷的内战"的话题浮出水面，甚至吸引了《纽约时报》的关注。一位名为菲利普·施雷弗勒（Philip Shreffler）的贝克街小分队老会员在一本小型夏洛克研究杂志上发表了一篇文章哀叹互联网培育起来的粉丝文化的影响力与日俱增。他将这种文化与更倾向于深思的"精英型

---

① 夏洛克粉丝的世界，从一开始女性就参与了一些重要事件，但也不乏矛盾。在20世纪60年代，纯女性组成的"夏洛克·福尔摩斯冒险家"甚至围攻了全为男性的贝克街小分队集会。现在这两个组织都是男女混招，有些成员同时属于两个组织。

爱好者"进行了令人不快的对比。"精英型爱好者指的不是经济上的富有,而是才智上的富足。"施雷弗勒写道。他咄咄逼人,触怒了所有想把贝克街小分队和贝克街女孩联合到一起的人。他甚至用最令人反感的方式引用了马嫩特自己的话,这段话出自一段采访,里面有二十多次言语磕绊——总的来说,他在哀叹粉丝文化的堕落:"有组织的夏洛克爱好者群体本应向前发展,但却在衰落,规模大了,但是影响力却低了。"对于贝克街女孩和一些严肃的传统之间日渐缓和的关系,他写道:"这两者之间确实似乎正在发生某种需要被制止的分子重组。人魔岛(Island of Doctor Moreau)可不是什么好地方。"

这篇文章冲击了网络,引发了一场九级地震式的暴怒,至少在夏洛克粉丝圈内部,爆发了有史以来最严重的各种嘲讽和愤怒的声音,被称作"施雷弗勒门"。人们咬牙切齿,发出歇斯底里的嘶嘶声。贝克街小分队主席(威金斯)发出了一份调解声明,号召一个包容的"夏洛克粉丝世界"。这件事对于贝克街女孩的最持久的影响似乎是社会媒体的巨大关注。"人们称之为传统的夏洛克粉丝圈里,90%的人对于任何想进入角色世界的人都是兴奋和欢迎的,"费伊告诉我,"也许有10%的人会有些谨慎:嗯,这个年轻的女士是个合格的夏洛克迷,还是本尼迪克特·康伯巴奇的粉丝?以前发生过这种事,以后也可能发生。[①] 事情会自己解决的。"

当然,意式凉拌俱乐部事件表明,最后的努力也收效甚微。在

[①] 当2013年3月"施雷弗勒门"爆发时,我很激动地意识到:同一个作者在1988年也引起了一场相似的争论,当时我才13岁,还是《贝克街杂志》的读者,当时杰里米·布雷特(福尔摩斯的扮演者)的粉丝气焰很足。尽管我必须对施雷弗勒先生关于做一个夏洛克迷有没有"正确"的方式这一观点提出异议,不过,我还真是欠他一笔:他是第一个在《贝克街杂志》上发表我作品的编辑。

这种背景下,贝克街小分队周末的大型晚宴是相当大胆的,而试图把它变成一项资深会员福利的想法则反映了一种开放的外向型精神。"周末的活动非常丰富,"费伊告诉我,"来自世界各地的人汇聚一堂。他们中有些人很明显有相当强的经济实力。不过按传统来说,唯一的慈善资助来自华生医生基金会,这个基金会帮助钱包不那么鼓的人参加活动。基金会帮助了很多年轻人,这当然很美好,不过这种自助还是完全局限在社团内部。"

"我闲来无事会想想我们做什么会有更大的意义。由此产生了一个念头:没有华生,没有夏洛克·福尔摩斯的故事会怎样。猜猜华生的来历与哪里有关,阿富汗。这个人在《血字研究》开篇基本是个创伤后应激障碍者。阿富汗、伊拉克——一百二十五年后,我们还在做这种恶心的事!做一些帮助退伍老兵的事真的很有意义。"

严肃的粉丝圈就像一朵娇贵的温室花朵,不过它引发的激情却有可能是强烈而至关重要的。在贝克街女孩的网站上,克里斯蒂娜·马嫩特非常动情地写下了对夏洛克·福尔摩斯的爱是如何帮助她对抗黑暗时光。"人们把粉丝圈看作……愚蠢和不务正业的,认为里面都是些青少年书呆子和逃避现实世界的自闭成年人,"她写道,"他们把粉丝文化视为一种离奇荒诞的文化……粉丝中确实有这样的人吗?是有的。但粉丝圈确实如此吗?不,粉丝圈是一个大家庭。"

随着夜幕的降临,一切都变得眼花缭乱起来,就像感恩节,成年孩子等父母上床睡觉后开始的活动。梅琳达·卡里克站起来,用一种欢快的德国口音,向阿尔塔芒特(夏洛克·福尔摩斯在第一次世界大战期间进行间谍活动的伪装身份)致以官方祝酒词。测试开始了——这绝对是一场残忍的测试,由一位来自费城,名叫尼克·马尔托雷利(Nick Martorelli)的夏洛克专家设计,问题不仅有关福尔摩斯故事的原著，还涉及几部主要影视和广播的改编版。这些问题，即使对于我们八位坐在桌旁的资深夏洛克迷来说也很难。①不过我们每个人都有自己的书呆子式的知识存储。我贡献了一个正确答案。（问：在巴兹尔·拉思伯恩的电影《巴斯克维尔的猎犬》里，亨利·巴斯克维尔爵士是如何收到让他"离沼泽远点"的警告的？答：是从他马车的窗外扔进来的。）我感到一种来自内心的确认。我想，就是这种心情让人觉得粉丝文化（或者说精英奉献，如果你更喜欢这种说法）非常重要，足以让人为它付出，为它奋战：那种让人振奋的自己不是一个人的感觉，你能感受到的美别人也能感受到的感觉。

"我绝不会忘记消瘦机敏的吉勒特戴着猎鹿帽的样子。"普利策奖获得者、剧作家埃尔默·戴维斯（Elmer Davis）如是写道。很多年过去了，威廉·吉勒特的《夏洛克·福尔摩斯》也经历了从创新到特色再到落伍的过程。吉勒特和他的制片人训练了一批巡演团队，让他们在俄罗斯、瑞典、澳大利亚、南非以及任何愿意接纳的地方进行演出——到 1904 年，演出场次合计已经超过 4000 次。在接下来的十二年，吉勒特不断重现这部戏剧，到了他的"告别演出"变成了一个笑柄的程度。与柯南·道尔相比，这位美国演员似乎从来不担心福尔摩斯会超越他其他的作品并令它们变得黯然失色。甚至距他中年时代第一次演绎这个角色很多年后，他也总能叼起烟嘴，戴上猎鹿帽，再进行下一轮巡演。有什么理由说不呢？夏洛克给了他丰厚的回报。1916 年，吉勒特在康涅狄格州为自己建

---

① 最后一个问题是：请说出 60 个夏洛克故事里，开篇场景不在贝克街的所有故事的名字。我的天！

造了一座大规模的城堡。多年后，他成了舞台上一个古怪的但受人尊敬的老人。他一直拒绝加入演员工会，不过为便于他的创作和演出，工会一直没有对他进行要求。这是其他任何人都没有的待遇。

反过来，他也回馈了夏洛克。吉勒特从柯南·道尔的故事中撷取了基本演绎法这样一个护身符一般的词，并特意用在华生的身上，让它成了华生的口头禅。吉勒特的福尔摩斯戴着西德尼·佩吉特画中的那种乡村猎鹿帽，这个道具在他这里是万能的。他把福尔摩斯的烟斗放大了。他和这个角色的联系如此之深，以至于当《科利尔》杂志聘请美国艺术家弗雷德里克·多尔·斯蒂尔（Frederic Dorr Steele）来表现柯南·道尔的故事时，斯蒂尔干脆画了吉勒特——他的这个侦探版本，常常呈现出一种图腾柱上雕刻般刻板的威严，差不多与佩吉特的作品齐名。

吉勒特营造了一种神秘的气氛，甚至引发了外界对自己的误解。在1903年《妇女家庭杂志》（*Ladie's Home Journal*）的封面故事中，古斯塔夫·科贝（Gustav Kobbe）评论道："相比其他当代美国著名演员，人们对威廉·吉勒特的个人了解更少……他像一颗牡蛎，紧紧封闭着自己……"面对记者，吉勒特有一张事先印好的卡片，他拒绝接受采访。吉勒特时代的媒体记录了他的舞台表演，他的很多信件也保留了下来，不过吉勒特却成了一个我们既知之甚多又了解甚少的人。他在职业生涯的早期就结婚了，不过妻子却突然去世；悲伤驱使他躲进加利福尼亚州的北部山区待了一段时间，从而使他的职业生涯中断了几年。他没有再婚，尽管他与女性之间有很多柏拉图式交往。后来的岁月里，人们注意到他有在黄昏后频繁光顾大都会公园的习惯。他就像一个敏捷的水手，把自己的船"波利姨妈号"（*Aunt Polly*）停泊在普罗温斯敦（Provincetown），然后上岸，带领一群仰慕他的年轻人参观城镇。有几个传记作家试图对他进行描绘，可是他们记述的这位中心人物顽强地维持着自己那层让人看不清的外壳。吉勒特显然是有意而为。20世纪30年代，老迈的吉勒特穿着体面，骑着摩托车从曼哈顿呼啸而过。纵观他的一生，他时时用离经叛道的面具作为掩护来逃避现实，这是他贯彻始终的公开角色。留给世人的（依然留存的）是夏洛克·福尔摩斯这个角色。吉勒特在电影和广播中扮演这个角色的时间够长，尽管他的传奇剧很快就成了历史，依然拥有观众的喜爱。在1929年，《纽约太阳报》(*New York Sun*) 回顾了他在新阿姆斯特丹剧院的一场告别演出。"吸引人的不是这出老戏，而是这位年长的大师自己，"评论家埃德温·希尔写道，"演出期间的掌声密集得如同重机枪在射击。"

不久之前，我的一位朋友为我播放了一段吉勒特个人特色鲜明的录音，录音有噼啪声和回音，是在这位演员82岁的时候录的（网上依然能找到）。这位史上第一位有血有肉的夏洛克·福尔摩斯在扮演这个角色时，并没有尝试使用英国口音——这不是自然主义的吉勒特的惯常方式——他拖长了声音，用一种别扭的美国东海岸的口音道出侦探的推理，他断句停顿的方式后来成为很多演员模仿的典范。他很有技巧地控制着讲话的重音，把一个没精打采的、穿着晚礼服做梦的家伙变成了一个能见别人所不能见的敏锐天才。"演绎这种孩子的把戏，"他的福尔摩斯淡漠地对华生说道，"你知道，我做起来不过是为了逗你开心。"不过在他形容莫里亚蒂教授时，吉勒特的声音变得像催眠般起伏，他使用了19世纪特有的语调，有高峰，有低谷，有摇摆，也有韵律："罪犯中的拿破仑……拿破仑啊！一动不动地坐在那里，就像一个丑陋的盘踞在蛛网中央的毒蜘蛛，不过蛛网有一千条蛛线，而蜘蛛知道每条蛛线的颤动。"随着录音的播放，我朋友递给我一张发黄的照片——这是吉勒特最后一次公开亮相，照片背面备注着 1930 年 1 月 13 日，这个时候他应该已经 76 岁了。这位老迈的大师在一片雾气中隐约可见，大鼻子高高耸立着，就像一艘战舰的船头，他那双灰色的蕴含着水光的眼睛，在照片的一片寒意中闪闪发光。

在吉勒特声音停顿的片刻，华生谈论到和邪恶的教授这么一个人物进行周旋的危险。

"我亲爱的朋友，"吉勒特回复道，"这是件极好的事。我的一生都在努力挣扎，好跳出这乏味无聊的存在……你应该祝贺我。"

1934 年，为了准备贝克街小分队第一次晚宴的开场，文森特·斯塔雷特和《纽约时报》作家亚历山大·伍尔科特（Alexander Woollcott）弄来了曼哈顿最后一辆双马驾驶的马车。他们先是让马车空着绕马衔索走了一圈——因为福尔摩斯曾经提醒华生不要坐看到的第一辆马车，有可能是陷阱——然后，第二圈，在纽约警察的默许下，他们乘坐马车通过了市中心鼎沸的车流。

至于我自己，我刚从位于地狱厨房（Hell's Kitchen，纽约市曼哈顿岛西岸的一个地区，正式行政区名为 Clinton）的一个朋友的寓所走出来，前往在德莫尼科餐厅举办的一次午餐会，这是 2013 年贝克街小分队的最后一次活动。这个地方绝对是人声鼎沸，因为它不光向小分队正式成员开放，也向所有报名的人（例如我）敞开。当时，一场恶性流感刚刚席卷了纽约，我们这一大帮人聚在一起，日夜吃喝，相互交谈，是非常容易感染的。很多夏洛克迷看起来脸颊都有点苍白，一位小分队的元老戴着医用口罩四处走动。我拿到了名牌，花了 15 美元买了一杯波旁威士忌，在一张大大的边桌处找到了一个角落，对面是一位来自达拉斯的名叫乔伊·弗雷（Joe Frey）的夏洛克迷，看上去和我同龄。乔伊似乎是个很好相处的人,不过此刻,他看上去就像一个被夏洛克连续击打,用以测试瘀伤形成的家伙。

"我想我所有的血液都聚在肝脏里了,我正努力搞明白发生了什么。"他说。

很多贝克街女孩穿着鸡尾酒华服纷纷到来,克费尔和克里斯蒂娜·马嫩特在我们这桌坐下了。克里斯蒂娜一直低着头,像是想在自己的汤碗里小睡一觉,她偶尔会抬头要咳嗽药。我们这桌还坐了一位叫阿什利·波拉谢克(Ashley Polasek)的博士,她正在进行的课题叫作改编研究,夏洛克·福尔摩斯是她研究的主题。我觉得这是很有道理的,因为侦探可能是有史以来改编最多的角色了。

"我边写边会想,上帝,这个领域里的某人一定已经写过这个主题了,"阿什利说,"不过我没找到别人写的,所以我会继续写下去。夏洛克·福尔摩斯就像文化中的北极星。周围的一起都变了,可他还是稳稳地站在那里。"

坐在乔伊·弗雷旁边的是一位和蔼可亲的男士,大概也和我同龄,他穿着一件维多利亚式马甲,手里拿着一本名著,把玩着自己漂亮的胡子。马蒂亚斯·博斯特伦(Mattias Bostrom)是瑞典夏洛克粉丝界无可争辩的领军人物——也是作为"街头流浪儿"的一员,曾经和我与我弟弟通信的那位马蒂亚斯。我们轻碰酒杯,纪念过去的交往。屋子的另一边,站着一个女人,手里拿着一个有噪音的麦克风,正在朗诵一首诗,这首诗把夏洛克·福尔摩斯和造反猫咪乐队、《江南 style》交织到了一起。

严格来说,1934 年的小分队聚会不是这样的。在一个有点风又有点雾的晚上,斯塔雷特和伍尔科特的马车之旅结束后,他们选择来到塞拉餐厅。传奇记者埃尔默·戴维斯站在餐厅门口,一手举着一只高脚杯,欢迎他们的到来。埃尔默·戴维斯即将在经历几年沉浮后，领导美国战时新闻处。斯塔雷特把那辆双轮马车存放在维斯恩德，伍尔科特在东区52号的寓所里。他对这场聚会的演绎，被编入了后来的《福尔摩斯秘史》里，也因此细节变得模糊不清。于是，他再次声明，现存的所有关于当晚的叙述都是"并不真实的"——例如，他否认了那则盛传的谣言，谣言说他曾经四肢着地，模仿巴斯克维尔的猎犬。

几个星期以后，《纽约客》登载了伍尔科特的叙述，为此事的神秘感添上了最重要的一笔。1934年12月29日的《纽约客》的最后一页，伍尔科特的"呐喊与絮语"专栏完美体现了过去纽约啦啦队的风采。他记述当天拳击冠军吉恩·滕内（Gene Tunney）也参加了活动，戴维斯在读所谓的"报纸"，而他自己出席活动的时候戴着一顶很像猎鹿帽的格子猎帽。这可能是夏洛克迷的第一次内讧，据说克里斯托弗·莫利对于伍尔科特的出席极其气恼。他们是宿敌。莫利作为一个记者，可能把贝克街小分队当成了专有的报道对象，这可真要命。同时，困惑的斯塔雷特夹在莫利和弗雷德里克·多尔·斯蒂尔之间，陷入了"麻木"（他自己的话）的状态。弗雷德里克是著名的夏洛克·福尔摩斯插画家。

七十九年以后，在德莫尼科餐厅，我们之间没有这么强烈的酒精刺激，也没发生什么能上社会专栏的事件，毕竟还只是中午。不过，我们的聚餐也很有活力。几分钟的聊天证明阿什利、马蒂亚斯和我都在忙的写作项目本质上是同一个。马蒂亚斯正在写瑞典的夏洛克·福尔摩斯现象历史，《从福尔摩斯到夏洛克》将在今年晚些时候出版。阿什利向学术界解释了大侦探形象的演变。例如，其中有篇文章《赢得"盛大的游戏"：夏洛克与粉丝话语的分裂》。我们三人有很多要讨论的内容，很快，我们的话题落到了威廉·吉勒特身上。马蒂亚斯和我调查的文档有部分重合，我们一致认为，在夏洛克·福尔摩斯的历史上,最有决定性的一句话是柯南·道尔与演员或剧作家的那句简短对话:"你们想怎么做都可以,不管是与他结婚,谋杀他还是其他什么的。"

"在我的世界,我们把这称为'放弃作者身份'。"阿什利说。她在苏格兰学习的时候迷上了夏洛克,当时她和同学交换了阅读书目来促进友谊。"就在这个时候,他给了吉勒特——甚至于其他所有人——处理角色的许可。"当我在这间拥挤的屋子里举目四望时,我向吉勒特和他怪异的浪漫默默致敬,也向莫里亚蒂教授和他在莱辛巴赫瀑布的鬼魅身影致敬。[①] 不管是真实存在还是虚构的,他们都对塑造虚拟现实贡献了力量,这个宴会上的所有人都花费了大量时间沉浸在这个虚拟现实中。当阿瑟·柯南·道尔把夏洛克交由别人处置时,也无意中进行了一项开创性的创造行为,促成了今天夏洛克·福尔摩斯研究的庞大课题的形成。我很高兴自己来到纽约,见到了这项努力的重要部分。贝克街小分队说他们使得人们对大侦探"记忆常青"。下面说法富有诗意,但可能强调得不够,无法描述渺小但热心的夏洛克粉丝的运动在福尔摩斯世界更大的故事中所扮演的重要角色:始终培养和维持人物形象,并在某个时期为外行提供指导,在 2013 年左右,他们的形象突然在流行文化中脱颖而出。

在 20 世纪 80 年代后期,当我和马蒂亚斯隔着半个地球互相通信时,我们想要的不过是一个参与游戏的机会,而克里斯蒂娜·马嫩特开通贝克街女孩播客时,她想要的也只是一个参与游戏的机会。这个念头会导致冲动和社交尴尬的时刻。(乔伊·弗雷,一个

---

① 林赛·费伊曾就莫里亚蒂和《最后一案》向我进行过评论:"然后,当阿瑟·柯南·道尔杀掉福尔摩斯的时候,他也无意中造就了这个基督/哈利·波特式的人物,而比较神话学家约瑟夫·坎贝尔(Joseph Campbell)有过九次高潮。"

来自达拉斯的小伙子,讲述了他努力在大学里建立一个夏洛克·福尔摩斯社团的故事。"我四处张贴海报,并召集了两次集会。可最后参加的人只有我一个。")不过说真的,我们都不过是试着找些乐子,就如同1934年的克里斯托弗·莫利和其他人。那个下午,我们这一桌在一个鲜为人知又宏大的传统中找到了自己的位置。这种感觉很好。

当然,我们现代人没法超越第一次贝克街小分队大型集会的那种戏剧化的效果。让我们深入那天晚上,当时走廊里爆发了一阵骚乱。"就像小说家在故事开篇所写的那样,我从迷茫状态中醒来。"斯塔雷特回忆说。一群服务员暂时遮住了从烟雾缭绕的房间里出现的身影。不过紧接着,聚集而来的小分队成员看到了他。

"模糊的、心不在焉的、稳定不变的、极其有魅力的,"伍尔科特报道说,"一个偷溜的瞪羚和罗马参议员的迷人混合体……"轮廓分明的侧颜,帝王般的举止,无限的慵懒:这就是威廉·吉勒特。还不止,这也是夏洛克·福尔摩斯——永生不死的侦探。

第六章
巴斯克维尔的诅咒

海平面似乎升高了,好像要吞噬火车。海浪拍打着位于英国大西线铁路的铁轨和北大西洋之间的岩石堤岸,冲刷着我们所在的普通车厢的侧面和车顶。咸咸的水滴从通风口溅入车厢,车厢向一侧摇摆。我不由自主地计算起如果我们整节车厢落海,我有多大的概率能救起我怀孕四个月的妻子(正无忧无虑地读着杂志)和我5岁的儿子(正戴着耳机听早教机里一些疯狂的胡说八道)。而我,游泳水平很差。

大海退潮了,又开始讨厌地在列车左侧徘徊,海面破碎,翻涌着泡沫,泛出污水的颜色。"我告诉你,"在我们前面两排,在一群忧郁内向的英国人中,有一个少女,叽叽喳喳地对着同伴说,"告诉你吧,我们选的是世界大毁灭的周末!"

我几乎希望她说的是对的,因为我们的节奏被打乱了。创纪录的坏天气笼罩着这片绿色的美丽土地——天气太坏了,坏到连英国人都察觉了。每家报纸都在头版登载了诸如《寒冷危机将死亡之手伸向英国》之类的文章。在威尔士,农民在致命的降雪后,从雪下挖出了牛羊的尸体。一个住在曼彻斯特郊外的参加派对者在从酒吧步行回家时不幸被冻死了。这个坐拥大量海底石油资源的王国正面临着天然气匮乏的局面。现在，我们来了，我们全家出游来到了全英国最臭名昭著、狂风肆虐的荒原——达特穆尔（Dartmoor）。

经过漫长的晚点之后（上一辆列车撞倒了一个可怜的伦敦郊区人），我们到达了传说中的英国乡村，也是大不列颠岛的西海岸。暴雨冲刷着我们正在穿越的原野，溅起了铜色的污泥。游船（希望上面没有人）在波涛汹涌的棕色海湾里可怜地摇晃着。我的旁边坐着一个浑身散发着难闻气味的年轻人，他的苹果手机和苹果平板电脑让他的通信技术水平领先卫生水平几个世纪。我的妻子克里斯蒂娜，隔着过道，一直眯着眼睛看着我，眼神后面藏着一整本墨西哥海滩假日推荐。而我儿子卡什，时不时地拿下耳塞问我到没到。我只能耸耸肩，傻笑一下。我们正沿着巴斯克维尔猎犬的踪迹而去。

在小说中虚构的19世纪80年代，约翰·华生医生也曾经进行过类似的火车旅行，他也是从伦敦帕丁顿到达特穆尔。与他同行的是亨利·巴斯克维尔爵士，巴斯克维尔庄园的继承人。华生奉福尔摩斯之命，参与调查亨利爵士是否注定要死在超自然的恶魔之犬那流着涎水的口下。这头恶犬对巴斯克维尔家族的鲜血贪婪又渴望。贝克街二人组被一个叫莫蒂默的达特穆尔物理学家吸引，这个令人毛骨悚然的人出版了《返祖现象的若干变态研究》和《我们真的进化了吗？》两本医学著作。（莫蒂默还一度停下来欣赏了一下夏洛克的颅骨。）莫蒂默讲述了一个古老的达特穆尔传说：几个世纪以前，一个名叫雨果·巴斯克维尔的邪恶乡村贵族在夜晚追踪并强奸一个农夫的女儿时，被一只巨大的魔鬼般的猎犬咬碎了咽喉，结束了生命。从那以后，巴斯克维尔家族就受到了诅咒。很多人年纪轻轻就死去，其他人明智地离开去了新世界。

现任族长查尔斯·巴斯克维尔爵士，试图通过行善积德和推动社会进步来恢复家族荣誉。不过他也在不久前遭遇了不幸：被人发现陈尸巴斯克维尔庄园之紫衫大道尽头，尸体上没有外伤痕迹。官方调查将查尔斯爵士的死因归结于心脏衰竭。不过，莫蒂默，这个医生邻居，进行了他自己的调查，发现了一条线索——这条线索太过不祥，充满了某种征兆，因此在死因调查时，他压住了没说。线索是……线索是……

"足迹。"

"男人的足迹，还是女人的足迹？"

莫蒂默医生用古怪的眼神看了看我们，然后才开口作答，声音低得如同耳语。

"福尔摩斯先生，是一头巨型猎犬的爪印！"

老天！现在，最后的继承人，一个叫亨利爵士的方下巴加拿大年轻人，被通知来继承巴斯克维尔庄园。一种恐怖的气氛已经在他周围聚集。他在伦敦经历了某种鬼把戏——有人偷了他一只靴子；之后，他又收到了一封恐吓信，警告他远离荒原。福尔摩斯和华生试图查找跟踪这位年轻贵族的危险人物，但是未果——侦探神秘地指派华生陪同亨利，并让一行人回到了偏远闹鬼的达特穆尔。

于是最著名的夏洛克·福尔摩斯故事开始了。

《巴斯克维尔的猎犬》最初发表于1901年8月的《河滨杂志》，距侦探与莫里亚蒂在莱辛巴赫瀑布的死亡探戈七年之后。这篇小说——结构紧凑，给读者的感受却很宏大——在那年秋季进行了连载，连载的那几个月，也是威廉·吉勒特冷静地跨上兰心剧院的舞台，演绎《夏洛克·福尔摩斯》的时间。作为一个虚构的死人，福尔摩斯度过了轰动的一年。媒体纷纷致敬他的回归，欢迎他那"一如既往的清晰感知力"。很快，一直渴望福尔摩斯的美国出版商们，就吵嚷着买走了《巴斯克维尔的猎犬》的版权。这个故事将成为一个影响广泛的现代民俗传说，将出现大批广播、电影和电视剧改编。德国人靠着他们神秘的掌控时机的能力，在1914年和1937年两度拍摄了《巴斯克维尔的猎犬》，而不是在盎格鲁-条顿文化交流的标志性年份。[①] 如今，甚至有一种心理学现象被命名为巴斯克维尔猎犬效应，研究表明，中国人和日本人在每个月4日的心脏病发病死亡率达到高峰——在这两国文化中，四是一个不吉利的数字。

总而言之，这是一场变革。

此时，由于作者很有心机地把这个新故事设置在前莫里亚蒂时代——19世纪80年代，这样，柯南·道尔就能获得两全其美的效果：夏洛克依然处于平静的死亡中，而华生的记录则可以开放进行获利丰厚的业务。作者的状态——猜一猜？——很忙碌。19世纪和20世纪之交，实际上，也大致标志着柯南·道尔的人生快速转变成了一部无法控制的鲁布·戈德堡发动机（Rube Goldberg Machine，这是一种精确而复杂的机械，以迂回曲折的方法去完成一些其实非常简单的工作。）1899年，在南非爆发了英国与布尔人之间的战争，布尔人是坏脾气的荷兰殖民者的后裔。以21世纪的后见之明来看，布尔战争的历史就像一幕低劣的恐怖电影——《不

[①] 一个真正引人注目的德国改编版本是辛迪和伯特两人的《巴斯克维尔的猎犬》，其中的特色是黑色安息日（英国一支重金属风格的摇滚乐队）的"狂妄"一曲。我强烈推荐YouTube上关于1969年，辛迪和伯特穿着时髦的德国派对装备为观众演绎的版本的剪辑。从算法上来说，这促成了1983年的长达一小时的英国卡通版本的《猎犬》（里面的华生是个令人难以置信的胖子），更不用说还有时髦的粉丝根据1981年出色的苏联改编电影制作的混音剪辑。小心。你很有可能沉迷其中，花去一整天。

要开门！》（但他们总是去开门）。一支自负的帝国部队去与轻装上阵、高度灵活、士气极高的偏远地区对手作战，而我们都知道战争的结局。在战争的最初几个月，布尔人发起了一场又一场血腥的攻击。柯南·道尔希望加入志愿军，他甚至想象着自己可以激励年轻的英国人去参军效命。他的母亲玛丽对此表示强烈反对："有成千上万的人可以为一个创造出夏洛克·福尔摩斯的人而战……你会受到伤害的，我亲爱的……没有一个活着的灵魂会比你更好，成千上万的灵魂会永远为你的损失而悲伤和沉闷——你的家庭将会被毁掉，你的母亲会心碎——你的孩子将失去父亲……"

好吧，尽管如此，他当然还是得去。作为对他母亲的让步（事实上是因为军队并不招募中年人），柯南·道尔参加了平民志愿医疗团，于 1900 年春天乘船出发去往南非。他行医的地方设立在布隆方丹（Bloemfoentein）的一个板球场里，很快那里就被受伤的、生病的和垂死的病人淹没。布尔人截断了镇上的净水供应，伤寒席卷了医务室。柯南·道尔工作在"死亡中间，还是最恶心、最可怕的死亡"（他在回忆中的记述）。直言不讳地说，他周围包围着一群腹泻致死的人。从各方面来说，他表现得非常英勇，他顶着感染的危险，全天候工作，靠近前线，接近炮火，直到正规的陆军医疗服务队接手这一切。

然后，他采取了一种典型的柯南·道尔式做法，离开了——他充满活力地回到了英国。他已经完成了一部关于布尔战争的鸿篇巨制的大部分，这即将成为一本畅销书。随着冲突的拖延，布尔人采取了越来越绝望的游击战术，而英国人则把布尔平民赶进了集中营，这是他们的新战术。这一做法在国际上激起了很多愤怒的声音，柯南·道尔将在两周内完成一篇长达 6 万字的充满激情地为英国辩护的文章，并按成本价用多种语言发行。到了 9 月，他作为爱丁堡选区的一名长期自由联盟候选人竞选国会议员，在他的老家为喧闹的人群发表演讲，一天能达六次。从地理上来说，不算北极旅行的话，这是他离南非最远的时候。他几乎胜利了，不过在选举的最后几个小时，一个狂热的新教徒分发了一份小册子，暗示柯南·道尔参与了一个天主教的大阴谋。然后，他罕见地出现在位于安德肖的家中，在那里他迅速组织了一支100人的志愿步枪队，并通过一系列信件、散文和公开露面活动，支持国家平民预备役部队。

很多人都会洗个热水澡，沉寂一两年。可是，柯南·道尔永远需要新的事做。继1900年致力于无偿的医疗、政治和辅助军事的工作之后，他还想再充盈一下自己的金库。从南非返程途中，他遇到了一个名叫弗莱切·鲁滨逊（Fletcher Robinson）的记者，他们二人在旅途中谈论了鲁滨逊家乡达特穆尔的传说。这是一个充满了鬼魅的野兽和神秘诅咒的地方——这类内容，柯南·道尔很多次在夏洛克传奇之外的短篇小说中提及。（例如他1892年的《批号249》，将当代对古埃及的迷恋转化为一个木乃伊恐怖故事，后来某些著名恐怖电影的制作人窃取了这一创意。）鲁滨逊和柯南·道尔同意以达特穆尔的传说为基础，在后者称为"真正的爬行者（Creeper）"这一题材上进行合作。

柯南·道尔在1901年4月来到了达特穆尔荒原，他和鲁滨逊开始了对达特穆尔的长达14英里的徒步考察，并且在酒店休息厅里长时间讨论故事大纲。在达特穆尔，柯南·道尔找到了他所期待的关于不祥之兆的一切。"一个很棒的地方，"他给母亲的信里写道，"很悲伤，很荒凉，零星有几处史前人的住所，怪异的巨石、棚屋和坟墓。"灌木丛覆盖的景观突然变成了孤独的、大量的岩石尖峰，叫作"石山"。巨大的流沙沼泽地威胁着要吞噬那些粗心的流浪者，他们可能会花一天时间在荒地中跋涉而不会看到另一个人。不过，这个故事需要一个强大的核心人物。幸运的是，柯南·道尔恰巧有这么一个。

克里斯蒂娜护着我们未出生的宝宝，蜷成了一个球，在我们租来的蓝色日产车的座位上发抖。我们在达特穆尔边界的大镇牛顿阿伯特（Newton Abbot）租来了这辆平庸至极的车。当我们还在波特兰制订旅行计划的时候，我宣称我对自己的英式规则驾驶能力很有信心。怎么说也是经历丰富了，这还不是小菜一碟！不过我只在澳大利亚那种像自动驾驶天堂一样的宽阔平滑的路上试过靠左行驶。达特穆尔布满了极其狭窄的供马车通行的小道，很多都渐渐消失，隐入地表的沟壑。日产车在这些恐怖隧道里横冲直撞，距离锯齿状的石墙、密集刺的树篱和冰冷的小溪只有几毫米。自然，我转换成了人工驾驶，因为谁不喜欢运动挑战呢？每次我试着降档的时候，都会本能地用右手拍打到右侧的车门，咒骂一句，然后摸索着找到左边的变速杆。反过来，这也造成了我的车一次次地突然撞向古城墙和可怕的沟壑。

庞大的货运卡车、摇摇晃晃的农用机械、步履蹒跚的游客，还有走得飞快的当地人向我们迎面而来，同时，也常常把我的汽车逼进陡峭的岩壁与伤车的荆棘之间的小小空地里。我的后视镜里能看到一排卡车后挡板。我一直对妻子喊着"冷静"。在后座的儿子卡什迷惑不解。"你们都在给对方压力，"他观察道，"噢，前面有个道路狭窄的警告标志，爸爸，我给你看路，你就只管开车吧。"

说到书中的角色，与华生和亨利·巴斯克维尔爵士同行的还有可怕的莫蒂默医生，这位医生在整个火车旅行途中都在详细描述巴斯克维尔家族的颅骨，他是个狂热的颅骨爱好者。刚到站就看到了"远方一抹灰色的忧郁小山，山顶有奇形怪状、参差不齐的缺口，远远望去晦暗隐约，如同一幅梦中的风景画"。我同意他们的看法。当我从这几乎被淹没的沥青路上抬头望去时，我看到的只有冰冷、压抑的浓雾，以及偶尔出现的横冲直撞的卡车。当我们到达莫顿汉普斯特德（Moretonhampstead），也就是我们达特穆尔之行的基地时，我的双手颤抖得像是一个震撼人心的音叉，我很确定我的未来得经历几年的婚姻咨询。我小心翼翼地驾驶着汽车到达了白鹿酒店的大门口。这座17世纪的白色方形建筑，起初是服务于马车夫和乘客的小酒馆。我知道酒店里曾经有个酒吧。

华生一行下了火车，发现了一个不那么让人激动，但是绝对更加险恶的场景。火车站和主要交叉路口都布置了持枪警卫。一个罪犯（塞尔登，诺丁山谋杀犯！）从王子镇的一所监狱越狱了，现在正潜伏在这个乡村。为了增加这种可怕的气氛，作者让华生看见巴斯克维尔庄园笼罩在一片矮小枯瘦的树丛中，它的两座塔楼在沼泽地上怒目而视，"一堆坍塌的黑色花岗石，并露出了一根根光秃的橡木"。他们穿过了由石头和铁条组成的大门，门上装饰着族徽野猪头像。亨利爵士开始喋喋不休地讲述一些关于西半球现代化之类的闲话，比如电灯什么的。不过，他的乐观更加衬托了这座家族庄园的阴森。柯南·道尔在巴斯克维尔庄园超越了自己，这座庄园也是整个系列里最震撼人心的场景地——在这里，所有的家族盾徽都掩映在疯长的常青藤中，周围有雉堞的塔楼、黑橡木，以及过去的箭孔。此情此景，简直让人以为亚当斯家族的卢奇要来开门了。无论如何，来自仅有的两名仆人，即阴郁的巴里莫尔夫妇的问候，实在让人不快，见面五分钟后就说想辞职。亨利爵士和华生于是发现自己的晚餐被安排在昏暗的大厅里，他们得在墙上一代代受到诅咒的巴斯克维尔先人油画里恶毒的目光注视下进行晚餐。

这等场景使得华生通过抽烟透了口气。阿富汗至少是晴朗的。睡觉的时候，华生透过卧室窗户，注视着荒原，陷入了沉思。就在他失眠的时候，他听到了远处一个女人忧郁的啜泣。

那真是个美好时代。当我们来到莫顿汉普斯特德时，我几乎要嫉妒华生和亨利爵士受到的那种比较静默的欢迎。莫顿（当地人这么称呼）是一个古雅可爱的地方——尽管白鹿酒店对街的那个灰尘漫天的酒馆已经停止营业，寒风呼啸着吹翻了村民手中的伞，路虎车上满是泥点，在狭窄的小径上横冲直撞，离我儿子只有几英尺，这个美好时光的印象也只稍稍减淡了几分。卡什决定用他自己的方式来探索莫顿汉普斯特德：跳过镇子里每道低矮的（或者不矮的）石墙。英格兰的村庄都有很多石墙。我的行李在我们的中转站旧金山滞留了一天，所以我穿着一件薄薄的运动外套，围着我妻子的紫色丝巾，无疑有种文雅的疯子的效果。克里斯蒂娜看上去有点忧郁——不是悲伤，就是忧郁——所以回到白鹿酒店似乎是一个合理的选择。

大厅里燃烧着舒适温暖的炉火，吧台前有一群欢乐的人，一锅绝妙的炖羊腿，还有几品脱当地酿造的给老爹们准备的猎人浓啤酒。一位令人敬畏的南非女士经营着这个地方，员工大多是斯拉夫人，看上去都很有能力。我们走上吱呀作响的老楼梯，来到自己的房间。卡什和我打开窗帘。就在100码以外，莫顿的屋顶向外延伸，以应对不断扩张的沼泽地。浓厚的雾气扼杀了大部分的景色，但是有一座孤零零的宅子从地平线的林木线上突显出来。

"那是座神秘的房子，"卡什说，"夏洛克·福尔摩斯应该去查看一下。"

哥特式氛围的营造并不是《巴斯克维尔的猎犬》唯一显著的

进步。这部小说里,柯南·道尔对夏洛克·福尔摩斯和约翰·华生的本质做了一个不经意却很关键的转变——他把两个人变成了怀旧者。

回顾维多利亚时代,很容易把它看成一场大型化装舞会。呀,这么好看的帽子!更细致地去审查这个时代,19、20世纪之交变成了一个技术创新与社会革新不断向大众喷涌的新时代,此时,地缘政治的紧张引发了隐隐的担忧,而经济全球化的速度和力度使旧有的确定性荡然无存。(听起来耳熟吗?)快速的变化既带来了兴奋,也引发了紧张。对于大不列颠这个超级政治体,布尔战争是一个征兆:一场针对狡猾对手的新型冲突,某种程度上是一场舆论宣传战,其中平民被滥用为战略工具。布尔人的游击战和"不方便的现代步枪"(柯南·道尔曾经如此描述)让人几乎要怀念起阿富汗和那里残酷的战斗。

维多利亚女王于1901年1月去世,此时柯南·道尔在爱丁堡的政治竞选过去了几个月。她的外孙德皇威廉二世,亲手为她阖上了眼睛。维多利亚女王的葬礼在伦敦举行,由5万名卫兵护卫,多国政要参加了葬礼,葬礼有一种强烈的末世氛围。柯南·道尔也见证了葬礼,他对《纽约世界》(*The New York World*)谈道:"伟大的母亲沿着那通向黑色大门的阴沉街道远去了……透过穿着黑色衣服的哀悼的人群,我们悲伤又无助地看着,顺着满是白色脸孔的山谷,伟大的女王离开阳光,隐入黑暗。"

新年快乐!还有其他更加不祥的兆头,亨利·詹姆斯宣布:"我们正处在水深火热之中。"女王的死终结了一个时代——她出生于1819年——她似乎也带走了悠久历史的坚定性与确定性。新继位的国王,身材肥硕的爱德华七世,喜欢呼啸山野,打打鸟,逗逗姑娘;他喜欢浮华新贵和赛马爱好者来陪伴。

在这等动荡的气氛之下，在世纪之交的时刻，柯南·道尔和他的朋友弗莱切·鲁滨逊来到了达特穆尔。《巴斯克维尔的猎犬》将最终通过现代角色——科学而理性的人，比如华生和福尔摩斯——与达特穆尔古老的荒凉与神秘之间的碰撞来构建它的多重故事张力。柯南·道尔对亨利·巴斯克维尔这个遭到诅咒的封建家族年轻继承者的刻画，也应和了周围的骚动气氛。这部小说中的几个角色都表达了希望亨利爵士的存在本身能让达特穆尔有所改善。在现实生活中，拥有大量土地的英国贵族正处于缓慢解体中，其原因正是英国创造和推广的全球化和技术创新。1884 年，英国引入了有冷冻设备的轮船，这打开了英国市场，使得来自新世界的廉价食品得以涌入。对于本国农产品的需求骤然下降，这也损害了贵族的收入基础。土地的价值消失了。自由党政府对于财富的继承设立了遗产税。在 1900 年，大约 14000 个英国庄园被抵押，其中绝大部分属于负债状态，在接下来的十二年，英国贵族们将为数百万英亩的土地偿还欠款。把这种现象称作《唐顿庄园》综合征吧：外面的那层壳已经支撑不住了。年轻的亨利爵士很大程度上算是这个关于幽灵猎犬那蒙尘的血腥传说的一个遗迹。

夏洛克·福尔摩斯回到了这个喧嚣而又日新月异的世界，本身也有了微妙的改变。柯南·道尔在《血字研究》和《四签名》中塑造的福尔摩斯几乎是一个彻底的现代人，有他自己的科学研究，时而沉湎可卡因的幻境，但他是一个无根的都市人。当《历险记》与《回忆录》出版时，柯南·道尔软化了角色的棱角，但仍然把他的侦探设置在世界上最重要城市的喧嚣中心。在那些经典故事里，当福尔摩斯和华生坐着双轮马车探案，或者坐着火车来到乡间时，他们复制了与此关系最密切的读者的生活方式。大致来说，那些故事的时间都设定在 19 世纪 80 年代，距离《河滨杂志》在 19 世纪 90

年代初登载不超过十年。

现在，福尔摩斯已被安排死去。《巴斯克维尔的猎犬》的故事发生在 19 世纪 80 年代，时间设定为故事出版的二十四年前。此时的英国正走在自动化和航空技术的前沿，而福尔摩斯和华生仍然追逐着马车，也在咯吱作响的马车上探访乡间。小说的前面一部分描绘了一个回到过去的伦敦——然后，叙事转向了达特穆尔，转向了它那注定衰败的牧师住宅以及已成遗迹的史前小屋，却加大了《猎犬》与现实生活之间的鸿沟，不管这个现实是 1901 年还是 2014 年。夏洛克·福尔摩斯成了一个怀旧的人。这一变化出于柯南·道尔想从一个他杀死了的角色身上获取利益的私心，却为这个角色增添了一项永久的新品质。在《猎犬》之后，当 20 世纪猛然袭来之时，夏洛克·福尔摩斯将成为过去美好时光的化身，曾经，维多利亚女王还在位，守门员递送紧急电报时，他制服上的纽扣还闪着光。早期的福尔摩斯，在二十几岁时，是一个不知名的无政府主义的花花公子。在《猎犬》后，就像一位 41 岁的世界名人所写，福尔摩斯可以被视为一个虚构的支持者，支持着老女王和她代表的坚定可靠。一旦和现代结合，这位伟大侦探的冒险就会越来越多的成为那个模糊的、雾气朦胧的过去时代的剪影。

巴斯克维尔庄园在广袤的荒野上遗世独立，如同一艘孤独的货轮，离外面的一切都很远，被荒原上星星点点的衰败遗迹隔开了。地平线上矗立着嶙峋的怪石，如同巫师的哨兵。一个被称作大格里芬泥潭的沼泽会时不时吞噬在周边游荡的小马。

而这里的社会环境也没有多少活力。当地的农民——或者说从华生在日记以及寄回贝克街的信件的叙述中来看——流离浪荡，呆头呆脑，根本不值得研究。当地名流会时不时提到"荒原上的穷人们",把每个人都指望着亨利这个新的封建主,能用巴斯克维尔的财富重振地方经济的事弄得人尽皆知。华生第一眼看到这里的人们,就有种不祥的预兆。巴里莫尔,巴斯克维尔庄园脾气暴躁的管家,显然卷入了某些内情。巴里莫尔夫人端上早餐时,眼睛是红的,这和华生前一夜听到的哭泣有关。我们优秀的医生很快发现了她丈夫在死寂的夜里偷偷溜出去的身影。除了莫蒂默医生和他对颅骨的迷恋,其他邻居们也都是与世隔绝的怪人。斯特普尔顿"兄妹"——杰克和贝丽尔——住在附近的梅里特宅邸,来到这里还不久。男的是一个狂热的蝴蝶收藏者,女的是一个沉默抑郁的人,她发出了关于达特穆尔危险之处的神秘警告。而且,我的天,杰克看起来对贝丽尔的保护欲很强。几乎不是兄妹关系应有的。

一路走来,还碰到了弗兰克兰德,这是一个十足的疯子,他身上背着离奇的案子,正用他的小望远镜窥视着这个地区。华生很快发现了弗兰克兰德疏离的女儿,她在经历了一段无爱的婚姻后,现名为罗拉·里昂,她和已故查尔斯爵士之间有一段隐秘的关系——爵士在死去的那个晚上是计划去和她见面的。同时,每个人都总能听到远处的非人嚎叫,而诺丁山杀人案的凶手还在逃。然后,在一个晚上(方式并不重要)华生和亨利爵士出发了,他们要穿过荒原去追踪逃脱的凶手。紧张的追踪后,罪犯溜进了荒原——不过等等!凶手是谁?是那个高立于石山之上,被月光勾勒的剪影吗?这是……一个神秘的人物!与每个人都有干系。仅仅用了几章——柯南·道尔就老练地呈现了一个紧张而不祥的世界,其中充满了谎言、黑暗的关系,以及不明的动机。

我们很可能会得出这样的结论:他描写得如此之好,是因为他自己也经历了一些事情。

1897年,在照顾了患有肺结核的图伊几年后,柯南·道尔在社交场合遇到了一个非常有趣的名为琼·莱基（Jean Leckie）的女士。她比柯南年轻14岁。从保存程度最好的照片来判断，她是一个冷美人：拥有如同被蜇过的嘴唇、时髦的发型、诱人的大眼睛、惯于歪着头的轻浮神情和开得很低的领口。他们坠入了爱河。图伊在世时，柯南·道尔还是会出现在图伊身边——至少在某种程度上——他看上去对自己的妻子还保留了一些亲情。实际上，他们的关系从未迸发出火花，不过是那些"相敬如宾"的夫妻中的一对罢了。鉴于当时的医学观念，人们的共识是图伊的肺结核意味着经年累月的无性婚姻。柯南·道尔确实偶尔表达过对相貌普通、单调乏味、常年待在屋里养病的图伊的厌倦；他甚至还在一封信中偶然用挖苦的笔调写过，她将永远是"亲爱的"（dear），而非"心爱的"（darling）。图伊是他与自己在南海镇那段艰难的医生生涯的活着的联结。那个时候，他的妻子和现在不同。而琼是鲜活的、令人兴奋的，充满了年轻的激情，并立刻献身于她的新男友。

他们的关系是历史上的一桩迷案。十二年来，琼和柯南·道尔策划了令人难以置信的社交巧合，例如步调一致的度假计划，在伦敦的酒店里进行了约会。柯南·道尔经常会邀请自己的母亲一同前往。他坚持强调，当图伊在世时，他和琼的关系始终是"高尚的"——换句话说，就是柏拉图式的——并且很好地表现出他和这位爱人见面时都有合适的人陪同。（我们将不得不用他的词来描述。当然，那个时候的事情有着"不同寻常"之处，我指的是这种情形持续了数年之久。）在他母亲、琼的母亲以及各亲朋好友的默许下，柯南·道尔将自己的生活变成了一个疯狂的秘密行动。他总是离开安德肖去打高尔夫球，或者外出去伦敦，同时在给母亲的信里疯狂计划着下一次行动。在那些信中，柯南·道尔的语气显示了：不论他度了多少假，他一直把自己描述成极其需要改变、休息，需要林中散步等的状态。他累倒了。

不是每个人都以同情的目光看待此事。从南非回来不久，他陪同琼去伦敦历史最悠久的板球场洛德观看比赛，结果与他妹妹和妹夫不期而遇。于是他不得不解释这种错综复杂的情况。而亲人们却并不认可，这种相互之间的恶感在一段时间后才消失。而且，传记作者永远不会忘记这一段。几年以后，在1910年，柯南·道尔将写出一部名为《魔鬼脚的冒险》的夏洛克·福尔摩斯故事，故事里的一个伟大的非洲探险家心怀一份禁忌的爱情，因为他无法与关系疏远的妻子离婚。（柯南·道尔也将为改革离婚法而努力。）而他情人那诡计多端的兄弟阻挠了他，然后又用来自黑暗大陆（指早期大部分尚未开发的非洲大陆）的一种未知迷幻剂对他投毒。目前找不到他妹妹对于这个故事印象的记载。

我承认，当我第一次得知柯南·道尔与琼·莱基的罗曼史时，我还是个少年，正毫不掩饰地崇拜着这个人，当时的我感觉这段关系骇人听闻。这段关系让柯南·道尔看上去像个嘴脸丑恶的伪君子，天天嘴里喊着"荣誉"，自己却和一个显然不是他垂死妻子的女人在板球场上闲逛。在这段外遇情最浓时，他写了自己的那本怪异的现代爱情小说《二重唱：偶尔的合唱》，他显然想让这本书成为对年轻夫妇的有益指导。真是胆大包天！这个故事里除了令人作呕的伦理关系，也没什么细致的观察。他真的在家待过吗？一个人到底需要多少"新鲜空气"？他的妻子怎么可能不知道呢？（我猜测她是知情的——不过，奇怪的是，她的信件一封都没有留存下来。）作为人们心中的一个形象，作者开始用默片电影中插科打诨般的速度进行旅行。（让人丝毫不意外的是，柯南·道尔是一个早期的汽车爱好者，也是英国最早的高速列车票的收集者。在1904年的一次翻车事故里，他撞上了一辆运送萝卜的马车，差点丧命。）

柯南·道尔发现他自己那难以获得满足的精力、家庭生活的窒闷，以及这个突然加速的时代把他给困住了。他想在外面的世界体验一切。他想买摩托车，还想体验坐热气球的旅行。任何不全力冲刺的人都会被新世纪抛在后面。

虽然我并没有收到什么剪切粘贴的匿名便条警告我离荒原远点，不过有几个有见识的朋友还是对我带怀孕的妻子和五岁的孩子去达特穆尔的计划感到担忧。如今，这个368平方英里的荒原是个国家森林公园，我在互联网上找不到有关幸福家庭游览达特穆尔的描述。每年到达特穆尔的人有1100万。这里是英国，这里的乡村有自己的生活方式，与美式荒原完全不同：村庄和农场零星散布，大片开阔的公共地用于放牧羊群和马群。

同时，达特穆尔仍然是充满迷惑性的。英国军队把这片广袤的荒野用作射击和训练场地，所以时不时会有实弹发射。高高的石山和地表裸露的岩石零星散布，吸引着登山和远足的人。不过，这些自然也是荒原的危险所在。我曾经很不明智地在网上搜索"达特穆尔的死亡"，显示的结果再加上《猎犬》描述的那种"世界上最荒凉的角落"，营造出一种氛围，让人感觉这个地方会吞噬粗心大意的漫游者。我们在莫顿汉普斯特德的头一两天，和当地人谈到了在一些偏远的地区如何容易迷路的问题，在一般情况下，这意味着将被快速冻成人形冰块。

不过不管怎么说，我们在两天之内试遍了所有能在天寒地冻的莫顿汉普斯特德进行的合家欢活动。我们去了教堂。（享受了可爱的复活节季服务，直到电咖啡壶短路并起火为止。）我们去了还幸存的酒吧。然后就到了离开的时候了。由于一次罕见的灵光乍现，我安排了一个专业向导来给我们指引当地风光，也防止我们冻死在这里。一天早上，汤姆·索比（Tom Soby）出现在白鹿宾馆的会客厅：他个子很高，有着白色的头发和红润的脸庞，一看就是常在户外活动的人。汤姆平时为国家公园做服务，闲暇时间做导游。我通过旅游指南（他曾陪同过里克·史蒂夫）和网络搜索找到他。关于带年幼的卡什来荒原的可行性这件事我们有过愉快地沟通。（总结起来就是，汤姆："嗯嗯嗯……"孩子爹："他会很好的！我可是来自蒙大拿的！"）索比先生在未来几天将证明他是一个值得我推荐的人。经过一些准备工作后——汤姆给卡什拿了一些过去的国家公园海报，还有弗莱切·鲁滨逊的马车夫亨利·巴斯克维尔的影印画像、亨利是柯南·道尔在达特穆尔的向导，也是这篇故事名字的灵感源泉——汤姆把我们带向他的那辆方正的红色小车上。

"扎克，你坐车的时候容易紧张吗？"汤姆在我给自己系上安全带的时候问我。我否认了。"那么今天一天下来你肯定得紧张了。"

夏洛克迷长久以来一直在争论《猎犬》的真正原型或者说灵感来源。[①] 柯南·道尔和他惯常一样，以极其敏锐的感觉和精度捕获了一个特定的地方，但是又根据他的情节，自由地重新调整了较大的地理区域，增加了距离感，再赋予它一个化名。汤姆根据这篇小说制定了出游行程，事实证明这趟行程很耐人回味。汤姆边平顺地绕过一个个让我和妻子胆战心惊的死角，边告诉我们，如果不按统计数据，此行第一个有趣的地点将是"古人们的小屋"，这是达特穆尔青铜时代公民建造的石头营地。

四周雾气笼罩，能见度不足十码。汤姆把车停在长着苔藓的路边，跳下了车。他背了一个巨大的背包（他发现自己不得不为我们

[①] 莱斯利·克林格（Leslie Klinger）在他的《注释版夏洛克·福尔摩斯》(*The Annotated Sherlock Holmes*) 中对这篇小说的注释为所有对这些细节感兴趣的人提供了一个有用的切入点，尽管他并没有追踪关于这个长达几十年的争论的所有线索。

三人各准备一件或几件额外的衣服，甚至还额外准备了儿童手套，因为可预见到却无法避免卡什会把自己的手套弄丢。）他攀上一座陡峭的小山，隐入了雾气中。

沿着一条涌出的小溪，我们穿过霜冻的石南花和覆盖着一片黄绿色植被的沼泽。浓雾笼罩了一切，就连几码之外的小径，如果不是汤姆给我们指出，也是几乎看不到的。我们走过几座"吱吱作响"的桥：小溪里铺着一些小小的石板，由于经年累月的使用，已经和周围的土壤平齐。每块石板都很光滑，仿佛刚涂过油，而我的脑子里充斥着我儿子滑到冰冷的水里的画面。卡什蹦蹦跳跳的，像是一个人和山羊的杂交动物，遇到每块突出地表的石块，他都要跳过去，慢慢跑进前面的每座雾峰。

"我看卡什一点儿问题都没有。"汤姆评论道。

四千年前，达特穆尔是个相当繁华的地方：这里残存着至少5000座石房子的残骸，一定还有更多的木质建筑因为恶劣的气候和酸性的土壤而消亡了。数个世纪以来，这片荒原除了偶尔的掠夺者，一直处于被遗忘的状态，在柯南·道尔的时代，这些遗迹吸引了当时新兴的考古学家的注意。就在柯南·道尔和鲁滨逊一起到这里探访的数年前，考古界针对我们此行的目的地格林斯庞德（Grimspound）进行了一次大型发掘和重建工作。[①] 柯南·道尔在自己的信里，提到了达特穆尔几千年前比他的时代人口更多这个怪异的现象。那么当我们到达能俯视下面沟壑的高地，看到面前的灰色

---

① 这个项目由萨拜因·巴林-古尔德发起。在文化繁荣的维多利亚时代，古尔德是一位卓越的自由学者、小说家、民俗学研究者、词作者、诗人等；例如，他写过一本关于狼人的很著名的书，还创作了《向前，基督徒士兵们》。他的孙子，威廉·S.巴林-古尔德，将在20世纪中叶一位著名的夏洛克研究者，也是第一个为夏洛克传奇编写了大量注释的人。

石头堡垒时，假设柯南·道尔的脑海中也想到了这座堡垒就是合理的了。

这像是个可怕的地方。一面巨石堆积而成的墙壁，沿着一片倾斜的沼泽高地形成了一个歪歪扭扭的长方形，这曾经是大约500名青铜时代公民的家园。沼泽周围是巨大的、灰色的霜蚀岩石块，这大概是二十多所住宅的遗址，这些住宅曾经应该有草皮或者茅草屋顶。如今，小屋的底部蓄满了冰冻的水；卡什迅速跳上了其中最大、看上去最诡异的一座。这应该是相当大的一片乡村地区的中心，不过即使在最好的情况下，它也要受到各种因素的影响。然后气候变了，酸性的土壤被证实不适合农业种植，格林斯庞德居民们搬走了，或者死去了。尘世繁华易逝，或者说不管曾经如何，尽成往事。

在《猎犬》中，华生和其他角色几次提到达特穆尔的石头小屋，很多说法都充斥着人类学上的谬误（例如，这些小屋被归为新石器时代人类所有），而且都带有不祥之兆。几百间被遗弃的小屋突出了一种有股看不见的力量在发挥作用的感觉。很快小说明确地提示，在乡村里有一个或者更多藏在暗处的人：在逃的凶手是一个，不过还有在高处石山上望风的人，华生和亨利爵士夜间散步时发现过后者。借助古怪的弗兰克兰的望远镜，华生发现一个送信的男孩一次次出现，而且显然和石屋有关。勇敢的医生决定进行调查。

就在汤姆带着我们在格林斯庞德转悠的时候，我不停地尝试思索柯南·道尔对远古时代的影射是如何为他的商业惊悚小说蒙上一层最初的古老色彩的。不过在大多数时候，我都在想自己是如何冷得会被冻成冰块的。晴朗的天气里，在格林斯庞德能看到两座高高的石山，除了石山，我们什么也看不到。在此处漫步时，我们遇到了和我们一样的异乡人：他们穿着色彩鲜艳的衣服，带着适合各种天气的设备，不断地从浓雾中走出来。他们一边看着手持 GPS，一边迈着灵活的步子，快速越过岩石，嘴里呼出大朵的白雾。

"啊，"在我们遇到这些幽灵中的一位时，汤姆说，"这是查格福德挑战。"这是一项年度比赛，有两三百名热心参赛者从查格福德（Chagford）来到荒原上参赛；后来，我在这项比赛的官方网站上得知，比赛承诺在"达特穆尔最美好的春季"举办。我惊叹于这些精神十足、身材消瘦、身着石油提炼的尼龙织物的生物竟与几千年前把大石块拖上格林斯庞德的人是同一物种。

我们开始下山，沿着草草开出来的小路前行。我听过的几乎所有徒步者在达特穆尔遇难的故事都有在迷茫的荒野中失去坐标这一主题。这个地方有很多城镇、道路和路标，可是它那广阔的、有时候致命的空旷也可能将你吞噬。汤姆已经徒步走过格林斯庞德无数次。要是单靠我自己的装备，我可能会把全家都带迷路了。

在半路上，我们听到了薄雾里的沙沙声。映入视线的是六只荒原小矮马：它们的体型无法形容，皮肤和鬃毛上覆盖着冰晶。马群经过时，我们站在那里，一动不动，它们完全就是一群被时光遗忘的幽灵，重新回到了浓雾中。此时的卡什安静地拉着汤姆的手。再往前走，我停下来仔细观察了山楂树和披着厚厚冰晶的荆棘灌木丛。最后，终于看到了一条窄窄的沥青路面和汤姆的红色汽车。我从没有对内燃机、道路建设和全球石油工业如此感激，我为过去说的关于它们的坏话感到忏悔。

约翰·华生，当他追踪着可疑的送信男孩来到石屋，准备对古老传说中的小屋出击的时候，这里"荒凉的情景、孤寂的感觉，以及任务的神秘感和紧迫感"都让他的心一阵阵发冷。当他来到小屋的时候——这座小屋状况良好，还有屋顶——男孩消失了，屋里一片漆黑。华生把烟扔到一边（他总是光顾伦敦同一个烟草商，因此烟草牌子对于任何有很强观察能力的人来说都是发现他的线索,他似乎忘记了这一点),他抓紧左轮手枪,走进黑暗中。屋里没有人,不过他发现了毯子,一件防水的维多利亚时代的查格福德挑战者的外套,还有几罐牛舌与蜜桃罐头(好极了!),半瓶酒,以及一个危险提示:"华生医生已经去了库姆特雷西。"啊,有人一直在追踪他的行动!就在华生思考这一证据的意义时,他听到了外面靴子撞击岩石的声音。他躲到一个黑暗的角落,扣紧左轮手枪,在这片古老的黑暗中等待着一次决定性的会面。

片刻之后,一个冷冷的声音响起了:"这真是个宜人的傍晚,我亲爱的华生。我真的觉得你在外面会比在里面更舒服。"

当寒风不再啃食我的脸,当汤姆有力的双手操控着汽车时,我开始享受达特穆尔了。窗外的景观在陡峭的峡谷、长满苔藓的河岸和辽阔的高原之间交替变换。尽管今天天气很差,定居点和后面的道路却令人惊讶地挤满了徒步的旅人,以及满载世界各地游客的笨重的旅游巴士。"德国人喜欢这里。"就在我们停在路边,观察巨型的石板桥时,汤姆说。这也是他在国家公园工作时的一站。"一年之中我们能看到成千上万的德国人。"

我们在达特穆尔南端的王子镇停了下来,以便参观女王陛下的监狱,这里就是《猎犬》中诺丁山谋杀犯赛尔登逃跑的地方。(乔纳森·斯莫尔,《四签名》中的独腿男人,预计也将在这里度过余生——"去达特穆尔挖沟"。)这座用于惩罚的大院阴霾笼罩,石门怒目而视,门外是整洁的村庄。"有谁在里面?"我儿子问。"里面关着的是六百个英格兰最邪恶的人。"汤姆回答道。柯南·道尔待在当时的公爵酒店,这里现在是由国家公园所有并负责运营的游客中心。我们从小圆柱门廊走进屋内,来到一个优雅的、铺着拼花地板的前大厅，大厅里最显眼的是一个真人大小的阿瑟·柯南·道尔纸塑模型和一个滑稽的疯狗造型的雕塑。

游客中心小小的展厅解释了一些关于未来的问题。例如，到2080年的时候，夏天平均温度将上升4摄氏度，凤尾草和金雀花将由于升高的温度而疯狂繁殖。同时，带着激光雷达、希望保护物种多样性的自然资源保护者正努力恢复、保护附近的沼泽和湿地。国家公园吸引了大量参观者，但也为生态保护带来了压力。

不过，身处寒冷的室外，荒原景色那古老的令人畏惧感仍然刺骨而强烈。汤姆的车蜿蜒前行，通过充满迷惑性的陡峭弯路，在让人视线模糊的雾气中进进出出。在我们通过一座小桥时，他重新讲起了毛手套的传奇故事，就是有一双皮毛做成的露指手套，据说在这个地方会从空中显现出来，幻化成实体，控制不幸的司机的方向盘，往往酿成致命的后果。（汤姆指出："不得不说，这事有一阵子没有发生了。"）在一个名为"荒原上的威德科姆"的小村子，汤姆带领我们走进哥特教堂圣潘克拉斯（Saint Pancras），这里的门板上雕刻着17世纪的英文，讲述在礼拜时，恶魔从教堂的屋顶坠落，烧毁了一些不虔诚的正在偷偷打牌的人。圣潘克拉斯的天花板修缮过，上面装饰有绿人廷纳的兔子们（三只兔子都是侧影，一个接一个围成圆圈，共用三只耳朵），还有其他从古老的异教和民间传说流传下来的标志。（三只兔子的传说在丝绸之路上的中国戈壁市镇也能听到。）我们听到了堕落乡绅的传说——这明显是小说中诅咒的最初受害者、邪恶的雨果·巴斯克维尔的原型——而长久以来，都流传着荒原上一到夜晚就有狂犬咆哮的传说。

我随身带了一本很有趣的书，1972年出版的《达特穆尔的巫术和民间传说》（*Witchcraft and Folklore of Dartmoor*）。作者露丝·圣莱杰-戈登（Ruth E. St. Leger-Gordon）主要采用了古代的口头传说，再加上一点水瓶座时代（Age of Aquarius）的陈词滥调。"在达特穆尔，愿望猎犬（Wish Hounds）就像小鬼一样，常能引发大众的想象，而且至今在这片石山中仍然被坚定地奉为神圣。在这里，在狂风暴雨的夜晚……人们可能会听到它们在猎人的呼喝声中奔跑……它们就是魔鬼自己。任何不幸遇到它们的人都会在一年之内死去……"圣莱杰-戈登认为，这些传说保留了前基督教时代的文化，与奥丁（Odin）和潘神（Pan）以及很多传说一起构成了封闭的乡下人的迷信传说。在寒冷昏暗的圣潘克拉斯，我们很容易理解大自然的神秘边缘——例如教堂的球光照射——为何能成为神话。

《巴斯克维尔的猎犬》之所以能成为夏洛克·福尔摩斯系列最有名的故事，让很多不知道《工程师大拇指案》的人都知道这篇故事，是有原因的。因为他们的生活有赖于它。这篇故事不同于其他。发表于19世纪80年代和90年代的福尔摩斯系列故事都以伦敦为背景，比如《血字研究》和《蓝宝石案》之类，情节基于都市无名者和无限的社会可能性展开。甚至乡下主题的故事，比如赛马故事《银色马》——场景也设在达特穆尔，不过故事气氛截然不同——也仍被牢牢限定在现代世界的火车时刻表、电报收发点和移动商务的框架之内。（一个伦敦裁缝的收据为《银色马》提供了关键线索。）《猎犬》设置在一个未知的地方，时间上也倒流了。故事角色明确限制在几人之内；如果有人正在设计针对亨利·巴斯克维尔爵士，那么犯罪团伙一定在他那情绪古怪的仆人和几个怪异的邻居中。作者将故事设置在一个糟糕的中世纪场景中，嫌疑人在这几个人中打转。柯南·道尔为这座古典的乡间房屋式传奇加入了令人恐惧的达特穆尔民间故事，还有经典的描述形容恐惧的隐喻：破旧的城堡、不祥的乡村、对整个家族的隐晦诅咒。

因此，当地板在夜晚吱吱作响时，《猎犬》会点燃那些敏感的神经。这篇小说重设了柯南·道尔之前已经在都市篇中使用的流程，即维多利亚晚期伦敦的犯罪知识——就像《红发俱乐部》充满技巧地将一些著名抢劫案的细节组合在一起，重新混合成一个案子，柯南·道尔将那些古老的达特穆尔神话综合起来，形成了一种弥漫全书的氛围。柯南·道尔要塑造"一个真正的爬行动物"的誓言实现了。就在华生探索荒原时，他听到了远处超自然的嚎叫声。而你，亲爱的读者，也听到了。①

在这种不祥的背景下，柯南·道尔把《巴斯克维尔的猎犬》变成了一场哲学论战：理性与无理性的对决。从一开始，就有一场争论：猎犬（对不起，应该说那只猎犬）真的可以从远处锁定位置并专门啃咬离它最近的巴斯克维尔家族的人吗？或者必须要有某种切合实际的解释吗？在这里，我们是在和鬼魂还是人类机构打交道？夏洛克·福尔摩斯的信念一直是理性、证据、问题和逻辑可以赢得胜利。在《猎犬》中，福尔摩斯面临着超理性力量存在的可能性。他的能力，他在小说中描述的"想象力的科学运用"②，可以解除困扰巴斯克维尔家族的黑暗命运吗？

---

① 这并不是说《巴斯克维尔的猎犬》就完全是一部完美的推理小说。实际上，故事情节漏洞百出，并不连贯——有洞见的读者一读就能感觉到。1902 年 1 月，在《猎犬》的最初版本在《河滨杂志》上连载期间，《剑桥评论》（*Cambridge Review*）就发表了《致华生医生的一封公开信》，作者是一个年轻的出版专业人士，名叫弗兰克·西奇威克（Frank Sidgwick）。西奇威克对《猎犬》的时间线进行了详细梳理，得出的结论是这个故事怎么看都是毫无意义的。这封信通常被认为是粉丝圈里"伟大的游戏"的奠基之作，更多这类作品都是匿名的。

② 柯南·道尔似乎是从 1870 年约翰·廷德尔的一篇文章里借用了这个说法。廷德尔的这个讽刺说法来自他选集里的一篇文章，引自本杰明·布罗迪（Benjamin Brodie），可被看作是一种夏洛克式的宣言："实际调查比其他任何东西都更能教会我们实际的价值和如何正确运用想象力……"

在这个世界上,两种行为方式发生了冲突。每当沼泽发出奇怪的响声,达特穆尔的农民都会讲述巴斯克维尔猎犬的故事。贝丽尔·斯泰普尔顿四处散布关于亨利爵士安全的恶毒的哥特式的警告。甚至科学狂人莫蒂默医生也能允许有某种超自然力量在发挥作用的可能性。华生这个做事踏实的退伍军人,在独自工作时会陷入某种困境,他不知道该思考什么,或者怀疑谁。当他坐在石屋之中,手中攥着左轮手枪,他的猜疑和恐惧都达到了紧要关头。

然后夏洛克·福尔摩斯再次出现,故事的主旨发生了微妙的转变:他就像照进黑暗的一束光,或者狂风骤雨的夜晚后晴朗的一个早晨,总之是类似的感觉。侦探之前紧密跟进过由报童传递给他的华生的书面报告。他也在现实世界中做过一些调查,梳理收集了群众关于邻居们污点的记录。对于荒原上的所有好戏,《猎犬》最终转向了基本资料研究:一项日常琐碎的调查为找到恶人提供了决定性的线索。当其他所有人的注意力都跑到恶狗身上时,福尔摩斯往后坐了坐,在这种戏剧性的氛围中选择了冷静地退一步,凭借自己的经验,认真地查验传言和半真半假的各种说法。一种难以描述的夏洛克式轻松愉快回到了柯南·道尔的叙述中。干得不错,华生——不过现在大侦探上场了。迷信之前一直很有市场,不过,现在它得对抗双胞胎兄弟俩——观察和演绎,是时候让恶犬就范了。

汤姆开车带我们经过了他选择的巴斯克维尔庄园——这里就像一个孤独而平庸的绿巨人,令人失望地失去了雕刻着狮子的大门和摇摇欲坠的塔楼,但却充满了阴郁——并停在泥泞的道岔中。现在是时候重新感受故事里关键一幕的天气状况了,这一幕就是福尔摩斯和华生(以及从伦敦带着一把手枪放在自己的臀部口袋的那个警探莱斯特雷德)把可怜的、不知情的亨利爵士送到野外充当猎犬的诱饵的时候。

我们四个人下了车,走上了一条坑坑洼洼的小径,向着一条宽阔、贫瘠的山脊走去。我立刻同意了莱斯特雷德最初的判断:"我的天,这看起来可不是个什么好地方。"确实不好。仰头望去,灰色的天空在头顶凝结,侧风在嘲弄我们穿的外套。我们脚下的地面是冰、泥浆和刺骨的死水混合的泥潭,卡什立马走了过去,浸湿了自己的鞋袜。我们坚持向前走着。我看向了自己的左侧。

在巨大的格里芬沼泽上空,笼罩着浓厚的白雾。它向着我们的方向缓慢漂移,在我们身边像一堵墙一样堆积起来,低矮但厚实且清晰。(仿宋字体为小说中的语句,这里借来叙事,本章下同。)

雾气隐藏了孤独的农场,汤姆就像是带着我们走向小说中的恶棍聚集点似的。我们的世界变得很小。到我们走了 200 码时,感觉我们如同在进行一场对喜马拉雅山的虚荣的探险,这探险能把夏尔巴人都冻成冰。

"它正向我们移动,华生。"

"你是认真的吗?"

"非常认真……这是世界上唯一能扰乱我计划的东西。"

福尔摩斯、华生和莱斯特雷德迅速躲到一处岩石后面,在这里他们观察到了亨利爵士和任何攻击者——不管是犬类还是人类,是幽灵还是实体——的行进路径。我们一行人就没这么好运。天上开始下冰雹了,我们被打到了。

"半小时内,我们四个人就伸手不见五指了。"

卡什是个精力十足的小旅行家,不过这会儿,他开始抗议了,尽管作为一个五岁孩子,他已经尽情释放了天性,并且踩了更多的水坑。作为一个把自己上幼儿园的孩子强行拖到这寒风凛冽的异国荒原的父亲,我自然很是烦躁。和儿子在一起让我很烦躁。汤姆平静地试图向卡什解释冻伤的原理。克里斯蒂娜主动提出要把卡什带到安全的地方。我觉得这听起来不错。

仍然是那浓密的白海……缓慢而无情地扫过。

"对不起，我不能让他们走，"汤姆说，"如果他们在浓雾中迷了路，可就彻底找不到了。"

"嘘！"福尔摩斯小声道……"注意！来了。"

因为在这里，在这山脊上（或者在阿瑟·柯南·道尔的印象里，某处类似山脊的地方），他们看到了这个东西。

确实是一只猎狗，一只黑得像煤炭似的大猎狗，但并不是一只人们平常看到过的那种狗。它那张着的嘴里向外喷着火，眼睛也亮得像冒火一样，嘴头、颈毛和脖子下部都在闪烁发光。它那突然由雾障里向我们窜过来的黑色的躯体和狰狞的狗脸，就是疯子在最怪诞的梦里也不会看到比这家伙更凶恶、更可怕和更像魔鬼的东西了。

我也正在追踪猎犬——或者说《猎犬》的奥秘，这本最初分期刊登在一本消费杂志上的短篇小说在我心里渐渐变成了理解整个福尔摩斯现象的神奇钥匙。这和漫步贝克街，逛逛那里的商店和房子不一样。《猎犬》让我带着自己的妻子、孩子以及未出世的宝宝来到了这个冰天雪地的荒原。《猎犬》促使我在这一天聘请了汤姆·索比做向导，而他也许更愿意和自己家人共度这一天。《猎犬》激励着我不顾冰雪与浓雾，顺着这条危险的道路一路前行。我在追逐什么？

那么，在大多数情况下，要欣赏小说中虚构的危险，最好的办法真的是坐在舒适的扶手椅中，手边放一杯热茶或者某种更刺激的饮料吗？明白了。同时，在我们不断地面对这刺骨的寒冷时，我表现得就像《巴斯克维尔的猎犬》中那些呆头呆脑的农夫一样。现在我的手边只有一个瑟瑟发抖的孩子,可是实际上我遇到的挑战和当那传说中的野兽从阴暗中现身时,一动不动的夏洛克·福尔摩斯和约翰·华生所感受到的恐惧也并非完全不同。医生和侦探面对的是不可能战胜的东西:一只超自然的专喜欢啃食某个家族颈动脉的野兽。至于我,我为了继续向着想象中目的地的远足,刚刚差点把自己的妻子和孩子送进了致人迷失的浓雾。就像目睹猎犬击倒无助的亨利·巴斯克维尔爵士时的福尔摩斯和华生,我需要恢复理智。立刻,马上。

我和福尔摩斯都开火了,这个生物发出了可怕的嚎叫……
"是的,我们应该往回走了。"

来自猎犬的痛苦嚎叫把我们的恐惧都吹散了。如果它也有弱点,那么它不过是肉体凡胎,如果我们能伤到它,我们也能杀了它。

汤姆、克里斯蒂娜和卡什都热烈响应了,于是我们原路返回。在小说中,夏洛克·福尔摩斯和华生靠着有条不紊的思考和果断的行动挽救了生命。在真实的达特穆尔,我们刚刚获得了干燥温暖,拯救了我们的这一天。既没有受伤,又暖和了过来,于是我们在这处荒芜的人造高地继续发现了一些令人愉悦的地方。(当雾气飘向高空时,达特穆尔摘下了自己不祥的面纱,变得格外美丽。)这是《巴斯克维尔的猎犬》的终极寓意:黑色想象掩盖了判断力。它会让你离开正轨,把你引向致命的方向,让你容易受到误判和涂着荧光颜料、缺乏训练的猎犬的影响。有时我们都能听到猎犬的嚎叫。诀窍在于凑近点听,冷静思考,然后就能走出迷雾。

第七章
秘密经历

在一间装饰华丽的屋子里，一个戴着黑色面具的人站在桌边，偷偷地把一些东西装进袋子里。对着这个犯罪分子，有扇门开着。走进来一个穿着标志性晨袍、相貌英俊、有着深色头发、抽着雪茄的人——我们都认识他。他从容冷静地靠近这个小偷，然后友好地轻轻拍了一下他的肩膀。

然后：罪犯就消失了！消失在空气中了！夏洛克·福尔摩斯皱起了眉头，耸了耸肩，坐下来点了一支雪茄。可是雪茄爆炸了！然后罪犯立刻又出现了，正大摇大摆地坐在桌上！他们都一跃而起。福尔摩斯从晨袍的口袋里拿出一把左轮手枪，瞄准——可是小偷又一次消失了！然后又出现在屋子的另一边！福尔摩斯追逐着他，可是这个最狡猾的罪犯躲到桌子下面然后消失了。困惑的侦探转而检查罪犯要偷走的袋子。可是袋子就在侦探的手上消失了，神奇地穿过屋子，最后……来到了小偷的手上！罪犯粗鲁地摆了一下手，然后从窗户跳了出去，只留下了……

《夏洛克·福尔摩斯受挫》：这是一部只有三十秒一闪而过的短剧，黑灰的背景，沉默的动作，由如今已不知其姓名的演员演绎，然后由一台嗡嗡作响的早期电影放映机在纽约城屋顶的工作室播放，每次只容一名观众观看。这部短剧诞生于1900年，内容虽短却在电影史上占据着重要地位：这是已知的第一部侦探电影，第一次对这位未来将频繁出现在电影中的角色进行刻画。自然，影片中夏洛克·福尔摩斯没有做太多事情——他受挫了！——但是侦探只是在调查此前没有预想到的探险领域。他和摄影机在未来将很好地相互理解。一个新的纪元从贝克街开始了。

最后，美国复活了夏洛克·福尔摩斯。在1903年春天，当很多出版商还对《巴斯克维尔的猎犬》和吉勒特的《夏洛克·福尔摩斯》记忆犹新时，《科利尔》杂志就给阿瑟·柯南·道尔带来巨大的财富：新的夏洛克短篇系列小说为他提供了多达45000美元的收入。（拿出你的通胀计算器来算一算：按现在物价，我得出的数值是113万美元。）作者也通过明信片表达了赞许："很好。"

"我找不到不与他们再合作的理由，这样赚的钱是我通过其他方式的三倍。"柯南·道尔在给母亲的信中写道，当时他的母亲担心新的夏洛克与夏洛克经典系列的品质不匹配，"你会发现福尔摩斯从未死去，他现在充满活力。"

所以在某年春天——小说中是1894年——约翰·华生在一个被谋杀的贵族罗纳德·阿代尔的屋前徘徊，阿代尔不知怎么的，独自一人锁在屋内的时候，被一把左轮手枪射穿了头部。悲伤的华生承认，在《空房子》开篇时，自福尔摩斯消失已过了三年，他追踪了三年的犯罪新闻，却一无所获。当他转身离开这里时，他撞到了一个弯腰驼背、面有胡须的老头，老头背着满满的书，对他厉声呵斥。当华生回到他在肯辛顿新的行医之处兼住所时（这是他的独居之所，因为我们顺便了解到，玛丽·莫斯坦也去世了），他发现那个怪异的老头尾随他而来。和老头在书房私下一谈，华生心中烦乱不已。当他转过身去，却发现夏洛克·福尔摩斯站在自己面前，好端端的，毫发无损。华生——合乎情理地——晕倒了。

夏洛克用一杯白兰地唤醒了自己这位饱受折磨的朋友，然后把自己不同寻常的经历告诉了他。其实，他的故事几乎等于什么都没说。福尔摩斯告诉华生，当莫里亚蒂在莱辛巴赫找到他的时候，他以为自己完了。不过，啊哈！夏洛克恰好会巴顿术，"一种日式防卫术"，事实证明，上了年纪的数学教授没那么可怕。莫里亚蒂跌入了瀑布。

然后福尔摩斯发现了机会：莫里亚蒂的党羽们仍然逍遥法外。如果每个人都相信夏洛克死了，他就可以秘密对付他们了。不幸的是，这就意味着让华生心碎。不过，工作就是工作，于是，福尔摩斯爬上悬崖，离开了——在他往上爬的时候，遭到了被不友好的第三方扔石头的威胁。他翻过了高山，进入了意大利，然后消失在世界的边缘。只有迈克罗夫特知道他还活着——他给夏洛克提供资金支持，并给贝克街的房间交房租。侦探把自己伪装成一个叫西格森的挪威探险家（可真不容易啊），在西藏禁区游历了两年，"和大喇嘛在一起待了一段日子"（这也真不简单啊）。然后，他又游历了伊斯兰世界——波斯、麦加、喀土穆——在法国南部停了下来，进行了一些化学研究。阿代尔谋杀案的消息，给了他一个打击莫里亚蒂党羽的机会，让他回到伦敦，来到目瞪口呆的华生的书房前。

另外，他们该一起吃顿晚餐吗？

或许该说华生有点虚弱是福尔摩斯的幸运。他关于"大峡谷"（这是夏洛克迷的称呼）的叙述里不过是毫无历史和逻辑前提的推论；单说瑞士悬崖的攀爬方法就经不起审视。《惠特斯泰晤士与赫尔尼湾先驱报》(*Whitstable Times and Herne Bay Herald*)认为："夏洛克竟然过了三年无人关注的生活，这本身就很不寻常。"不过这段评论绝不是要贬损《空房子》，这段含糊的叙述将成为吸引一批想象力丰富的读者的又一卖点。在那两年多的日子里福尔摩斯都做了什么？在迈克罗夫特的控制下充当秘密特工？成为一个佛教徒？他是如何偷偷溜进西藏和麦加的？这两个地方对于非教徒来说可不是什么热情好客的地方。或者……这些到底有没有发生过？

此时此刻，夏洛克夸张的故事足以解释他的缺席并把我们带入实际情节。一场老套的夜间伦敦探险活动由此展开，最终展现了经典的福尔摩斯式计谋和必要的紧张守夜情节，此处我们没必要讨论太多细节。最终，这次短途追踪捕获了邪恶的塞巴斯蒂安·莫兰上校，他是莫里亚蒂的主要心腹，也是一名拥有由盲人德国机械师定制的诡诈的无声气步枪的神枪手。① 福尔摩斯向惊讶的莱斯特雷德透露，莫兰用这把手枪杀死了不幸的罗纳德·阿代尔，因为后者正打算揭穿莫兰在高赌注桥牌中出老千的行为。

然后福尔摩斯就回来了！1903 年 10 月刊的《科利尔》杂志在封面刊登了一幅轰动的弗雷德里克·多尔·斯蒂尔绘制的彩图，刻画了一个头戴猎鹿帽正若有所思地凝视着脚下的莱辛巴赫瀑布的夏洛克，照片上方有一行红色的标题，题名"夏洛克·福尔摩斯归来"。斯蒂尔的风格比起佩吉特式忧郁的水墨淡彩更加大胆，鲜艳的色彩和鲜明粗重的线条让人联想起海报设计。《河滨杂志》则在一个月前发布了一则暗示性的广告："（福尔摩斯）死讯的新闻让

---

① 奇怪的是：读者应该记得，早在《最后一案》中，福尔摩斯就针对自己关于"气枪"的焦虑对华生做了一个莫名其妙的解释。柯南·道尔写《最后一案》的时间比《空房子》早十几年，他在故事里让一个持气枪的军人杀手来促使夏洛克·福尔摩斯恢复行动力。这要么是柯南·道尔 1893 年无意识地为 1903 年的自己留下了礼物，要么是后来的柯南·道尔发现了这处悬念并做出了解释。

我们如同失去了一位朋友般遗憾。幸运的是，尽管这则消息有间接的证据，在当时看似令人信服，但如今这个消息被证实是有误的。"这真是很幸运！尤其是当你是一名杂志编辑，拥有自1893年以来的第一部夏洛克·福尔摩斯短篇小说时。

在大西洋的东西两岸，福尔摩斯都在杂志中与时俱进地复活了：《科利尔》杂志这一年开始在汽车上发行特刊，《河滨杂志》的一篇载有《空房子》的文章指出，英国的道路上有两万辆汽车。不过福尔摩斯本人仍然停留在他经典的19世纪90年代，他的客户仍在去贝克街的火车上烦躁不安。在弥漫着"乳白色恶臭"的伦敦冬日里，可怜的华生冻僵在四轮马车上。《夏洛克·福尔摩斯归来记》的十三个故事里有着最纯粹的夏洛克，就好像柯南·道尔的思想实验室的某个秘密角落从未停止过锤炼旧的配方。这些故事流畅而真实，充满了谈话与讽刺式幽默。（"从一个犯罪专家的视角来看，"夏洛克·福尔摩斯说，"自从莫里亚蒂教授令人遗憾地去世后，伦敦已经成为一个非常无趣的地方了。"）华生回到了贝克街，那里，风蚀的碎块营造出了适当的气氛，就像一个肥胖的学校校长闯进了221B的会客厅，迅速瘫坐在熊皮地毯上，打开《修道院公学》，或者像在《黑彼得》中，某个早晨，当夏洛克漫步去吃早餐时，腋下夹着一只鱼叉，鱼叉刚用来叉过猪的尸体。这些故事间或有些小插曲，闪耀着奇异的魅力。在调查《孤身骑车人》时，夏洛克在一个乡村酒吧打断了一场聊天，目的是在一个吵吵嚷嚷的纨绔子弟身上试试自己的科学拳击天赋。（"如你所见，我出现了。伍德利先生坐着马车回去了。"）《跳舞的小人》里包含着有史以来最可爱的象形密码的死亡威胁。《失踪的中卫》迫使福尔摩斯去思考橄榄球。被砸坏的拿破仑半身像、被刺穿的船长、邪恶的俄国人、被冒犯的公爵、身着俄国羔羊皮的邪恶勒索者、戴着面纱疯狂复仇的贵妇——

这些故事让读者所爱的夏洛克世界变得真实。

《归来记》中的《第二块血迹》，给了故事一个结局，那就是夏洛克出人意料地宣布退休了，他到萨塞克斯去养蜜蜂了。不过没关系：故事本身就充满了阴谋和宛如浓缩咖啡般的如珠妙语。首相本人必定是坐在铺满旧报纸的贝克街沙发上，解释说，一份重要的国家文件因为一名外交部官员把它带回家而丢失，为免政府蒙羞，他和这位官员一起来到了221B。当这令人敬畏的两位高官拒绝解释这份文件的内容时，他们触犯了福尔摩斯的自尊："非常遗憾在这件事上我无法帮助你，而且这次来访的任何后续都是浪费时间。"

尝到苦果的首相透露，一份来自大陆君主的极具攻击性的文件不见了，一旦公开将造成地缘政治灾难。[①]"想一下欧洲的形势……"他向医生和侦探请求，"整个欧洲是一个武装营地。有一个双重联盟，可以实现军事力量的平衡。大不列颠国是平衡的支点。"如果这封来自国外的信外泄了，每个热血的英国人都得做好牺牲的准备，而可能会有 10 万人在战争中死亡——这还只是首相的简单估计。夏洛克·福尔摩斯当然必须进行调查。

随后，福尔摩斯开始了一场对上层社会进行侦查的活动，由柯南·道尔通过自己那些技巧娴熟地加以指挥。报纸摘录、某人在贝克街戏剧般的登场，夏洛克把华生留在 221B 而匆匆来到伦敦大街上，据此作者演绎出了一个纷繁错综的故事，直到故事进行了三分之二，侦探才到案发现场进行了查看。一个吃软饭的秘密特工死于一把东方匕首下。福尔摩斯必须权衡美丽女人那"莫名其妙"的动机。警探莱斯特雷德甚至让福尔摩斯大吃一惊。最终，福尔摩

---

① 在布尔战争的白热化时期，威廉皇帝向布尔指挥官发送贺电激怒了英国。柯南·道尔毫无疑问地记住了这件事。

斯自然顺着这封惹事的信追踪了下去。"你可以放心了,不会有战争的,"他以胜利的口吻告诉华生,"那位不慎重的君主不会受到惩罚……首相用不着处理欧洲的乱局,我们这边只要有一点机智和管理能力,就没有人会因为一个原本非常不幸的事件而变得更糟。"

华生对此极其兴奋。我们不也都是吗?随着夏洛克·福尔摩斯的回归,伦敦和全世界都安全了。

《夏洛克·福尔摩斯归来记》大获成功:据说报摊上排起了长队,图书馆也延长了开放时间。这个角色再次成为一个文化词汇。当警察在康杜伊街抓获珠宝盗窃犯时,媒体立刻把他们的工作与最新一篇《诺伍德的建筑师》进行对比,有一篇报道以认可的口气指出,柯南·道尔的小说发表时间比警察部署这项技术早了两个星期。当一个警察在德文郡抓到一名偷靴子的贼时,他被宣传为当地"夏洛克·福尔摩斯"——这是真的!一位解决了家庭难题的女士是"厨房夏洛克·福尔摩斯"。不管是谁,解决了什么问题,都被称为某类的夏洛克·福尔摩斯。潘趣剧(英国木偶剧)用诗的形式来歌颂:

> 哦,夏洛克·福尔摩斯消失了超过六年,
> 留下挚爱的伦敦陷入怀疑和恐惧的漩涡。
> 我们本以为有一个邪恶的团体,
> 团体名叫莫里亚蒂,
> 把他送去了远方(以一种冰冻的方式)……
> ……不过最新的消息来了,
> 他只是受了一点伤。
> 如果有人是杀不死的,那么就是他。
> ——诗人 P. G. 沃德豪斯(P. G. Wodehouse)

尽管如此，面对这样的情景，柯南·道尔仍在挣扎。《河滨杂志》编辑反常地对道尔感到无聊的连载进行了批评。在给格林豪·史密斯（Greenhough Smith）的信里，柯南·道尔谈到了这一点。柯南·道尔为自己的作品辩护，他有点蹩脚地争辩说，就夏洛克系列故事而言，三分之二都并不差。他有点生气。有一次，他被迫主动提出，根据编辑的意见，他计划接下来把预告的十二个故事缩减为八个。（但他最终写了十三个，这一做法似乎导致《科利尔》杂志支付了巨款。）这次沟通可能第一次暗示着夏洛克的复活有时候也会消耗柯南·道尔的创作源泉——他自己也承认这种压力。晚年，他曾转述了一位康沃尔船夫的逸事，据说这位船夫曾告诉他，夏洛克·福尔摩斯自坠崖后就再也不是同一个人了。

作者不再继续这个收益更加丰厚的新系列了，并且按照他的习惯，能忘掉大侦探是令人相当高兴的一件事。在 1905 年，他告诉来访者："我厌倦了夏洛克·福尔摩斯。"他再也不会写连续的夏洛克系列小说了，并且也不会改变他对这系列作品文学水平低于自己其他作品的评价。他可能着重回避了他在如下方面的成就：夏洛克·福尔摩斯不再仅仅是一个角色，而成为一个类型。

现在似乎所有的优质杂志都充斥着个性怪异的破案者的故事。阿瑟·莫里森（Arthur Morrison），一位勤奋的伦敦记者，也是流行小说作家，他在后莱辛巴赫时代的空白期推出了自己的侦探马丁·休伊特（Martin Hewitt）和贺拉斯·多灵顿（Horace Dorrington），给我们提供了一个平和而巧妙地视角，使我们得以瞥见维多利亚晚期的社会生活。1894 年，休伊特首次出现在《河滨杂志》上，当时，杂志正感缺少一位大侦探，而事实证明休伊特也很好地起到替代作用。多灵顿仅仅出现在 1897 年编选的《温莎杂志》(*Windsor Magazine*) 的六个故事中，他是一个更有趣的人物，一个用调查来掩饰自己对客户耍花招和敲诈勒索的侦探。这种对柯南·道尔式配方模糊又心照不宣的转变被证明很有趣[1]；我尤其推荐《阿凡兰奇公司奇案》，这个故事围绕自行车赛中的欺诈和自行车装备的高科技投机泡沫展开。

柯南·道尔的朋友纷纷参与进来。马克斯·彭伯顿（Max Pemberton），一个上流社会的花花公子和记者，写了很多谜案；他的都市抢劫故事《成熟的红宝石》借鉴了推动夏洛克·福尔摩斯系列故事发展的快节奏。[2] 弗莱切·鲁滨逊，《猎犬》的合著者，炮制出一部关于一个名叫阿丁顿·皮斯的苏格兰场警探的历险经历。（鲁滨逊、彭伯顿、柯南·道尔以及其他几位爱好犯罪学的作家组成了一个名叫"我们的社团"的非官方俱乐部。）柯南·道尔的妹夫 E. W. 赫尔南（E. W. Hornung）在他著名的莱佛士（Raffles）故事中也写过这样的故事，莱佛士是个打板球的绅士小偷，他有可爱的室友兼帮凶邦尼（Bunny）。赫尔南把这些精美的故事作为"一种恭维"呈给柯南·道尔，尽管莱佛士把充满性感的魅力和死不悔改的犯罪结合在一起，这让柯南·道尔感到明显不适。[3] 同时，任

---

[1] 关于多灵顿故事的精彩学术解析，可以参照克莱尔·克拉克2010年的文章《贺拉斯·多灵顿，一个犯罪侦探》，发表于《线索：一本侦查杂志》，这可能是世界上唯一一本此领域有趣的同行评议类杂志。

[2] 这个故事和莫里森的两篇小说都编在《夏洛克·福尔摩斯的竞争对手们》（*The Rivals of Sherlock Holmes*）里，这是一本企鹅编选的实用度和娱乐性都很高的选集，编者是休·格林（Hugh Greene）。

[3] 莱佛士目前仍有一小批书迷，同时期的其他虚构侦探却都湮没在历史中了。斯坦福大学教授佛朗哥·莫利蒂（Franco Moretti）对文本进行了统计分析，他为探讨夏洛克·福尔摩斯为何能如此大幅地超越同时代的竞争对手提供了一个有趣的视角。莫利蒂的研究团队把柯南·道尔的小说与维多利亚时代其他大量的侦探小说进行了对比，得出的结论是：在所有的小说中，夏洛克·福尔摩斯传奇系列对于线索的使用最为连贯有效。不过，莫利蒂也注意到，柯南·道尔的线索有时候对于读者来说并不是完全可以理解的——这不像是20世纪20年代流行的以谜题为中心的推理故事，你无法真正击败夏洛克·福尔摩斯。这种不公平的游戏可能不那么科学，更多的是一种艺术。

何想要迅速获得知名度的媒体都可以"借鉴"这位大侦探，炮制出粗糙的仿制品，从 1904 年苏格兰《晚报》(*Evening Telegraph*) 上发表的名字毫无想象力的《邓迪的夏洛克·福尔摩斯》到《爱斯基摩侦探夏洛克·古克》，皆属此类。

柯南·道尔渴望因为自己没那么套路化的作品而被人熟知。在 1903—1904 年大获成功的《归来记》之后，他本可以全力创作福尔摩斯故事。不过，他把自己视为生活舞台上的伟大演员，是伟大使命和重要项目的主角。他始终在拼搏。新继位的英王授予他骑士爵位，官方原因是他在布尔战争中发挥的媒体宣传作用，非官方原因是夏洛克·福尔摩斯，显然大侦探对于爱德华七世的文学休闲时光来说是一份乐趣。柯南·道尔对这一荣誉十分不屑，认为这不过是个"省长的徽章"，不过他母亲催促他接受。他进行了第二次失败的国会竞选，并在图伊弥留之际照顾了她。不管他在婚姻中做了什么，柯南·道尔都不遗余力地想办法延长了妻子的生命，他的妻子在 1906 年病逝后，他明显受到了打击，花了一年时间来哀悼妻子，然后才与琼·莱基正式结婚。

他通过一个让人难以置信的灵感摆脱了这种消沉的状态：一个半盲的、有一半印度血统的、被判动物伤害罪的律师。乔治·埃德加利 (George Edalji) 是一个写了一本铁路法的年轻人，他给柯南·道尔写了封信。柯南·道尔对此很有兴趣，而他了解得越多就越生气。事情似乎是这样的，在一系列针对家畜的夜间袭击之后，埃德加利的父亲担任圣公会教区牧师的斯塔福德郡教区的种族主义暴徒，在懒惰的警察和毫无主见的法庭的帮助下，诬陷埃德加利犯有动物伤害罪。柯南·道尔于 1907 年初，在《每日电讯报》和《纽约时报》上发表了长篇调查文章，发起了为埃德加利恢复名誉的运动。

案件细节是技术性的（根本谈不上离奇），不过这些文章还是让夏洛克·福尔摩斯的粉丝大大地震惊了：天哪，他竟然真能破案！在埃德加利案中，柯南·道尔实践了全套的夏洛克破案技术。他深入了解案卷，分析旧书信，实地调查斯塔福德郡教区，询问目击者，重建几十年前的事件链。他曾通过夏洛克之口这样说："你知道我的方法，用起来吧。"所以，柯南·道尔就这样做了，甚至动用了他那总是有效的神秘知识：他做眼科医师的短暂经历帮他证明了，年轻的律师不可能成为夜间露天屠宰的肇事者，因为他在白天都几乎看不见。

柯南·道尔使用了所有福尔摩斯式技巧来武装自己发表的调查，系统地分解了这桩起诉案件。血迹、泥点、笔迹、铁路时间表，他全都分析了。他的结论可能来自夏洛克本人。"我整个调查的结果，"他写道，"一直都在向我展示一系列难以想象的情况，这远超一个小说家的创造力。……我总是牢牢记得这条最高原则——要追寻真相，而不是让什么理论先入为主。我总是准备好对任何针对被告的指控进行审查，也同样谨慎对待关于他无罪的观点……"不过如果说他使用了福尔摩斯式调查体系，那么他却被一种完全属于华生式的本能驱使：他见过埃德加利，就简单粗暴地认定他是个无辜的小伙子。最终，法官不情愿地为埃德加利免了罪。后来，埃德加利继续从事法律工作，并活到1953年。[①] 柯南·道尔和琼·莱基于1907年喜结连理时，他邀请了埃德加利参加婚礼。

这个案子标志着他的新阶段：社会斗士阿瑟爵士（Sir Arthur the Crusader）。他一直以来给媒体写信的习惯进入了高速发展期，

[①] 这桩案子，以及柯南·道尔与埃德加利之间的关系，影响了大量非虚构和虚构类作品，著名的有朱利安·巴恩斯（Julian Barnes）2005年的小说《阿瑟与乔治》（*Arthur & George*）。

这些信件涉及一系列让人难以置信的主题，从奥运会到"兽皮纹路和野生鸟类"。

然后，就在埃德加利案件之后不久，柯南·道尔对刚果的情况感到非常愤怒，当时在刚果的一块属于比利时国王的领地里，数百万的人因为被迫收割橡胶而遭受饥饿或死亡。自行车和汽车创造了巨大市场，而比利时则通过残忍惩罚生产效率较低的工人，砍掉他们的四肢来满足这种需求。令人不寒而栗的照片和经过严格审计的统计数据震惊了欧洲和美国的政治正统人士：等等，这就是帝国主义吗？谁知道呢？① 柯南·道尔和当时其他著名活动家一起，投身于这场愈演愈烈的国际施压运动中。1909 年 8 月 18 日，《泰晤士报》发表了他的一封信，他在信中写道："我们生活在有史以来最严重的罪行之中，而我们这些不仅能够阻止罪行，也宣誓阻止罪行的人却无所作为。"

柯南·道尔的刚果行动表明了他正处在最佳状态。他在短短的几天之内就精心写出了《刚果之罪》，对比利时的政策进行了细致全面的书面控诉，这是他将夏洛克式调查方式应用于现实政治的一次全面尝试。他与刚果运动的同志们发起了 20 世纪的国际人权运动。不幸的是，运动的结果却不够一锤定音：比利时国王放弃了个人对刚果的统治，但比利时殖民政府的统治仍将继续，虐待也将继续，而风起云涌的国际事件又让这桩 1909—1910 年间的公案变成了陈年旧案。不过，在这样或那样的公共运动中——例如，他让一个被误判为杀人犯者重获自由——柯南·道尔明确表达了他曾在夏洛克·福尔摩斯故事系列隐藏的观点：对证据、分

---

① 迈克·戴维斯在自己的《维多利亚晚期大屠杀》中，重点讲述了在 19 世纪最后几十年里，印度和其他英国殖民地的饥荒。数百万的人在饥荒中死去，而谷物和其他农产品出口却在持续增长。

析、综合的系统积累、对真相的揭示，以及对行动的转化。柯南·道尔的激情是如此澎湃，声音是如此坚定。世界上的事务似乎都在围着他转。要说还有什么不足，那就是他正等待着属于他自己的，能一锤定音的任务。

在一个阳光明媚的早上，当我坐着地铁，靠近格洛斯特路（Gloucester Road）站时，阳光从地上那些带阳台屋子的背面流淌下来。伦敦地铁穿过豪华的肯辛顿宫时，在这里设了一站。我抬头去看那些住宅的窗户，知道其中的一扇——是哪扇呢？——在《布鲁斯-帕丁顿计划》中发挥了关键作用，这个故事发表于1908年，当时，柯南·道尔认为这是一个处理刚刚遭受重击的尸体的好地方。我的地铁停了下来，我登上了维多利亚时代建造的美丽砖砌车站，如果用夏洛克式伦敦地理来代替我们自己的，那么这大概是福尔摩斯和他的伙伴们在一个浓雾弥漫的晚上会合并抓到间谍的地方。

柯南·道尔最终决定夏洛克仍可以时不时地发挥一点作用。在他晚年的大部分时光里，仍然会定期在《河滨杂志》上发表一些短篇的福尔摩斯探案故事。他透露《布鲁斯-帕丁顿计划》是他写给杂志12月号的一个圣诞特别礼物。这几乎是个完美的夏洛克·福尔摩斯故事。

黄色的浓雾笼罩着伦敦，华生在家百无聊赖，夏洛克也没什么事可做，只能研究研究中世纪音乐，抱怨一下伦敦的罪犯都太没热情了。这时贝克街迎来了一位尊贵的访客迈克罗夫特·福尔摩斯，他上次出场是在《最后一案》中假扮成一个车夫，帮助他们从伦敦逃跑。唯一一次关于他的真正刻画出现在1893年的《希腊译员》里。夏洛克在十五年后透露，迈克罗夫特绝不仅仅是个爱好奇怪俱乐部的小官吏。他是英国政府的秘密权力中心，他自己就是一个情报局,也是一个人形数据机器,他的话一次又一次地决定着国家政策。

就在迈克罗夫特到来之前,我们才知晓了他作为光明会成员的新身份,莱斯特雷德在后面闷闷不乐地跟着。迈克罗夫特透露一艘蒸汽式超级潜艇的蓝图——"政府最小心护卫的秘密","在布鲁斯-帕丁顿计划的范围内,海军战争是不可能的"——从伍尔维奇·阿森纳办公室消失了。这个计划再次出现是在一个阿森纳员工的口袋里,这名雇员躺在一条地下轨道上,已经死了。而计划中最重要的三页仍然不见踪影。

游戏开始了,柯南·道尔进入了竞技状态。据这两个室友初次相识,冲上杂草丛生的小径,来到布里克斯顿路的一处谋杀现场时,已过去了二十多年,福尔摩斯和华生从无聊的政府办公室和郊区住宅快步走出来,走进高档住宅区,又来到地下交通的腹地。他们查阅了间谍名单,翻看了《电讯报》私事广告栏,查找编码信息。在某个时间点,夏洛克指挥他一直以来的合作者去准备一套盗窃工具,冒险通过浓雾笼罩的大街,来到一家位于格洛斯特路的意大利饭店。在这里,他们两人抽着雪茄,享受了咖啡和柑桂酒。振作精神后,他们来到了"伦敦西部的一座典型的维多利亚中期建造的有平底柱子和门廊的房子"里,来进行一些绅士的入室盗窃行为。奥布斯坦因,一个四处行动的国际特务,似乎已经带着潜艇计划流窜到了欧洲大陆。福尔摩斯和华生通过地下室进入他人去楼空的老巢,然后仔细搜寻这个地方寻找线索。

那一天,我走在街上,并不是要寻找考尔菲尔德花园13号,奥布斯坦因的住宅——这个地址是虚构的,关于它的真实位置有很多争论——而是要寻找老柯南·道尔的精髓。肯辛顿站的四周,就像蒙塔古街和布里克斯顿路破败不堪的一角,仍然是典型的夏洛克式的。除去连锁咖啡店和快餐店，这周围看起来就像在《布鲁斯－帕丁顿计划》中描写的那样：无数排经过精心设计的大房子，每座都有刷成白色的柱子，每座都躲在牢固的门锁后默默窃笑。感谢柯南·道尔，我可以想象自己跳进某座敞顶的地下室，以便撬开房门。喜庆呆板的意大利餐厅仍然排列在商业街上，肯辛顿可以算是现代奥布斯坦因的根基。（肯辛顿和切尔西皇家自治区无疑是地球上最令人向往的住宅区之一，然而2011年的英国人口普查显示，这个区域从2001年就开始流失人口了，这种情况应归咎于缺席的外国业主——臭名昭著的哈萨克小寡头、统称为阿拉伯亿万富翁的人，诸如此类。）

我沉浸到了夏洛克那虚构的脚步中，看到了故事发生的地方，感受到了那种激发柯南·道尔灵感，让他放大了首都的隐秘浪漫之处的共鸣。《布鲁斯－帕丁顿计划》暗示了在伦敦的人群密集之处，有隐藏的戏剧性情节，也有杂乱交织的各种可能性。如同华生在故事的最后几段所说的："这个案子唤起了一个国家的隐秘历史，这通常比其公开的编年史更令人感到亲切，也更加有趣。"医生可能在描述他与夏洛克·福尔摩斯经历的历次精彩冒险。

尽管有疑虑，柯南·道尔将继续依赖夏洛克。例如，这个故事发表一年后，柯南·道尔陷入了戏剧性的麻烦中：他写了一部关于徒手拳击的戏剧，没有制作人愿意购买，他们的理由很充分，没有任何女性会愿意观看这样一部戏剧。柯南·道尔预定了阿德尔菲剧院，自费上演这部剧。从一开始，票房收入就很冷淡，然后，活力四射的老国王爱德华七世去世了。伦敦西区所有的剧院都关门致哀，导致柯南·道尔损失惨重。他根据《花斑带之谜》全速攒制出一部戏剧，那个扣人心弦的福尔摩斯式哥特恐怖经典从1892年穿越而来，带着孤独的房子、邪恶的继父、受压迫的女儿和训练有素的蛇。他聘请了 H. A. 圣茨伯里，一位参与过《夏洛克·福尔摩斯》巡回演出的老演员。选了一位名叫克里斯蒂娜·西尔韦（Christine Silver）的漂亮女演员来演他不幸的女儿，还接受了他老朋友 J. M. 巴里埃（J. M. Barrie）——《彼得·潘》的作者——的建议。阿德尔菲重新开放，上演了《花斑带之谜》。结果是惊喜的：它成了大热门，好评如潮，多次谢幕，每周有数百英镑的利润。福尔摩斯仍是有票房号召力的。

在《布鲁斯-帕丁顿计划》中，柯南·道尔把夏洛克当作一个政治工具。他开始越来越着迷于军事科技。他沉迷研究潜艇以及潜艇对处于大海中的英国的威胁。这个故事中虚构的高科技潜艇，以及"自动调节水槽"和语焉不详的可操作威慑力，都只是在暗示他的最终兴趣。1914 年 7 月，《河滨杂志》发表了《危险！》，这是一部精心写作的、技术细节丰富的、讲述不久将来的科幻小说，小说中，柯南·道尔虚构了一个欧洲小国，仅凭八艘潜艇就让英国屈服。当年更早的时候，柯南·道尔发表了一篇文章《大英帝国与下一场战争》，作为对一位德国将军在书中勾勒的德国皇帝的军事帝国的直接回应。"我仍然认为，如果德国故意计划针对大英帝国的攻击，那将是不明智的，"他写道，"希望事实能证明（这篇文章的）标题是个谬论，这场战争不过是个想象中的假设。"

这些预感在《布鲁斯-帕丁顿计划》中挥之不去，尽管这篇小说背景设置在 1895 年，但却是第一次世界大战前世界的缩影，体现了当时国际社会的动荡、科学技术的信心、政治的民族主义和不断累积的不安。当 1895 年，福尔摩斯和华生在戈尔蒂尼的意大利饭店享受咖啡和柑桂酒时（或者说当柯南·道尔的读者在 1908 年圣诞节放松地读着最新的《河滨杂志》时），整个欧洲都已经是个军备库了。德国急着挑战英国的海上霸权。法国招募了一支新的殖民地军队。奥匈帝国在巴尔干半岛耀武扬威。每个国家都在奋力争取微弱的优势。每个国家都想要属于自己的"布鲁斯-帕丁顿计划"。

1946年,《贝克街杂志》的创始人,埃德加·史密斯写道:"我们爱夏洛克·福尔摩斯的什么?我们爱他生活的时代……那个半被纪念、半被遗忘的舒适的维多利亚时代的幻象,有煤气灯的舒适和满足,也有完美的尊严和优雅。"史密斯的文章有种夏洛克式的优美,不过,说实话,这纯粹是他的推断。当你实际去审视夏洛克·福尔摩斯出现至成为一个顶级文化人物的那几十年,你会发现这只是文化供不应求情况下的小小满足。

老约瑟夫·贝尔博士也写了一篇关于夏洛克·福尔摩斯这个受他启发而创造的人物的文章,文中他抱怨这是一个"令人生厌的、破旧不堪的世纪"。其他人则发现这个时代的急速变化——用流行的术语来说是"颠覆"——很令人振奋。差不多在福尔摩斯和华生穿越伦敦的浓雾追逐奥布斯坦因时,野心勃勃的新势力正在扩张。在1911年和1912年,一个由朱尔斯·博诺(Jules Bonnot)领导的巴黎无政府主义者团体在武装抢劫后首次使用汽车逃跑,震惊了世界,开启了犯罪新纪元。(长期以来,人们坚持认为博诺曾经做过柯南·道尔的司机,不过这充其量能算一个不确定的情况。)就在科技惊悚小说《布鲁斯-帕丁顿计划》出版两个月后,《费加罗报》以未来主义宣言的形式发表了另一种形式的高科技愿景,描写了一些有"电子心脏"的意大利小孩的古怪爱好。("我们宣布世界之美又增添了一个新成员:速度之美。")世界发现自己处于一个关键时刻,一个混合着兴奋和不安的时刻。

不过接下来呢?在1914年春天,阿瑟·柯南·道尔和琼·莱基乘船出发去北美——这是他时隔二十年后又一次去,也是她此生以来的第一次。当白星游轮"奥林匹亚号"("泰坦尼克号"的姐妹号)抵达纽约时,记者们蜂拥而上围住了这位著名作家。"柯南·道尔在这里,"《纽约时报》宣称,"预料会发生爱尔兰战争。"那一年,爱尔兰自治问题引起了英国的关注。"阿尔斯特(原为爱尔兰一个地区,今为北爱尔兰和爱尔兰共和国所分割)一定会参战的,"柯南·道尔告诉记者,"这意味着爱尔兰北部地区事端再起。"记者接着问他对英国妇女参政问题的看法——柯南·道尔预计现在随时会有人被私刑处死——还有关于泰迪·罗斯福(Teddy Roosevelt)、亚特兰大的一个神秘案件和他的午餐计划的问题,并没有任何"欧洲复杂化"一类字眼出现。

我又回到了肯辛顿——奥布斯坦因的地方——在六千家尼路咖啡中的一家买了一杯咖啡。在这些街道上,我随时都能进入柯南·道尔的小说世界。当我还是个孩子,第一次读到这个系列故事时,故事中遥远的维多利亚时代、爱德华时代的用具让我着迷:双轮马车、门警、"煤气发生装置"和"玻璃酒柜"。我仍然喜欢这一切,不过现在我也感觉到柯南·道尔创造的这个角色太过强大,太过吸引人,超越了任何一个时代。时代在变化,如同它改变了柯南·道尔一样。夏洛克和华生永远是维多利亚时代的,却又不仅仅是维多利亚式的,《布鲁斯-帕丁顿计划》之后的这个世纪以及柯南·道尔其他优秀的故事能证明这一点。

所以奥布斯坦因的地方是一个很适合举一杯卡布奇诺(遗憾的是没有柑桂酒)向夏洛克·福尔摩斯诞生的时代致敬并告别的地方。19世纪的大部分时候,"维多利亚式"就是滑稽的小胡子和彬彬有礼的性冷淡。1918年之后,像"布鲁姆斯伯里团体"(Bloomsbury Group)之类的组织把俄狄浦斯精神发挥到极致,摧毁了他们的前辈。利顿·斯特雷奇（Lytton Strachey）以《杰出的维多利亚人》(*Eminent Victorians*) 设定了这个基调，这是一部令人讨厌的代际人格攻击的代表作。或许年青一代有必要反抗他们的前辈，不过传统扭曲了我们回顾的视角。我们把关注点放在高礼帽上，而非戴着帽子的人身上。

维多利亚人和我们有很大区别。他们的举止往往更加优雅，而外交政策则更加糟糕，有远比现在开放的情色文化①，在一些特殊案例中，那个时代的人手上拥有的时间也是现代人难以想象的。试想一下柯南·道尔，他一年赶出几本小说，参与无数场板球赛，而子女则有其他人照顾。尽管如此，我们与夏洛克时代的距离也只是一种错觉。再过五百年，将来的人们毫无疑问会把我们混为一谈，如同现在的外行分不清恺撒时代的罗马和韦斯巴芗时代的罗马。（或许，他们会把我们都看成烧煤时代的蠢货。）我在格洛斯特路站感到一阵寒意，周围是形形色色的伦敦人——就像柯南·道尔和他的同时代人一样，大部分是好人，他们都面临着当今的问题，如全球化问题和现代性问题。1914 年的欧洲人意外设计了一个一触即发的愚蠢陷阱，纷纷寻求政治结盟和军备竞赛。我们则意外地——让我们说得宽容点——让空气中增加了产生温室效应的二氧化碳。或者又将是别的什么东西——就像对于当时的他们来说可能是"爱尔兰战争"或者任何大的破坏。事情在变化。但是很少会变好。

假如在你所属的时代，你是个著名作家，创作了最著名的流行小说角色，任何事都有人来问你意见。你陷入了一个又一个的大问题：例如，为 1916 年柏林运动会组建一支大英帝国联合代表

---

① 在《创造维多利亚人》中，马修·斯威特写道："19 世纪 90 年代是一个对文学中的情色成分极其宽容的年代，也是角色扮演与性变态体系最终固定前最后的自由时光，由此我们得以审视自己的性趣。"

队——那当然是极为重要的。然后，某一天，当你和你的妻子在加拿大度假时，一名塞尔维亚恐怖分子在萨拉热窝射杀了一名奥地利大公。奥地利人发出最后通牒，塞尔维亚人拒绝接受。俄国人动员军队帮助塞尔维亚人。德国人动员军队帮助奥地利人。法国人则基于普世原理而进行动员。比利时人则看了看地图，然后说，哎哟！

谁能解决这些问题呢？迈克罗夫特？

一个冬日的早晨，在221B，福尔摩斯和华生对着从线人那里接到的一条加密消息苦思冥想。波尔洛克，莫里亚蒂组织里一个背叛者的化名，给他们传递了一个由数字和字母组成的序列，里面还掺杂着名字DOUGLAS和BIRLSTONE。（是的，我们一下子又回到了19世纪80年代，莱辛巴赫瀑布之前的时期，而且华生突然就对莫里亚蒂了如指掌。那么华生当时住在贝克街吗？他没结婚吗？连贯性呢？年代性呢？基本要素呢？）夏洛克需要一本特定的书来揭开密码。不过是哪本书呢？年轻的仆人比利——一个威廉·吉勒特戏剧中的人物——带着波尔洛克的第二封信急忙忙走进来。背叛者拒绝透露秘钥，并且建议福尔摩斯忘掉这整件事，因为"他怀疑我了，我能感觉到他怀疑我了。他非常出人意料地来到我这里……我从他的眼睛里读到了怀疑"。

当然，他指的是莫里亚蒂。福尔摩斯评论道："当你面临的对手是全欧洲最顶尖的大脑时，当他背后有一切黑暗势力的支持时，就有了无限可能。"

不过贝克街二人组不会被吓退。他们迅速推断出波尔洛克指的是哪本书，解开了密码。信息暗示着在一座名叫伯尔斯通的乡间住宅里，一个名为道格拉斯的有钱人会有危险。此时走进一个苏格兰场的名叫麦克唐纳的警探，带来了消息——好吧，一小杯威士忌不会伤人——那么……让好戏开场吧……"太可怕了，伯尔斯通大宅的道格拉斯先生昨晚被谋杀了！"

柯南·道尔的英国粉丝把这段简短的序曲收录到了1914年9月刊的《河滨杂志》中的经典维多利亚式侦探合集中。到他们中的很多人开始读《恐怖谷》，最后一个夏洛克·福尔摩斯故事时，从阿尔萨斯到佛兰德斯，有超过25万法国士兵或死或伤。在被统称为边疆之战的一系列冲突之后，德国人威胁要踏平巴黎。法国当局在埃菲尔铁塔的底座安放了爆炸装置，并准备转移政府。自9月5日起，法国军队与数量相对较少的英国远征军沿着马恩河汇集——其中的著名事迹是，法国军队得到了巴黎出租车的支持。联军对德国进行了突袭，在德军防线撕开了一个口子，并在血腥的战斗中，将德国军队逼退了70公里。德国军队开始挖掘战壕。

在小说中的19世纪80年代，福尔摩斯和华生冒险赶往一座建造在中世纪城堡遗址上的乡间大宅，这座大宅外面环绕着一条护城河。要进入宅院，需要使用吊桥，而住在这里的道格拉斯夫妇每晚都会把它吊起来。不知怎么的，在这座安全舒适的宅子里，约翰·道格拉斯死在了双管猎枪之下，他的头几乎被打碎了，脸也被轰掉了。他的头旁边散落了一张有着神秘文字的卡片。凶手似乎消失了。当夏洛克·福尔摩斯来到这里并开始四处调查时，事情就是如此——他一来就感觉到伯尔斯通庄园的人提供的证词不尽不实。

有限的几个角色——华生，或者说柯南·道尔把其中的一章命名为"戏中人"——包括悲痛的（不过只是有时候）妻子、一位身材魁梧的好朋友（他们两个要做什么？）、强装悲伤绝望的女管家，以及一个标准版的矜持而有所保留的男管家。这篇小说因此就像是即将成为经典的英国乡间谋杀侦探小说的原型，这类小说造就了阿加莎·克里斯蒂和很多其他侦探小说家。在1914年，这类体裁还没有形成标准——克里斯蒂在 1916 年才开始动笔写她的第一部赫尔克里·波洛（Hercule Poirot）系列小说。乡间宅院情节将在两次世界大战之间的"黄金时代"成为英国犯罪小说的标准情节。黄上校（Colonel Mustard）直到 1944 年才会在温室用烛台杀人。所以，柯南·道尔又一次无意中成了一个先行者，当侦探把所有人聚集在书房，并揭示解决办法时，剧情直接达到高潮。（这样很棒。）

作者真的只做了两件事，这两件事中的任何一件都会在克里斯蒂以及其他侦探小说家在 20 世纪二三十年代写作的那些迷人又容易被遗忘的侦探情节中发出不和谐的声音。与在《血字研究》中一样，柯南·道尔在主要的夏洛克式叙述中添加了很多场景设置在美国的闪回，其中热情生动的美国"俚语"仍然被人津津乐道。然后就是那个破碎的头颅，散落在凶杀发生的房间，超出了乡间作家所能容忍的程度。在一个轻松的、并不沉重的故事里——关键线索是一个失踪的哑铃——残缺的尸体太真实了：这是一个湿乎乎的血肉图腾，由一个人加诸另一个人。

《恐怖谷》在 1914 年秋季至 1915 年的春季连载，此时，英国和全世界的人民都从美梦中醒来，开始面临比小说更残酷的事实。就在战争爆发后，柯南·道尔给他的母亲写信："战争中也有不少高尚的东西，将修正欧洲的一些缺陷，让她变得更好。我想这场战争时间不会太长。一年内就能结束。"在给他弟弟英尼斯，一位职业军官的信中，他仔细考虑了以 55 岁的高龄亲自参战的可能性："我只有一次生命，这是一次精彩体验的绝佳机会……"

自然他还有很多类似的荒唐话。到秋天过半的时候，战争这头野兽的本质开始多多少少显现出来。10 月和 11 月，单单英国，在伊普尔的第一场战役中就有 6 万人伤亡。损失的数量基本和原远征军总数持平，从而引发了大规模的征兵动员。到那个时候，柯南·道尔的妹夫马尔科姆已经死亡。他的儿子金斯利在随军医疗队里。柯南·道尔和琼·莱基收留了12个比利时难民同住，而柯南·道尔正在推进一项野心勃勃的计划，要建立一个全国性的民用保护机构。即使在战争初期，他也已经开始参与书写战争的历史，而他也将在未来五年继续以接近现实的步伐，通过大量官方和非官方的信息来追踪这场冲突。

到1915年4月和5月《恐怖谷》的最后一部分发表时，毒气、空战、机关枪、潜艇、齐柏林飞艇突袭，以及平民屠杀都充斥着主流意识。经过在前线的简单审讯，受到创伤的英国年轻人就因为"怯懦"而被射杀。来自澳大利亚和新西兰的军队在土耳其登陆。这简直就像柯南·道尔用一种文化书写了一个故事，而《河滨杂志》发表的却是另一种形式。

这部侦探小说中那传统的暴力和价值观——一个人的死亡就能导致政府势力的垮台，见鬼，还有《夏洛克·福尔摩斯》的终结——与战壕中的无名屠杀对比，只能让人感觉荒谬或者可憎、骇人听闻。不过，那个时候，很多人都希望有点娱乐分散注意力。"能从战争的恐怖中逃离几个小时，在《河滨杂志》中我们永远受欢迎的老朋友那里感受一点快乐时光，这着实是种安慰。"1914年10月3日的《格兰瑟姆期刊》如是说。"《恐怖谷》作为柯南·道尔的夏洛克·福尔摩斯系列故事的一部分，可说比大侦探系列的其他故事更刺激……它在引人入胜这一点上做得特别好。"随着时间的推移（如果推移这个词正确的话），这场大战给福尔摩斯增加了新的特点：他成了来自旧时光的试金石，或许也是英式性格和英式才智的代表。在1915年，《书商》(*The Bookman*)杂志充满嘲讽地写道："似乎自去年8月起，夏洛克·福尔摩斯先生就已经成了英国间谍组织的头目……"（这本杂志也再次重复了一个常被讲述的故事，这个故事也许是虚构的，不过希望不是，现实生活中一个名叫华生的军医在战争初期被俘了，不过竟被德国军官释放，德国军官还对他眨了眨眼睛，说他将很快到贝克街去见华生。）到1915年中的时候，加拿大部队把福尔摩斯系列故事当成训练思维的入门读物。① 苏格兰士兵则纷纷抢购打折的《夏洛克·福尔摩斯归来记》。仅花6便士，就能把大侦探带到战场上非常合算。

自然，福尔摩斯算不上是英国独有的财富。柯南·道尔的故事被翻译成战场上所有的语言。土耳其皇帝本人，阿卜杜勒·哈米德二世（Abdul Hamid Ⅱ）就是夏洛克故事的爱好者。德国演员阿尔温·诺伊斯（Alwin Neuss）因为在舞台上表演福尔摩斯而闻名，他出演了1914年的多部《巴斯克维尔的猎犬》系列默片，这部默片的编剧是奥地利电影制作人里夏德·奥斯瓦尔德（Richard Oswald），他在战争期间也继续拍摄影片。不过考虑到当时的环境，侦探要为国王和国家做贡献只是时间问题。

我每晚都会醒，因恐惧而不能动弹，盯着我们这座老旧的20世纪50年代风格的农场房子的天花板，不过只能看到被打爆了的脸和破碎的头骨。然后，我会看到一把锯短了的猎枪那黑洞洞的枪口在我面前缓缓地晃动——缓缓地。我会在那里等待着可怕的子弹和射击的火光。

几分钟之后，我会从上铺爬下来，小心地不把我弟弟弄醒，离开我们的卧室，在黑暗中轻轻走过长长的、铺着地毯的走廊，走向我母亲和继父的卧室。我看上去一定像一个狂躁的淘气鬼，恍恍惚

---

① 夏洛克·福尔摩斯在平民生活中也能发挥作用。1917年，《耶鲁法律杂志》（*Yale Law Journal*）的一篇文章在研究"刑法中的行为、意图和动机"时使用了《空房子》作为研究案例。

惚的，身上的睡衣因为我长得太快而歪歪扭扭。

这样的事每晚都发生。我当时12岁。我一次又一次被脑浆和破碎的骨头惊醒。一次又一次，黑洞洞的枪口突然朝向了我。

我从来没有告诉为此饱受折磨的大人到底是什么让我受到了惊吓，因为我不想他们把我的大侦探没收。不过，他们也不傻，很快就真的没收了我的福尔摩斯。是时候让老夏洛克歇会儿了，这是他们的合理解释，当时，我正进入全面反叛的青少年时期。他们从我的房间拿走了破旧的双日出版社版《夏洛克·福尔摩斯全集》，把它挪进了一个秘密的地方，毫无疑问他们希望我能自己培养出一种安静的习惯来应对此事。

噩梦渐渐消失了。我自然也得到了解脱——不过我绝不会这么告诉他们。当我感觉完全恢复了的时候，我开始侦察地下室。我能有多少时间在那里逍遥法外而不被发现呢？这个故事我还只看了一半。

在1914年8月的一个晚上，"世界历史上最可怕的一个8月"。一名德国间谍在一所英国乡间别墅和一个年迈的爱尔兰裔美国人见面，以便最终传递被盗的海军情报。冯·波克——一个多么好的"德国"名字——对自己感到非常满意。在英格兰经过多年的密谋之后，他搞到了一保险柜的英国军事文件，并在德国大使馆的疏散计划中占有一席之地。现在，只剩下对付阿尔塔芒这个刺头了，阿尔塔芒长着粗短的山羊胡，是个沉默寡言、体格强壮的司机。冯·波克写了一张500英镑的支票，阿尔塔芒递给他一本包起来的书。间谍打开包装——发现了一本叫《养蜂实用手册》的书。一块氯仿海绵打断了冯·波克的惊讶，他晕倒了。

片刻后，福尔摩斯和华生喝了一杯冯·波克收藏的葡萄酒来放松。夏洛克透露他花了两年时间执行了一项秘密任务,值得庆祝一番:他在芝加哥和布法罗的爱尔兰活动家圈子中创造了"阿尔塔芒"这个人(这自然是阿瑟·柯南·道尔那过世的父亲的中间名),然后参加了科克郡的一些政治恶作剧,这都是希望能得到德国人的主动联系。(如果这是迈克罗夫特策划的,那他可真让人佩服。)他设法让哈德森夫人打入冯·波克的家庭服务员内部,这让他能够逐个解决德国特工。他给冯·波克提供了一堆假情报,现在又把冯·波克塞进了由可靠的华生驾驶的汽车后座。

这两个贝克街老男孩已经60多岁了,这是作者第一次也是最后一次对他们60多岁的形象进行刻画,他们站在房子的阳台上,享受着夏日的傍晚。按时间顺序来说,此刻——"我们最后一次安静地谈话"。福尔摩斯预言——为这个从1881年开始,由华生在克莱蒂伦酒吧偶遇医学院老同学斯坦福德而展开的传奇系列画上了句号。

"东风要来了,华生。"

"我觉得不会,福尔摩斯。天气非常暖和。"

"我的老伙计,好华生!你是变动时代里稳定的一点。尽管这样,东风还是会来的,英格兰还没吹过这样的风呢。这将是一场刺骨的寒风,华生,我们中的很多人都会在风中瑟瑟发抖。不过,这依然是来自上帝的风,当风暴过去,一片更加清洁、更加美好、更加强大的土地将展露在阳光之中。"

《最后的致意》于1917年9月由《河滨杂志》和美国的《科利尔》杂志同时登载——美国于1917年春天对德宣战——这是一篇相当得体又有点古怪的夏洛克·福尔摩斯故事。(一方面,这篇故事由第三方，而非华生叙述。）推测福尔摩斯在美国的秘密任务，以及大约1912年，他在芝加哥热情的爱尔兰圈子里会遇到的所有顽固角色，这很有趣。一旦他卸下了阿尔塔芒的伪装，夏洛克的语调就恢复了他一贯的爽利。他暗示如果冯·波克呼救，那么他的遗产将变成一个名为"悬吊着的普鲁士人"的酒吧。阳台上最后的这场交流可以视作宣告着一个时代的终结。

无论如何，我还是抑制不住地希望福尔摩斯正在做……别的什么事。例如，拯救一个被指控为逃兵的惊恐的17岁士兵，揭发战争投机商，以及和艾琳·阿德勒一起威胁德国皇帝让他乞求和平，诸如此类的事情。当然，娱乐没有错；柯南·道尔只是试图为士气做出自己的贡献。不过，到1917年，福尔摩斯那不切实际的关于战争是国家复兴的一种形式的空想观点往好处说算离奇的，往坏处说就是玩世不恭的宣传。当人们认为《最后的致意》的出版几乎完全与威尔弗雷德·欧文（Wilfred Owen）的反映毒气战的诗歌《为国捐躯》的写作完全吻合时——"但还有人在呼号，跟跄 / 像在大火或石灰里扭动…… / 模糊的视窗，粘厚的绿光，昏暗 / 如身处绿海深处，我看着他沉没。"柯南·道尔似乎开始……与时代脱节了。

他作为军事观察员参观了战场，看到了一些可怕的事情。他给媒体写了长信，谴责德军的暴行，敦促英国军队采用新技术，如步兵的防弹衣和海军救生衣。当他站在萨塞克斯自家的花园里时，有时能听到来自佛兰德斯的枪声。不过这整件事情——机械化的屠杀，针对平民的系统暴力，在德国、奥匈帝国、俄国以及其他地方日渐增长的混乱——都超出了他的道德想象。在达达主义兴起之初，当柏林和苏黎世的艺术家们因厌恶战争而几近疯癫时，柯南·道尔采用了沃尔特·斯科特爵士的写作方式，从来没有忘记他孩子气的战争观，认为战争是一种特别有力的运动形式。他所写的战争史读起来像是一篇足球赛的报道：部队的序列、每次行动都是"勇敢的""壮烈的""英雄的"，以及"勇敢的"。有时候他的口气听起来几乎有点疯狂。"不过从一般到个别情况，"他在 1916 年写道，"人们普遍感到高兴的是，长期停滞的战壕生活应该结束了，而行动的日子，即使证明是死亡的日子，也应该终于到来了。"是的！毫无疑问，战壕里的人已经遍尝了人生的酸甜苦辣，可是这对于索姆河之战来说依然是个奇怪的提议。

不过，尽管柯南·道尔表现出和现实的格格不入，他的侦探适应能力还是很强的。在战壕和战俘营地里，英国士兵创造了他们自己的不一样的夏洛克·福尔摩斯。在战争期间，军官和士兵们自制了一大批特别的报刊，他们把所有还能回收利用的印刷设备收集起来，这些读物的印量很小，然后手手相传。

最著名的是首次于伊普尔前线制作的《维伯斯时报》(*The Wipers Times*)，不过这种类型的出版物有很多。那些士兵兼作者把这些出版物办成了一个大杂烩，既有伤感的诗歌、犀利的讽刺作品，也有友好的怜悯和荒诞的幽默——这是一段西方战线集体意识的秘史。一个匿名的作者（作品都是匿名的）在《维伯斯时报》上发表的一首诗写道："在一片充满废墟的荒野/到处是六英尺深的泥浆/在这些泥浆中挖出一些通道/然后你就有了我们的壕沟/现在你得到一些锐利的铁蒺藜/把它扔到壕沟之外/拿上一些腌菜，紧紧地掘进/游荡在铁蒺藜盘绕的壕沟"。特别的是，《维伯斯时报》许多假广告（都是假广告）用一种最傲慢、最假正经的方式展示幽默。

您家孩子有机械式思维方式吗？是的！

> 那么给他买一个喷火器吧。
> 既有教育意义，又有娱乐功能。
> 这个小小的玩具老少皆宜，
> 而且保证无害。
> 我们已经卖出了成千上万件。

在这种乱七八糟的新闻实践中，夏洛克·福尔摩斯也扮演了角色。在德国美因兹的战俘营里，英国战俘出版了小刊物《队列》（The Queue），以巴洛格·琼斯的历险经历为特色。一份名为《鲜红之泪》（The Scarlet Drop）的军队杂志登载了施皮洛克·冯斯和万森两个角色的故事。丘布洛克·博内斯（Chublock Bones），还有一个讽刺性的别名叫米尔洛克·图姆斯（Mereluck Tombs，意思是"纯属幸运·坟墓"）——侦探有很多化名。《维伯斯时报》发表了荒诞的福洛克·夏尔摩斯（Herlock Sholmes，仅仅交换了词首）以及"他的崇拜者"霍特山姆（Hotsam）医生的一系列传奇故事。《维伯斯时报》是在不可思议的条件下办起来的——临时工作人员经常在距离德国战壕一公里的地方操作印刷机，敌军的战火曾两次摧毁印刷设备——这份报纸讲述了福洛克·夏尔摩斯的夏洛克式不幸遭遇，他一次次冲过去，在暗渠里开枪射击。故事场景设定在前线，情节里有不合逻辑的放纵，故事对标点的滥用达到了疯狂的程度。[①]

一个女孩，受到士兵尸体的惊吓，跌落河中：

> 但这并没有被忽视，夏尔摩斯在这一带，用右手抽出喷雾

---

① 这篇文章要感谢密歇根州立大学退休教授查尔斯·普雷斯（Charles Press）的工作，他在 2013 年冬季版的《夏洛克·福尔摩斯杂志》（The Sherlock Holmes Journal）上发表了《〈维伯斯时报〉里的福洛克·夏尔摩斯》。

器，快速地向前臂喷了三圈，而他的左手则继续调整小提琴。霍特山姆医生一直走在他的影子中，听到小提琴那难以忘怀的声音，冲向他的身边，大声说道："这是什么，夏尔摩斯？"夏尔摩斯用那种他非常著名的夸张姿态说道："你了解我的方法，霍特山姆！"然后跳进了贝克河——霍特山姆，不愿被他胜过，抓住了那个喷雾器，然后也跳进去了——贝克河的水流啊流——（未完待续。）

请关注下周：新角色加入，精彩紧张一如既往。

一连多个章节，夏尔摩斯和霍特山姆都在追踪一系列暴力的、不连续的事件，这些故事通常会以炮击、机枪射击、轰炸、毒气和"液态燃料"突然杀死所有角色，包括他们两个而结束。如同他的正版前身一样，夏尔摩斯在《维伯斯时报》的另一个系列里又复活了，调查被盗的朗姆酒配给。还有一本名字很新奇的小说《零！巴斯克郡的边界》，由于现实中德军的炮火，很遗憾未能真正终结。

整整一代人——受夏洛克·福尔摩斯影响成长起来的男孩，不管他们读没读过柯南·道尔笔下的这种流行元素——在形势急转直下时，仍能露出带有讽刺的微笑。用威尔弗雷德·欧文的话说，战争毁灭了"欧洲一半的火种"，也毁灭了柯南·道尔那个亮着煤气灯的犯罪幻想世界。1918年底，停战协议签署了，在一个已经变了的世界里，和平终于到来。（柯南·道尔本人在一个气氛轻松的时候将会说，自从受伤的澳大利亚士兵们在英国陆军部第一次遇到新兴的时髦女郎，伦敦就再也不是从前那个伦敦了。）不过，如同士兵们那些粗制滥造的报刊所暗示的那样，夏洛克·福尔摩斯将继续挺进新的世界，我们的世界——不管有没有柯南·道尔。最后的谢幕演出永远不会到来。

第八章
黑色面具

20世纪90年代末的一天,英国剧作家露辛达·考克森(Lucinda Coxon)坐上了开往南威尔士的火车。她曾以此地为背景,写过关于她父亲家族起源的剧本。此时她正前往当地的一家公司,洽谈作品出版事宜。

考克森闲来无事,翻了翻离手头最近的报纸。在最后的某一页,她无意中发现了一篇三行字的书评,多年后她仍记得,里面顺道提及了柯南·道尔先生。"在这三行文字里,"她回忆道,"作者提到柯南·道尔曾去过南威尔士。报纸上说,他是去拜访一位灵媒。"柯南·道尔、灵媒、南威尔士,一连串的联想浮现在这位剧作家的脑海中:这可能是一个很棒的故事,绝对是一大挑战。"我从未尝试塑造以历史人物为原型的角色,这是一个伟大的、标志性的人物,做着听上去匪夷所思又招致批评的事情,"她说道,"我想可以利用这个设想——尽管不可思议,来真正挖掘这个传奇人物的内心。"

当我们着手创作时,才发现他是一个真正的噩梦。无法摆脱。

1919年3月的《河滨杂志》刊登了柯南·道尔自己的照片,

而夏洛克则不见踪影。恰恰相反，在这位年迈作者的严肃画像下边刊载了一则故事，由记者海登·丘奇（Hayden Church）所写——"死后的生活：对阿瑟·柯南·道尔爵士的采访"。

前一年10月，柯南·道尔曾在伦敦唯灵学会发表过精彩的演讲。成年后，很长一段时间，他一直对通灵现象感兴趣，如灵异信息、召灵大会、自动书写等，并将之作为一门副业。他曾在闹鬼的房里守夜，主持或参加过多次召灵大会，观看过灵媒演示，并深入阅读该题材的文献。1887年适逢《血字研究》发表，在与唯灵论杂志《光》（Light）通信时，讲到所谓的灵媒给他提供了一个不可思议的信息。他长期以来都是英国心灵研究协会的成员，该组织成员或多或少都是受人尊敬的公众人物。

唯灵论现象兴起于19世纪，可追溯到19世纪40年代在纽约北部发生的一系列怪诞事件。这种组织松散的运动与主流文化齐头并进，风头甚至盖过了主流文化。在维多利亚时代，对新兴科学技术的依赖使得人们试图在唯灵论上"证实"人有来世或可以捕捉到冥界的"外质"（ectoplasm，据信为神鬼附体者身上渗出的物质，可能形成死者的外形）。人们渴望调和科学与宗教的矛盾，达尔文之后，这种愿望变得尤为强烈。众多知名人士加入了英国心灵研究协会，协会宗旨是致力于成为客观而理性的探索团体。另一方面，灵媒和心灵沟通者在注重"感觉"和新奇的文化氛围中工作得很好。许多在其他方面很传统的人都参加过一两次召灵大会。

一个唯灵论派系，逐渐成形为新兴宗教，首字母需大写（Spiritualism）。在伦敦会议之前，柯南·道尔重申了他最新宣布的声明：他自己就是一个皈依者。（1916年，在《光》的一些篇章中，他早已表达自己的立场，并在全国各地的唯灵论大会上进行了演说。）他宣称，唯灵论已经被证实。大量的召灵大会和灵异关系表明，人们死后，灵魂多半是一成不变的，会继续存在于另一个世界，而该世界与我们现存的世界有惊人的相似之处。现在他准备详细阐述此观点。正如他在《河滨杂志》里说的，唯灵论的真理"被证明是毫无疑问的，它可以开启一个新的宗教时代"。现存的教条将会延续，因此，无论你是佛教徒还是天主教徒，都应该明白：人人皆有来世，没有人对来世享有独占权。

很快，柯南·道尔将他的演讲整理成了宣传小册子，命名为"新启示录"，于年前出版。之后，他便开始游历全国——志在让该宣传册在大不列颠的每座大城镇中传播。在伦敦演说的两周后，当柯南·道尔准备在诺丁汉召开会议时，他得知25岁的儿子金斯利已经奄奄一息。金斯利在索姆战区负伤，而在疗养期间又染上流感和肺炎。柯南·道尔继续工作，甚至在金斯利去世的当晚仍在发表演说，最后只能在太平间看望儿子的尸体。这个年轻人不过是这个家庭的苦难的最新受害者。不久，柯南·道尔写道："我妻子的哥哥……我妹妹的丈夫、我妻子的侄子、我妹妹的儿子，都死了。"1919年2月，一生都视长兄阿瑟为父的弟弟英尼斯将军在感染肺炎后，在比利时去世。

在《新启示录》中，柯南·道尔写道：

> 在这个痛苦的世界中，我们每天听到祖国花朵的死讯，他们的壮志未酬，青春就已凋谢。我们每天看到周围妻子对丈夫、母亲对儿子的去向毫不知情，我突然好似明白了我长期以来所关注的问题，不仅是对科学规则外在力量的研究，而且是真正伟大的东西，它打破了两个世界之间的界限，是一个直接、不可否认的灵异信息，同时也是人类在最痛苦时期希望和指引的召唤。

柯南·道尔将余生致力于弘扬唯灵论。起初，他游历了英国，然后全世界：从北美洲到澳大利亚、新西兰、欧洲、南非，再回到欧洲。在十多年的时间里，他写了一系列以此为主题的书。总的来说，他迫使《河滨杂志》登载任何他想发表的内容。柯南·道尔奋笔疾书，给媒体投出无数封信，与批评、质疑他的各界人士战斗。

啊，唯灵论。我们中那些对夏洛克·福尔摩斯有狂热感情的人，多半都愿意掩饰这个事情。是的，召灵大会和此类东西实在有损他的形象。可是，还有夏洛克！有一次，我和朋友一起吃午饭，兴致盎然地聊起这位伟大的侦探。他斜眼看着我说："柯南·道尔不是疯了吗？"这种观点并不新鲜。这些年来，一些福尔摩斯迷在处理柯南·道尔晚期的问题时，认为他就像我们今天看到的有点儿古怪的大叔，因为金钱本位或者伪造的登月行动而炮轰社交网站。在柯南·道尔唯灵论事业的高峰期（他曾四处宣扬，说可以拍到仙境的照片），一家美国报纸毫不保留地说："可怜的夏洛克·福尔摩斯，他一定绝望地要发疯了。"

事情当然有其可悲可怜的一面。骗子欺骗了柯南·道尔，尤其是那些年轻的女教友让他相信已经拍到了仙境，这些照片可说是我们见过的最可悲的赝品。图伊生前是一个性格安静、遇事理智的圣公会教徒，可能曾轻抚丈夫，说着"很好"之类的话来支持她丈夫对唯灵论的追求。而琼，可以直截了当辅佐柯南·道尔：这太方便了，她自己就是灵媒！谁能想到呢？她用她的"天赋"来影响柯南·道尔的游历决定和其他重要的事情。同时，这对夫妇让三个年幼的孩子——两个男孩和一个女孩——坐在那阅读离奇古怪的神谕，否则就强行向他们灌输。琼一直试图边缘化图伊留下的女儿玛丽，但他们也聘请玛丽，让她担任其父亲在伦敦创办并资助的一家唯灵论书店的经理。总的来说，他为自己的新追求投入了一大笔钱。

总之，事情看起来很奇怪。在沉迷于仙境和"外质"后，这位理性主义伟大偶像的创造者又如何疲惫不堪地前进呢？我常常想及时回到他身边，抓住他那华丽的翻领。人是可以相信自己愿意相信的，可你是阿瑟·柯南·道尔爵士啊！你在做什么？

这间墙上镶嵌了木板的房间，是纽约公共图书馆英美文学伯格收藏（Berg Collection of English and American Literature）的神经中枢，和所有召灵大会一样，散发着仪式感、静谧感和不祥感。我前来找寻一本有百年历史的笔记本，它陈列在我面前的一个V形桌面支架上，上面盖着一个小毡毯，印着粗糙的蓝色大理石图案。书页中的笔记时间不详，内容杂乱无章，这是柯南·道尔的字迹，绝不会错的，这些都是他偏离正轨后的思想碎片。这本手册的大部分内容是柯南对伊曼纽·斯威登堡（Emanuel Swedenborg）职业生涯和作品的研究。斯威登堡是18世纪的博学家，才华横溢，晚年转而从事心灵领域的探究。"1743年，他的灵异之眼亮了"，柯南·道尔草草写道，"主"去家中看望了斯威登堡，告诉他吃得太多了。"这是一个启发。"柯南·道尔指出。

自我激励的话语贯穿书页，细致而有力：他对相关作品进行了冗长的逐字转录，旁边注有详细的反思。斯威登堡总结了自己的神学理论，柯南·道尔在《新启示录》里也做了类似工作，不过规模更大，因此，在研究了斯威登堡后，柯南总结出自己的结论性警句：

> 看见外质却洞察不到精神的人，就像能看见光影却看不到生命的人。

> 女先知的清明……只是因为灵魂似乎会介入并向她们揭示事实。

我能感觉到一个模糊的意识在时间面纱的另一边游荡和寻找。（也许是伯格收藏那里静谧的气息让我产生了这种感觉。）保存在笔记本中的柯南·道尔的作品，让我们看到了一颗攻克难关的探究之心。我们死后会发生什么？我们都想知道。柯南·道尔试图找出答案，在这里——纽约档案馆，我隐约看见他在工作，运用特别的探索方式，他曾让书中的夏洛克·福尔摩斯使用这种方式。柯南精心梳理手稿、证据和奇书，来加强自己对超自然现象的理解。他急切地搜集实物证据，如超自然的照片、亲身经历、文件等。他对搜来的证据进行了仔细斟酌，因为他相信这是他发现的，并强调了自己的结论——因为对柯南·道尔来说，这样做是他的职责。

人们对柯南·道尔的唯灵论过于苛刻。我承认，对于当今那些崇拜妙趣横生的夏洛克·福尔摩斯和固执己见的约翰·华生的人来说，发现创作者曾一本正经地向所有人宣扬外质和"自动书写"确实令人震惊。但是最后，我愿意宽恕他。他的《新启示录》或者唯灵论学说并没有恶意。如果他的行为表达出某种自视过高和令人误解，那么他得出的结论与自身的仁慈和自由观是一致的。这些年来，那些最刻薄的评论几乎都没有考虑到，无论当时还是现在，对一小部分人来说，唯灵论都是宗教，而不是什么怪癖。我认为柯南·道尔有权享受凭良心行事的自由，死后仍然如此。

这件事真正令人困扰之处在于，看着一个以前处于核心位置和代表时代精神的人，慢慢地偏离历史的溪流。他犯了很多错误——我们亦然——但是他的大错可能是把夏洛克的技能误用到了特别不适合这种分析的事情上。关于是否有来生，福尔摩斯本人也不会碰这个案子。

遗留下来的是柯南·道尔所挖掘的真正魔力，那是一种与遥远意识交流的不可思议的感觉。在纽约图书馆，我触摸着这个早在我出生前四十五年就去世之人的遗稿，感受到了一种大智慧的存在。同样的情况也出现在人们阅读《波希米亚丑闻》或观看《神探夏洛克》时。柯南·道尔虽早已离去，但仍在继续做自己的事情。现如今这算是一种启示——不过当时的柯南·道尔躁动不安，并未注意到。

在一个漆黑的夜晚，夏洛克·福尔摩斯和华生医生冒险潜入了一个阴森的地穴，传闻中的闹鬼之地。这曾是一个古老贵族的家族地穴，到处都是破碎的岩石和堆砌的棺材，距今已有千年之久，令人不寒而栗。在福尔摩斯所提煤气灯的微光下，他们在撒克逊和诺曼时代的尸体中翻查。就在此时，头顶传来了脚步声！

《肖斯科姆别墅》被柯南·道尔注入了哥特式风格，拨响他从爱伦·坡手中接过的旧弦。这是最后一个夏洛克·福尔摩斯故事。侦探的创作者赋予了这位伟大的偶像一个适宜的谢幕舞台来发挥他的力量，并展示敏锐的戏剧天资。当地窖主人——一个负债累累的赛马主——闯进昏暗的地穴时，福尔摩斯撬开了一个棺材，映入眼帘的是一具刚刚干瘪的尸体。"你是谁？"福尔摩斯盘问道，"在这里做什么？"

赛马主情绪激动地站在那，这个闯入者把自己当谁了？

"我叫夏洛克·福尔摩斯，"侦探回过头来，"也许你会觉得很耳熟。"

伟大的时刻。尽管老实说这不是一个伟大的故事。（它险些被命名为"黑色垂耳犬的冒险"，这也许表明了它为何与《巴斯克维尔的猎犬》并肩齐名。）1927 年 4 月发表的《肖斯科姆别墅》能让我们感觉到柯南·道尔水平的下滑，这个故事连同其他很多故事一起结集为《福尔摩斯新探案》于稍后出版。据说固执的夏洛克迷打心里就不希望这本书存在。① 柯南·道尔这儿写一些故事，那儿写一些故事，这批故事反映出他写作意愿和关注焦点的摇摆不定。作者本人一直坚称最后一个故事完美如初，但他仍觉得有必要对这部作品作一篇不同寻常的序："我担心夏洛克·福尔摩斯先生可能会成为一个受欢迎的男高音歌唱家，尽管已不再是他们的时代，仍然不停地向宽容的观众鞠躬道别。"

《王冠宝石案》以第三人称叙述，只因其中一个名叫"内格雷托·西尔维亚斯伯爵"的恶棍而著名，这个故事只是把柯南·道尔一部名为《王冠钻石：与福尔摩斯的夜晚》的戏剧又描述了一遍。大概能算部半幕剧。《戴面纱的房客》（剧透：凶手是狮子）勉强算是一则逸事。在《狮鬃毛》（剧透：凶手是水母，真的！）和《皮肤变白的士兵》（这是麻风病！但无论如何……）两则故事中，柯南·道尔将夏洛克·福尔摩斯塑造成叙述者，没有华生。这一改变只证明了华生的存在非常重要。

除了文学上的瑕疵外，《新探案》还存在柯南·道尔无法真正解决的问题。所有的故事都发生在战前，而现在已不合时宜。当时的世界，特别是侦探体裁，已向前发展。在美国，像《芒西》（*Munsey's*）和《黑色面具》（*Black Mask*）这样的庸俗杂志中的侦探与夏洛克·福尔摩斯几乎是完全相反的形象，他们孤独冷酷、愤世嫉俗，喜好穿着军装式风衣（这是西部战线的时尚）穿梭在万般

---

① 然而，还有另一种观点：著名的加拿大夏洛克迷克里斯·雷德蒙（Chris Redmond）声援《福尔摩斯新探案》是福尔摩斯传奇系列中最好的一部。

繁华却漂泊如寄的现代社会，这儿到处都充斥着地下酒吧、刑事案件、跑车，却没有华生，当然也没有干净整洁的贝克街。达希尔·哈米特（Dashiell Hammett）笔下的主角甚至没有名字。哈米特、雷蒙德·钱德勒、詹姆斯·凯恩和其他许多著名的硬汉派作家都曾参加过战争，担任过不同的职位，他们的作品传达出的强硬情感，对柯南·道尔这代人而言，是陌生的。哈米特的第一部小说《血腥的收获》，与《肖斯科姆别墅》在大约一年内出版，以美国蒙大拿州的一个腐朽的矿业小镇为背景，世界变得更为肮脏、血腥、性感，故事残酷血腥，各派势力盘根错节，工业革命蓬勃发展，颇具街头莎士比亚的风格。（帕森威里："一个拥有四万人的险恶城市，坐落在由两座凶险高山围绕的峡谷间。"）

《马耳他之鹰》最初连载在1929—1930年的《黑色面具》杂志上，来看看小说的开篇：

"有个女孩想见你，她叫望德莉。"
"是客户吗？"
"我想是的。反正你会想见她，她是个万人迷。"
"把她叫进来，亲爱的，"斯佩德说，"叫她进来。"

贝克街的安逸总是隐藏着放荡不羁的灵魂，但这完全是另一回事。

"哈米特把谋杀案从威尼斯花瓶中搬出来，放到了穷街陋巷里。"钱德勒在1950年发表的《谋杀的简单艺术》中写道，"哈米特把谋杀案还给了有杀人理由的人，不是仅仅提供一具尸体；还为他们提供了凶器，这种凶器不是手工铸造的决斗手枪、毒箭、热带鱼。"钱德勒对受到阿加莎·克里斯蒂影响并历经两次世界大战的一代英国作家大发牢骚。但他成长于福尔摩斯的黄金时代，在英格兰就读于优质的学校，因此也给大师嘴下留情："归根结底，夏洛克·福尔摩斯主要意味着一种态度和几十行令人难忘的对白。"硬汉派作家们挖掘了别样的灵感：古代西方枪林弹雨的故事和具有无家可归流浪者的美国传统。

在大西洋彼岸，一种新型犯罪题材小说呼之欲出。乔治·奥威尔（George Orwell）在1944年发表的《莱佛士与布兰迪斯小姐》一文中写道："自1918年以来，没有谋杀案的侦探故事已极为罕见。常常会出现挖掘和肢解尸体的细节描写，令人厌恶至极。"（E. W. 赫尔南是柯南·道尔的妹夫，他笔下的莱佛士是一名盗贼，平时假扮绅士，奥威尔认为其在致敬福尔摩斯，反对英国30年代充满暴力的庸俗小说。）奥威尔发现英国犯罪小说特别忌讳"用美式英语写作"。另外，他还抱怨，甚至犯罪本身也与过去大相径庭了。"谋杀案的黄金时代似乎在1850—1925年"，在题目贴切的《英式谋杀的衰落》一文中，奥威尔表达了不满。他写到，这一时期的经典谋杀案包括了精心策划的郊区毒杀。可以说，"一战"后，与以往不同的伦理观开始占据主流，如"歌舞厅里隐姓埋名的生活和美国电影中虚假的价值观"。他认为，英国现代罪犯只是在模仿美国歹徒。

并非只有奥威尔一人看到了变化。当我与波特兰"文学侦探"保罗·柯林斯交谈时，他指出，20世纪20年代，也即柯南·道尔写《新探案》的时代，许多苏格兰场老警员退休后开始写回忆录。"几乎每个人都说他们工作中的最大变化就是汽车。"他告诉我，"它使罪犯有更强的隐匿性和流动性。如果突然发生一起谋杀案，那么几乎所有的英国人都有可能是犯罪嫌疑人。赃物在哪里？可能此刻已经到了利兹。你不能再指望旧有的火车时刻表了。"

随着技术进步，柯林斯解释说："像过去那种某人坐在伦敦的一间屋子里，周围全是他的笔记本和剪报，他获悉了一桩案件，笑道：'啊哈！听上去就像是 1881 年某人的珠宝案啊！'这样的场景将会越来越少。罪犯可以从任何地方突然出现，然后又消失得无影无踪。"

与此同时，关于业余侦探能力超越官方的想法，已由愉悦的幻想变得不合情理。苏格兰场老警员谈及了很多有关警察工作的变化。柯林斯说："汉斯·格罗斯（Hans Gross）于 1893 年出版了第一本标准取证手册，通过刑侦，警察知道如何保护犯罪现场，保存证据链，科学有序地进行侦破——这些是如今所有程序侦探小说的主要内容。他们采用团队办案的方式，由各专业机构承担不同的侦探工作。仅仅依靠莱斯特雷德一人办案的时代已一去不复返。"

当然，许多读者仍然喜爱夏洛克，具有商业头脑的柯南·道尔不会在毫无需求之下草草写出《福尔摩斯新探案》。但其他人却开始觉得可笑。在 1907 年出版的歌颂真实生活的《督察摩根的启示》（*Revelations of Inspector Morgan*）一书中，英国记者兼外交官奥斯瓦尔德·卡莱福德（Oswald Crawfurd，他出生于 1834 年，并不算少壮派）认为："职业侦探当然比业余侦探更好……不这么想就是一种异端邪说。"夏洛克·福尔摩斯曾是最前沿思想和行为的缩影，而如今他已被看透，像是有点荒唐的遗迹一般。他的时代早已远去。

但是请稍等。

《福尔摩斯新探案》有办法一直保持存在感。不，这些故事并没有刻画一个崇高的福尔摩斯（这里的 high 没有影射吸食可卡因的意思），他先是调好小提琴，然后草草写下关于烟灰以及职业对手形的影响的空前绝后的专论。与此同时，这些故事留给人的印象也不同于传奇系列的其他故事：在柯南·道尔的维多利亚式风格中，出现了爵士时代的奇怪共鸣。从经典的冒险故事开始，作者一如既往地将新闻、时尚、丑闻和犯罪故事改编成他的贝克街寓言。有时，结果是不折不扣的喜忧参半：在《三角墙山庄》中，柯南·道尔试图描绘一个对付流氓集团的福尔摩斯——一个穿着清晨便服的斯佩德（Sam Spade，《马耳他之鹰》中的侦探）——却发生了可怕的转变，这时一个"高大的黑人"美国拳击手（一拍脑袋取了个绰号"史蒂夫·迪克西"[①]）闯入了贝克街，威胁"福尔摩斯先僧"（你没读错，他有口音）。夏洛克泰然处之。"继续说，"福尔摩斯说，"很好。"关于这个故事，如果我有权力，我会把它赶出贝克街故事系列。

　　深陷唯灵运动中的柯南·道尔无疑跟不上主流时事的思路了。他的母亲于 1921 年去世，此后，不再有人时不时地训斥他。他保持着与媒体的联系频繁，大多围绕唯灵论，偶尔才会绕行回到现实世界。（1923 年 9 月，他给《纽约时报》投去了一篇随笔，据传是有关与同餐老友奥斯卡·王尔德心灵交流的。他表示这是绝对真实的！）但有时，在《新探案》中，柯南·道尔为这个新时代配上了怪诞、讽刺的旁白。比如说《萨塞克斯吸血鬼》，讲述的是一个母亲被指控吸吮自己婴儿血液的故事，只有人们认为它是在模仿吸血鬼题材时，讽刺效果才能真正发挥。柯南·道尔与布莱姆·斯托克是工作中的益友，他喜爱《德古拉》一书，对于"二战"后的文化趣味又回到了夜行生物这一点上，他很有兴趣（也可能是作为一种

[①] Dixie 指美国南部各州或该地区的人，与指美国北部或北部人的洋基（Yankee）意义相仿。——译者注

消遣）。在他创作《萨塞克斯吸血鬼》的同年，斯托克产权公司以版权理由起诉了德国经典电影《诺斯费拉图》(*Nosferatu*)，该电影的灵感来自其创作者在战时与迷信的巴尔干农民的接触。在20世纪20年代即将结束时，《德古拉》正片重现舞台。与此同时，英国媒体开始用俚语"吸血鬼"(vampire)称呼"蛇蝎美女"(femme fatale)。柯南·道尔的故事初读让人兴趣盎然，事实上却很愚蠢，里面有一位似乎对血红蛋白产生了兴趣的拉丁美女。通过这个故事，柯南·道尔对两种趋向都予以了嘲弄。

还有《爬行人》一文，也常常让人觉得困惑。（林赛·费伊最近写道："如果你想在没有化学知识的情况下阅读《爬行人》，那就听天由命吧。"）福尔摩斯和华生乘船来到英国古老的剑津（Camford）大学镇调查一位年老的著名生理学家普雷斯伯里教授。普雷斯伯里爱上了一个比他小40岁的女人。同时，他开始收到来自伦敦的信件和包裹，信封上标有十字，表示只有他本人能拆看。这是在他对布拉格（波希米亚！）进行秘密访问后不久开始的。并且，不是故意要提没用的，他的行为像一只类人猿。

这也不是隐喻。每隔九天，在夜里，普雷斯伯里就偷偷地爬出房间，拖着脚在地上蹦蹦跳跳，发出咕噜咕噜原始的声音，激怒狼狗，矫捷地在墙上爬上爬下。一天晚上，他的女儿瞥了一眼楼上的窗户，看见爸爸的脸朝里张望，她吓了一跳。普雷斯伯里家中的气氛开始变得诡异。到这儿后，福尔摩斯注意到了一些其他的事：教授的关节已经变得"又大又有老茧，是我没见过的"。

福尔摩斯派出一名特工调查普雷斯伯里秘密信件的来源，它们来自伦敦东区的一位"温文尔雅"的波希米亚精明商人。经过夜里警觉烦人的观察后，福尔摩斯和华生看到了普雷斯伯里的一举一动："他从一根树枝爬向另一根，抓得十分牢稳，显然是无目的地为了发泄精力而游戏着……"类人猿教授终于与狗起了冲突,被狗残忍地咬住。华生设法给普雷斯伯里止血,然后和福尔摩斯一起来到普雷斯伯里的卧室,在那他们发现了一个注射器,一些空瓶子,还有一封名叫洛文斯坦的人的来信。华生对这个名字有印象:"一位不知名的科学家,正在以某种奇特的方法研究返老还童术和长生不老药。"他们发现洛文斯坦的神奇疗法就是利用类人猿睾丸的血清。为了吸引他的年轻女友,普雷斯伯里定期注射,将自己变成一个精力充沛的类人猿。福尔摩斯摇摇头。"但总是有危险的……华生,想想,那些追求物质、官能和世俗享受的人都延长了他们无价值的生命……这样一来,世界岂不变成了污水池吗?"

真的吗?类人猿的睾丸?一个性发狂的教授与黑面长尾猴杂交?

夏洛克,这是科幻小说吗?一位现代评论家曾多次批判《爬行人》是"可笑的",可以不予理会。最近对福尔摩斯迷进行了粗略调查,大致有了一个共识,即类似《莫罗博士岛》的故事情节并不受欢迎。请问,我们能回到谋杀案吗?

爱伦·坡、威尔斯和史蒂文森肯定会跟踪福尔摩斯和华生,随他们一起去大学镇探案。事实上,我觉得他们是志趣相投的伙伴,而可怜的普雷斯伯里是一个极富魅力的反派或者说是受害者。故事的表层之下涌动着令人不安的事情,若隐若现。在2010年的《泰晤士文学增刊》(Times Literary Supplement)中,作家乔纳森·巴恩斯把《爬行人》归为"一则关于性欲持久力的苦涩暗喻……"——人们想象中的柯南·道尔,在花甲之年仍然清醒,然而,真正的他为了通灵事业无休止地旅行和辩论,已经精疲力竭。作为一个年长的男士,他爱上了一个年轻漂亮的女人,这种体验潜伏在他的内心深处。也许,他能理解男性性欲衰退的事情。

1923年夏天,国际外科大会在伦敦召开,同年秋天,《河滨杂志》才发表了《爬行人》一文。在会议中，人们投票赞成并鼓励了俄裔法国医生沃罗诺夫（Voronoff）的工作，他是非凡的实验技术的先驱。沃罗诺夫从猴子的睾丸中取出微小的切片，植入人类的阴囊中。他宣称，这种手术可以使患者恢复活力，延缓或逆转衰老，最终延年益寿。沃罗诺夫并非保守的现代科学家，他将自己的部分研究谨慎地提交至同行评审。1920 年，他的妻子兼助手伊芙琳（Evelyn）——一位来自美国的女继承人，正好派上用场——将沃罗诺夫的福音书《生命：恢复活力和延长寿命的方法研究》（*Life: A Study of the Means of Restoring Vital Energy and Prolonging Life*）翻译成英文。沃罗诺夫认为，人们应该活到 120 岁甚至 140 岁，只是科学机构的顽固和盲目阻碍了我们，这大多是受到了文化的影响。"活着的本能和死亡的恐惧，这两者的不断冲突已经产生了深深的悲观情绪，折磨着伟大的思想家，"他写道，"它把苦恼和所有的欢乐融为一体。"沃罗诺夫相信他正在为治愈终极痛苦而努力。同年夏天，他做了第一例睾丸移植手术。

柯南·道尔追随着医学的发展。在沃罗诺夫身上，他可能已经察觉自己形象发生的奇异对立：一个是奋发上进，却论述着晦涩难懂而又几乎被禁的理论；另一个是在爱意满满、才华横溢的妻子的帮助和支持下，热衷于争议性的实验。柯南·道尔倡导精神不朽；沃罗诺夫追求肉体永生。他们相互对立而又彼此平衡，就像莫里亚蒂和福尔摩斯一样，是黑暗对光明（柯南·道尔会这么认为），高贵对卑贱。在柯南·道尔的作品中，对知识和科研成果的恶意滥用屡见不鲜：至高无上的数学家莫里亚蒂，变成了超级罪犯；陆军神枪手莫兰，变成了刺客；医生、业余动物学家格里姆斯比·罗洛特，变成了凶残的蛇夫。在这种情况下，他不得不说，沃罗诺夫的工作在医学界和大众意识中成了独特的风尚。到 20 世纪 20 年代末，大约有 500 人进行了植入。正是此时柯南·道尔写了《爬行人》。从一切迹象来看，沃罗诺夫会变得强大，显然，他正获得医学和大众的广泛认可。① 因此，柯南·道尔找到了他笔下的"洛文斯坦"，还给他配上了略显油腔滑调的大陆血统。

至于普雷斯伯里教授，一个才华横溢、举止庄重的男子，自我突变成可怕的怪物，作者看来似乎更像被触到了痛处。

查尔斯·阿尔塔芒·道尔长期酗酒，毁了自己以及他变幻莫测的艺术天资。柯南·道尔的母亲在给医生的信中写道：查尔斯拖着身子在地板上爬着，像猴子一样，他记不起自己的名字，恐吓孩子们，从钱箱里偷钱。酗酒加重了父亲的癫痫，为了让家人免受其伤害，柯南·道尔不得不签署文件，把父亲送去"康复之家"（他在回忆录中委婉地提及此事）。尽管如此，他总是将父亲的艺术作品摆放在显眼的地方。晚年时，还在伦敦画廊展出了查尔斯·阿尔塔芒的作品。19 世纪 60 年代在爱丁堡的苦难岁月一直萦绕在他的脑海中，挥之不去的还有他浪费天赋、被人遗忘的父亲。他从父亲身上可以看到，一个才华横溢的人，慢慢堕落后会发生什么。

一位天赋过人的艺术家结束了他被囚禁的日子，他曾对侍者吵嚷不停，称他们是魔鬼，说自己收到了来自"灵异世界"的讯息。一位著名的教授屈服于欲望，宁愿变成动物。人们为什么这么做？什么是选择？什么是出身和遗传能决定的？这些疑惑萦绕在柯南·道尔的大侦探故事中。福尔摩斯称莫里亚蒂表现出"最恶毒的

---

① 具有讽刺意味的是，对沃罗诺夫理论进行认真、专业的审查直到 1927 年才开始，这是因为他已经开始提倡在农业上应用这一思想，并开始对移植了睾丸的阿尔及利亚绵羊进行国际研究……噢，见鬼，先给你自己植一个试试吧。直到 1946 年，狼队（Wolverhampton Wanderers）足球俱乐部因要求球员接受沃罗诺夫的手术而臭名昭著。其中一位接受移植的球员在安菲尔德球场对阵利物浦队时，打进四球。抱歉，我跑题了。

世袭犯罪倾向"。另一方面，柯南·道尔塑造的侦探是一位画家的后裔，就像他自己一样，并让夏洛克告知华生"血液中的艺术会以最奇怪的形式表现出来"。柯南·道尔在一篇论述他的英雄沃尔特·斯科特爵士的文章中援引了一行诗："天才与疯狂，相隔如纸薄。"为什么父亲会死在精神病院，而儿子选择文学创作后，却成为享誉世界的明星？《福尔摩斯新探案》中的奇异故事表明，尽管经过了多年的调查，柯南·道尔仍然在搜寻，也许是想为他人生中心的谜寻找一个线索。

显而易见，在对夏洛克·福尔摩斯的世界进行探索之前，需要花时间去了解柯南·道尔。柯南·道尔创作了一个伟大的主题——他是一个叙事天才，一个伟大的角色，一个史诗般传奇的冒险家。但是，通俗点儿说，他也是个令人讨厌的家伙。

他太忙碌了。一会儿去了南非，一会儿又投身不成熟的想法，创办销售自行车马达的公司（这是真事）。其后竞选国会议员，然后参加业余台球锦标赛（顺便说一下，得了第二名），然后调查一桩不公正的谋杀罪，后来还与哈利·霍迪尼（Harry Houdini）为唯灵主义而战。他让人疲惫不堪。如前所述，他有许多不同方面的传记。就主要方面来看，这些事情让他的生活变成了拜苦路（一种模仿耶稣被钉上十字架过程的宗教活动）："哦，善良的老乔治·艾达吉来了。"我开始渴求一个不同的视角。

有一种平行的、非官方的传统，将柯南·道尔本身描绘成一个虚构人物。好几部侦探小说让作者本人作为侦探出场。大大小小荧幕上的演员给了这位伟人一个机会。我想知道是否有作家会带给我不同的视角。

英国剧作家露辛达·考克森偶然看到了柯南·道尔在威尔士

拜访灵媒的故事，于是写了一部戏剧《乡愁》(Nostalgia)，该剧于2001年首演。在剧中，柯南·道尔被置于一个荒废的农场；他听到传闻，说他的儿子金斯利正试图通过原住民的召灵大会联系他。这些农民是一群沉默寡言又阴森可怕的怪人，其中有一对孤独、嗜酒成性的兄弟和一个神秘兮兮的当地兼职妓女。考克森笔下的柯南·道尔，在这些人中四处游荡，试图像往常一样虚张声势，自吹自擂，告诉每个人，来自灵异世界的声音是文明史上一个伟大的时刻。而这些威尔士人似乎顽固不化，漠不关心。

十多年后，当我让考克森回忆她是如何创作柯南·道尔这一角色时，她这样告诉我："我把他置身于偏远之地，无所事事，让他自我顿悟。当你想想他人生的细节时，很容易推断出他总在飞来飞去——几乎简直是不停地奔波。他总是以最不寻常的方式鞭策自己。我想让别人看到他的困境。"

许多为柯南·道尔写传记的作家似乎都是从对夏洛克·福尔摩斯的喜爱开始的。他们自然会保持虔诚的心。（我明白了。）而考克森是持明显的怀疑态度走近这个著名人物的。（"我的意思是，此婚外情非彼婚外情，"她说，"如果你总找机会与你妻子之外的女人约会，你能坚持多久不出现婚外情呢？"）不过，她给了柯南·道尔表达心声的机会，大部分内容改编自他的回忆录。"当然，我读了很多传记，"她回忆道，"奇怪的是，它们都是一样的。许多传记在开篇大胆地宣告：有人最终会解开阿瑟·柯南·道尔的奥秘——'神秘事物'或者类似的东西。他们写了40来页后，发现都失败了。当他们为道尔滑雪穿越瑞士，或者别的什么而迷惑的时候，只是屈从于柯南·道尔自己创造的神话。我决定还是去看看他的自传。自传中，柯南·道尔不太真实，却也是真情流露。很多文字都是让大家相信他在任何时候都是完美无缺的。当然，他并非一直优秀。"

她剧本中的柯南·道尔自然不是完美的。剧本描述了一个悲惨的梦境，梦中，柯南·道尔发现自己在疯狂地撕扯衣服后，却又一次次看到自己穿着另一套完整的衣服。考克森虚构的柯南·道尔呈现出悲剧、破碎的氛围，他模糊地意识到自己在情感遗忘方面的程度，并与黑暗勇敢地做斗争。在这个故事中，柯南·道尔的唯灵论被解读为阿瑟·柯南·道尔最后一次试图以自己认可的方式重建世界，他想创造一个充满荣誉、逻辑和尊严的境界，并取得完美的结果。

"在许多方面，他的想法就像一个大男孩，"考克森告诉我，"你在他的唯灵论中看到了许多愿望的实现。在他心目中的天堂——如果你愿意，可以喝威士忌、打高尔夫球，你曾经拥有的所有狗狗都会回到你身边——基本上是孩子眼中的天堂。在他几次尝试去参战却没有成功后，唯灵论就成了他的战争，另一种证明自己的方式。"

她补充道："我觉得有趣的是，所有的传记作家都是男性。我开始希望能有一位女性追随他，带来不一样的神秘感受。作为一个白人异性恋者，柯南·道尔的问题在于，他比普通人更有男性气概。他一直都非常在乎输赢。更重要的是，他希望能表现得毫不在意。这种品质促使他主导每个与他有交集的人。现在他仍在这样做。"

我必须要说，我明白这种感觉。

1924 年发表的短篇小说《三个同姓人》，是一个有趣的诈骗故事，讲述的是福尔摩斯和华生抓获了一名从芝加哥来到伦敦的杀手伊万斯。显而易见，柯南·道尔希望此时读者已经忘记了《红发俱乐部》的基本情节。一切似乎都遵循标准的程序，伊万斯也悔恨地承认他被打败了。可是：

"突然，他从胸口掏出手枪，开了两枪，"华生叙述道，"我感到大腿发热，一阵阵热辣辣的灼痛感。只听见咔嚓一声，福尔摩斯的手枪击中了他的头。然后，我的朋友用他结实的双手抱着我，扶着我坐在椅子上。"

华生，开枪！仅仅四十几年后，福尔摩斯居然就丢掉了那副机器人做派，变得有人情味了。

"华生，你没受伤吧？上帝保佑，你没事吧！"

华生觉得这次小小的枪伤值了。任何追随着这段伟大关系，明白其中单方面情感考验的读者都会赞同。华生最终看到了福尔摩斯冰冷的面孔后，藏着的"忠诚和友爱"。那些讽刺华生文字的话，夏洛克扰人的室内左轮手枪练习，三年的假死，都在一瞬间的强烈温柔中得到了报偿。是友谊这条黄金线把整个福尔摩斯迷维系在一起：坚持守护在你关心的人身边，即使他们处境艰难。就算是夏洛克·福尔摩斯，也有他表达爱意的方式。

"如果你伤害了华生，"他冲罪犯嚷道，"你休想活着离开这间屋子。"（此处奏起小提琴）

在《新探案》一书中，柯南·道尔零零散散描绘了这样令人欣慰的瞬间。今天，我们可以称之为"粉丝服务"：算是一种内行笑话，能让忠实者感受到熟悉的快乐。与福尔摩斯和华生相处多年之后，尽管已有读者对他们的魅力产生了一点免疫力，但至少还有读者会坚持读下去。我可以想象这位老人坐在自己的办公桌前，像一只银色的阿尔法灰熊，微笑地思考着，好吧，他们会喜欢这一点。

同样，《雷神桥之谜》开篇提到一个锁着的锡质文件箱，深藏在考克斯公司的银行保险库里，里面装满了华生未出版的案情记录。在世人还未做好准备时,医生便开始滔滔不绝地讲述了三个小短篇:"比方,詹姆斯·菲利莫尔案,就是这一类,这位先生回过头走进自己的家去取雨伞,就从此在世界上消失了。还有一个案子,是小汽艇'阿丽西亚号'(*Alicia*),它在一个春天的早晨驶入一小团雾气之中,从此不见了,船上的人再也没有消息。再有就是伊萨多拉·伯桑诺案,他是一个有名的记者和决斗者,有一天突然精神完全失常,两眼瞪着一个火柴盒,里面装有一个科学无法解释的奇怪虫子。"

科学无法解释的奇怪虫子?这是故事的关键。锡质文件箱成为所有那些说不尽故事的象征,为夏洛克·福尔摩斯侦探故事增添了虚幻的无限可能。当1927年,《新探案》出版面世时,柯南·道尔终于圆满了,他到底做了什么?九篇短篇侦探小说,几乎湮没在他庞大的作品中。仔细阅读后,你会发现这九篇故事和夏洛克其实没有太大关系。柯南·道尔把整个世界都压缩到这些冒险故事中,赋予了各种不同的可能性,其中还有尚未探索的角落,而那些引人入胜的人物也只是一闪而过。

1924年,柯南·道尔在美国发表了《显贵的主顾》。1925年,分两次刊登在《河滨杂志》上。柯南·道尔开始加速前进。在诺森伯兰大道上,泡在蒸气弥漫的土耳其浴中,他边抽烟边思考着福尔摩斯和华生。就像在《波希米亚丑闻》中一样,夏洛克掏出一封自命不凡的信来。一位名叫詹姆斯·达梅里的上流社会人士提请帮助:显赫的陆军将领之女维奥莱特·德·梅尔维尔疯狂地爱上了一个名叫格鲁纳的男爵。格鲁纳是一个恶毒的奥地利人,他为了摆脱妻子的束缚,将其杀害,现在打算迎娶被他迷得神魂颠倒的维奥莱特。由于客户不想透露姓名,因此,达梅里希望福尔摩斯营救这位小姐。

随后的奇遇以柯南·道尔标志性、充满活力的节奏展开,在微型小说中实现了全景感。在其他情况下(如果柯南·道尔想到这一点),《显贵的主顾》原本可以重启长篇冒险系列故事,就像《黑道家族》第一季的中期,三四个新暴徒突然脱离组织,孵化出新的子情节。除了达梅里之外,一系列引人入胜的新角色涌现出来。夏洛克培养了一位名叫辛威尔·约翰逊的黑社会特工,他出入伦敦的阴暗角落打听消息,来对付这位贵族。男爵本人很快露面了,冷静如冰、温文尔雅。"先生,"他告诉福尔摩斯,"这样做你将毁了自己的鼎鼎大名……你会白费周折,更不必说会招致危险。我劝你还是及早抽身吧。"辛威尔·约翰逊身边坐着一位"苗条、急躁如火"的女人,说话咬牙切齿。她是凯蒂·温特小姐,对格鲁纳早已怀恨在心。事实上,柯南·道尔在刻画温特小姐这个角色时,颇为动人和戏剧化。"你很容易就能找到我,"她告诉福尔摩斯和华生,"我总是在伦敦的地狱。"维奥莱特·德·梅尔维尔还真是个令人生畏的高冷公主,她仍深爱着这个邪恶的男爵。

到故事的中篇,柯南·道尔让这繁乱的一切运转起来,描绘了一个伟大的夏洛克式场景。华生(不再住在贝克街,因而能灵活地进出于故事。在河滨街共进美味晚餐的时候,他时常会从夏洛克那里得知发生了什么)在查令十字车站外漫步,看到了一个有名的单腿售报人正在那里陈列他的晚报(加分的细节)。他看见:

"黄底黑字写着那可怕的大标题:福尔摩斯遭遇谋害。"

呆若木鸡的华生慌乱地抓了一张报纸,忘记了付钱。报纸上写道:半夜时分,福尔摩斯在皇家咖啡厅外受到暴徒攻击。(这是奥斯卡·王尔德的故居,离克莱帝伦酒吧只有200码左右。因此,柯南·道尔带着我们匆匆穿过皮卡迪利大街,也就是长篇故事《血字研究》开始的地方。)华生在贝克街见到了一位著名的外科医生,而福尔摩斯只有些擦伤。侦探自豪地说，他用棍术对付男爵的杀手。在擅长的巴顿术、拳击和击剑之外，他又添一项技能。尽管福尔摩斯看上去极为虚弱，他却像一把楔子触到了格鲁纳秘密的核心：这个肮脏的人把他的"浪漫"征服写在本子里，隐藏在书房。他们需要进书房。

但是如何进去呢？啊，男爵恰巧还喜欢中国古代陶器。华生匆忙赶到伦敦图书馆，与他的馆员朋友洛马克斯碰面，尽可能多地了解中国陶瓷知识。洛马克斯是故事中另一个引人入胜的配角。于是，华生化用假名，来到格鲁纳男爵的书房，摆出一副虚张声势的架势，与邪恶又英俊的奥地利人就"圣武天皇"展开了一段令人捧腹的对话——不是我要吹毛求疵，圣武天皇其实是日本人。但没有人在乎，因为计谋奏效。随后，喜剧立即爆发成暴力高潮：复仇成功，男爵被毁，格鲁纳的私人日记被盗。

《显贵的主顾》融合了夏洛克·福尔摩斯系列的许多精彩之处。高调的乐趣中融入了渐浓的黑暗，我们可以浮想联翩，不需图像的阐释。故事展现了浮华的时代魅力，提到了催眠暗示术，丘纳德公司的轮船"鲁里坦尼亚号"（*Ruritania*），还有卡尔顿俱乐部转交的电话留言。柯南·道尔从幽默的喜剧急速转向了极端的悲剧。最重要的是，我们看到了福尔摩斯和华生的正义联盟，这是一种独特的力量，能够使混乱变得井然有序。（或者，必要时，让有序变混乱——问问格鲁纳男爵。）最重要的是，这场大结局提示人们要用恰当的方式做事。学习一下棍术，有空时尽情享受土耳其浴和河滨街的晚餐，随时能找到一个图书馆员征求意见或是时刻待命、半改过自新的黑社会暴徒。大胆行动，谨慎行事，坚持原则。在故事的结尾，华生还是稍稍说漏了嘴。你知道，那个名义上的客户一直都是匿名的。好医生走进贝克街，在一辆即将离开的马车上看到一枚泄露秘密的盾徽,然后跑回去揭露一切。

"我发现咱们的主顾是谁了。你当是谁,原来就是——"

福尔摩斯抬手止住了他:"是一个忠实的朋友和慷慨的绅士……不必多说了。"

戏演得真好,老伙计。

今天早上我见到了阿瑟·柯南·道尔。他从美丽的乡间小屋的花园走出来,摸了摸他的爱尔兰犬帕迪,摘了帽子坐下。"人们总是想问我两件事,"他说,"一件是,我是怎样来写夏洛克·福尔摩斯故事的。"(必定的!)"另一个是,我是如何获得通灵体验的。"(呃,他们真的总是问这个吗?)柯南·道尔说话时,骨骼宽大的脸上挂着一种迷人的微笑,眼睛半眯着。我注意到他的头发已经稀疏了,而楔形白胡须依然浓密。他身着肃穆的西服,与山区的静谧不谋而合。他的口音听起来很奇怪,像是美式发音:清晰而有规律,只是带有轻微、有趣的苏格兰口音。

这段十分钟的胶片访谈,拍摄于1928年,大约在柯南·道尔死于心力衰竭两年前,现在可以在一些视频网站上观看。我觉得,这个小片段捕捉到了柯南·道尔的某些精髓。这段关于夏洛克系列柔和、耐心的独白——当然,只是他谈论唯灵论的借口——是受到常出现在他文字中那些牵强附会的讽刺启发而来的。在谈及夏洛克时,他直截了当地提到了"他相当愚蠢的朋友,华生"——当然他是柯南·道尔自己的化身。他讲述了约瑟夫·贝尔的故事,以及他如何构思一个与众不同、精通学理、思维清晰的侦探。"我想到上百个诡计——可能你会说是上百种方法——让他建立解决方案。"他说道。"夏洛克·福尔摩斯的形象被牢固树立起来了。""我写过很多关于他的文章,比我预期的要多,我的手是被那些善意的朋友所驱使的，他们总想知道更多。就是这样，一颗相当小的种子蓬勃地生长起来。"

在"灵异问题"上，柯南·道尔观察到一个奇怪的事实：他第一次被引向唯灵论，"正值夏洛克·福尔摩斯在我脑海中成型的时候。大约是1886年到1887年……到现在已经四十一年了"。奇怪的是：他最为人所知的这两件事，通常被描绘成奇特的对立面，一前一后发生。对柯南·道尔来说，夏洛克的推理和他自己对灵异世界的调查并无冲突，是交织在一起的。"我觉得，与其他人相比，我接触了更多的灵媒——好的，坏的或是冷漠的，"他说道，"总之，是更大的群体，因为我已经去过很多地方。"他看过、观察过。"我从没有产生幻觉的危险。"

他说话时，声音有力但温和，言语中并没有透露出神秘或是痛苦的气息。我喜欢这个人。他真的只是想帮助他人。他说："我敢肯定，我收到的信件能装满我的房间。人们告诉我他们是如何再一次听到了那些已经消失的嗓音发出的声音，感觉到了已经消失的手的触摸。"

然后，他站了起来，拿起帽子和书，轻轻地抚摸他的狗，微微弓着腰，有点儿被逗乐的样子，又有点羞怯。"好吧，"他说，"再见。"

第九章
伟大的游戏

"我认为我们不安全。"

"现在世界上没有人是安全的,华生。何况我们呢。"

——《福尔摩斯与恐怖之声》中的演员尼格尔·布鲁斯和巴兹尔·拉思伯恩

尼格尔·布鲁斯(Nigel Bruce,朋友们叫他"威利")的日子不好过。他曾是极会享受生活的人,经常参加聚会,玩板球(尽管曾在战争中受过伤;在坎布雷战场,他的腿上中了11发子弹),与他人热烈地说笑。这位经验丰富的演员,在纽约陷入了百老汇的一场名为《骑士之歌》的大灾难中。这部传记音乐剧讲述了吉尔伯特和沙利文不知何故与威尔士亲王、奥斯卡·王尔德以及萧伯纳纠缠不清。该剧由奥斯卡·哈默斯坦担任制片,布鲁斯扮演吉尔伯特。人们不是都喜欢老吉尔伯特和沙利文吗?也不总是。10月17日首演拉开帷幕,却无人观看。也许1938的秋季是音乐喜剧的低谷期。此时,希特勒刚刚踏进苏台德区。奥森·威尔逊正要让整个美国相信他们遭遇到火星人的入侵。每个人都有点心烦意乱。

万圣节前夕，哈默斯坦决定终止演出。听到消息后，布鲁斯忧心忡忡地离开了剧院。这部剧的终结意味着兼职演员又得重新参加"我如何生存"这个好玩游戏了。他是个状态稳定的演员，在舞台上很成功，而且在好莱坞是一位很棒的绅士，成绩颇丰，还拥有万能的英国口音。就在那一年，他出现在电影《历劫孤星》和《苏伊士运河》中，泰隆·鲍华（Tyrone Power）是主角。当然，布鲁斯是配角。他可以勉强过日子，他总是这样。

尼格尔·布鲁斯回忆，那时他曾经想过要自杀。

在郁郁寡欢时，他收到了密友老巴兹尔·拉思伯恩发来的电报。拉思伯恩是尼格尔在好莱坞英国侨居地的主要好友之一。"回到好莱坞吧，威利，亲爱的孩子，"电报上写道，"你来扮演华生，我来演夏洛克·福尔摩斯。我们会合作愉快的。"

巴兹尔和尼格尔。福尔摩斯和华生。多棒的主意。

达特穆尔：地形开阔，多雾阴湿，布满怪异的岩石和凹陷的洞穴。浓雾弥漫在树林中。小溪的涓涓细流蜿蜒曲折，苔藓遍布。完美极了。一个百人团队在 20 世纪福克斯（Fox）电影制片厂的"环形全景"舞台上打造了 6 万平方英尺的荒原，以配合精心设计的伦敦和令人毛骨悚然的巴斯克维尔庄园，所有这些背景都是为福尔摩斯追踪传说中的地狱野兽——巴斯克维尔的猎犬——而打造。

福克斯倾尽全力出品了迄今为止最雄心勃勃的福尔摩斯电影，由铁腕导演西德尼·兰菲尔德（Sidney Lanfield）执导，选用了维多利亚时代的全套服装与布景——这并不是说服装和布景是完全符合历史的，它们也没有那么耗时和沉闷，但确实唤起了人们的共鸣。（自 1900 年以来，福尔摩斯题材的电影比比皆是，几乎都是穿着当代服装拍摄的。）有一次，由英俊的新人理查德·格林（Richard Greene）扮演的亨利·巴斯克维尔爵士，在拍摄间隙间，漫无目的地在"荒原"上溜达，结果彻底迷路了。他不知所措，不顾一切拼命地呼救。这几乎是沉浸式表演了。

布鲁斯记得他和他的朋友巴兹尔怎样吸引了兰菲尔德，一个众所周知的急性子。每天早上，男主角都会热情地拥抱导演，亲吻他的额头。每次拍完后，拉思伯恩和布鲁斯都会握手，并"郑重祝贺对方的'出色表演'"。他们决心将电影拍得更有趣一点，这让兰菲尔德困惑不已，但最终他屈服于这种强势的友好。电影成功了。在拉思伯恩给布鲁斯发电报五个月后，1939 年 3 月底，《巴斯克维尔的猎犬》在美国电影院上映：这是一部华丽的创作，演员们手持刀剑，身穿紧身衣，通过最后在荒原对峙的镜头，全方位刻画了邪恶的雨果·巴斯克维尔爵士。演技精湛的演员为小说中的乡下怪人和阴谋家注入了活力：莱昂内尔·阿特威尔（Lionel Atwill）饰演的莫蒂默医生眼睛瞪大，心悸不已；21 岁的格林诠释了一个大下巴、愚蠢却有魅力的亨利爵士；约翰·卡拉丹（John Carradine）和艾莉·马利恩（Eily Malyon）饰演巴斯克维尔庄园那令人毛骨悚然的仆人，似乎比其他人更枯瘦，更像幽灵。

一位研究者统计表明，这段时间，福尔摩斯先后出现在 22 部电影中，这可能还是保守的数据。从影片画面开始播放的那一刻起，制片人和导演们就被贝克街的场景所吸引。《夏洛克·福尔摩斯的困惑》幸存下来了，但全世界的福尔摩斯无声电影大多已湮灭在时间长河中。1905 年，美国人改编了《四签名》。1907 年，一家意大利公司拍摄了电影《福尔摩斯的对手》。1912 年，法国演员乔治·特雷维尔（Georges Treville）为后人留下了一个略显憔悴的福尔摩斯形象（剧中没有华生）。你可以在视频网站上观看，看看特雷维尔执导的《铜山毛榉案》背后的创作团队，了解他们是如何不通过语言来诠释柯南·道尔复杂的嵌入式叙事的。1916年，威廉·吉勒特自己也尝试了一下，以失败告终，票房惨败。约翰·巴里莫尔（John Barrymore）于1922年饰演了一个疲惫却目光敏锐的福尔摩斯，但也没有再度尝试。

  英国演员艾尔·诺伍德（Eille Norwood），自1921年起在斯托尔工作室出演一部长篇连续剧，他饰演了一个真正伟大的福尔摩斯，从早期那些画面闪动、无声的电影中脱颖而出。诺伍德的造型姿势精确地再现了西德尼·佩吉特的插图：福尔摩斯蜷缩在扶手椅上，双膝抱起；福尔摩斯在犯罪现场的角落里思考，低着头，陷入沉思。值得称赞的一点是，夏洛克·福尔摩斯在书本、电影、游戏里的每次出场，都揭示了在特定时刻，文化是如何形成的。与不到十年前笨拙的特雷维尔版本相比，电影技术的飞跃促使诺伍德的电影突飞猛进，尤为引人注目。剪辑出现了。斯托尔团队没有在法国拍摄像舞台剧一样的场景，而是在中距离和特写镜头之间进行有节奏的剪辑。这使得诺伍德的表演更为含蓄、细致，塑造出一个科学严谨、理智严肃的福尔摩斯。不过，他的眼睛和忧郁的眉毛，投射出深沉的灵魂。演员尽最大努力处理角色，阅读原稿的每个片段，并自学小提琴。在选角过程中，制片人对诺伍德竞选福尔摩斯一角持怀疑态度。一天，一个看上去很奇怪、身材瘦削的老人出现在演播室里，要求和负责人说话。他们很不情愿地让他进来，诺伍德撕下伪装，毫不含糊地宣布他就是福尔摩斯。谁还会再质疑呢？电影制片人也学会了，在哪怕无声的情况下，如何尽可能接近柯南·道尔的倒叙手法以及紧凑的故事套故事的写作方式。因此，诺伍德成为夏洛克发展史上的重要人物，是我们今天仍能看到的第一位伟大的夏洛克形象演绎者。①

然而，声音确实产生了巨大的影响。自1929年《福尔摩斯归来》起，克莱夫·布鲁克（Clive Brook）在福克斯制作的两部不祥的影片中插入了语言，也加入了冷静和温文尔雅的幽默感，使这两部电影一下子就有了现代电影的样子。阿瑟·旺特纳（Arthur Wontner）在20世纪30年代的电影中塑造了一个完美的福尔摩斯——他不近人情又爱挖苦，但与华生在一起时，却不乏俏皮、深情、幽默。一项电影传统就此开启。

菲利普·圣约翰·巴兹尔·拉思伯恩于1892年出生于南非，不过由于布尔人怀疑他的父亲是英国间谍，所以全家很快被遣返回英国。② 巴兹尔从未弄清楚这是不是真的。但他认为父亲在南非结识了柯南·道尔。自17世纪起，显赫的拉思伯恩家族就定居在利物浦。巴兹尔从小在这儿长大，受教于一所优秀的公立学校。年轻时就登上舞台，和他的表兄弗兰克·本森（Frank Benson）一起巡演莎士比亚戏剧，演艺事业大有前途。不久，战争爆发了。"1914年8月，我不会相信自己竟有可能最终成为一名称职的、适应能力相当好的士兵。"几十年后，他在回忆录中写道。

但他做到了，他在战争中担任利物浦苏格兰团团长一职，负责危险的前线侦察任务。1918年春末，英国指挥官怀疑德国军队可能正在撤退，拉思伯恩自愿参加了一场两人的日间突击行动。黎明前，他和一个下士躲在"无人地带"里，等待德国战斗机中队扫射英国防线，然后潜入最近的德国战壕。他们发现那里空无一人，于

---

① 年老的柯南·道尔是诺伍德的影迷。道尔曾称赞他饰演的福尔摩斯"演技精湛"。
② 威廉·尼格尔·布鲁斯是英国外交官的儿子，出生在墨西哥。想想看这有多奇怪。

是继续搜索，发现一名步兵，拉思伯恩立即开枪打死了他。他们彻查了该男子的口袋后——拉思伯恩说，他的日记和其他文件证实德国已撤退——在重机枪火力下逃脱。回到英国战营后，拉思伯恩发现在逃跑过程中踩到了一具腐烂的尸体。他写道："一只鞋掉了，一只鞋还在脚上，战争的现实和恐怖向我袭来。"

当他爬出德军战壕时，带刺的铁丝网在他的腿上留下了疤痕。心爱的弟弟约翰在战争中死去。他上前线时，他的母亲去世了。但正如大多数幸存者一样，拉思伯恩忘掉悲伤，继续前进。最终，伦敦舞台把他推向了百老汇。1935年，当他饰演罗密欧一角，与凯瑟琳·康奈尔（Katherine Cornell）搭档时，米高梅电影公司（MGM）向他抛来了橄榄枝。对一个举止绅士、爱好莎士比亚戏剧的英国人来说，这是他在好莱坞接受舞台击剑训练的一个绝佳机会。拉思伯恩经常扮演盛世中的恶棍。在1938年的《罗宾汉历险记》中，他扮演光彩照人的吉斯本的盖伊爵士，和埃罗尔·弗林在一场两分钟的剑拔弩张的打斗戏中互相攻击，最后盖伊爵士从高高的楼座掉下来摔死了——但死相仍然很帅。①

在《巴斯克维尔的猎犬》中，拉思伯恩饰演的福尔摩斯形象丰满，充满了前线情报员的钢铁柔情和好莱坞明星的火热魅力。演员出场时穿着那件有名的晨袍（按照电影制片厂的惯例，从米高梅租借过来），看起来像第二层皮肤：光滑而轻薄。乌黑光亮的头发上喷上发胶，固定发型，那优雅的骨骼轮廓就像佩吉特的插画一样。他以自己的智慧和对必须要看必须要做的事情的热切关注，抓住了夏洛克的有趣之处。关于拉思伯恩如何用眉毛表演也可写篇论文

―――――――

① 拉思伯恩从十几岁起就一直练习击剑，让他感到有趣的是，富有魅力的弗林并不懂得如何真正地击剑。基本上，他得为两人设计剑术动作。

了。不久，他和布鲁斯就冲到了人造达特穆尔那雾气弥漫的人造岩石上，拉思伯恩裹着自己的长披风，像是天生的猎鹿人。这可怜的猎犬一点儿希望也没有。

在政治形势严峻的1939年春，《巴斯克维尔的猎犬》风靡全球影院，轰动一时，为此福克斯推出了续集。事实上，推出的这部《福尔摩斯历险记》算是有点反应过快了。布鲁斯对于这部"相当冗长而复杂，与柯南·道尔的任何作品都不相似"的电影感到遗憾。兰菲尔德没有以导演的身份回归，这部电影——就像维多利亚式鳕鱼泥，讲述了莫里亚蒂和一些杂七杂八的东西——缺乏《猎犬》的神韵。时机不凑巧。《历险记》在1939年9月1日上映，这一天德国入侵波兰。观众不再全身心支持电影事业，但仍创造了中等回报的电影收入。与此同时，福克斯公司在幕后忙碌不已，他们紧急与柯南·道尔产权公司的多位代表展开了联系。当时，该公司由这位已故作家的儿子丹尼斯（Denis）和阿德里安（Adrian）掌管，他们是不愿工作的纨绔子弟，迫切地想借助家族特许经营权牟利。

有鉴于此，福克斯决定在两部福尔摩斯电影的基础上拓展成一个很大的电影系列。然而，事实证明，拉思伯恩与布鲁斯的组合非常强大，贝克街的故事不能没有他们。秋天时分，随着波兰战败以及法国和英国在所谓的"假战"（Phony War）中与德国交锋，两个人开始在美国全国广播公司（NBC）的蓝色广播网上长期扮演福尔摩斯和华生。每周一晚上播放半小时，成千上万的美国家庭收听他们的节目，该节目声音流畅悦耳、对话机智巧妙，由溴奎宁和佩特里葡萄酒赞助。这些广播剧由柯南·道尔作品最优秀的诠释者之一伊迪丝·迈泽尔（Edith Meiser）监制。迈泽尔自称是夏洛克迷，她是一位经验丰富的演员，在广播这种新媒体出现早期就培养了广播写作的技能。（拉思伯恩和布鲁斯来录制前，她已经有多年的夏洛克广播剧创作经验，第一部剧是由吉勒特本人来录制的《花斑带之谜》。）她的剧本经常会采用一种现在看起来很奇怪，但在当时完全适合广播的技巧。一位腔调矫揉造作的播音员代慈善的赞助人说几句话后，稍作停顿，然后宣布："现在我们又坐在华生医生的书房里了。这位好医生在房间里漫无目的地徘徊……"（1939年12月11日，迈泽尔的《马斯格雷夫礼典》开始播出。）然后播音员（后来有时也是约瑟夫·贝尔的化身）与华生进行对话。显而易见，华生现在已经退休回到加利福尼亚，开始讲述故事。一段小提琴急奏将背景从当代美国切换到维多利亚时代的英国。拉思伯恩加入进来，锐利的词锋穿透了混沌的迷雾。迈泽尔的剧作，采用了柯南·道尔的自然叙事方式。人们会关灯去细细聆听。

两年内，美国环球影业公司（Universal Picture）签下了拉思伯恩和布鲁斯，以便振兴福尔摩斯电影系列。没有人真的想看到这个系列终结。拉思伯恩敏捷狡黠；尼格尔糊涂滑稽；再加上追逐的刺激，两个人相得益彰，不可或缺。

如同以前的柯南·道尔，巴兹尔·拉思伯恩和尼格尔·布鲁斯偶然发现了福尔摩斯的秘密力量，这种力量在19世纪90年代、20世纪40年代，或者是现在，都能明显感知。人们总是不满足的。这和所有已知的经济规律明显不同，需求几乎总是大于供给。人们可能会认为，当柯南·道尔在20世纪30年代鞠躬谢幕时，世界本应注视着正典——是的，最虔诚的粉丝正是这样来称呼柯南·道尔的原著——说，就这样吧，很好。然而并不。被福尔摩斯吸引的人想得到更多。他们既希望从柯南·道尔那儿得到更多，也希望从拉思伯恩和布鲁斯那儿得到更多。

不仅如此，几乎从一开始，福尔摩斯和华生就在读者心中激发起不可抗拒的愿望，让人想要进入他们的世界，四处游玩。就像是柯南·道尔留存了大胆的创意，抑或是，也许为了丰富想象力而创造了终极乐高。这两位演员可能会陷入更大、更复杂的转变中：想要重造、重组、重塑、庆祝、颠覆，而且通常还在修补福尔摩斯。随着 20 世纪的发展，由爱和金钱的有力结合所推动的追求只会变得更加复杂和漫无边际，说实话，也更加奇怪。游戏开始了。

芝加哥记者文森特·斯塔雷特，日后主要的夏洛克研究者，于 1920 年出版了《独一无二的哈姆雷特：夏洛克·福尔摩斯先生历险记》的豪华私人订制版。他甚至给柯南·道尔送了一本，表示希望这份致敬没有"雪上加霜"。其他许多人也初试身手。1893 年，英格兰中部的《伯恩利快报》(*Burnley Express*)刊登了一篇名为《超越福尔摩斯的男人》的故事，描述了一个力图超越夏洛克的侦探，在这个故事中，夏洛克的形象非常真实。①1897 年，随着福尔摩斯正式死去，小说家约翰·肯德里克·邦斯在《追逐房船》(*The Pursuit of the House-Boat*)一书中，让侦探负责调查人死后的生活。20 世纪初，欧洲大陆讲英语的游客经常注意到一些引人注目的夏洛克图书馆，里面满是柯南·道尔完全不知道的书名。自《世界侦探的秘密档案》伊始，出现了一系列粗制滥造的德国小说，封面令人毛骨悚然，比如福尔摩斯待在一个满是吊死妇女的地牢里，诸如此类。（德国人呀！）第一部希腊侦探小说是对夏洛克·福尔摩斯的仿写。斯塔雷特的尝试，标志着一个新的传统：仿写，努力成为柯南·道尔，试图还原贝克街。这种冲动来源于那些华生未透露的

---

① 故事的原版是马蒂亚斯·博斯特伦查到的，他是我的瑞典老同志，街头流浪儿的一员。

冒险经历，他总是那么爱戏弄人，总是稍稍提及却不深入描述。如果柯南·道尔拒绝解密苏门答腊巨鼠案、帕拉多尔大厦案或业余乞丐团案，别人为什么不试一试呢？

1928 年，威斯康星州的一个上进的小伙子奥古斯特·德莱思（August Derleth）给柯南·道尔写了一封表达仰慕的信，问他是否打算再写福尔摩斯的故事。柯南·道尔一天能收到五六封这样的信，于是直接在德莱思的信上，草草地提了几句异议，就寄回了大西洋彼岸。德莱思并没有坐着傻等，后来他估算自己共在 350 本杂志上发表了 3000 篇文章。德莱思粗制滥造出了《黑水仙案》，讲述的是 20 世纪 20 年代一位名叫索拉·庞斯（Solar Pons）的侦探的故事，他住在伦敦普雷德街（Praed Street），与医生兼作家帕克（Parker）保持着友谊，组织了名为"普雷德街小分队"的街道青年行动。小说在通俗杂志《猎网》（Dragnet）上发表之后，庞斯成为最强大的仿冒专业户，几十年来不断地追求探案——实际上比福尔摩斯还多——甚至激发了他自己的微型粉丝亚文化。①

如今，在我家乡的鲍威尔书店里，陈列着夏洛克的模仿、致敬、衍生和融合作品。几家出版社，如英国的 MX 和美国的泰坦，提供的书单满是"新式夏洛克历险记"的字样。（后者出版了一套粗制滥造、耸闻取宠的丛书"福尔摩斯再历险记"，从书套上来看，里面包括《杰基尔医生和福尔摩斯先生》以及《外质人》；生命短暂——夏洛克竟与魔术师哈利·霍迪尼组成了新搭档。）作家们以写此类作品为生：唐纳德·托马斯（Donald Thomas）的非虚构作品《维多利亚

---

① 索拉·庞斯的故事充满了魅力，尽管手法娴熟、充满热忱，却缺乏——再次强调，这是对我来说——福尔摩斯的真正激情。在我看来，这些故事最好的地方在于，德莱思怪诞的命名方式：《胆战心惊的准男爵》《三个红矮人》《烂脸男子》《托特纳姆狼人》《小小绞刑官》等。

时代的下流社会》(*The Victorian Underworld*)让我对 19 世纪罪恶的英国有了粗略地了解,他新创了"福尔摩斯之女王密使"这一引人入胜的主题,并就此写了许多书。丛书的主要侦探人物包括莱斯特雷德、迈克罗夫特·福尔摩斯、艾琳·阿德勒、哈德森夫人等。

　　模仿之作(pastiche)是个很难处理的主题,这个词本身不能涵盖大多数洛可可式的作品。尼尔·盖曼(Neil Gaiman)的《绿字研究》(*A Study in Emerald*)将福尔摩斯和霍华德·菲利普·洛夫克拉夫特(Howard Phillips Lovecraft)的作品相融合,产生了令人难忘的效果,这是"仿作"吗?那迈克尔·夏邦(Michael Chabon)的《最终方案》(*The Final Solution*)呢?这是一部非常糟糕的小说,书中年长的侦探退休后养蜂,遇到年轻的"二战"难民,难民手臂上文着一个难以理解的数字,他努力想弄明白那意味着什么。米奇·科尔林(Mitch Condon)的小说《心灵诡计》(*A Slight Trick of the Mind*)同样考虑到上了岁数的福尔摩斯,既然侦探已老,就干脆让他患上老年痴呆症。艾玛·简·霍洛韦(Emma Jane Holloway)的蒸汽朋克的魔幻风格故事,以夏洛克·福尔摩斯的侄女埃维莉娜·库珀(Evelina Cooper)为主角,将她描绘成一个会使用魔力的形象,这又如何界定?

　　我们应该如何看待作家们发挥群体思维对夏洛克进行无止境的重塑呢?

　　我应当承认,仿作和相关的柯南·道尔风格作品让我模糊感到有种被"吃到饱"的自助餐支配的恐惧。零星点点看起来还行——不管怎样,不是致命的——可是庞大的总量威胁着我脆弱的体质。在楼上某处的一个架子上,有一本以蒙大拿州为背景的夏洛克历险记。我探着身子,突然看见了一本破损的平装书《福尔摩斯的功绩》(*The Exploits of Sherlock Holmes*),这是阿德里安·柯南·道尔多次试图借助父亲来赚钱的作品之一。技艺高超的疑案小说家约翰·狄克森·卡尔（John Dickson Carr）是阿德里安半数作品的"合著者"——直到阿德里安变得真正令人难以忍受为止——所以这部作品并不可怕。这儿还有一份清单，是不同作者以福尔摩斯对抗吸血鬼为题材创作的故事。为了安全起见，我想把它们塞进大蒜里。

问题是，约 98% 的仿作都是粗制滥造的，尤其是它们对形式的完全照搬是极其低级的。当另一位作家试图点燃贝克街 221B 的魔灯时，充其量只能微光闪烁。对话充斥着维多利亚风格的模仿与沉闷的阐述。赝品福尔摩斯与毫无生气的华生像恐怖的破发条玩具一样吱吱作响。柯南·道尔令人熟悉的编织世界的工具，被毫无艺术技巧地随意滥用、弃置：套用熟悉的情节，比如福尔摩斯注射可卡因、华生清理左轮手枪、哈德森太太拿着饮料充气机笨手笨脚地走着、警探莱斯特雷德昏倒在地毯上等，仿写者写出——抛出了十来个"未展开故事"。华生式的叙述方式难以再现。我深有同感。我自己也尝试过仿写。到目前为止，我的这些仿作已经被谨慎地销毁了。

有时候，也有人处理得当。唐纳德·托马斯的间谍阴谋和真正的夏洛克式维多利亚时代的犯罪侦探活动适配默契，相得益彰。在小说《尘与影》（Dust and Shadow）中，林赛·费伊（是的，她是贝克街女孩成员）以对原作的声音、神韵的不同寻常的感觉和对社会状况的现代敏感，派遣福尔摩斯和华生与开膛手杰克进行对决——杰克对于模仿者来说有着不可抗拒的魅力。

作为对未来作家和读者的公益服务，我询问费伊，如何才能写出最好的仿作——以便总结出最高指导原则。"首先，你必须热爱这些角色，"她回答，"疯狂地爱。你也需要对细节的敏锐眼光。一马双轮轻便马车（dogcart）不是一马双轮有盖小马车（hansom），饮料充气机（gasogene）不是玻璃酒柜（tantalus）。接下来，你需要理解约翰·华生是这些故事中最重要的角色，就这些。"

"当你描述华生或夏洛克·福尔摩斯时，不要听他们说话，否则会陷入麻烦。注意他们的行为。人们在仿写时，总是把福尔摩斯刻画成一个厌女症患者，而事实上他对女性彬彬有礼、体贴入微。在他们的文章中，福尔摩斯变得易怒、闷闷不乐，实际上他十分享受恶作剧给人带来的惊喜。与其说他是一个反传统的人，倒不如说他爱出风头。但这又回到了我最初的建议：热爱角色，经常阅读，你就会知道该怎样做。"

在过去的一个世纪里，世界各地成千上万的作家都对这些角色及关于他们的故事进行了仿写。这一定是个线索。究竟是什么，推动一颗小小的种子实现了巨大的增长？我本可以给很多人打电话，但我打给了劳丽·金（Laurie R. King）。金出生在加州奥克兰市，现在仍然生活在加州——就地理上的感觉而言，她脱离了夏洛克所在的伦敦。然而，二十年来，这位悬疑小说家一直在写关于夏洛克·福尔摩斯的小说。或者，我应该说，是关于他妻子的小说。

是的，在她虚构的世界里，金打破常规，大胆地为1915年前后化身为养蜂老人的福尔摩斯配备了一位妻子。她描写了一位由女门徒转变成福尔摩斯灵魂伴侣的女人——聪明年轻的玛丽·罗素。在故事中扮演像华生一样的破案搭档。在十几部小说中，福尔摩斯和罗素从好莱坞到印度，冒险经历了"一战"和战争余波。他们不露声色、理智地坠入爱河，甚至完成了身体的交融。作为夏洛克老影迷，我多少觉得这有点像异端邪说，但它确实为这位老男孩创造了一个全新的冒险周期，并把真实的女性眼光投向了迄今仅通过男性情感描绘的虚构世界。不言而喻，在商业上，它必定成功。金的

第九章　伟大的游戏

罗素系列丛书（玛丽是第一主角）经常会成为畅销书，而且作为一个虚构的世界，其深度足以证明作为此系列注解存在的《伴侣》（*Companion*）一书的出版是有必要的，该书于 2014 年出版。

我询问金，是柯南·道尔的哪项特质使得她的作品以及对福尔摩斯的其他文学作品获得改编上的成功呢？她说："柯南·道尔为很多他从未探索过的领域打开了门。对我来说，更有趣的是，夏洛克·福尔摩斯作为一个厌世者，却愿意牺牲自我，为人们服务。他是一个站在鸿沟两边的人。那么他到底是个什么样的人呢？你想成为他的室友吗？你愿意做他的妻子吗？"

柯南的作品有种"未完待续"的奇特品质，只要坚持挖掘，必然能发掘出更多。柯南·道尔作品中这一明显的缺陷已经成为夏洛克·福尔摩斯成功和无限重塑的主要因素。福尔摩斯年轻时是什么样的人？何时变老？他在西藏或敖德萨做了什么？华生什么时候去的澳大利亚？劳丽·金非常聪明，她找到了一个未被挖掘的宝库，并将夏洛克的无限可能挖掘出来。

"柯南·道尔无法想象战后的福尔摩斯。"她告诉我，"在他看来，这个世界再也容不下这样的人了。玛丽·罗素是 20 世纪早期女权主义版的夏洛克·福尔摩斯。首先，我主要对她感兴趣。我本可以把她置身于旧金山，或者与她一起做很多不同的事情。但一旦我让罗素和福尔摩斯搭档，我开始看到他的潜力。我意识到，我低估了福尔摩斯，就像柯南·道尔低估了他一样。福尔摩斯精力充沛，灵活多变，他可以改变。我从 1915 年开始写起，我可以按自己的意愿让他做任何事，因为在那一刻，柯南·道尔已经和他分手了。"

在某种程度上，金和所有模仿或诠释原版福尔摩斯的人都只是跟随原作者的脚步，以两大主角为载体讲述各种故事。柯南·道尔在福尔摩斯故事中创建了无限的叙事可能性，而像金这样的新锐作家正是利用了这种特质。"你可以对苏门答腊巨鼠做任何的改编,"她说道,"你可以把夏洛克·福尔摩斯带到印度,而且还可以问问他,当时的印度还发生了什么?"

从一个坚定的传统主义者的观点来看,有一件奇怪的事情令人担忧,那就是一定有很多读者认为金笔下的已婚老人就是真正的夏洛克·福尔摩斯。"在我的每部小说中,我都会时不时地提到原著。"这位让夏洛克结婚的女人说道。(当然,威廉·吉勒特也这样做过。)"这就像用胳膊肘轻轻一推,对很多读者来说,这是乐趣之一。但这只是一场游戏。许多读过我小说的人从来没有读过柯南·道尔——虽然很奇怪——他们却肯定能从我描述福尔摩斯的方式中得到乐趣。"

这是真的:许多——实际上是大多数——喜欢"夏洛克·福尔摩斯"的人永远不会翻开柯南·道尔的作品。追溯到19世纪90年代,那时有人可能会喜欢(甚至爱上)出现在剧院或报纸的仿作中的福尔摩斯。对数以百万的人而言,吉勒特是夏洛克·福尔摩斯,艾尔·诺伍德也是。在仿作和所有的改编作品中,每个作者都创造了他或她自己的福尔摩斯。不管离柯南·道尔有多远,每个都依赖原作的一个独特特征:你可以带福尔摩斯去任何地方,让他做几乎任何的事情。不管怎么着,他总是夏洛克·福尔摩斯。

"这里是《恐怖之声》!这里是《恐怖之声》!"

时间:"二战"早期的危险时刻。地点:伦敦。波兰一片废墟。纳粹统治着挪威。法国四分五裂。美国人在打棒球,或者做别的什么。德国人要把英国炸成碎片,英国孤立无援。让焦虑不安的气氛愈发紧张的是(至少在1942年9月18日环球公司发行的《福尔摩斯·夏洛克与恐怖之声》中是这样),一个匿名的宣传广播侵入了英国人的广播波段中,对即将到来的暴乱发表了故作神秘的预言。军用运输列车被破坏,港口区被焚毁,大坝被淹没。背后是谁?它能被阻止吗?政府"内部委员会"的部长们争相遏制损害。"在这种紧急情况下,"一位官员说,"我们必须利用每个人的独特才能。"于是他们召来了福尔摩斯。①

巴兹尔·拉思伯恩和尼格尔·布鲁斯沉着冷静地处理了这件事。几十场的广播表演让他们得到了磨炼。拉思伯恩炫耀他蓬松的王尔德式发型,布鲁斯像得了冠军一样怒吼。贝克街的王牌组合回归了,这一次,制作人使命和年代设定都发生了变化:现在福尔摩斯和华生生活在 20 世纪 40 年代。(就在三年前,由同样的演员,扮演相同的角色,还置身于 19 世纪八九十年代的背景中,这又怎么解释呢?好莱坞啊!)

环球影业对这部系列片进行了创造性的基础改造。福克斯电影公司制作的《巴斯克维尔的猎犬》是造价高的"A"级片,而环球影业将其拍成"B"级片。"B"级片是制作周期短且预算低的影片,可以在几周内拍摄完成一部电影,然后继续,再接着拍。与此同时,电影公司大肆宣扬福尔摩斯和华生,让他们跃上了"头版头条和今日要闻"②。尽管是当代背景,环球影业的制片人明确计划将两人封

---

① 福尔摩斯打了一场漂亮的仗。苏联军队将《歪唇男人》纳入红军战士的期刊小图书馆。英国信息部制作了一部长达一分钟的教学片断《神圣的煤火》,视频中福尔摩斯和华生解释了如何节约取暖燃料。("亲爱的福尔摩斯,是推理吗?""不,是减少,我亲爱的观众。")激进的英军间谍和破坏组织——特别行动处,在贝克街外采取行动,不可避免地被内部人士看作"贝克街小分队"组织。据说,1937 年德国制作的《巴斯克维尔的猎犬》是在希特勒地堡发现的两部电影之一。
② 我对环球影业的创作过程的描述很大程度上要归功于阿曼达·菲尔德(Amanda J. Field)的一本书《英格兰的秘密武器》。菲尔德使用了大量的档案材料——制作的笔记,工作室备忘录,预算记录,电影工作室和柯南·道尔遗产公司的代表之间的通信,等等——对创造拉思伯恩/布鲁斯系列而经历的决定和策略做出了令人信服的分析。

存在神奇的时间泡沫里。尽管他们所遇之人生活在20世纪40年代（穿着也符合40年代特征），福尔摩斯和华生还是要将自己当作维多利亚人。（尼格尔·布鲁斯只穿自己的衣服。）贝克街221B将作为一个临时的安全屋，存放1895年的文物。他们将是过时的人。

这种别出心裁的设定里也有一定的搞笑成分。在《恐怖之声》中，拉思伯恩准备冲出贝克街追捕纳粹恶人时，他抓了一顶猎鹿帽。"不，不，不行，"布鲁斯抗议道，"福尔摩斯，你答应过的。"夏洛克只能遗憾地戴上了软呢帽。但还有一个更重要的问题。通过保留这个角色维多利亚时代的精髓并将其带入现代社会，这部电影发出了关于英国人坚忍不拔精神的直白宣言：为反对极权现代主义，两位穿着花呢上衣的英国绅士，住在陈旧昏暗的公寓里，备有韦伯利单动式左轮手枪，时刻保持头脑冷静，他们永远不会屈服。在1943年上映的《福尔摩斯之秘密武器》中，拉思伯恩大步流星地穿过伦敦被激烈空袭后瓦砾遍地的街道，毫不畏惧。在同一部电影中，当被福尔摩斯从瑞士解救出来的一名军事科学家从英国皇家空军的飞机里探出头，紧张地扫视着保卫英吉利海峡的一排排海军舰艇时，夏洛克正在他身旁打盹，装扮成忠实的老书商，看上去平静安详。夏洛克·福尔摩斯终将获胜。我们也会赢得战争。

《秘密武器》是环球影业拍摄的第二部福尔摩斯电影，是连续三部关于战时纳粹追捕阴谋的速成电影之一，它引入了自己的秘密武器：导演罗伊·威廉·尼尔（Roy William Neill）。尼尔从那时起开始执导福尔摩斯系列电影。他是被遗忘的文化产业英雄之一，一个在默片时代学会拍电影的商业工作狂，在短短三周内就能完成一部福尔摩斯电影。布鲁斯记得他穿着讲究，个子矮小，喜欢抽烟斗，被昵称为小老鼠（Mousie），他是一位大师级的工匠。他与拉思伯恩和布鲁斯建立了良好的合作关系。实际上是这三巨头，负责处理日常业务，一起观看工作样片，并通过剧本对演员舞台风格的需要协调拍摄班次。

在接下来的 14 部福克斯双人组所拍摄的系列电影中，尼尔用灯光和摄影，打造了厚重的夏洛克式的灯光和阴影的色调，从黑曜石的颜色到耀眼的白色。镜头停留在丰富的表情上——配角一直惊恐不安——继而向不祥的房间和夜幕下的风景慢慢推进。你可以闻到灰尘和无烟火药的味道。导演的标志性造型使福尔摩斯的形象充满了 20 世纪 40 年代的魅力，是尼尔造就了现代版的大侦探。他那令人敬畏的技巧也有助于人们理解一些奇异的构思，如 1944 年的电影《蜘蛛女》中的杀手狼蛛、手提箱里的侏儒和伪装成戴头巾的印度人的福尔摩斯。尼尔让电影大获成功。这位导演在 1946 年过早地离世，因心脏病发作在斯特兰德去世。尼尔是经典黑白电影时代的先驱，尽管他在生前未被足够重视。

这些电影的场景一定能让人感觉到像是一个秘密社会，囊括了半数太平洋沿岸的英国中年男性形象，尤其是丹尼斯·霍伊饰演的肥硕健壮的警探莱斯特雷德和亨利·丹尼尔饰演的阴险狡诈的莫里亚蒂。然而，拉思伯恩让人耳目一新，他那意义深远的形象如一把利剑。他饰演的夏洛克敏捷易怒，小心翼翼地磨砺着自己的粗鲁，措辞紧张而急促。在拉思伯恩的演绎下，"这很简单，亲爱的华生"的九个音节变成了蒸汽快车。演员体现了阿瑟·柯南·道尔爵士的拟人化倾向，像优雅的猎鸟四处游荡，或是似豹子一般看守着多雾阴暗的自然栖息地，还穿着高领粗花呢西装。拉思伯恩版的福尔摩斯是一个大胆又冷静的人，在《绿衣女子》中，他对因为一个女孩的尸体而心烦意乱的警探莱斯特雷德说："是的，太可怕了。""我们去喝点东西吧。"与角色相反，拉思伯恩恰恰没有角色身上放荡不羁的幽默和温柔。你真的无法想象拉思伯恩饰演的福尔摩斯弹奏甜美的小提琴催眠曲哄华生入睡。对我们的拉思伯恩来说，一切都是工作而已。

拉思伯恩对精确细节的不懈追求，对角色大有裨益，但如果没有尼格尔·布鲁斯，他会让人无法忍受。许多误导性评论都指向了布鲁斯饰演的华生，他那瞪眼式的喜感在 14 部电影中贯穿始终。有人反对说，他的演技不能在观众头脑中唤起柯南·道尔笔下肌肉发达的男子形象，这些批评都有道理，却又完全没有抓住问题的关键。布鲁斯饰演的华生，表面上是大侦探的副手，却从来没有遇到过不能带着他塞满纱布的口袋离开的场景。他那沙哑的鼻音、没头没脑的自尊、目光呆滞的眼神，还有那步履蹒跚的身躯，所有这些看起来都是缺乏艺术性的，却都需要精湛的演技。这对搭档产生了强烈的化学反应；在荧幕外，他们是调皮的酒友，经常带上妻子聚在一块儿喝鸡尾酒。但是邦妮·布鲁斯受不了奥维达·拉思伯恩，不过人们猜想，她得出来撑场面。虽然拉思伯恩的福尔摩斯是一个以自我为中心、十分强势的人，布鲁斯却贡献了慷慨大方、近乎自我牺牲的喜剧表演。他给了强大的福尔摩斯一个必要的缓冲，赋予这些电影智慧和灵魂。这个系列能长盛不衰，华生至少应该享有一半的荣誉。①

他们以惊人的速度拍摄电影：自 1942 年秋至 1946 年春，发行了十几部，虽然不完美，但制作精良，趣味横生，这是人们在备受束缚的情况下想看到的。有趣的是，早在 1943 年，环球公司就判断，美国公众对所有的战争题材都感到厌倦，至少在娱乐方面是这样。于是便下定了决心，在地缘政治三部曲之后，系列电影转向了

---

① 在我小的时候，这些电影是有线电视的日间主要节目。如今，我们可以在视频网站上观看完整版。据说视觉效果并没有改进。

哥特式恐怖，冠以精准的片名如《红爪子》《死亡珍珠》等。系列电影让拉思伯恩和布鲁斯一举成名，又一次把福尔摩斯和华生重刻在公众的脑海里。但令拉思伯恩极为恼怒的是，无论去哪里，都会有一些乡巴佬喊着"基本演绎法"！

环球影业在揭示了福尔摩斯在20世纪会成为什么样方面发挥了尤其大的作用：他是一个灵活的时间旅行者，时刻准备适应任何新的文化时代或流派。虽然早期的电影已经展现出穿着当代服装的福尔摩斯形象，环球影业第一次真正地按时间顺序进行了重新部署。从大的层面上来说，尼尔、拉思伯恩和布鲁斯做了奥古斯特·德莱思做过以及劳丽·金和其他许多人要做的事，再现了贝克街的气氛，阐明哪些变化已经发生，而哪些永不会变。他们忠实于柯南·道尔的风格，展示了幽默、时髦、惊悚的元素以及根据当时的情况量身定制的信息。一种拥有如此精致的乐趣的文化，绝不会输给某个缺乏幽默感的奥地利-巴伐利亚下士。

1944年12月，通用汽车公司的执行官埃德加·史密斯收到了一封著名的信，他曾经创办了《贝克街杂志》，自此后开始管理小分队。（贝克街小分队的创始人克里斯托弗·莫利喜欢创办社团，但不擅于管理。）给史密斯写信的人提出了一个激进的理论：福尔摩斯是美国人。这位绅士写道："他成长于地下秘密组织，由父亲或养父抚养长大，因此学会了高度发达的美国犯罪艺术中所有的交易技巧。他是典型的美国人，而非英国人。"

寄信人为美国总统富兰克林·德拉诺·罗斯福（Franklin Delano Roosevelt），贝克街小分队的秘密成员。罗斯福在战争期间给小分队写了一系列轻松活泼的信件，信中宣称，国家情报局的小屋，也就是后来的戴维营，已被私下认定为"贝克街"了。史密斯将总统设为名誉会员,在"二战"胜利日来临前,一直对外保密。(杜鲁门也是会员之一。)罗斯福的"福尔摩斯是美国人"的理论——除了总统特权之外,几乎没有提供任何证据——证实了他曾暗中参与追求夏洛克亚文化的中心事业:伟大的游戏。

伟大的游戏很早就开始了,可能始自弗兰克·西奇威克给华生医生写公开信,质疑《巴斯克维尔的猎犬》的内在一致性,而小说的系列出版仍在进行中。1904年,一位名叫迈克尔·梅耶夫斯基(Michael Mayevsky)的俄罗斯心理学家出版了一本专著,分析福尔摩斯的调查方法。1911年,在格里芬俱乐部,一位名叫罗纳德·诺克斯(Ronald Knox)的英国圣公会牧师发表了《福尔摩斯文学研究》一文,这是一部巧妙的令人难以置信的讽刺作品,将德国圣经学者的批评技巧运用到了福尔摩斯的经典中。

在调查这些有重大影响的作品时,人们注意到一个名字的缺失:阿瑟·柯南·道尔。伟大的游戏经常这样假设:福尔摩斯和约翰·华生(以及他们的随从,甚至送信人比利)都是真实的;他们经历了真正的冒险;华生真的记录了他们的事迹;而柯南·道尔充其量也只是华生的"文学经纪人"。在此基础上,这个游戏可以以任何形式展开。有时你甚至会发现,有的作品承认柯南·道尔是创作者,接近传统的文学批评形式。游戏最基本的形式是考察六十个故事的"真实"年代——当然,华生的日期没有任何意义,但是有月相、天气报道、对政治事件的间接引用、报纸文章的典故,以及精心设计的互相依存的参考信息来帮助重建真实的年代。重建年代会让你忙一段时间。或者只要翻翻盖文·布兰德(Gavin Brend)在1951年精心撰写的《亲爱的福尔摩斯》,就能找到即使不被普遍接受,也能派上用场的案例。华生年代学只是入门级毒品:这种复杂的类学术研究审视了人们所能想象到的(福尔摩斯在哪里上大学？）和难以想象的内容（华生是女人吗？），有时用尽各种讽刺，有时又完全没有。英国散文家和侦探小说家多萝茜·塞耶斯曾在1946年出版了风格尖锐的散文集《不受欢迎的意见》（*Unpopular Opinions*），对华生的中间名（"哈米什"）以及其他事情进行了推断。她定下了最重要的规矩：伟大的游戏"必须像洛德的板球比赛一样庄严地进行。一丁点儿放纵或滑稽都会破坏氛围"。

结果就是大量微文学聚焦这个主题，达到了近似木星大气层的密度。严格地说，伟大的游戏并没有涉及夏洛克·福尔摩斯的所有现象。尽管人们常常自以为是，认为柯南·道尔基本上与这件事毫无关系，但游戏本身确实只与原著有关。这种"圈内"的夏洛克传统曾被恰如其分地描述为（此处稍加改述）：如此多的人聚焦于如此少的作品上，这个系列是史上被演绎最多的作品。

我面前有许多本《夏洛克·福尔摩斯杂志》，这是伦敦夏洛克·福尔摩斯协会的旗舰刊物，可以追溯到20世纪80年代中期，但仅代表这份历史悠久的杂志的一个片段。《夏洛克·福尔摩斯杂志》是半专业性杂志的一个很好的代表。其文本置于粗体标题之下，分列两栏，看上去庄重典雅。封面设计几十年来基本上没有改变。（例如，读者总是很欢迎艺术家霍华德·埃尔科克描绘的《显贵的主顾》中的单腿售报人形象。）这一堆杂志对从未发生过的事和从未存在过的人进行了精确的调查。我在书桌上翻开杂志，发现杂志从2002年冬天开始：对《红发俱乐部》中杰贝兹·威尔逊当铺的位置进行了街头分析。翻到1986年夏季号：我们发现了对华生战争创伤问题的研究，众所周知，伤口一会儿落在他肩膀上，一会儿又转移到他腿上。1999年，一位作家调查了1899年的时事，她认为"故事《查尔斯·奥古斯塔斯·米尔沃顿》发生在该时期"。

诸如此类。《夏洛克·福尔摩斯杂志》只是夏洛克学术研究的几个主要机构之一。《贝克街杂志》由史密斯在战后不久创办，是贝克街小分队的内部杂志，在经历了不寻常的起落后，目前运行顺利，与"多伦多靴匠"组织的杂志《加拿大福尔摩斯》和澳大利亚的《旅人纪闻》以同样的方式出版。在第一次考察中，我们发现，夏洛克研究的显著特征是其明显的不变性。2014 年发表的伟大游戏的研究，似乎已经出现在《煤气灯影里的福尔摩斯》(*Profile by Gaslight*)中，这部精选集是"小分队读物"，由埃德加·史密斯于 1944 年编辑完成，刊印在战时限量配给的粒面纸上。(这本选集内含对福尔摩斯藏书室的分析，以及一些疑问，如："福尔摩斯吸毒成瘾吗？""晚年的福尔摩斯是冒名顶替者吗？")毕竟，原著是固定不变的。①

不是为了迎合那些精疲力竭的摇滚乐迷，而是我更喜欢那些"早期的东西"：史密斯在《煤气灯影里的福尔摩斯》中编选的具有讽刺意味的华丽文章，还有 1946—1949 年《贝克街杂志》里的原创文章。后者制作精良，使用维多利亚时代的字体，配上异想天开的插图，让人们得以一窥那个时代：最纯粹的夏洛克粉丝文化真正找到了其持久的形式。

在这个小圈子里有一些了不起的人，特别忠于原著中的福尔摩斯。(普通百姓可能会保存《红爪子》这样的衍生作品；而早期的《贝克街杂志》几乎没有提及拉思伯恩与布鲁斯的电影、广播、漫画和其他受欢迎的作品。)夏洛克迷互相帮助，挥散战争的阴霾，

---

① 并不是说该领域缺乏修正主义倾向。1976 年，在现已停刊的《贝克街杂集》(*Baker Street Miscellenea*)中，一位名叫"维维安·达克布卢姆"(Vivian Darkbloom)的人发表了一篇文章，声称福尔摩斯在《花斑带之谜》中设法谋杀了邪恶的格里姆斯比·罗洛特，其动机是引诱罗洛特的继女和推定的受害者——海伦·史东纳。"维维安·达克布卢姆"是"弗拉基米尔·纳博科夫"的异序词，就像后来亨·亨伯特对洛丽塔说的那样。

避开现代社会的锋芒，还有调制酒。（我通过仍在世的人间接地认识了其中几个人。我还从《贝克街杂志》刊登的1946年贝克街小分队的会议照片推断出来，这显示的正是那种曾经让醉醺醺的文森特·斯塔雷特手脚并用、像猎犬一样狂吠的睡眼惺忪的聚会。我的意思是，据称文森特曾这样大出洋相。）一个名叫克利夫顿·安德鲁（Clifton R. Andrew）的家伙不知怎么地说服了俄亥俄州弗里波特（Freeport）的一家小镇报纸发表了他仿写的福尔摩斯上下两部。1946年2月1日，安德鲁在阿克伦（Akron）主持了"波希米亚丑闻"主题第一次会议，一部分（成员）坚持用杏仁白兰地和薄荷糖调制"毒刺"。（我有可靠的根据，表明安德鲁和他的妻子丽莎，乘坐灰狗巴士由芝加哥前往纽约。20世纪60年代，他们生活在芝加哥，每年1月都要参加小分队的聚会——人们可以想象，旅途漫长而寒冷，只有爱才能温暖他们，可能还有"毒刺"。）几年后，悠闲自在的记者兼国际运动员多尼格尔侯爵（Marquess of Donegall），担任了《夏洛克·福尔摩斯杂志》的编辑，并与各式各样的夏洛克迷自由往来书信。多尼格尔曾经写信给一个朋友，说他正为写信克服着最大的困难，因为游艇很颠簸，打字机不停地被甩到甲板上。

20世纪40年代发行的《贝克街杂志》，每期都很厚，而且都以"编者的煤气灯"标题下的一首挽歌开始。"在20世纪40年代，它是一个时代的结束赠予我们的礼物。我们见证了我们文明的结构曾经构建于其上的元素物质的崩塌。"这有点沉重的调子把追求故作严肃的乐趣放在特定的背景之下。在战后核武器带来的不确定性中，《贝克街杂志》给知识界的一个小派系提供了一点儿乐趣。时髦就是眨眨眼、咧嘴苦笑一下：《贝克街杂志》提炼了中世纪式的夏洛克的精髓，并将其发表。

有人可能会情不自禁地认为当时的杂志已经登出了一切。但是，并没有。目前，我从现有夏洛克专业杂志的编辑那听到的唯一抱怨，是关于大量待出版材料的积压。洛杉矶律师兼文学家莱斯利·克林格（Leslie Klinger）于 2004 年编著了不朽的三卷本《新注本夏洛克·福尔摩斯全集》，并配有大量的插图，将"伟大的游戏"研究的大量成果相应地标注在六十部经典小说中。当我们初次交谈时，他告诉我，虽然传统看起来是铁板一块，但事实上这场游戏正在迅速发展。"这是一个黄金时代，"克林格说，"因为互联网的研究力量。搜索引擎公司每天都会把大量维多利亚时代的材料扫描进互联网，因而我们可以在网上搜索已发布的夏洛克研究的主要资料。"

"奇怪或许又有趣的事情是，我们不存在无事可写的危险。尽管已有上万篇文章，但福尔摩斯身上仍可发掘足够多的内容，能让我们忙乎上百年。我经常收到电子邮件：你能想到有人写过这件事，或者提出这个论点，或者研究过一个特定的问题吗？很多时候，答案是否定的。并没有人曾经想到某个方法或某种理论。当你灵感突现，文章水到渠成。多年来，夏洛克迷一直在猜测长岛上那个被一笔带过的山洞。最后，一位名叫史蒂夫·道尔的夏洛克迷来到长岛，发现了洞穴。这一定就是书中的那个！你可以相信也可以不信，但这就是我们研究的方式。"克林格提到了已退休的加拿大裔澳大利亚法官莱斯利·卡茨（Leslie Katz）的作品。"不知道他是从哪儿冒出来的，"克林格告诉我，"他不是夏洛克·福尔摩斯协会的一员。他没有在任何一本杂志上发表过文章。"我必须说，他的作品极具吸引力。我发现，卡茨把专著上传至社会科学研究网（之后不停地修改），这是无专人管理、无中介的学术研究网站。像夏洛克本人一样，他致力于对琐事的研究。例如，在《诺伍德的建筑师》中，卡茨对出现在犯罪现场的裤子纽扣上的商标颇感兴趣。他查实这家公司确实存在，并通过维多利亚时代的报纸档案和一百多年前发行的《经济学人》追踪该公司错综复杂的历史。随后，他证实海姆公司确实把名字印在纽扣上，在某种程度上是通过 1869 年的一起盗窃案的证词判定的。在该案中，通过此标志，人们识别出了赃物，小偷被判刑十年。

原著中有很多这样供好奇的读者挑选的内容：混乱的日期、遮遮掩掩的人物、维多利亚时代的零星片段，这些曾让柯南·道尔的原著读者大感头疼，但却对当前夏洛克·福尔摩斯的再创作大有启发。极具讽刺意味的是，在这种精炼审慎的超小说体裁研究过程中发现的许多"问题"，其实只是因为柯南·道尔写作过于仓促。他并不真正在乎——肯定不在乎日期，也不在乎小事，比如华生在阿富汗什么地方挨了子弹。对他来说，福尔摩斯故事是童话故事和程式化的赚钱机器。人们要厚着脸皮故意误读，才能把它们变成值得研究的"正典"，甚至是一种来自平行宇宙的事实报告。这可能会让柯南·道尔抓狂，却很有趣。伟大的游戏就是这样进行的。

凯瑟琳·库克（Catherine Cooke）拉开一个暗灰色的文件柜。"都在这儿，"她说，"我们收到的所有小杂志。"

库克是有名的夏洛克迷，在伦敦的圣玛丽勒本区担任图书管理员，贝克街就位于该区内。她的部分职责是，看管引人注目的福尔摩斯收藏，包括相关书籍、手稿、杂志和宣传小册子。当我拜访时，所有这些都被塞进了两间落满灰尘的暗室，这真是一艘名副其实的关于夏洛克研究的失落方舟。（因为官僚主义，图书馆长期处于噩梦般的迁徙中。）在那儿，在库克的指导下，我看到了一些了不起的东西：原著的盖尔语、泰语和拉丁语版本，华丽至极；20世纪 30 年代的土耳其仿作；大量的《河滨杂志》，从 1891 年的创刊号开始，直到 1950 年的可悲时刻，当时，老朽的它与年轻男性杂志《男士专刊》(*Men Only*) 合并，在封面上刊登了一幅垂头丧气的福尔摩斯漫画来庆祝，真是令人唏嘘不已。

两个文件柜里满是几十年前手工装订和油印的杂志，它们的制作规模都比《贝克街杂志》或《夏洛克·福尔摩斯杂志》要小，本身也相当小众。当我们探索这些小众出版物的贡献时——它们很像我十几岁和大学时喜爱的金考（Kinkos）快印制作的朋克杂志——库克表现出些许的忧郁。"哦，那是个很好的想法，"她会说，"很久没有看到新一期的杂志了。"或者说："他们来来去去，你知道。现在，随着互联网……纸质出版物的传统已慢慢枯竭。"她解释说，大部分期刊都取决于个人的热情和财力。当创办人去世，或失去兴趣，或者决心只用免费的博客时，刊名就逐渐消失了。她指出，社团自身危如累卵，除了贝克街小分队、伦敦夏洛克·福尔摩斯协会和其他一些大型的全国性协会之外，他们通常就是少数的狂热爱好者每隔几个月聚在一起喝一杯。这种仪式会悄无声息地消失。圣玛丽勒本区图书馆收藏的夏洛克杂志无意中成为亚文化消亡的登记册。

我的内心在颤抖，因为我之前创办的夏洛克社团也停止运作了。我和弟弟费尽周折组建了"街头流浪儿"社团，短短几年，在与瑞典、苏格兰和日本鸿雁往来之后，我的青春期来了。慢慢地，突然间，我想远离夏洛克·福尔摩斯和那个经营了夏洛克·福尔摩斯社团的自己。因为一个 15 岁的孩子往往发现，没有人比他 12 岁时的模样更令人厌烦了。我想在震耳欲聋的乐队里演奏，给女孩们留下深刻的好印象，比如，我不想继续和一位来自东海岸夏洛克协会的老友尴尬地会面，坐在商场里吃比萨，尽管她每年都会来西部看我。（这个可怜的女人最后一次打电话，是在我 19 岁那年，当时我待在女朋友家中，几乎与世隔绝。我可以明确地说，从未回过电话,即使是消极被动地。)由于制作艰辛,我决定结束"街头流浪儿"的官方杂志《威金斯报道》,尽管它真的非常好!我想以亨特·汤普森(Hunter Thompson)为榜样,重新塑造我的写作生涯。我们都还年轻,犯错在所难免。

我认为我感觉到了一点……一种不健康的东西,人们沉迷于所有那些没人读的杂志(真的,想想十几岁的我),并花了几千个小时迷恋一个虚构的可卡因爱好者。(当然,我高中时的文化兴趣在于同样晦涩的出版物,更不用说真正的可卡因爱好者了。)柯南·道尔呢?他是否也呈病态呢?他的胡须、板球棒、通灵大会?

是的,这是一种典型的焦虑,大概有点像弑父情结。不过,这可能是无法抗拒的。在经历了几十年的仿作、模仿、电影和伟大的游戏之后,夏洛克·福尔摩斯的角色实在太多了。你可以花一生的时间去阅读夏洛克故事或文章的仿作,试图确定华生结了几次婚,或者去视频网站上观看福尔摩斯的影视片段。如果你爱夏洛克·福尔摩斯,兔子洞总令人向往。其他人已经注意到危险或掉了进去。在他生命尽头,享有盛名的夏洛克研究学者理查德·兰斯林·格林(Richard Lancelyn Green)变得心烦意乱,他告诉朋友们,他把生命浪费在一个"二流"作家的身上。① 一位资深的夏洛克迷在与我通过电子邮件坦诚交流时,也曾经若有所思地说:"什么时候业余爱好变成了狂热?"

当然,说来道去,这仅仅是柯南·道尔自身困境的变体:怎样算是对夏洛克研究过度?其次是作者本人的相关问题。当我浏览圣玛丽勒本区图书馆的文件柜时,库克和我聊起了这场伟大的游戏。

---

① 格林是在悲惨和阴暗的环境下去世的,这件事超出了本书的范围。这一故事摘自戴维·格兰(David Grann)2004年在《纽约客》上发表的一篇文章,选自他2010年出版的《魔鬼与福尔摩斯》(*The Devil and Sherlock Holmes*)。

"我在琢磨是否因为柯南·道尔让夏洛克迷略感难堪了,才有了整个事情。"她说,"从某种意义上来说,他去世的时候正是因唯心论而声名最狼藉的时候,而福尔摩斯研究的学术传统就是在这种耻辱的阴影下形成的。也许,我们假装这位唯灵论者与福尔摩斯、华生毫无瓜葛,似乎更体面点儿。"

十几岁的时候,我意识到福尔摩斯和柯南·道尔都拥有吸血鬼的气质。如果你允许的话,他们可以控制你的生活。少年时代,我选择了最不光彩的方式来摆脱控制——对"街头流浪儿"社团不理不睬,让其自生自灭。我不再回信,也不再制作《威金斯报道》。我不再订阅《贝克街杂志》——这个我最初发表文章的平台。我几乎把所有关于夏洛克的书籍塞进了储藏室,说穿了,就是将事实尘封起来,假装自己从来没有参与过这种鲜为人知的消遣活动。贝克街,再见!我现在爱上了凯鲁亚克(Kerouac)。

我关上文件柜。充满遗憾的是,我并未找到关于"街头流浪儿"的线索。也许我可以搜集几期《威金斯报道》,寄到圣玛丽勒本区图书馆,明智的凯瑟琳·库克会处理得更好。我环视了一下走廊后面的房间,塞满了来自全世界的实物证据,它们见证了粉丝们对夏洛克的喜爱。贝克街曾经就在几步之遥。我现在怀疑:对于我,贝克街将永远距离几步之遥。

> 是的,这再简单不过了……就买切斯特菲尔德牌香烟。
> ——巴兹尔·拉思伯恩代言的香烟广告,《美国水星》(American Mercury),1946 年 10 月 26 日

巴兹尔·拉思伯恩的朋友都以为他疯了。他的经纪人以为他"病得很重"。尼格尔·布鲁斯非常愤怒。拉思伯恩待在纽约,喝着

杜松子酒，平静地告诉他们何去何从。他要退出。

夏洛克·福尔摩斯这个角色正在摧毁他的事业，还差点儿波及他的生命。没完没了的电影和广播制作计划使他无暇顾及其他事情。更糟糕的是，愚蠢的观众现在似乎认为他就是夏洛克·福尔摩斯。他的其他工作——莎士比亚舞台剧、两次奥斯卡提名，所有的一切都消失在海泡石烟斗的迷雾中，若隐若现。到了角色定型的年纪，拉思伯恩担心自己"受到比以往或将来任何一位经典演员更加彻底的限制"，他在 1962 年的回忆录《戏里戏外》（*In and Out of Character*）中这样写道。他可能有点大惊小怪了。作为艺术家，他觉得自己在《巴斯克维尔的猎犬》中的表现最佳，之后每一次的表演都只是复制品。最重要的是，从个人的角度，他开始讨厌夏洛克·福尔摩斯。他写道："福尔摩斯一点儿也不可爱。这样的人不可能懂得孤独、爱或悲伤，因为他孤身一人足矣。"

1946 年，拉思伯恩搬到了百老汇。他也放弃了广播系列节目，留下尼格尔·布鲁斯和替补演员继续搭档。随着系列电影的拍摄结束，布鲁斯因收入的减少而坐立不安。（在经济状况上，布鲁斯比拉思伯恩更为敏感。他在回忆录中——只发表了简短的节选——记录了扮演华生在每期拍摄中获得的收入。）而此时的拉思伯恩认为该系列电影粗制滥造。他在《戏里戏外》中写道："我们的时机不好。'明日黄花'，就是这个词。夏洛克·福尔摩斯的故事已经陈旧过时，它们的样式和风格在现代已不能被接受……如今科学已证明科幻小说也只是过时的笑话……对于阿瑟·柯南·道尔爵士的故事来说，要做出可接受的改编，唯一可行的产品是一部标准时长的迪士尼动画。"

他怎么会犯如此严重的错误呢？事实上，就在拉思伯恩写回忆录时，由卡尔顿·霍布斯（Carleton Hobbs）主演的 BBC 广播剧已顺利开播，该剧包括所有 60 个原创故事，观众反响热烈，大获成功。1959 年，第一部福尔摩斯彩色电影问世。柯南·道尔的故事永远不会销声匿迹——出售拉思伯恩自传的书店里，也一定有福尔摩斯的故事，而且就摆放在几英尺远的地方。我们不妨说，他的观点是不公正的。

也许拉思伯恩曾窥见过福尔摩斯神奇的无尽生命力，虽然他没有承认，但他知道他不喜欢所见之物。原来，这位伟大的演员——和他伟大的陪衬布鲁斯，还有被忽视的大师级导演罗伊·威廉·尼尔——发现自己登上福尔摩斯星际飞船的时候，恰逢它在加速前进，而不是巡航进入基地。未来几十年，将会出现一大批相关电影、电视节目、电台广播剧、漫画书、学术论文、伪论文、仿作、音乐、芭蕾、视频游戏，还有《芝麻街》滑稽短剧。尽管并非有意为之（都带点柯南·道尔的影子），拉思伯恩的作品甚至为夏洛克式小花招提供了迄今为止最好的证明：找到合适的侦探和合适的医生，你可以把他们派往任何地方。

我认识一个对职业生涯末期的拉思伯恩略知一二的人。他告诉我，即使是偶然邂逅，拉思伯恩也是一个最细心、最体贴的倾听者。他尽情地倾听他人，能听到所有已出口和未曾说出口的话。巴兹尔·拉思伯恩是夏洛克·福尔摩斯在 20 世纪中期的化身，能听到和观察到一切。

20 世纪 50 年代初，拉思伯恩决定再次尝试福尔摩斯。像柯南·道尔一样，他发现福尔摩斯的经济前景太好，简直无法抗拒。他请他的妻子奥维达（不妨说，邦妮·布鲁斯不是唯一厌烦她的人）写剧本。许多人告诉他们这样做没有好处，但他们没有放弃，一起勉强完成了剧本的创作。在波士顿的试演是一场不大不小的灾难。在纽约，由于评论家的反感和公众的冷漠，该剧几乎濒临死亡。其间，由于神秘的灯光故障，演员们不得不在一片漆黑中出演一个场景。拉思伯恩指责电视，指责那些没有教养、野蛮的年轻人，指责埃德加·爱伦·坡的鬼魂。当然，他断言自己一直以来的看法是对的：夏洛克·福尔摩斯是过去的产物，无关紧要，已经过时。他不想再和他打交道了。当我的受访者遇到他时，拉思伯恩一听到侦探的名字就畏缩不前。

有人可能会说，他并不了解真实的情况。世界没有与夏洛克·福尔摩斯绝交，而夏洛克·福尔摩斯与巴兹尔·拉思伯恩已做了结。这个故事的讲述者最后一次见到拉思伯恩时，他正在进行可爱的个人巡回演出，享受他的名望，当然部分要归功于他的福尔摩斯。他们俩在美国中西部的一所小型大学的校园里漫步了一夜。分别时，拉思伯恩道了声晚安，转身消失在迷雾中。

第十章
福尔摩斯的回归

有那么疯狂的一瞬间，我以为暴徒会把本尼迪克特·康伯巴奇撕成碎片。就像马拉松赛跑起跑时，大家蜂拥而出，而演员坐在一个低矮的舞台上，不知所措。人群涌向了康伯巴奇，对了，他们是娱乐记者，不是无神论食人族。无论大家怎么说，这两者都是有差别的，因为他们拿着的是数码录像机，而不是大砍刀。

我在混乱的人群外绕圈。在面对真正的"大众"媒体时，我常常表现得像七年级男孩第一次跳舞时的模样，羞羞答答，这对记者而言是一种无益的特质。一场正式的记者招待会刚刚结束。现在，我的同事们抢着接近康伯巴奇，近距离观察他传奇的颧骨、优美的发型和敏锐的目光，正是这些特质帮助这位 38 岁的演员在 2014 年初大红大紫，成为耀眼的电影明星之一，当然似乎也是最繁忙的。最近，康伯巴奇除了在《星际迷航》中出演反派角色外，还饰演了朱利安·阿桑奇、巨龙史矛革、奴隶主和一位残疾的俄克拉荷马人。不久前，在不同的夜晚、不同的场次，他还在舞台上轮流出演了弗兰肯斯坦和怪物两个角色。然而，媒体对那些都不太在意。他们关心的是夏洛克·福尔摩斯。

我曾飞往洛杉矶参加美国电视评论（Television Critics of America）媒体会议，这是为电视明星、制片人和我的同行们准备的豪华战俘营，半年一次，为期两周。位于帕萨迪纳（Pasadena）的朗廷酒店，如同一个有枝形吊灯和油画的仿古纸杯蛋糕，挤满了电视编剧和吓昏了头的演员。看到这场景，我庆幸自己只是一个浅薄的涉猎者。一些可怜的人困在朗廷酒店已经好多天了，而我1月刚从波特兰逃出来，戴着墨镜、穿着长袖衬衣在洛杉矶将近30摄氏度的大街上徘徊，我不得不说，我对自己非常满意。

在美国电视评论家会议期间，每家电视网都会在新闻发布会和访谈会上推出即将上映的新一季电视剧的主创者。这一天属于公共广播公司（CPB），无意冒犯大鸟先生（《芝麻街》中的大鸟），但在过去几年里，会议日程的安排可能缺乏某种魅力。这次不一样了。外边，几十名粉丝挤在用丝绒绳索围起来的简易院子里，手里拿着标语牌，上面写着"康伯团"（CUMBER COLLECTIVE）。公共广播公司最重要的黄金档"名著剧场"，正在宣布新引进两大热门英国电视剧——《神探夏洛克》第三季和《唐顿庄园》第五季。英国广播公司和公共广播公司下属的波士顿公共电视频道（WGBH）的合作备受期待。此时距离第二季中，康伯巴奇扮演的福尔摩斯，当着马丁·弗里曼（Martin Freeman）饰演的忠诚的华生医生的面，从圣巴塞洛缪医院的屋顶坠亡，已过去了两年。

剧透警告（也不算真正的剧透）：夏洛克·福尔摩斯并没有死。但夏洛克爱好者马克·盖蒂斯（Mark Gatiss）和史蒂文·莫法特（Steven Moffat）为《神探夏洛克》与时俱进地设计出贝克街在21世纪的对应场景，比老阿瑟先生更胜一筹。"莱辛巴赫坠落"只让华生在混乱中瞥了一眼似乎属于夏洛克的尸体。夏洛克从屋顶的突然坠落，给他带来了沉重的打击。无论是在2010年的《神探夏洛克》还是1886年的《比顿圣诞年刊》中，圣巴塞洛缪都是他们初识的地方。壮观的死亡场景和随后两年的间隔引发了全球网络猜测的浪潮：夏洛克是如何做到的？他为什么要这么做？他怎么能这样对待可怜的约翰·华生呢？全世界的影迷对此次惊险事件的疯狂反应，与《河滨杂志》1893年12月刊的余波不谋而合。时间之箭返航了。

到处都是《神探夏洛克》：一部关于柯南·道尔的时髦翻拍剧。由于在互联网上深受欢迎，便采取每季三集的连播方式，有时播完后，间隔几年。它与福尔摩斯研究关系紧密。在此版本中，当约翰·华生的博客出现故障时，网站访问者计数器会停留在1895，这是对文森特·斯塔雷特的那首诗歌（前文引用过）的心照不宣的致敬。不过，康伯巴奇和弗里曼将武器的凶残和尼格尔·布鲁斯的喜剧能力结合在一起，让电视剧鲜活起来，充满了巨大的魅力。2014年1月，也是美国电视评论会议举行的当月，《神探夏洛克》在美国面向大约四百万名观众播放。在英国，近九百万人观看了本季的大结局，这大约是该国电视观众总数的三分之一。2013年，《神探夏洛克》的主题咖啡厅在上海开业。

康伯巴奇和弗里曼成了当今时代的拉思伯恩和布鲁斯，是福尔摩斯和华生的现代化身。在帕萨迪纳的那一刻，可怜的本尼迪克特正经受着这种狂热的影响。

福尔摩斯和华生坐着双轮马车，经过了一场漫长奇异的旅途，来到现代。每隔十年，他们都会以新的形象出现，也会变得有点……复杂。1959年，也就是拉思伯恩出现在贝克街十三年后，英国著名恐怖片制片厂汉默电影公司（Hammer Films）制作了第一部彩色夏洛克电影，火力全开的哥特风格《巴斯克维尔的猎犬》

("荒原布满惊骇，夜晚充斥恐惧！"），彼得·库欣（Peter Cushing）饰演发狂的福尔摩斯。创作者设法加入献祭仪式、狼蛛和倒塌的矿井等元素。然而，对比1999年的苏格兰动画片《福尔摩斯在22世纪》，这种奇怪之处就不值一提了。动画片中，福尔摩斯的尸体被浸在一个满是蜂蜜的棺材里，保存在苏格兰场的地下室。他在"新伦敦"复活重生，焕发活力。这儿有飞车，有播放着《银翼杀手》的巨大显示屏，还有一个名叫贝斯·莱斯特雷德的优秀警探，福尔摩斯与其并肩作战，对抗梳着帅气的狼人庞帕多发型（头发后梳）的莫里亚蒂教授（同样复活了）。

有人总想再次尝试创作不一样的福尔摩斯。因此，我们有了黑白漫画书《忍者夏洛克》（*Sherlock Ninja*），在这里夏洛克是一名忍者，而华生是一位名叫Watsu的女郎。我们还有《221B》，一部相当可爱的加拿大系列短片，可以在视频网站上观看，片中的夏洛克是20来岁的小仙女，有一个不知所措的中年男室友。我们还有数以千计的故事，发表在互联网上不起眼的角落，它们刻画了康伯巴奇们扮演的福尔摩斯和弗里曼们扮演的华生深深地、贪婪地彼此眷恋着。

与此同时，全球庞大的观众群正在如饥似渴地观看轰动的系列电影《大侦探福尔摩斯》（*Sherlock Holmes*），小罗伯特·唐尼（Robert Downey, Jr.）扮演波希米亚风格的福尔摩斯，裘德·洛（Jude Law）饰演书呆子华生；还有现象级连续剧《神探夏洛克》（*Sherlock*）；以及《福尔摩斯：基本演绎法》，美国电视台推出的现代福尔摩斯，约翰尼·李·米勒饰演刺有文身的侦探，刘玉玲则扮演了一个与尼格尔·布鲁斯完全不一样的华生。这种成功引发了各种各样的话题。朱迪·丹克（Judi Dench）演哈德森夫人？伊恩·麦克莱恩（Ian McKellen）演老年夏洛克？有什么不行吗？

夏洛克传奇的终点，很可能会停留在这段繁盛的时期。然而，总有一天，今天的成就会逐渐消逝——如果以史为鉴的话，那就是被新版福尔摩斯所取代。在20世纪80年代末，杰里米·布雷特（Jeremy Brett）把福尔摩斯刻画成一个身着古装的神经质，有严重的可卡因成瘾问题，人们认为这一版本和康伯巴奇现在饰演的冷酷坚毅的、精通科技的、爱打扮的专家一样优秀。当前的夏洛克淘金热揭示了更多：我们如何把握人物特征及其思想，并将他们从个人创作变成群体创作，以适应任何文化时空。这几乎发生在每个大人物身上。蜘蛛侠、詹姆斯·邦德抑或是科克船长被"重启"了多少次？夏洛克·福尔摩斯和约翰·华生的故事已延续了将近一百三十年。如今，他们的许多化身揭示了现代创造力的工艺、艺术和商业动力，即改编的整体艺术。

"老实说，那是除夕夜，我们在喝酒。"布兰登·珀洛（Brandon Perlow）告诉我。当时我们正坐在曼哈顿的一家自助餐厅吃午饭，在纽约，这种按重量计价的餐厅数不胜数。"我们在谈论我们能做什么，什么还没有做，还需要做什么。之后，我们开始谈论福尔摩斯——现代版的夏洛克·福尔摩斯。我们如何重新解读莫里亚蒂和艾琳·阿德勒。这是第二天你真正记得的对话之一。"

珀洛是一个光头白人绅士，当时的他穿着破旧的纽约巨人队T恤，是独立漫画出版商新典范工作室的联合创始人。（他从电影公司辞职后创办了这家公司："好点子要么得等上好几年，要么干脆完蛋。我想讲故事，制作很多项目，推销出去，看看有什么效果。这些都可以在制作漫画中实现。"）一夜豪饮给了珀洛创作《华生与福尔摩斯》的灵感，他对贝克街进行了素描般的逼真再现，将其塑造成一个异常冷酷的现代纽约。有两件事：其一，该剧聚焦于约翰·华生（故有此名）；其二，福尔摩斯和华生是黑人。"我和我的合作伙伴觉得这是一个正确的想法，"珀洛说，"我们也知道自己写不出来。我们可以想出大致的故事线，但我们可能会错过细微的差别和真实性。有人说：'卡尔·鲍勒斯（Karl Bollers）能搞定这一切。'"

鲍勒斯也坐在桌旁，戴着眼镜，头顶精致的针织帽子，是一个体态轻盈的非裔美国人。他是一位经验丰富的漫画作家，从漫威公司实习生开始一路打拼，曾一度担任《刺猬索尼克》系列的导演，还曾专门为爱玛·弗罗斯特（Emma Frost）写剧本，赋予女主角"变异的心灵感应"能力——他看到了珀洛需要的东西。"当然，我对夏洛克·福尔摩斯很熟悉，"他说，"我意识到某些定义夏洛克·福尔摩斯的特别的性格品质是不能弄错的。当你塑造非裔美国人角色时，你会有一种本能的期望，而我们要避免这样。我不想要一个塞缪尔·杰克逊式的夏洛克·福尔摩斯。我不想要一个到处骂别人混账东西的福尔摩斯。我试图塑造一个遇事冷静、知识渊博的人，他在无意间发现自己拥有近乎超人的观察能力。他不是恰巧被称作'夏洛克·福尔摩斯'的带有黑人程式化色彩的角色。他就是夏洛克·福尔摩斯。"

起初，我认为《华生与福尔摩斯》面临着一系列致命的适应性挑战，冒着被漫画迷、夏洛克迷以及普通黑人抨击的风险。但是，当我和珀洛、鲍勒斯坐下来讨论时，他们的成果证实他们是正确无误的。人物塑造很成功，华生高大魁梧，刚刚从阿富汗的一次伞兵执勤回来，在哈莱姆医院工作。福尔摩斯，举止干脆利落，留着长发绺，戴着软呢帽，具有偷窃技能（"秘密取得"）。鲍勒斯把夏洛克的惯用语翻译成了街头版，柯南·道尔本人估计也认不出。当然，在漫画书（这是一种涉及多元宇宙、重启、连载长达几十年的体裁）中，改编往往是作者的首要任务。

"我在漫威公司尝试过多次，"鲍勒斯说，"有时候，我会拿小时候看过的书中的角色来研究。最重要的是，你必须谦虚。你必须意识到这些角色不是你自己的。你只是暂时把他们变成自己的角色，但其他人早已做过同样的事，将来还会有人这样做。这不是你的舞台，你只是添加一些曾被低估的元素，或者将某些元素重新演绎，从而让角色变得真实生动。你看看周围已经存在的东西，你必须非常尊重它们，但仍然要充满用好它们的信心。

"比如说，起初，我们的故事中没有迈克罗夫特这个角色。但我意识到，不行，迈克罗夫特很重要，哈德森夫人很重要，道尔世界中的边缘人物是成就福尔摩斯不可或缺的一部分。所以我想办法让'迈克'进入故事中。我是说，他是迈克罗夫特，但他更喜欢迈克这名字。"

"我们的福尔摩斯不喜欢被称为夏洛克，"珀洛插嘴道，"一点也不喜欢。"

鲍勒斯说："是的，这对于在'罩子'中长大的他来说，可能是一个真正的症结所在。这个名字让他发疯。事实上，我本不想剧透太多，但当我们让莫里亚蒂参与进来时，他会说出不朽的台词：'少废话，夏洛克。'我把这句话留给他。"

他们俩接着讨论漫画中的黑人角色以及他们的缺点，我承认，这让我难以置信。（其中包括对一个叫作战争机器的角色进行了长时间的剖析，看样子是"黑钢铁侠"。我本以为参照70年代末的黑闪电是更为稳妥的。记得小时候，我还戴着面具、穿着斗篷炫耀过这个奇特的非洲黑人。）"编剧们都忙着关注黑色这个元素，不能自拔。"鲍勒斯说，"他们忘记了塑造完整的角色。他们忘了，对一个人来说，有时候黑色可能是次要的或第三级问题。通过福尔摩斯，我们有机会重塑一个非常成熟，甚至可说是最为完善的角色，不是吗？让黑色元素成为其中的一部分，而不是主要部分。"

鲍勒斯正前往参加第一届黑人漫画节，他的包里有一捆《华生与福尔摩斯》漫画书。我注意到，这对两个角色来说是一次全新的冒险，最开始的时候，他们可都是十足的白人（这点应该没有争议）。鲍勒斯笑了，说道："无论出于何种原因，这些天来，'福尔摩斯'和'华生'的名字听起来有点像是黑人。同样不管什么原因，非裔美国人似乎都在挖掘夏洛克·福尔摩斯。我们在纽约漫画展，黑人走过我们的桌子时，我们会说：'你喜欢夏洛克·福尔摩斯吗？'他们一般会回答说喜欢。然后我们会问：'黑人福尔摩斯·夏洛克怎么样？'他们就惊呆了。"

珀洛和鲍勒斯在贝克街世界发现了另一种可能。我问那些虔诚的崇拜者是如何接受的。"哦，夏洛克迷吗？"珀洛说道，"他们非常棒，非常开明——对我们极为支持，我真的没想到他们会这样。"

鲍勒斯说："我对他们了解越多，就越发现他们似乎只是想要更多的相关创作。当然，我们还有很多工作要做，有些我们甚至没有接触过。"

珀洛振奋起来："哦，这提醒了我。我有一个很棒的关于巴斯克维尔的想法。"

鲍勒斯笑了："不是开玩笑吧？我也有。超现代，超真实。"

我猜，朗廷酒店的酒吧很适合用来还原维多利亚时代的暴行——深黑色的木头配上与气候不合宜的取暖器，煤气熊熊地燃烧。我考虑到 80 年代的气温，选择了室外露台。更为讽刺的是，史蒂文·莫法特和我可能是唯一欣赏它的人：在伦敦真正的朗廷酒店，年轻的阿瑟·柯南·道尔和奥斯卡·王尔德共进晚餐，开始筹划《四签名》，这个故事可说是福尔摩斯的第一次"重生"。现在，《神探夏洛克》的合创者和我坐在帕萨迪纳炽热的太阳下，作为凯尔特人的后裔，我们很不适应这种气候。和我们坐在一起的还有这位52岁苏格兰人的妻子苏·弗图（Sue Vertue），她是《神探夏洛克》的制片人。苏性格强势，观察力很强，给我留下了深刻的印象。我们谈到《神探夏洛克》和夏洛克，还聊到这个角色为什么会不断以新形象示人。

"我认为这很简单，"莫法特开始解释，"这是由讲故事的本质决定的。柯南·道尔很擅长讲故事。那些故事是天才的作品，它们永远不会被视为'文学'，因为人们都自命不凡。但是在它们所属的类别，它们从来没有被超越。"

故事是这样的，莫法特在创作《神秘博士》时（他重新激活的又一个让人们狂热崇拜的角色），需要和马克·盖蒂斯一起乘坐长途火车从伦敦前往加的夫。马克·盖蒂斯是英国喜剧演员，他们在《神秘博士》中有合作。自童年以来，盖蒂斯就是福尔摩斯迷，曾在自己家中建造了一个维多利亚式的化学实验室。（"他们能互相激发灵感。"弗图平静地说。）完成一个小项目的想法就此生根。莫法特说："我们的福尔摩斯承载着怀旧情怀和维多利亚时代的特质，这个角色也是《故园风雨后》（*Brideshead Revisited*）之后对过去的再一次理想化。想想如果你第一次在《河滨杂志》中读到夏洛克·福尔摩斯，会有什么感觉，我们的想法就是重现这种感觉：他生活在你的世界里，你可以见到他，他是真实的。他不是你爸爸的英雄，他是你的英雄。"

2010年，在试镜擦出火花后，他们邀请了康伯巴奇和弗里曼。当时的康伯巴奇才华横溢，有扎实的舞台功底和不错的电影履历，是颗冉冉升起的新星。在进行了未上映的试演后，英国广播公司委托他们创作一部只有三集、每集九十分钟的迷你剧,为《神探夏洛克》提供了模板。第一集《粉色的研究》开场时,约翰·华生从阿富汗归来,在伦敦漫无目的地游荡,偶然遇到他的老朋友斯坦福德,后者提到了另一个寻找经济适用房的家伙——夏洛克·福尔摩斯。两人一同前往圣巴塞洛缪医院。莫法特和盖蒂斯找到头绪了。他们的材料就在那,准备好了。

莫法特说:"这很奇怪,不是吗?因为我们都陷入了幻想中,认为夏洛克·福尔摩斯是真实存在的,却忘记了是有人创造了这一切。福尔摩斯还有很多方面是人们不了解的,精彩的对话几乎没有出现在屏幕上过。福尔摩斯观察到'在人行道上摇摇晃晃'通常意味着恋爱事件——这是一件美好的事情。'深夜小狗神秘事件'是一篇令人惊叹的作品,20秒钟就能读完。马克和我最依赖对原始故事和值得称道小细节的了解。"

截至2014年,《神探夏洛克》共发行了九集,历时四年,其精髓在于将柯南·道尔的细节与现代科技惊悚情节和令人着迷的电影技术相融合。电子对话从角色的手机飘向空中。康伯巴奇偶尔会从现实中抽离出来,进入超现实主义的闪回和幻想,将福尔摩斯内心的想法戏剧化。这一切都很好,但盖蒂斯和莫法特只是把从柯南·道尔那里砍凿而来的坚固框架打磨得更加美观,而康伯巴奇和弗里曼则像一对完美的齿轮,嵌入了贝克街的关系中。电影制作和故事讲述是相当聪明的。演员们让这部戏大获成功。

康伯巴奇扮演的福尔摩斯(夏洛克,既然我们在21世纪,就直呼其名了),是一个高智商的反社会人格者,非常专注于自己的非凡才能(以及他的贝达弗品牌的外套),几乎不愿意像正常人一样行事。对于侦探这样的特质,弗里曼饰演的华生(约翰!)崇拜他,视其为天才,像兄弟一样爱护他,觉得他是世界上最大的傻瓜。弗里曼那饱经风霜、招人喜爱的面庞是当前戏剧中较为善解人意的工具之一,只要稍微调整一下皱眉眯眼的角度,他就能从烦恼中闪烁出关爱之情。一直以来,华生都是,也必定是剧中的核心人物。

《神探夏洛克》好似一部真实的家庭事务剧。据说剧中的主角们一直把制作这部电视剧称为"业余爱好"。康伯巴奇的父母扮演夏洛克的父母,弗里曼的真实伴侣阿曼达·阿宾顿(Amanda Abbington)扮演约翰的妻子玛丽。无论何时,只要有时间,这个温馨的团队就会制作新剧集。英国广播公司和公共广播公司这两家主要电视台似乎都乐于让这些朋友以自己的节奏前进。因此,该电视剧是家庭手工业和全球媒体焦点的奇特结合。它似乎不服从娱乐经济的常规,但却带动了贡品茶具、芬兰快闪族、社交网站和轻博客帖子的大量发展。弗图说:"如今你正在参与更有见地的对话。这是世界性的对话,你可以即刻从斯堪的纳维亚半岛国家和中国的影迷那里听到反馈。"

莫法特说:"现在确实是该让它回归的时候了。华生可以写博客,我们有自己的《河滨杂志》,这是原著故事中被忽略但很重要的元素,每个人都知道华生正在公开记录这些故事。多年来,人们没有写日记。现在,他们又重新开始了。夏洛克·福尔摩斯总是喜欢发电报。现在我们也这样做——发短信。两个年轻人共用一套公寓,因为他们没有足够的钱——你明白的。我们甚至不需要在阿富汗上演一场新的战争,因为正巧发生过。一切都刚刚好。"

夏洛克的电视荧幕形象由来已久,这不足为奇,但它的历史记录却出人意料地参差不齐。乍一看,他就是天生的。柯南·道尔的故事本身也适合电视剧,有反复出现的场景,有莱斯特雷德和哈德森夫人这样客串出演的角色，情节紧凑。电梯游说法则有自己的运转方式。

即便如此，要保持连贯性也很难实现。1937年，资深的电台福尔摩斯——路易斯·赫克托（Luis Hector）主演了《三个同姓人》，在纽约无线电城音乐厅（Radio City Music Hall）播出，这是一次对这种新媒体的实验性测试，没有重播。1949年，阿兰·内皮尔（Alan Napier）——20世纪60年代的《蝙蝠侠》系列电影中的管家阿尔弗莱德的扮演者——在《花斑带之谜》中很是抢眼。该片近乎忠于原著，绝无仅有。它由好彩香烟赞助，一位教授般的叙述者在堆满书本的书房里一支接一支地抽着烟。内皮尔塑造了一个强硬的福尔摩斯，而这部电视剧因其尺寸惊人的海泡石烟斗、可能被尼格尔·布鲁斯控告剽窃的华生，以及一条挺像样的机械蛇而出名。1951年，约翰·朗登（John Longden）在根据《歪唇男人》改编的剧集中饰演了这位侦探。这部剧主要刻画了浑浊的泰晤士河畔那精心设计的阴谋，但这位满头银发的明星实在太过老态龙钟。试播节目没有卖出。（同年，英国广播公司首次推出了共六集的剧集，没有一集幸存下来。）巴兹尔·拉思伯恩本人也试过出演1953年的一部由阿德里安·柯南·道尔的故事改编的电视剧。因为这次尝试已被历史所遗忘，所有知道的人似乎都松了口气。

1954年，制片人谢尔登·雷诺兹（Sheldon Reynolds）打造了一个轻松活泼的贝克街，在巴黎拍摄，这是早期福尔摩斯电视剧的一次成功尝试。这部系列剧含有美国古典电视剧的39处精华，它们是被低估的中世纪夏洛克的胜利，有一个凌乱不堪的贝克街221B，几十把极为可怕的小提琴，还有为柯南·道尔量身定制的情节，尽管这些情节大多出自经典之外。雷诺兹对现代化的拉思伯恩和布鲁斯系列电影进行了反击，利用巴黎创造了真实可信的维多利亚式场景，打破了用干瘪的老演员当主角的传统，而是选择了两位年轻的演员。罗纳德·霍华德（Ronald Howard）饰演的福尔摩斯，沉默寡言但和蔼可亲，是一个目光明亮、雄心勃勃的人，碰巧把茶放在了蛇毒旁边。霍华德·马利恩·克劳福德（Howard Marion Crawford）让我们看到了那个时代傲慢的华生，他身材粗壮，对夏洛克的古怪行为怒目而视。在许多剧集中，阿奇·邓肯（Archie Duncan）把那无忧无虑的傻瓜警探莱斯特雷德作为抢镜头的电灯泡。在短短一年多的时间里，这些时长半小时的剧集让人想起了柯南·道尔作品中最活泼的部分：浪漫、滑稽、刺激，带着恰到好处的夸张。历史证明，这个公式仍然相当难以捉摸。雷诺兹的作品必定在 50 年代早期电视的野性荒原中闪闪发光，这将是近六十年来唯一一部美国的长篇福尔摩斯电视剧。去看看它们吧。

　　20 世纪 60 年代末，英国广播公司制作了一部粗制滥造的闹剧，最终迫使彼得·库欣重新出演他在 1959 年的《巴斯克维尔的猎犬》中首次饰演的角色。① 即使在当时，这部剧集——虽然很受欢迎——也因其草率的制作而臭名昭著，这部剧激怒了参与其中的演员，但却为该剧增添了某种怪诞的怀旧魅力。这就像观看一个才华横溢的高中戏剧团穿着仿维多利亚时代的服装，画着乱七八糟的妆容，全力扮演着剧中的角色，只有彼得·库欣一个是成年人，和这群小大人合作备受折磨。（我很赞同对《血字研究》的全面改编，尽管这部小说是相对被忽视的。此外，还有一个令人惊叹的长镜

---

① 道格拉斯·威尔默（Douglas Wilmer）是英国广播公司 20 世纪 60 年代的首个福尔摩斯：人很好，但爱挑刺，尽管外形上有点不正常，比如说有一个巨大的下巴。威尔默在夏洛克迷中拥有一批狂热的迷恋者。92 岁高龄时，莫法特和盖蒂斯让他在《神探夏洛克》中客串了一把。

头，彼得·库欣和尼格尔·斯托克饰演的华生，费尽全力地在背台词。）1976年，头发蓬乱的罗杰·摩尔（Roger Moore）在电影《福尔摩斯在纽约》（*Sherlock Holmes in New York*）中碰了把运气，不料被最新的英国报纸津津乐道地评价为"彻头彻尾的灾难"和"史上最糟糕的福尔摩斯电影"。近年来，鲁珀特·埃弗里特（Rupert Everett）在一部名为《丝缠奇案》（*The Case of the Silk Stocking*）的电影中饰演大侦探，看上去苍白无力，妆感浓重，而且明显有种游离感，他像是宁愿待在别的地方，只要不是这里就好。

很多人敢尝试，很少人能成功。事实上，谢尔登·雷诺兹与他的《福尔摩斯》在美英电视产业艰苦地跋涉时，一个名字，一个独一无二的名字，从这些不太成熟、仓促拍摄的、有点搞笑的剧集中脱颖而出，那就是布雷特。

每周一次，我弟弟和我都会窝在沙发上，等待着夸张的大键琴和爱德华·戈里（Edward Gorey）绘制的动画形象用迷人的动作爬进荧幕，这些形象是艺术家参加一个在爱德华时期的花园举行的致命聚会时描绘的。（正当一群衣冠楚楚的集会者酌饮茶水时，一个可怜的家伙一头栽进了附近的池塘。）公共电视台《推理！》（*Mystery!*）的开场片头让美国观众联想到病态的亲英派的高贵气质。我表示同意。

1982年，总部位于曼彻斯特的格拉纳达电视台为福尔摩斯规划了雄心勃勃的方案，由《楼上楼下》（*Upstairs, Downstairs*）的作者约翰·霍克思沃斯（John Hawkesworth）负责该项目。该电视台旨在呈现维多利亚时代最真实的福尔摩斯。没有模仿柯南·道尔的情节，没有拉思伯恩式的现代化，没有古怪的彼得·库欣版服装。剧本直接出自柯南·道尔笔下。场景将还原维多利亚时代的伦敦——城市肮脏，漫天浓雾，却又充满魅力，大街上到处都是穿着古代服装的临时演员。在位于索尔福德（Salford）的拍摄地，格拉纳达电视台建造了一座豪华的微型圣玛丽勒本区，伯明翰公司生产的煤气灯负责照明（这家公司仍然为白金汉宫提供公共服务），在一个巨大的仓库里，工匠们重新建造了221B的生活区，连壁炉台上的折叠刀都精心复制。

在这宫殿式的精品中，杰里米·布雷特从天而降。当时的他50岁出头，这位英国演员曾是英国戏剧界英俊小生中的一员。他是奥利维尔的门生，也是一位游历广泛的莎士比亚崇拜者。他的荧屏作品包括与奥黛丽·赫本合演的《窈窕淑女》（*My Fair Lady*），他扮演了年轻绅士弗雷迪。但布雷特从来没有突破成为男主角，他总是穿着复古的服装，演着配角。他在舞台上扮演华生，与查尔顿·赫斯顿（Charlton Heston）演对手戏。他确实担心夏洛克·福尔摩斯会将他永远定型，但这次演出代表了他最后一次，也是最好的一次出演第一男主的机会。

布雷特积极地投入到角色中，在笔记本上写满了有关夏洛克的格言、习性、琐事、情节要点。格拉纳达电视台在剧本的开篇表达了对柯南·道尔不寻常的忠诚；第一季甚至以《波希米亚丑闻》开场，就像上帝和《河滨杂志》下了命令。该版本几乎还原地演绎了原著的开场，没进行什么剪辑，基本没有顾及80年代急躁的观众。布雷特饰演的福尔摩斯兴致勃勃地拷问一个留着胡须的波希米亚国王的情节，长达20分钟。即便如此，布雷特在拍摄现场还是因围绕对话和情节展开的争斗而声名狼藉。他对准确性的高要求很快就迫使格拉纳达在原来的拍摄日程中增加了一周的时间。

不过，观看布雷特早年鼎盛时期的作品，不得不承认他配得上第一男主角。身着黑色肃穆的正装,他看上去强硬、精干,双眼燃烧着怒火,神色反复无常,措辞刚毅。在众多荧幕夏洛克扮演者中,他是少有的会去关注柯南·道尔对福尔摩斯懒散的频繁描述的人,他对待自己的华生们像歌剧里的波希米亚女主角一样怠惰,又不乏热情。[①] 在《花斑带之谜》中他告诉苦恼的海伦·斯通纳"祷告——细节要精确"时,把冷酷的指令调和成富有同情心的魅力,然后向后踢了踢腿,像要打个盹一样。在关键的调查时刻,布雷特的眼睛充满了福尔摩斯式的热情:查看、观察、剖析。演员激起了夏洛克情感的秘密之火,有时动作灵巧而柔韧。在《最后一案》中,当莫里亚蒂的党羽追踪他时,布雷特用排水管作为杠杆,向坏蛋的脸上踢了一脚。

在这位非凡的演员出演这部电影几年后,我发现了他,并认为他是我所见过的最伟大的演员。然而,现在回想起来,格拉纳达的制作似乎有点画蛇添足了。(撒切尔中期版本的维多利亚式胡须尤其不好。)不过,尽管剧中标志时代的细节不够完美,布雷特还是赋予了福尔摩斯一种神经质的魅力,完美地呼应了80年代。(这也许不奇怪,这个系列花了很多时间在可卡因针头上。)三十年多后,他仍被"布雷特帮"(Brettheads)这个小圈子认为是那个时代最权威的福尔摩斯扮演者。他的表演绚丽多彩,熠熠生辉,是巅峰时期的杰作,是严格把关和拼命造势的杰作。这么多年后,仍值得效仿。

当我兴高采烈地坐在蒙大拿州时,我没有意识到夏洛克·福尔摩斯让杰里米·布雷特发疯了。从一开始,他就认为即使算上哈姆雷特,这个角色也是他扮演过的难度最高的。格拉纳达的工作日

[①] 布雷特曾与两位非常好的医生联袂主演:大卫·伯克饰演的华生足智多谋、充满热情;而爱德华·哈德威克富于想象、头脑敏锐,令人相信他是不朽的冒险故事的真正作者。

从凌晨 3 点开始，直到很晚才结束。布雷特在第一季的拍摄中瘦了约 15 磅。在《最后一案》播放结束后，英美观众还想要更多。（更多的福尔摩斯！总是这样。柯南·道尔和巴兹尔·拉思伯恩应该给他忠告的。）十多年来，布雷特在 41 部截然不同的剧集中扮演福尔摩斯——次数可能比其他任何电影演员都多，除了 20 年代的艾尔·诺伍德。他变得更为疲惫、脆弱，难以释怀。有人说，他开始称福尔摩斯为"你知道我说的谁"和"他"。他曾告诉一位朋友，他把饰演福尔摩斯当成是住在月球的黑暗面。

布雷特饱受躁郁症的折磨——高兴时给大家开香槟喝，沮丧时向宇宙说再见——锂药物的作用令他身躯发福。随着格拉纳达影集拍摄的继续，他的身体崩溃了，一度缺乏自理能力，痛苦不堪。他坐在轮椅上完成了最后的拍摄，戴着氧气面罩。在 1994 年《硬纸壳盒子》的最后一集中，布雷特的表演陷入了自我嘲弄的阴影，他的身材成了影片的核心。第二年，他死于心脏衰竭，享年 61 岁。他因福尔摩斯成名，可能也因福尔摩斯而死。

尽管如此，布雷特还是不忍心离开贝克街。在一次纪念午餐会上，有人播放了他去世前不久录制的录音带。"如果你看到他匆匆走过街角……那么等一等，因为这就是你能看到的全部的他。说真的，他是不是很棒？不过，我们前面仍有路要走。"

面对着美国电视评论家协会的全体与会者，我向本尼迪克特·康伯巴奇提出了一个问题。我的记者同行们已就网上一段很受欢迎的视频向他提问，视频中他和安德鲁·斯科特（《神探夏洛克》中莫里亚蒂的扮演者）互相依偎，好像要亲吻。（答："我们从来没有真正联系过，你知道的。"）他们继续问他有关这部系列剧的狂热影迷。（答："他们大都很友好，有些是普通人。说真的,我喜欢人们围坐在家里看电视,并互相争论,争论也许发生在不同年龄层。'嗯,我更喜欢布雷特。''不,他很酷——他是可汗。'")

我发现康伯巴奇在这种疯狂的环境下十分紧张(不能怪他),而且总是自谦(如果我有那样一对颧骨,我会更强势些)。我想知道这一切可能会如何变化。就在几年前,他自己也是一个近乎普通的人,而现在是重要杂志的封面男孩。他收到了来自朱利安·阿桑奇的奇怪信件。许多粉丝创建的网站都把他作为主题,或者说目标。一个著名的例子,有个名为"想象本尼迪克特·康伯巴奇"的网站,把名人崇拜变成了一门禅学。("想象下本尼迪克特·康伯巴奇试图染头发,但是效果很糟糕,他对自己变色的头发感到局促不安。")当他的夏洛克开始以超光速推理时,康伯巴奇在疯狂的剪辑中滔滔不绝,让人担心他的嘴巴会因此燃烧起来。(有一幕,夏洛克快速讲述了"多愁善感的寡妇和她的儿子——失业渔民"的故事,他推断出一只名叫威士忌的小猎狗和一段令人忧心的经济关系,他说得太快以至于喉管上汗珠连连。)《神探夏洛克》不是一个辩论社团。康伯巴奇的角色在前一季已结束了生命,毕竟,是从大型建筑上急速坠落。

所以当机会出现时,我问他是否害怕会重复拉思伯恩和布雷特的命运。这两个人在过犹不及上殊途同归。他能躲过夏洛克·福尔摩斯的诅咒吗?

康伯巴奇停顿了一下。"嗯,"他开始说,"在演这个角色时,我比他们中的任何一个都要年轻。他们比我有更多的事情需要处理。我只是时间安排得更好,每隔一段时间,我们会找出大家都方便的时候,拍摄三集电视剧。当然,杰里米有他自己的心魔,在某种程度上这与角色本身有着内在的联系。有时看他的作品几乎是很痛苦的事。"他沉思了一会儿。"我想你可以做一张图表。看看痴呆是什么时候开始的？我想我已经这么做了。我是说，我喜欢这个角色。我觉得它很有活力。但我记得有一次和我妈妈——万达·文森姆（Wanda Ventham），一位资深的职业女演员——对话，她静静地看着我说：'小心点，亲爱的，小心点。'"还有人想知道，夏洛克总是和他在一起吗。（答："在工作中保持清醒的方法之一是知道何时何地摆脱角色，开始做回你自己。但每次拍摄结束后，我都会想念他。我对他有种奇怪的感情。"）

我不知道康伯巴奇是否真的在最偶然的时刻无意间接触了这个角色。他没有签订米高梅电影公司的半永久合同。米高梅曾经把拉思伯恩借调给环球电影公司，就像他是一本有趣的平装书。现在，如果总演同一类型的角色，这工作不会再像以前那么乏味了，我认为部分原因是现代观众参与游戏的方式与过去有所不同。在 21 世纪 10 年代，我们知道对经典人物巧妙、精心的重塑是流行文化的生命线。我们很高兴看到有才华的人来掌控老套的情节和老掉牙的角色。小罗伯特·唐尼可以是夏洛克·福尔摩斯，也可以是钢铁侠。观众喜欢看《星际迷航》，它采用了延续性手法，给柯克和斯波克提供了另一个时间线。他们喜欢看新蝙蝠侠，不管是谁演的。想象一下——我们不是 DC 漫画公司的商标代理人，所以我们可以想象——如果可能的话同时有两个，甚至三个蝙蝠侠。

因此，广大观众可以同时接受罗伯特·唐尼、康伯巴奇和约翰尼·李·米勒，他们是截然不同的大侦探。当前的夏洛克·福尔摩斯揭示了文化追求的是什么：就像拉思伯恩饰演的温文尔雅的猎杀纳粹者描述的 20 世纪 40 年代，每一部改编作品都利用了当今的娱乐业情结。华而不实、耗资数十亿美元的影片中，充斥着火球、打斗场面和自以为是的俏皮话，盖伊·里奇、唐尼和裘德·洛①给我们带来了动作英雄福尔摩斯和华生。康伯巴奇引导我们痴迷于通信技术和崇拜这位超语言的创新思想家——他的夏洛克可能会在TED演讲上引起轩然大波。《基本演绎法》，一部在《神探夏洛克》上映不久后构思出的现代剧，具有惊人的巧合。该剧背景设在纽约，批量炮制出程式化的警察办案故事，凸显了这样一个事实：美国有90%的电视节目讲述着发生在纽约的程式化的侦探故事。

顺便说一句，我不喜欢《基本演绎法》。它为制造噱头，选择了刘玉玲出演，并对福尔摩斯的性格进行了修改，加入了一种相当惊人的异性恋倾向。并不是我一个人这样认为。铁杆夏洛克迷对这部系列剧冷嘲热讽。就在我撰写本书时，一位美国夏洛克迷布拉德·葛福伟（Brad Keefauver），坚持每周在博客上对《基本演绎法》进行美学的终极批判，如"悲伤和懒惰。肯定是星期四"等等。他做此项工作当然不是像莫法特或是盖蒂斯那样出于爱好。这部剧中，对柯南·道尔的引用是偶然的，流于表面的。但是，你知道，我开始喜欢上这部剧，主要是因为米勒对夏洛克·福尔摩斯的柔情演绎，他的福尔摩斯是一个古板正经的感情白痴，经过十二步的恢复拥有了正常的情感。他和刘不再住在贝克街221B，而是在纽约破旧而别致的碣石居，真让人羡慕。创作者们开始玩一些有趣的恶作剧：哈德森夫人变身为高大的男性，塞巴斯蒂安·莫兰成了一个剃光头的阿森纳流氓，等等。我要是在这里讨论他们把莫里亚蒂和艾琳·阿德勒改成了什么样，那就成了有史以来最大的剧透

---

① 裘德·洛塑造了一个绝妙的华生，不管别人怎么看待这部电影，我喜欢他们，就像我喜欢棉花糖、轮滑赛和不一定好的流行音乐一样。有点宿命意味的是，在杰里米·布雷特出演的格拉纳达作品之一《肖斯科姆别墅》中，可以发现正饰演一个小角色的裘德·洛那年轻貌美的面庞。

了。这部剧并不高明，但很有趣。

特别值得一提的是，《神探夏洛克》属于高端电视市场，较少受到传统电视网络的推动，而更多地受到使用社交媒体观众的影响。《神探夏洛克》在美国"名著剧场"播映，该栏目很乐意每两年播放三集夏洛克，以收获大量的网评和影迷。在对美国电视评论协会非正式会议的一次采访中，"名著剧场"的资深执行制片人丽贝卡·伊顿（Rebecca Eaton）告诉我，在经历数年的不顺后，《神探夏洛克》促使这个展播古装剧的珍贵平台以新形象示人。"2010年的第一季是'名著剧场'即将回归的第一个迹象，"她说，"当时是 11 月，《唐顿庄园》还未上映，那是很长时间以来，我们第一次获得收视率的突破。当时涌现出了一面倒的正面评论。"事实上，伊顿最担心的是，《神探夏洛克》的许多影迷在数字黑市上观看该剧。但她也指出，由于前景可期，"名著剧场"承销的栏目——公共电视台的商业广告，已一售而空，买家是像拉夫·劳伦（Ralph Lauren）和维京游轮（Viking River Cruises）这样的奢侈品牌。嫉妒吧，溴奎宁。

"它给我们的品牌和观众带来了好处，最棒的是，这完全是偶然的，"伊顿告诉我，"当他们第一次向我推销的时候，我没有接受。现在，《神探夏洛克》是一颗流星。它每隔一段时间出现，但有助于明确'名著剧场'在新的时代会如何。我们可以是复古的，但我们也完全可以是时尚的。这是《神探夏洛克》赠予我们的。"

正如布雷特和拉思伯恩的合作者的经验表明的，侦探可以给予你一切，也可以带走。另一方面，这不应该成为铁定的规则。即使对伟大的夏洛克·福尔摩斯来说，离开了贝克街，生活也可以继续下去。

我绕过拐角向朗廷酒店绅士们的住处走去。一个熟悉的身影突然出现在我面前的门口。我认出他是演员克里斯托弗·普卢默（Christopher Plummer），他身材修长，穿着深色西装，很时尚。当我在写这本书时，我已经习惯把这种混乱的灵感串在一块儿——每一条线索都必须回到贝克街221B！——我记得他也曾扮演过夏洛克·福尔摩斯。而且两次！一次在1979年的《午夜谋杀》中，总是面带嘲讽。另一次是两年前的《银色马》中，该剧完全忠实原著，在英国和加拿大电视台播出。他和人们期待的一样好。然后他继续往前走。窍门可能就在于：在大侦探属于你的那个瞬间去尽情诠释他，然后就让他离开吧。正如布雷特所指出的，无论如何，他总是远远地走在你的前面。

脑海中的千思万绪在不停地翻滚。普卢默在一个大理石前厅里突然停了下来。朗廷酒店十分富丽堂皇，男厕所的走廊都是分叉的。普卢默四处张望。幸运的是，我以前去过那里。"在你的右边，先生。"我说。我想，这是第一次，也是最后一次。就这样，我为夏洛克·福尔摩斯解开了一个谜。

不久前，我度过了特别的一周：研究各种版本的米尔沃顿的一周。

查尔斯·奥古斯塔斯·米尔沃顿可能是柯南·道尔笔下最出彩的反派角色：一个来自阿斯特拉罕（Astrakhan）的花言巧语的敲诈者。（还有什么？）此人举止挑剔，为人冷酷无情，住在一幢城郊宅邸里，房里满是指控文件。在这部于1904年发表在《河滨杂志》的短篇小说里，福尔摩斯和华生与米尔沃顿进行了难忘的交战。尽管我们经常可以追溯到柯南·道尔的灵感来源，不过难得的是，这个故事里他的勒索者原型让我们一目了然。查尔斯·奥古斯塔斯·豪威尔，一位艺术品商人（据说他曾短暂地靠潜水寻找沉没的宝藏来养活自己，并且曾经密谋暗杀拿破仑三世），在故事发表前十四年去世。他在切尔西一家酒吧外被发现，喉咙裂开，嘴里塞着一枚硬币。他确实曾经受人诟病。据福特·马多克斯·福特（Ford Madox Ford）回忆，他偶尔会仿制经典艺术品。有一次，豪威尔诱使但丁·加布里埃尔·罗塞蒂（Dante Gabriel Rossetti）挖掘他已故妻子伊丽莎白·西德尔（Elizabeth Siddal）的墓地，以便找回随她陪葬的诗。查尔斯·奥古斯塔斯自有他的方法。他死后，其家中发现了大量令人大开眼界的信件。

豪威尔的生命在米尔沃顿身上延续。不久前，在一个安静的夜晚，我坐下来观看《讹诈之王》（*Korol shantazha*），这是由列宁格勒电影制片厂（Lenfilm）出品的电影，于1979—1984在苏联上映，拍摄于拉脱维亚里加。多亏了瓦西里·利瓦诺夫（Vasily Livanov）饰演的福尔摩斯和维塔利·索洛明（Vitaly Solomin）饰演的华生，这部影片与最好的福尔摩斯英语电影旗鼓相当。利瓦诺夫既不像布雷特，也不像康伯巴奇，他扮演的夏洛克是一个冷静克制、玩世不恭、近乎绅士的中年男人，有种历经打磨过的优雅，但在铁一般的意志中却生性好静。索洛明塑造了最讨人喜欢的华生之一，像哈迪斯一样帅气。他勇往直前，去侦察臭名昭著的勒索者的住宅。当他发现福尔摩斯乔装打扮，也去侦察地形时，感情受到了极大的伤害。"好吧，这也太离谱了吧，福尔摩斯。"目瞪口呆了几秒后，他生气地说。之后，跺着脚回到自己的房间。

利瓦诺夫和索洛明追捕米尔沃顿的剧情忠实于柯南·道尔的原作，尽管迈克罗夫特和莫里亚蒂不知怎的也混入了剧情。米尔沃顿由鲍里斯·瑞珠金（Boris Ryzhukin）饰演，演技逼真，令人厌恶。福尔摩斯乔装打扮，引诱勒索者的女仆，进入他的院子。侦探和医生夜间侵入此地，目的是寻找客户轻率的信件。事情发生了意想不到的转变，我们不需要讨论，但大多数人——除了米尔沃顿，或许还有女佣——此后幸福地生活着，无论是在《河滨杂志》，还是在苏联。

与此同时，我也参与了对杰里米·布雷特时代的研究。一大堆借来的格拉纳达电影的光盘早被打入冷宫了，和《托马斯小火车》的一些录像带混在一起，是时候把它们整理出来了。最上面的是《讹诈专家》，以"米尔沃顿"为蓝本的一部长片。不幸的是，电影的后半部分，情节沉重、拖沓，如秘密同性恋事件、后花园里含泪的耳光、在团队总部的自杀等各种各样的事件，而布雷特也渐渐进入了自己晚期那种苍白无力的状态。电影时长100分钟，在大约60分钟时我放弃了，转而打开了美国网络电视。奇怪但真实的是，我无意间看到了《基本演绎法》，剧中约翰尼·李·米勒和刘玉玲正在追捕某个查尔斯·奥古斯塔斯·米尔沃顿，一个向强奸受害者勒索钱财的混蛋。（这部剧时长中等，但《基本演绎法》放到一半时总是插入大量解释性的对话，概述到目前为止的情节。）《基本演绎法》的这一安排很接近原著，而它大部分情节其实都改编甚大，所以我很享受这对行动搭档每次的争辩情节。

几天后，《神探夏洛克》阵营传出了新闻，决定更新即将到来的第三季，这具有战略意义。查尔斯·奥古斯塔斯·马格努森一定是最具代表性的恶棍。剧集中，丹麦演员查拉尔斯·米克尔森（Lars Mikkelson）的表演惟妙惟肖，令人难忘，他扮演的敲诈者被重新改编成一个喜欢异常权力动力学的现代报业大亨。满是米尔沃顿电影的一周结束时，我感觉到柯南·道尔作为庄家试图通过源源不断的坚持来把我逼疯。

夏洛克故事的演变让我们能从实验室的视角看待历史上的真

实人物，如查尔斯·奥古斯塔斯·豪威尔、约瑟夫·贝尔或者超级罪犯亚当·沃斯（Adam Worth），他们首先被写进小说，然后变成民间传说，之后成了神话。（想想一千年后，可能会形成一些现在做梦也想不到的新异教徒，在他们眼中，"查尔斯·奥古斯塔斯·米尔沃顿"可能是一个小恶魔。）阿瑟·柯南·道尔不时爆发的创造力俨然已成为叙事永动机的燃料。弗拉基米尔·纳博科夫年轻时曾读过英语版和俄语版的柯南·道尔小说的廉价盗版读物，他将《空房子》和《巴斯克维尔的猎犬》的意象编织进了《微暗的火》（*Pale Fire*）一书中。① （通过学术目录服务可以一窥纳博科夫的福尔摩斯研究，至少包括关于亨伯特和福尔摩斯关系的令人震惊的讨论。）安伯托·艾柯（Umberto Eco）——世界上最著名的符号学家，从福尔摩斯读懂蛛丝马迹的能力中学到了很多——把福尔摩斯和华生移接到中世纪的欧洲，创作出《玫瑰之名》（*The Name of the Rose*）。伊芙·泰特斯（Eve Titus）给孩子们创作了《鼠辈侦探》，讲述了住在贝克街221B号地下室里老鼠侦探的故事；尼古拉斯·迈耶（Nicholas Meyer）给成人编写了《百分之七的溶液》（*The Seven-Percent Solution*），福尔摩斯最终坐在了西格蒙德·弗洛伊德（Sigmund Freud）的沙发上，两人共聚一室。孩提时的豪尔赫·路易斯·博尔赫斯（Jorge Luis Borges）——虽然把他看成孩子似乎很奇怪——在一本名为《太阳》的西班牙语杂志上读到了福尔摩斯的故事。在《死亡与罗盘》（*Death and the Compas*）中，博尔赫斯或许创造了恶搞/模仿/致敬传统的最可怕的例子，将柯南·道尔的风格和结构，运用到自己许多故事的开篇，变成巴洛克

---

① 如果你愿意再大胆一点来设想，你可以把《微暗的火》中完全不可靠的叙述者金波特和具有超强洞察力的诗人谢德看作是华生和福尔摩斯组合的偏执版本。

式的恐怖：

> 在伦洛特运用大胆的分析能力所处理的众多问题中，再没有比那一系列定期发生、在桉树飘香的特里斯勒罗伊（Triste-le-Roy）别墅告终的血腥事件更离奇的，甚至可以说是匪夷所思。①

福尔摩斯可以变成伦洛特，或者艾柯笔下的威廉，或者去推销切斯特菲尔德香烟。柯南·道尔去世九十多年后，夏洛克·福尔摩斯向我们展现了一个人的发明创造如何能为所有人的想象力提供财富。为什么会出现这样的情况呢？确切的原因可能与福尔摩斯、华生和柯南·道尔有关，但更多是与人类的心智和它渴求的东西有关：英雄和恶棍、神和怪物、故事和世界。20世纪90年代，艾伦·摩尔（Alan Moore）——有时被称为当代最伟大的漫画作家（也是一个巫师，这就说来话长了）——与艺术家凯文·奥尼尔（Kevin O'Neil）合作了《天降奇兵》（The League of Extraordinary Gentlemen），角色有尼莫船长、《德古拉》中的米娜、化身博士、隐身人等，他们一起在变换的维多利亚式场景中经历暴力探险故事。飞艇在莱姆豪斯的上空作战。尼莫的"鹦鹉螺号"（Nautilus）驶出泰晤士河。摩尔将迈克罗夫特·福尔摩斯设计成情节的主要推动者，而夏洛克流连在远方。在接受漫画网站采访时，摩尔提出："想象力的星球和我们一样古老。那些虚构之地是人类永恒的伙伴，如奥林匹斯山和众神一般，自从我们第一次从树上爬下来……许多塑造我们的梦想……都是虚构的。"

---

① 博尔赫斯还将《红发俱乐部》翻译成西班牙语，编入1943年的犯罪小说选集。这是唯一一部他认为情节相当不错的作品。

"福尔摩斯知道故事发生的地方,我是一个肆无忌惮的说谎者。"

这一行文字来源于小说《珀斯博利信件》,作者是凯蒂·福赛斯(Katie Forsythe,大多数时候为这个名字)。故事围绕 1916 年华生和福尔摩斯的通信展开,华生从西线的一个医疗站写信,福尔摩斯在白厅回信,他与迈克罗夫特一起在那从事情报工作。这部作品为《驼背人》编织了一个富有创造性的背景——有猴子腺体制成的诡异糕点和刚变成类人猿的教授。除了情节以及富有表现力和时代真实感的文笔之外,这个故事具有以下几个特征。首先,它可以在一个名为 Liquidfic 的网站上找到,这是凯蒂·福赛斯登载作品的几个网站之一,凯蒂·福赛斯被誉为最娴熟和最多产的同人小说(fanfiction,或译粉丝小说)作家之一。她的作品可以在网上其他地方找到,但在这里她存档了大约 24 篇福尔摩斯和华生的故事,有一些达到了长篇小说的篇幅。(在网站中她的名下,还有她写的康伯巴奇的福尔摩斯经历逼真的通感和其他强烈的内心影响的故事,有些显然是由于可诊断的精神疾病。)

其次,在《珀斯博利信件》和福赛斯其他所有的作品中,福尔摩斯和华生都深深地、热烈地、灵肉合一地相爱着。

夏洛克的同人小说,数量多得令人无法置信,在这许多的(哪怕不是大多数)小说里,都有他们二人相爱的设定。这些小说几乎完全活跃在网上,平台有 LiveJournal 或其他博客平台,或者像 Archive of Our Own 这样的专门论坛。后者是一个非营利性的小说库,成立于 2007 年,专注连载同人小说。如果我让您感觉作为一种现象,同人小说是规模很大的,这是不准确的。不过,同人小说——用一种不够精确的形容就是,由业余作家写作的关于非自己原创的人物和世界的小说——确实不能用规模小来形容。目前,我们的档案库拥有 108 万部截然不同的作品,注册创作者超过 30 万人。这只是同人作品网站之一。这些故事的人物涉及你能想象的每个电视节目、主要作者、电影、漫画系列、卡通、视频游戏、现实摇滚乐队和运动队,还有许多你想象不到的。我们的档案库中至少有三个故事是以《海岸救生队》(Baywatch)的"世界"为背景的,如果真有这样一个"世界"的话。

当然,借用别人的人物也不是什么新鲜事。18世纪,书迷不满意塞缪尔·理查森(Samuel Richardson)的《帕梅拉》(Pamela),有的重新改写了结局,有的给角色安排了全新的冒险,这种改写经常是低级下流的。① 这本书追溯至19世纪90年代,当时有关夏洛克的一切呈爆炸式发展,如未经授权的音乐厅表演、报纸的滑稽模仿、故事的仿作、盗版廉价小说、准学术文章、影射性文学小说等。《星际迷航》的影迷普遍主张用油印的"杂志"登载现代同人小说,到20世纪70年代中期,这些杂志提出柯克和斯波克可能不仅仅是联盟船友的关系。

然而,当前的同人小说确实与众不同,最突出的是创作手段:无穷无尽的故事是由错综复杂、互相关联的成员在无休止的在线聊天社区炮制的,目标读者也是这些人。由于没有出版商的控制或编辑权威的限制,这类故事来源于反馈、志愿"试读者"、评论、团队写作("我不知道该如何继续,但欢迎你……")、同行推荐以及用共同的、有时难以理解的行话进行的辩论(大量的辩论)。一个局外人在这儿会面临大量的术语,从AU(alternative universe,平行时空)到暗黑小说(darkfic,它是黑暗的),再到"柑橘等级"(citrus scale,不知何故,它表明一个故事的相对色情程度)。此

---

① 这一洞见,以及这里提出的大多数与同人小说的历史、结构和功能有关的理解,都依赖于安妮·詹姆森(Anne Jameson)2013年出版的优秀作品《为什么同人小说正在占领世界》(Fic: Why Fanfiction Is Taking Over the World)。

外，由于同人小说作者描绘人物和情境往往①跨越性别角色、性别身份、权力动态、社会类别、身体形象、物种边界等（或者把这些限制炸成锋利的碎片），读者必须做好准备面对各种有细微差别的政治观点，研究他们可以让一个有进取心的人类学家忙碌一段时间。这种趋势的积极方面是形成一种完全包容的文化，作家劳丽·佩尼（Laurie Penny）在《新政治家》（*New Statesman*）中对这种文化这样描述：欢迎"妇女、有色人群、古怪的孩子、性欲旺盛的青少年、非专业作家，（以及）真正关心故事续集的人（抱歉放在最后）"。

绝对的数量也使它有别于其他媒介。同人小说涉足一切，但更专注于夏洛克·福尔摩斯——网络上福尔摩斯的同人小说比其他任何的都多。有的"原著同人文"，或多或少地会忠实于柯南所创造的人物，毫无疑问这是少数。人们发现有的同人小说设定在巴兹尔·拉思伯恩的夏洛克·福尔摩斯的时空里，还有罗伯特·唐尼同人文、《基本演绎法》同人文、《妙妙探》同人文以及瓦西里·利凡诺夫同人文。似乎没有任何艾尔·诺伍德同人文，大家可以补上这一空白。但是康伯巴奇和弗里曼曾经在同人小说界引起了巨大的催化反应，现在《神探夏洛克》主宰了福尔摩斯同人小说界。正如作家温迪·弗里斯（Wendy C. Fries）在一篇文章中所说："演员和作家给予了我们如此多的素材。但你真的见过本尼迪克特·康伯巴奇吗？"

这给我们带来了性的话题。很多同人小说不涉及性，说正经的，我指的是性爱描写。同人小说中的人物以各种方式、各种组合、各种怪癖让性发生，小说中有很多很多的性爱描写。正如许多

---

① 关于同人小说和支持它的团体的任何归纳都是不对的。但不管怎样，我需要说点什么。

评论家所指出，女性在同人小说领域占主导地位；许多女性，不管她们个人现实生活的倾向如何，都喜欢写关于男性之间的性爱。当然也不都是这样。我们现在都知道《五十度灰》最初是受《暮光之城》启发创作的同人异性恋小说。在夏洛克同人小说里，这通常指的是福尔摩斯和华生——尽管有大量的作品，可以统称为麦雷，以迈克罗夫特和警探莱斯特雷德的深陷情欲为中心，而且，相信我，每个角色都有属于自己的一份性爱描写，即便是哈德森夫人。（在凌晨5点半不得不读到哈德森夫人的内衣之前，写一本关于夏洛克·福尔摩斯的书是充满乐趣的。）

夏洛克同人小说最大限度地利用了凯蒂·福赛斯宣称的原著的怪异之处：柯南·道尔的华生顶多算个不可靠的叙述者。他的日期是错误的。他的蛇喝牛奶。如果他说的不那么真实，你会知道吗？夏洛克从来不会花太多时间在女人身上，除了艾琳·阿德勒，这是真的吗？（网上搜索"夏洛克+艾琳"确实能找到各式各样的小说。）认为福尔摩斯和华生是情人的观念，会再次杀死可怜的柯南·道尔，但同人小说作家并不是第一个拿这种想法开玩笑的群体。他们正在使用最疯狂的玩具武器。比如，我刚刚读了一个故事，尼格尔·布鲁斯饰演的华生在追求巴兹尔·拉思伯恩饰演的福尔摩斯，因为莫里亚蒂在华生的果酱里加了点儿春药。诸如此类。

我认为自己对这些事情的兴趣一般。不过，我必须说，贝克街的性爱场景对我来说就像我的祖父母主演的色情片一样。这不是我的领域。于是，从纯技术层面来说，Archive of Our Own、LiveJournal、Tumblr 和其他所有同人小说相关论坛和博客上的帖子，都让我觉得我所面对的主要是生物学上的东西，而非文化内容。这是一个恼人的突变生态系统，在我前进的道路上不断地涌现出前所未闻的生物。例如在一个微流派中，华生是一只狗。我需要一个指导者，于是我去拜访了埃莉诺·格雷（Elinor Gray）。24岁的格雷来自巴尔的摩，是个迷人的女孩，在网上以米丝蒂·佐尔为笔名写同人小说。她对维多利亚时代的原著同人小说很在行，尽管那些故事涉及的情欲行为，可能会让奥斯卡·王尔德都感到震惊。她也成了同人小说和传统夏洛克世界之间的一名大使。格雷为Sherlockian.net（一个主要面向保守的衍生社团和学术杂志的网站）编纂了非常实用的对有代表性的同人小说的横向分析。正是她的列表让我注意到了凯蒂·福赛斯。我觉得她可能与我有共同语言，而我有未解的疑问。

例如，为什么要将同人小说和仿作区分开来呢？她告诉我："基本的工作定义是，仿作是有偿创作的，而同人小说是免费的。另一个层次是语调和意图：对华生嗓音的描写不同，再现柯南·道尔的方式不同，以及它们用人物和世界去探索着完全不同的可能性。"小的时候，格雷喜欢这六十个故事。成年后，她发现了表达爱意的令人惊奇的新方法。"就像在玩沙盒（the sandbox）游戏，"她解释道，"这一切都取决于'假若……怎么办？'这个问题。仿作小说经常会利用柯南·道尔的许多漏洞与偏差，例如：1897年福尔摩斯和华生在做什么？传统的夏洛克·福尔摩斯学者以一种方式进行游戏，而同人小说则以另外的方式进行创作，例如：他们离开我们的视野陷入热恋又会如何？"

这促使我发问：所有这些……你知道的……是否真的有必要呢？我试着让自己听起来不那么老土，也不受制于任何潜在的恐惧。"很多同人小说，也许大部分，都是女性写的，"格雷耐心地告诉我，"我认为写作的一个主要动机是可以游戏：玩性，玩动态关系。总的来说，描写性很有趣，读起来也很有趣。"

"对我来说，玩的就是动态关系。这就是我写故事的原因，也是我作为一个读者所期待的。即使推理糟糕透了——在同人小说中，通常没有推理——但在其他方面故事很精彩。他们两个，福尔摩斯和华生，让这一切都奏效了。"

我想知道她是如何被老派的福尔摩斯迷所接受的。"我需要一个群体，"她说，"我惊喜地发现，年轻女性比我想象得要多，而且每个人都很可爱。起初，对于解释我做的事与夏洛克·福尔摩斯到底有何关系我还有点害羞。'嗨，我写同性恋色情！'但最终，我意识到，是的，这就是我的贡献，我很擅长。"

在短短的几年里，靠着康伯巴奇的启发，但也凭借着柯南·道尔和福尔摩斯的历史，网络粉丝的创造力把这个古老的偶像带到了离奇而又偶有精彩的地方。例如，一个人数众多的由粉丝创造的视觉艺术流派将福尔摩斯描绘成拟人的金枪鱼（tuna），名字干脆叫"图那洛克"（Tunalock）。它会让西德尼·佩吉特感到困惑，但我觉得它很滑稽，而且对它的存在感到欣喜。撇开性不谈，同人小说在呈现（或者说接管）夏洛克·福尔摩斯时，让我们得以瞥见一种全新的创造文化的方式。格雷说："这张网很大，巨大无比，但却自相矛盾地交织在一起。媒介的交流很广泛。我们都在和大家分享我们一直在做的事情。信息太分散了，你不能拥有整个互联网。网络没有权力，也没有控制。但你能找到更多的你所爱的东西。"

在这儿，我看见了一个夏洛克迷的新分支，和旧分支一样善于利用新与旧的热情。在同人小说里，我可以看出在福尔摩斯进化过程中潜在的破坏性力量。如同具有集体意识的珊瑚礁一般，夏洛克同人小说的数量呈巨大增长态势，出现了汉语、日语和俄语版本。谁能说出它们要去向何方，或者预言出未来的夏洛克？它们的发展确实揭示了一个令人惊讶的事实：一百三十年后，人们仍旧在重塑夏洛克·福尔摩斯，他仍在被人觊觎——还可以说，他仍年轻。

基于这一切，人们可能会觉得，对福尔摩斯和华生早就可以像对罗密欧和朱丽叶那样自由发挥想象力了。（同人小说作家们，尽情来吧。）但是，就在大侦探最受欢迎的21世纪初，爆发了一场激烈的争论，围绕的是一个令人惊讶的问题：谁拥有夏洛克·福尔摩斯？

在柯南·道尔去世后的几十年里，他最著名作品的知识产权史变得异常复杂。（简单地说，苏格兰皇家银行曾一度拥有原著的版权。后来，版权被移交给英国皇家盲人学会。）到21世纪10年代初，正如外行人天真地预料的那样，除了20世纪20年代出版并收录在《夏洛克·福尔摩斯新探案》中的最后十个故事之外，其他的作品已变为公有版权。以美国国会的无穷智慧，这些故事仅在美国保留版权至2022年12月31日。这距离柯南·道尔出生有一百六十多年，离他的去世将近一个世纪。

目前，该版权归柯南·道尔产权公司，这是一家英国公司，由柯南·道尔的弟弟英尼斯的后代打理。[①]（柯南·道尔爵士的五个孩子都没有后代。）可以理解，这家公司在设法尽情享用日薄西山的财产。例如，多年来，从主要的银幕改编来获取许可费。然而，近年来，该公司遭遇了复仇之神——莱斯利·克林格。克林格是一名律师，也是贝克街小分队的一员，创作了《新注本夏洛克·福尔摩斯全集》。2011年，克林格和劳丽·金——曾在小说中

---

① 有一个事实体现了版权的复杂历史：他们有一个竞争对手，自称是柯南·道尔爵士文学产权公司。对于我们正在讨论的问题，这家公司的参与程度、它的存在，充其量可以被描述为边缘席位。

把玛丽·罗素改编成老年福尔摩斯的妻子——计划编著一本夏洛克续展小说选集。

"我们和兰登书屋签有协议，"克林格和我聊天时回忆道，"一天，兰登书屋收到柯南·道尔产权公司的来信，信上说除非你付钱给我们，否则不能出版。我们说，不能给他们钱，是他们不对。兰登书屋说，算了吧，我们打算付5000美元让他们离开。如果请律师的话，付出的代价会更多。所以兰登书屋付了钱——他们的钱，而不是我们的钱——书得以出版。①"

"转眼到了2012年，当时我们正和另一家出版商珀伽索斯（Pegasus）书屋合作另一本书。柯南·道尔产权公司来找他们索要许可证，否则将联合亚马逊、巴诺（Barnes and Noble）书店和其他零售商阻止该书出售。出版商吓坏了，我们决定采取行动。"

克林格与柯南·道尔产权公司的版权一案，轰动了小小的夏洛克粉丝世界。产权公司在美国的长期法定代表人乔恩·雷能柏格（Jon Lellenberg），也是贝克街小分队的重要成员。贝克街小分队和许多杰出的夏洛克迷都出来高调地支援克林格。许多铁杆拥护者在社交网站上带着标签"解放夏洛克"发文，支持原告的贤明宣言——"夏洛克·福尔摩斯属于世界"。鉴于它提及了价值数十亿的——人们突然想起——对角色的控制，该诉讼也获得了大量主流媒体的支持。当我们在其诉讼进程的初期讨论此事时，克林格说："如果这个案件在媒体见证下审理，我们已经赢了。"

作为该案的核心，柯南·道尔产权公司争辩说，其对最后十个故事的版权赋予其在美国对福尔摩斯和华生拥有更广泛的权利。

---

① 《夏洛克的研究：由福尔摩斯原典启发的故事》（*A Study in Sherlock: Stories Inspired by the Holmes Canon*），兰登书屋2011年出版。

"受版权保护的故事中,除了保护整体人物形象之外,有没有办法保护作者对复杂文学角色形象的后续补充?"一份档案记录了产权公司的这样一个问题。它引用了最后十个故事中人物的各种衍生形象,其中很多涉及福尔摩斯和华生之间的微妙之处,比如他们友谊的深度,还有夏洛克性格由易怒最终变得柔和。它认为,本质上,现在这些衍生对整个角色的概念有影响,因此把它们当作完整的虚构实体,仍处在版权保护之下。如果你创作一部新作品,描写19世纪80年代《血字研究》中的福尔摩斯,就意味着,你不可避免地要从如《肖斯科姆别墅》这样的故事中借鉴基础素材。

对我来说,这有点神学色彩。克林格则持不同观点,他告诉我:"这公司是新出现的,并没有什么历史。我们从来没有辩称最后十个故事属于公共领域。我们很清楚地说他们并不是。但是,你不能因为对这十个故事享有版权,就说福尔摩斯的整个人物形象都受版权保护。这没有说服力。"克林格补充道,他认为,即使是现存的版权,也没有赋予产权公司在这十个故事的各个方面享有绝对的权力。他说:"比方说,你想写一篇关于华生为布拉克希思(Blackheath)俱乐部打橄榄球的短篇故事。这件小事,曾在一个故事中提到过。有一个词语叫正当使用,你不会破坏原作的商业前景。因为没有人怀着找出华生在哪打橄榄球的目的去阅读《萨塞克斯吸血鬼》。"

联邦地区法院法官的裁决几乎完全对克林格有利,这引发了一连串的头条新闻,宣称福尔摩斯属于公共领域。但是,在2014年5月23日,也就是柯南·道尔诞辰155周年的第二天,产权公司在第七巡回法院上诉,进行了口头辩论。以丰富的文学著述、强有力的观点享誉世界的法官理查德·波斯纳(Richard Posner)判克林格胜诉。在克林格要求法庭强制产权公司支付诉讼费后,波斯纳采取了进一步行动。他在一份裁决书中写道:"在美国法律中找不到将版权保护延伸至超出国会设定的范围的依据。产权公司的上诉近乎是不切实际的。"随着波斯纳判决产权公司向克林格支付大约3万美元的费用,他也没有克制自己对该公司最近使用部分仍属柯南·道尔的版权的看法。波斯纳写道:"他们的商业策略很简单:虽然没有法律依据,但收取适度的许可费,希望'理性的'作家或出版商……支付许可费,以免招致更大的法律诉讼成本。"随后,他把这种行为描述为"一种敲诈形式",称赞克林格为"民间司法部长",还隐晦地警告说,产权公司威胁劝阻亚马逊和其他零售商出售克林格的作品的行径,是"在玩火",是反垄断的。在法官这段著名的强硬言论的结尾处,波斯纳建议产权公司寻求另一种商业模式。他可能还想加上"马上",但显然没有必要。产权公司寻求紧急延缓波斯纳的裁决,以阻止克林格的新书上架;7月,法官埃琳娜·卡根驳回了申请。在撰写本书时,尚不清楚产权公司是否会采取进一步的行动。

与此同时,克林格——在上诉的口头辩论前我与他聊了聊——对这起案件揭示的娱乐业的动态进行了嘲讽。"起初我发现了一件有趣的事,"他说道,"就是我们没有得到华纳兄弟或哥伦比亚广播公司的支持,我本以为我们会的。后来我意识到这很有道理。他们也有他们想永远捆绑在一起的角色,他们不想要这个裁决。他们都想拥有与迪士尼类似的权利,也就是对获利最多的角色拥有永久版权。"

我说出了心中的疑问,如果他赢了,接下来夏洛克·福尔摩斯会怎么样呢?

"不会怎样,"克林格说,"迄今为止还没有任何事情发生。我们将继续看到优秀和低俗的仿作。我们会继续看到好的、不好的电影和电视节目。这已经持续很长时间了，产权公司有时会追着别人，要求许可证费，有时又不会这样做。劳丽·金写的关于玛丽·罗素和'一战'后年老的福尔摩斯的系列小说从来没有获得过许可证。这事儿随机性很强。唯一会改变的是产权公司将无法有选择地继续追究某些作家。"

在哲学上和观念上，我从柯南·道尔那得到了启发：当然，他曾告诉威廉·吉勒特，可以让福尔摩斯结婚，可以杀了他，随便怎么处置。时至今日，福尔摩斯更多的是一个概念而非形象，比起米老鼠，更像哈姆雷特。他可以戴上猎鹿帽，或者即兴演奏几段小提琴旋律，或者来上一段关于一只在夜间什么都不做的狗的话，或者其他的什么。艾尔·诺伍德和本尼迪克特·康伯巴奇一点儿都不像，但都是夏洛克·福尔摩斯。维塔利·索洛明和刘玉玲都能演华生。夏洛克·福尔摩斯居住的贝克街范围日益广阔，有可能是 1895 年的景象，也有可能不是。不管克林格如何做，柯南·道尔对 1886 年所创作的角色享有的最后版权，都很快会消失。（在 21 世纪的法庭上，这些权利可能成为争论的焦点，这只能证明作者的文明。但是，真的，这是一段不错的经历。）某个夏洛克的生命力将完全取决于其创造者的技能和大众品味。我有一种感觉，即使到那时，大侦探依然会如今日一般值得为之奋斗。

"你看过《福尔摩斯秘史》吗？"史蒂文·莫法特问我，"你觉得怎么样？对马克和我来说，这部电影有点儿像试金石。"

这句话最终让我一头扎进了 20 世纪 60 年代末 70 年代初离奇而汹涌的夏洛克浪潮中。百老汇音乐剧《贝克街》和愚蠢血腥的电影《恐怖的研究》（影片伊始就是刀子刺穿脖子）在 1965 年掀起了轩然大波。在大约十几年的时间里，大联盟娱乐以水瓶时代的典型方式戏弄、研究福尔摩斯，充斥着性和毒品的心理学以及颠覆性的讽刺。著名的作品包括《赤裸是最好的伪装》(*Naked is the Best Disguise*)，作者塞缪尔·罗森博格（Samuel Rosenberg）对原著及柯南·道尔的心理进行了怪诞的文学分析。图书、电影版的《百分之七的溶液》，讲述了艾伦·阿金（Alan Arkin）扮演的西格蒙德·弗洛伊德和罗伯特·杜瓦尔（Robert Duvall）扮演的华生试图让尼科尔·威廉森（Nicol Williamson）扮演的狂人福尔摩斯摆脱可卡因。还有《福尔摩斯兄弟历险记》(*The Adventure of Sherlock Holmes's Smarter Brother*)，其中吉恩·怀尔德（Gene Wilder）扮演的心怀嫉妒的西格·福尔摩斯，马蒂·费德曼（Marty Feldman）饰演华生时那令人惊叹的面孔以及利奥·麦克恩（Leo McKern）扮演的唯一一个有点可爱的莫里亚蒂，都很值得我们去追寻。综上所述，这些书和电影展现了回溯过去的一代人，他们发现夏洛克·福尔摩斯和他的社会环境蕴藏着古怪和深度，值得一探究竟。《福尔摩斯秘史》由传奇导演比利·怀尔德（Billy Wilder）执导，罗伯特·斯蒂芬斯（Robert Stephens）饰演喜怒无常、女王般的夏洛克，科林·布莱克利（Colin Blakely）饰演男子气概十足的华生，以伟大关系中所有涉及以往的含混不清的问题为主题。这部电影是当今微时代最大胆创新的一部作品。

或者说它本应该是这样，但是电影公司让怀尔德把三个小时的时长缩短了一半。结果，对所有关注的人来说，这部电影成了悲剧——怀尔德和合著者好几年没说话——而且票房惨败。然而，它的后续被证明更有趣。"像比利·怀尔德那样能很好地把控夏洛克·福尔摩斯的人并不常见，"莫法特继续说，"那部电影中的有些东西比柯南·道尔的作品要好。比如，我们窃取了怀尔德版的迈克罗夫特。"克里斯托弗·李（Christopher Lee）扮演的迈克罗夫特在

《福尔摩斯秘史》中神出鬼没，他指挥英国情报部门，试图从第欧根尼俱乐部控制夏洛克。马克·盖蒂斯自己在《神探夏洛克》中重复了这一诀窍，塑造了一个压抑的、专断强横的迈克罗夫特，驻扎在英国安全机构的中心。莫法特说："我们设置了更加尖锐的关系。他拥有强大的力量。这样设置更加合理。"

事实上，《神探夏洛克》把夏洛克·福尔摩斯的整个历史，包括原著里和原著外的，当作一个玩具箱洗劫一空。例如，当康伯巴奇扮演的福尔摩斯装死时，一群痴迷阴谋论者聚在一起为他的死亡争辩，他们全都戴着猎鹿帽，自称"空灵柩"，这绝对是贝克街小分队某个分支的杰作。"马克和我有这样的一句话，"莫法特说，"一切都是经典的。与夏洛克·福尔摩斯有关的一切都是可嘲弄的对象。在我们的剧集中，当莫里亚蒂来到贝克街时，他走上楼，听见夏洛克在拉小提琴。琴声戛然而止，进而继续。夏洛克知道他来了，但并不在意。那个场景完全是从巴兹尔·拉思伯恩的电影《绿衣女子》中抄袭而来的。我们只是重现了整个事件。我们可以利用所有与角色紧密相关的东西。夏洛克在某个时候不得不戴上猎鹿帽。华生在某个时候不得不留胡子。这些事情注定要发生。"

因此，《神探夏洛克》利用了文化中一个更加厉害的故事叙述工具：少许的西德尼·佩吉特风格，少许的巴兹尔·拉思伯恩风格，懂得应和左右摇摆的粉丝团，等等。即便如此，莫法特和盖蒂斯倚赖最多的还是那个已逝去的苏格兰老作家。"每个人都知道艾琳·阿德勒、猎犬和莫里亚蒂，"莫法特说，"但是查尔斯·奥古斯塔斯·米尔沃顿，多棒的角色！还有黑彼得，福尔摩斯回到贝克街的时候，手上握着鱼叉。很多时候，当我们没有灵感时，就回到原著中去。现在，大多数的故事不太适合完全改编。在当今世界，一种可接受的谋杀方法是在达特穆尔的夜间释放一只狗。这些故事往往会有大约 20 分钟的动作剧情。"

"无论如何,情节都不是最重要的。故事中最重要的是角色的塑造、冲突事件和少量的对话。《花斑带之谜》是一个宝库。我在 12 岁时,读了这本小说,我想,就我而言,这就差不多给小说阅读画上了一个圆满的句号。没有什么能超过这本书。我花了很多年才意识到这个故事讲述的是一个男人试图谋杀别人,通过训练蛇从钟绳上下来,然后用口哨和一碟牛奶引诱它回来。这无比荒谬。但没关系,恶棍掰弯了火钳,然后福尔摩斯又把它掰了回来。这些故事都是伟大的灵感迸发,而且在你忘记情节以后,这些生动的瞬间还会长留在你心中。"

将这些黄金时刻植入 21 世纪的电视确实需要一些改造。在《神探夏洛克》中,劳拉·普尔弗扮演的艾琳·阿德勒是一个高级施虐狂,手机里装满了敏感的秘密。安德鲁·斯科特扮演的莫里亚蒂是一个活跃的精神病患者。"有时候你必须这样做,"莫法特解释道,"在原著中莫里亚蒂的基础上,柯南·道尔——在另一个天才灵感迸发的时刻——得以创造了虚构每个超级反派的诀窍。如果我们再这样做,我们的莫里亚蒂就会听起来像一个精于邪恶交易的金手指。他会看上去像个冒牌货。今天,我们所害怕的是疯狂的自杀式炸弹袭击者。艾琳·阿德勒在故事中的戏份太少了。但你想知道更多。什么样的人能让夏洛克·福尔摩斯那样评价?比起柯南·道尔,你必须给她更多的机会。"

"我想,夏洛克还是一如既往地对人着迷。他被称为冷漠的计算装置,但其实他并不是。他充满了热情和激情。你总是盯着史上最难以对付的盔甲,所以当看到它有裂缝时,你会异常兴奋——就像你一眼瞥见了真正的福尔摩斯。这不是我们添加的内容,而是故事里所写的,正如华生所说:'一道闪电划过黑暗的平原。'我们热爱至高无上的理性主义者,这个人将我们人类唯一的超级力量发挥至炉火纯青的地步——人类大脑发达,体能却相当有限。强大的大脑还能再完善,这让我们格外高兴。他并非天生具有超强的侦探能力,他是通过学习实现了这一点。"

一些评论家认为《神探夏洛克》未免聪明过头了,因为夏洛克式的复活节彩蛋太多了,朋友凑在一起的俱乐部式演出的感觉太明显了。我提出了这些问题。莫法特笑道:"我读到一些内容,暗示《神探夏洛克》已经'疏远了普通观众'。这可是在说英国头号受欢迎的人物。所以我们要么不疏远普通观众,要么倾向英国 1600 万铁杆福尔摩斯迷。两者我都能接受。"

"看,和夏洛克·福尔摩斯打交道,你就是在和小说中最受欢迎的人物打交道。所以,如果你弄错了,那就是你的问题。如果你真的做得很好、很恰当,那么你就不仅仅是借用这个名字,你会有观众。在我们的例子中,通过更新故事,我们消除了观众和角色之间的距离。道尔从来没有想要距离感,至少在开始创作时。所以如果你这样做,你就有机会重现第一次的轰动。我想我们已经接近了。它又一次在俄罗斯风靡一时。当我们杀掉夏洛克·福尔摩斯,又一次引起了强烈的抗议。夏洛克·福尔摩斯又变得性感了。当然,部分要归功于你塑造的夏洛克·福尔摩斯。对于扮演这个角色的演员来说,你会发现很少有人能取得这样的突破。在现代,这个人是拉思伯恩,布雷特,而当下,我想是康伯巴奇。"

我恭维了那个德国姑娘,她和其他自称是"康伯团"的人戴着猎鹿帽,等候在朗廷酒店外。"是的,"她说,"这是真的,不是戏装。我还有一件夏洛克大衣。所以,够敬业吧。"

完全正确。

当时，酒店为粉丝搭建了一个防护区，在拥挤的人群中，仅有三名男性，我是其中之一。粉丝整日在这耐心地等待，仅仅是制作手绘标签，盯着手机上带标签的话题"康伯巴奇日"，就令他们心满意足。"如果你和我们一起瞎混，会卷入到旋涡之中。"我露面时，一位年轻的女性愉快地告诫我。（内心深处，我听到尼格尔·布鲁斯的声音，就像发自我的口中："嗯。关于旋涡。我可以告诉她一两件事。"）终于，下午晚些时候，本尼迪克特·康伯巴奇出现了。他从隔离线的一边走了下来。"康伯团"在另一边吵吵嚷嚷，请求签名、握手和拥抱。面对此情此景，康伯巴奇的英国公关满怀希望而又镇定地哄着，就像面对着一群难驯的小马。"大家都是聪明的粉丝。每个人都很有礼貌。"

这是真的。康伯巴奇给了粉丝时间和关注，而他们留出足够的距离让他做普通人，或者做某些情况下的超人。在一群普通人中看到康伯巴奇，就像在当地的动物保护协会找到一只小黑豹。在五码开外，他那训练有素、低沉柔和的说话声，打破了所有的喧嚣，我的胸口怦怦直跳。他散发着自信，棱角分明，穿着时髦，思维敏锐，谈吐睿智，精神饱满，充满幽默。周围的人看着他，带着一种谨慎的态度，就像一个有点儿迷恋明星的人可能会认为他是一个才华横溢、令人痴狂、情绪难以捉摸的好朋友。这个人不像我们，但他是一个令人兴奋的伙伴。接下来唯一会发生的是：他，正如之前和之后还未知的许多人，就是夏洛克·福尔摩斯。

第十一章
探案集

我驾车穿过波特兰郊区绿树成荫却交缠混乱的蜿蜒小道后，在一座毫不起眼的建于20世纪70年代的现代住宅前停了下来。我敲了敲门，杰里·玛戈林（Jerry Margolin）把我带进了一个梦幻般的俱乐部，里面收藏了夏洛克的奇珍异宝。

玛戈林，现在已是垂暮之年，满头银发。10岁那年开始了解福尔摩斯，当时，哥哥给了他一本双日出版社的《福尔摩斯全集》。（他们家有艺术血脉：他哥哥成了著名的推理小说作家。）1977年，他收到了人们梦寐以求的召唤，加入贝克街小分队。但他说，他在夏洛克世界的与众不同，要归功于自己与生俱来的品质。"人不可能被塑造成一个收藏家，"他告诉我，"收藏家都是天生的。"

玛戈林被公认为杰出的夏洛克原创艺术品收藏家之一。在他的房间里，我感到头晕目眩，迷失了方向。整个房间全是这样或那样的大侦探的形象——到处都是卡通、肖像、海报、绘画、涂鸦、猎鹿帽，还有烟斗，最显眼的是一只名叫佩吉特的猫（我了解到，它是苏门答腊巨鼠的接替者）。很多时候，玛戈林或是购买，或是筹集，或是委托艺术高人创作夏洛克的主题作品，在收藏的道路上不懈努力（"我总是逛易贝网"）、豪放无畏。他说："我从不害怕给任何人打电话。有时他们会答应我，有时会说不。查尔斯·亚当斯（Charles Addams）拒绝了我。我与阿尔·赫希菲尔德（Al Hirschfeld）谈了半个小时。他已 96 岁高龄，但表示愿意做这件事。莫里斯·森达克（Maurice Sendak）总说他可以，但从未去做。勒罗伊·尼曼（Leroy Nieman）集他们之大成，会说：'你怎么得到我的号码？'而马克·沙加尔（Marc Chagall），我刚在巴黎和他通过电话。"

因此，我们能看到一个超棒的现实世界的夏洛克兔子洞。你可以在玛戈林博物馆感到瞬间的永恒，因为所见之处都妙不可言，夏洛克·福尔摩斯的形象丰富之极，形成了流行文化的镜厅。《疯狂杂志》（*Mad Magazine*）里的人物艾尔弗雷德·纽曼戴着猎鹿帽。蜘蛛侠戴着猎鹿帽（由该角色的一个主创绘制）。吉米·斯图尔特（Jimmy Stewart）画笔下的小兔子哈维戴着福尔摩斯式帽子。拉尔夫·斯特德曼（Ralph Steadman）曾诠释过夏洛克·福尔摩斯。玛戈林说："我花了三十年时间追踪斯特德曼，我想现在终于能通过肯塔基州的一个人找到他了。"

特别让我着迷的是一幅又长又高的钢笔画，画中的传奇吉他手皮特·汤森（Pete Townshend）身穿夏洛克的标志服装，手持一把破碎的小提琴。主人解释说，这幅画的创作者是"谁人乐队"的贝斯手约翰·恩特威斯尔（John Entwhistle）。玛戈林还展示了极其骇人的巴西漫画书的封面，有 1912 年的修道士夏洛克、蝙蝠侠夏洛克、小丑夏洛克，还有苏斯博士版的贝克街偶像。我注意到，这是玛戈林在清理了他那容纳一万册夏洛克·福尔摩斯图书的图书馆后，所留下的艺术资源。他回忆说："我装运了 88 箱图书，花了两周才打包完。直到卡车开走，伤感之情才涌上心头。"在地下室里，他保存着真正的战利品，包括查尔斯·阿尔塔芒·道尔的真迹，画中一个人睡在椅子上，仙女促膝环绕，还有一封弗雷德里克·多尔·斯蒂尔写给文森特·斯塔雷特的信。巴兹尔·拉思伯恩涂鸦了一幅夏洛克的肖像，无疑因为一时心软，现在这幅画归玛戈林所有。

当然，最棒的是佩吉特的原稿：1893年为《河滨杂志》中的小说《住院的病人》创作的插画。玛戈林说："我关注这幅画已经二十二年了。"我几乎听不到他说话。透过保护玻璃，西德尼·佩吉特的水墨线条像波吉亚黑珍珠一样微微发光，棱角分明，笔触细腻，黑与灰的渐变层次分明。当我注视着烟灰色的画面深处时，当时的一切再次发生了：有那么一会儿，我陷入了忧郁魅力的境界，在这个境界里，一个非凡侦探的思想支配着煤气灯和雾气朦胧的画卷。我在杰里·玛戈林的地下室里，我在夏洛克·福尔摩斯的世界里，现在，在它们相交的这个点。年轻艺术家用富有想象力的作品展现了年轻作家的构想，现在它正摆放在我面前的桌子上，深深地吸引着我。

在伦敦的一个下午，我沿着高尔街走了又走，这似乎是伦敦最长、酒吧最少的街道。乔治时代风格的房屋整齐如一，对面是伦敦大学学院和附属医院。如果约翰·华生真实存在过，如果他想学技术的话，那他在学生时代就应该知道这样的机构。事实上，虚构的约翰·华生通过在《神探夏洛克》中的化身马丁·弗里曼，知道了这个城区，剧中的贝克街就是高尔街。是的，这有点儿让人困惑。

在北高尔街187号，我发现了一块蓝色的历史匾额——意大利爱国者朱塞佩·马志尼（Giuseppe Mazzini）曾经居住在那里——附近有一家名为"斯皮迪"（Speedy's）的咖啡馆。我刚刚错过了关门时间，感到十分遗憾。因为作为贝克街场景的一部分，斯皮迪斯后来已成为夏洛克迷的朝圣之地，这要感谢楼上的公寓是某个英俊侦探和他的忠实记录者的名义住所。（实际上——不管楼上是什么——《神探夏洛克》里色调阴沉的内景是在加的夫拍摄的。而如今已有很多贝克街可供游览。）我站在人行道上，努力调动那种不可言喻的夏洛克式的感应。

接着，我在街对面发现一个中国女生，约莫20岁，正对着《神探夏洛克》中那个让人记忆深刻（或者至少经常想象）的住所拍照。我横穿马路和她打招呼。我得知她来自香港，就没别的了。我们没有什么共同语言。或者，不管怎样，不太多。

"你喜欢夏洛克吗？"她问道，"反正我喜欢。"

"夏洛克·福尔摩斯将我从危险而不合逻辑的世界中解救出来。"乔·里格斯（Joe Riggs），一位职业"心灵感应师"兼"心理表演家"，正在解释他是如何能对大侦探体会如此深刻的，凭借这种理解，他被称为"真正的福尔摩斯"。里格斯开发了一个巡回演出舞台，主要是表演观察和推理的技艺，从而让观众目瞪口呆。他把约瑟夫·贝尔的古老方法改编成一种表演。"在舞台上，有时候我只是看透了某个人的某一点，有时我会吓到自己。"这位常驻佛罗里达州的演员告诉我。"我告诉人们他们上次去哪度假了。我描述他们的个性特征，看着他们张口结舌的样子。我完全借鉴了从阿瑟·柯南·道尔和夏洛克·福尔摩斯那学来的东西。我的戏剧化动作依赖于福尔摩斯——在舞台上，我不断地诵读故事中的原话。基本上，我模仿他那种冷不丁做出推理，令华生诧异不已的风格。事实上，除了不研究犯罪，我试图无限地接近夏洛克·福尔摩斯。我研究如何揣摩他人。我投入百分百的精力去发掘有关他人的信息，这些信息是我原本不该知道的。"

即使在我为这本书做调查而接触的圈子中,里格斯也可能是与夏洛克·福尔摩斯的关系最为密切的。他还有一个电话号码,上面有护身符式数字 1895,对此,我向他表示敬意。他认为是侦探让他变得理智。他说:"我是由职业的通灵者抚养长大的。骗子,江湖骗子,骗子中的高手。从小,他们就教我如何去读懂他人,并完成复杂的语言骗局。我们去了一个玄奥高深的教堂,但实际上这是一个巨大的牟利机构。今天,我揭露了灵媒的诈骗手段——这是我做的一部分。我披露了坑蒙拐骗的诡计。"

"我妈妈试图给我灌输一套价值观,但从小我就迷上了《百科全书小布朗》。"他继续说道。1963 年,儿童作家唐纳·索博尔(Donald J. Sobol)推出了最优秀的侦探男孩故事,如今读来仍能获得美好的体验——叙述中暗藏线索,结尾留下悬念,答案在封底揭晓,至今仍能让人回味无穷。"我喜欢《百科全书小布朗》。当我得知他以夏洛克·福尔摩斯为基础时,我必须查一查此人是谁。作为一个孩子,当你迷上超人时,你会试着跳下屋顶,对吧?作为一个认同夏洛克·福尔摩斯的孩子,我把他的逻辑法运用到我遭到长辈强烈抨击的信仰中。福尔摩斯并没有研究过这些。现在,我仍在研究非语言行为,这是我从小接受的培养,但现在我通过观察来呈现推理,而不是像我家人那样以通灵的力量。"

"节假日相聚的时候会很尴尬。"

我请里格斯给我举个例子,一个他的行当中的小把戏,以说明他如何应用福尔摩斯的名言——在观察中,没有什么比细节更重要。"即使是非言语交际的专家也会高估面部表情的重要性,"他回答道,"事实上,人可以有意识地去控制表情。这是我们极为不诚实的特征之一。我首先看的是别人的脚,这是身体最诚实的部分。

你可以调节你的面部表情,但是很难抑制的是迎战或逃跑时的生理反应。如果你想去酒吧搭讪,你不确定别人是否感兴趣,看看他们的脚。他们是脚尖指向你,还是在指向最近的出口。"

"我的很多表演都是为了分散观众和被我推理的人的注意力。我让他们告诉我下午发生的事,所以我有时间看看他们的鞋带。那些鞋带系了多久了?他们选择穿什么样的鞋来参加这次活动?在这种情况下,我有优势,多亏了夏洛克·福尔摩斯。当然,问题是,一旦你学会了以他的方式看待事物,你就无法真正地停下来。这几天我以非常奇怪的视角看待世界。要是沃尔玛超市过道里的女孩知道我对她已有的了解就好了,对吧?"

职业"心灵感应师"、高尔街的追寻《神探夏洛克》的中国游客、波特兰郊区不懈追求的收藏家:我和他们没有多少共同之处,真的——但是大侦探把我们联合起来了。我着手写这本书,某种程度上是为了弄清这种联系是如何形成的,以及它意味着什么。

正如耐心的读者可能忆起的,我开篇提出了一些问题。为什么夏洛克·福尔摩斯不仅在充满活力的流行文化中存活了一百三十年,而且还蓬勃发展?他是如何实现在世界范围内崛起,并不断地衍生出新形象(但总是可以识别的)的呢?还有至关重要的问题——夏洛克·福尔摩斯到底是谁?他为什么仍然如此重要?

春分时节,乍暖还寒,凉风呜咽,宛如烟囱里孩子的哭泣声,让我们坐在煤火旁,一起讨论我的结论吧。那边有饮料充气机和玻璃酒柜,都是满的。请把针头放在摩洛哥皮匣子里(福尔摩斯的毒品注射针头在摩洛哥皮匣子里)。这不是那种聚会。

我认为福尔摩斯经久不衰的吸引力,和我们在这里不会涉及的其他概念建构一样，都建立在隐喻的三角高凳上。

首先（这是一个精彩的推理过程），是夏洛克·福尔摩斯本人。我们可以断定，他是一个相当不错的人。他躲在贝克街这个心灵和身体的避风港，像龙虾一样舒适地裹在壳里，周围到处都是可怕的书籍和致命的化学物质，我们永远没法真正地了解他。正如一些现实生活中的人所熟知的，这样的行为会激发持久的魅力。有着灰色眼睛、清瘦身材的夏洛克·福尔摩斯，掌控了诱惑之道。

他也体现了一个时代的精神，这个时代仍然与我们息息相关，尽管很多实质的东西已消失。历史学家安德鲁·诺曼·威尔逊（Andrew Norman Wilson）曾经称福尔摩斯是"迄今为止女王统治后期最伟大的维多利亚人"，对我来说，这个断言并不意味不尊重那些伟大的维多利亚人，严格说来，那些真实存在的人。柯南·道尔（一个伟大的维多利亚人）借鉴了约瑟夫·贝尔（另一个伟大的维多利亚人）的演绎方法，他的福尔摩斯提炼并象征了那个时代对理性和进步思想的最佳承诺。这一伦理观的根源可以追溯到更早之前，与科学方法、"自然哲学"和经验主义的兴起息息相关。华兹华斯提出了前福尔摩斯时代的宣言：

> 这时，和谐的力量，欣悦而深沉的力量，
> 让我们的眼睛逐渐变得安宁，
> 我们能够看清事物内在的生命。

夏洛克·福尔摩斯在处理案件时，像达尔文在加拉帕戈斯群岛、爱迪生在实验室般灵感频现，干劲十足。他带着维多利亚时代的冲动，去探索、发现所在城市的边缘地带以及它蕴含的信息——他持续积累着荒野之地的数据，并将其内化在报纸剪报的索引中、

对伦敦街道"准确的了解"中,以及关于现代生活在物质世界中自我表现方式的专著中。夏洛克能够将知识转化为破案的工具和手段,这使得他能够超越自己的时代。他可以在任何信息时代工作,即使在当今社会也不例外。

然而,他并不只是个计算机器。他把一个至关重要的秘密协议藏在早餐中,放肆得很。他把自己伪装成可笑的样子,进出于隐蔽的住所。他深夜演奏,开即兴小提琴独奏会,兼职打业余拳击,研究蜜蜂,把雪茄塞进煤斗,在土耳其浴中放松身心。你看,这是一个按自己意愿生活的人。尽管完全采纳"夏洛克的生活方式"可能会危及生命,而且肯定会引发驱逐、康复治疗、各种形式的保护性监禁,以及可怕的烟草商法案提议,但是阅读福尔摩斯能让你得到暂时的解放。如果你是19世纪的职员、家庭主妇、东线的苏联士兵,或是20世纪40年代想找点事做的退休企业高管,或是21世纪想搜寻一个好故事的波特兰记者,又或是有着汤博乐账号却页面空空的年轻女子——真的,任何人——夏洛克·福尔摩斯可以让你短暂地感受他那恶作剧般的生活方式的乐趣,顿时令人精神焕发。在他那无法效仿的风格里,歌德的精辟引文和贝达弗的绝妙外衣可以共存。这并不真实,但仍很有魅力。

其次,是伟大的关系。没有约翰·华生,夏洛克·福尔摩斯就行不通了,可以说完全废掉。我们之所以了解,是因为已有人尝试过。柯南·道尔最聪明的举动是从19世纪40年代埃德加·爱伦·坡的侦探小说里借鉴了一个无名且缺乏个性的助手,并赋予他生命——让他过上了有点悲惨的生活,充满了失落和艰辛,全靠顽强的尊严存活。这个角色的存在对大侦探的辉煌事业大有裨益,是华生让他的事业成为可能。在福尔摩斯小说最精妙的讽刺中,尽管作者一直在描写福尔摩斯那全知全能的观察能力,但实际上最善观察的是华生。医生以他敏锐的色彩鉴赏力和对夏洛克喜怒无常情绪的善解人意，将所见之事加以解释，并翻译成富有戏剧效果的文字。他擅长让乏味的天气听起来有趣，并且用几个巧妙的句子就能刻画出一个跑龙套的角色。谁是真正的大侦探？夏洛克·福尔摩斯也许是我们崇拜的非凡之人，但是约翰·华生却是我们喜爱的平凡之人。阿瑟·柯南·道尔写了六十篇关于这两人的故事——写作持续了近五十年，经常在抗议之下又重拾笔头——因此，他刻画了文学作品中最好的友谊之一。

但是，如果在贝克街无所事事地消磨时光，吃吃哈德森太太的咖喱饭，即使是兄弟情谊也会变得乏味无趣。福尔摩斯神话的第三个基本要素在于柯南·道尔描绘的更广阔的世界以及描绘的方式。柯南·道尔创造了一套民间传说体系，背景设在现代流行文化形成的活跃期：包括间谍和西部故事、冒险和恐怖故事、都市暗黑和帝国主义哥特故事，甚至一个温馨的圣诞数字。难怪人们总是回到原著"借用"这个和那个——福尔摩斯原著是一本关于叙事策略的全球概览。冒险故事以如此的速度和风格迅速发展，几乎没有人注意到它们完全是不真实的。（我知道现在考虑作者的意图似乎有些老生常谈，但我一直在提醒自己：针对福尔摩斯故事，阿瑟·柯南·道尔没有考虑过用现实主义进行叙事。他把它们看成是神话故事。）你时而深入泰晤士河畔的鸦片馆里，时而在前往乡村谋杀现场的火车上，时而又横穿伦敦寻找一个疯子，这个疯子正在全城摧毁拿破仑的半身像。你会因为太忙而没法核实华生的日期。福尔摩斯小说总能实现所有故事情节的文学理想——这是无趣的终极解药，在艺术性上说句公道话，是对生命活力的赞歌。

它们还充满了小奇迹和精妙的魅力，这就是为什么某些人（呃哼）不停地回到过去，反复沉浸在那富有想象力的煤气灯的世界里。来自俄勒冈州的索尼娅·费瑟斯顿（Sonia Fetherston）是贝克街小分队的一员，就住在离我家不远的前面。我们在交换对大侦探的笔记时，她把这种特征做了概括。"在《恐怖谷》中有一句精彩的台词，"她写道，"'各种概念的相互作用以及知识的间接使用始终是非常重要的'。因此，在鸡尾酒会上，只有夏洛克迷才能旁征博引，谈论潜艇、靴带、养蜂、拉苏斯的经文歌、硫酸和欧几里得的第五定理，并将它们联系在一起。"

至于夏洛克·福尔摩斯如何保持非凡的不朽生命，我们可以从形而上学的角度来看。但是一套九卷本的短篇小说和袖珍小说集，就其本身而言是无知无觉的。（对吧？）夏洛克需要我们的帮助。现实生活中的人——演员、艺术家、小说家、广播剧作家、电影制片人、漫画插图画家、同人小说家——十年又十年地宣传、翻拍（再次翻拍）该角色，将其带入我们当下的时代，大概也会前往未来。为什么？当然，这些故事确实有其典型的吸引力：福尔摩斯是超级英雄的始祖，莫里亚蒂则是最初的超级恶棍，他们之间为控制伦敦（暗指世界）而战斗。但我认为这个传奇在流行文化中适者生存的真正优势不止于此。请你耐心听我说下去，它的优势在于结构。

起初，柯南·道尔只是把《血字研究》当成一个单独的故事来完成。后来，一位美国编辑带他出去吃了一顿丰盛的晚餐，并请他写一个短篇小说，于是他写了《四签名》，这个故事与之前的故事之间有微弱的联系。然后他有了一个想法。真的，他挖掘出了对爱伦·坡的另一个领悟：你可以派侦探去一个接一个地探案；每次探案都可以充当一个独立的单元（问题——调查——红酒加三明治——解决方案）。考虑到《河滨杂志》和时间紧张的现代读者

（有些东西永远不会改变），柯南·道尔把剩下的故事写成半独立的情节。除了《最后一案》和《空房子》等几个小小的例外，你几乎可以按任何顺序阅读它们。不过，不要从《王冠宝石案》开始读。之后，柯南·道尔让华生提及那些他不能（或者不愿意）发表的案件。苏门答腊巨鼠、不平凡的蠕虫、邓达斯家分居案（个人最爱）、莫波替斯男爵的庞大计划案、帕拉多尔大厦案，还有政治家、灯塔和训练有素的鸬鹚（？！）。我们亲爱的但不可靠的叙述者，不断地用这些虚拟的意象来引发想象。

柯南·道尔并不是有意要发生这样的事情，但他用提示性的叙事方式为夏洛克的情节增添了不少乐趣。就好像华生反复在富有想象力的读者耳边低声说着"走呀"。这样，几乎从一开始，其他人就会感觉有必要构想自己的夏洛克·福尔摩斯故事。这是一种强烈的冲动。几乎每个对这个角色产生感情的人都会这么做。1892年的报纸撰写者是这样做的，华纳兄弟公司是这样做的，我的一年级学生也是这样做的。首先，人们创造了自己的夏洛克，让他出现在音乐厅的舞台上、仿作杂志上和报纸专栏里。然后，他们写了关于夏洛克·福尔摩斯的完整剧本。柯南·道尔看到了这种潜力，于是先邀请了威廉·吉勒特，继而其他的合作者，走进他的世界，并按照新旧媒体的形式进行改编。他创造了夏洛克计划的基本框架，但任何人都可以参与进来。这个节目甚至被证明是可穿越的——巴兹尔·拉思伯恩和尼格尔·布鲁斯在罗伊·威廉·尼尔的电影中扮演的福尔摩斯和华生，是两个不知怎么来到了20世纪40年代的维多利亚人，与此同时，他们又在由伊迪丝·迈泽尔编剧的电台剧中扮演纯维多利亚时代人。没有人看到任何的矛盾。只需做对几件事，其他一切都错也没关系：约翰尼·李·米勒在《基本演绎法》中饰演的福尔摩斯生活在21世纪的纽约，身边多了一位女助手，不再有猎鹿帽,但他还是福尔摩斯。本尼迪克特·康伯巴奇和大批的同人小说作者都利用了关于福尔摩斯的同一真理:你可以让他结婚,或者杀了他,随你处置。嗯,不要杀死他,柯南·道尔试过了。此举在经济上是不明智的。

这之所以能取得成功,是因为柯南·道尔率先完成了这一切,他把 1914 年《最后的致意》中伪装的间谍与以 1881 年为背景的《血字研究》中古怪的自由职业医科学生拼贴在一起。因为柯南·道尔的福尔摩斯和华生已经完成了我们所能想象的一切(或者说华生一直这么暗示),我们可以随意处置他们。因此,我们有了这样一种奇特的构想:夏洛克·福尔摩斯,虽然是众人的作品,但仍然是由一人所创造;虽然他在不断地演变,但始终保持原样。

这让我回到此次探险之初最令人困惑的问题。夏洛克·福尔摩斯到底是什么?

他不是一个真实存在的人。(我知道,我知道,我知道。)但是他和华生已成为真正有人格魅力的人,他们存在的分布形式引人入胜:他们没有肉体凡胎,活在数百万,也许是数十亿读者的头脑里。夏洛克迷的传统主义者会喝着白兰地酒,讨论"博斯库姆溪谷谜案",在哈尔滨或重庆的匿名女性创作的色情露骨的本尼迪克特·康伯巴奇同人小说里,可能对这些角色持有截然不同的看法。就像好莱坞的制片人会拍摄专属大片,而蒙大拿一个 12 岁的孩子则迷上了旧时小说。迄今为止,我们都对现代贝克街的场景贡献了绵薄之力,这俨然已成为一个伟大的无国界的合作项目,仍在不断发展中。如今,柯南·道尔已经去世好几十年了。我们应该让这位伟大的侦探继续前行。在如今创意日益被打上烙印、受到限制、变得"专有"的经济体制下,这是一种我们都可以信赖的知识财富形式。夏洛克·福尔摩斯是什么？在这一点上，他就是民主的样子。

  这一定是个线索。
  为什么我们总是回到贝克街221B？据我观察，在我们世界的不同时期，突出的是夏洛克世界的不同方面。在西线的战壕里，夏洛克既是家的象征，又是强调形势变得多么荒谬的讽刺手法。在禁酒令结束时，最初的贝克街小分队用夏洛克·福尔摩斯作为举办喧闹鸡尾酒会的借口。拉思伯恩和布鲁斯让福尔摩斯、华生成了协约国胆识的象征。第二次世界大战刚刚结束时，欧洲和亚洲一片废墟，原子弹刚刚爆炸，《贝克街杂志》的投稿者回忆起维多利亚时代的贝克街风格，是令人欣慰的伊甸园，人们举止文明、室内照明更柔和。在20世纪60年代和70年代，人们把夏洛克作为一个具有颠覆性喜剧潜力的性心理案例来研究。
  当下，流行的观点是把夏洛克·福尔摩斯和约翰·华生视为我们时代的同龄人，是现代人物。我想我知道原因。作为一个读柯南·道尔作品（或者同理而言，观看巴兹尔·拉思伯恩的作品）的人，我们有可能推断出某种道德规范，这是一套夏洛克式的价值观，隐含在福尔摩斯和华生处理冒险经历的方式中。当然，当然，贝克街二人组体现了友谊、勇敢、忠诚，所有这些品质。但这些特质适合特定的原则体系，也符合当代的需求。
  首先，福尔摩斯极其尊重事实。数据，数据，数据——具体的、可观察的、可发现的事实为大侦探提供了原始素材，据此他干出了一番事业。他拒绝在未掌握数据之前就加以推测，因为——正如福尔摩斯在《波希米亚丑闻》中所说——"人们会不知不觉地扭曲事实来适应理论，而不是以理论适应事实。"人会不自觉地将事实歪曲以符合推论，而不是根据事实来认定。夏洛克的思维广阔，可以容纳无限的可能性。当他观察犯罪现场——更重要的是，在柯南·道尔那个对话很多的世界——以及与剧中人说话时，他除去了不可能的。剩下的即使再不可能，那也是真相。这种经验性的准则使得福尔摩斯在别人都失去理智时仍保持头脑冷静，就像在《巴斯克维尔的猎犬》中那样，当其他角色因为对隐藏的杀人恶犬的想象而几近疯狂时，福尔摩斯却待在幕后，梳理公共文件。这种训练有素充满禅意的超然观察者形象，也有助于福尔摩斯像国际象棋大师一样操纵周围所有的普通人。他派华生去执行疯狂的任务——去达特穆尔、尽全力地了解中国陶器、把燃烧装置扔进艾琳·阿德勒的窗户——确切地说，这样他就可以坐在幕后看看发生了什么。

并且问题是：夏洛克·福尔摩斯观察着实际发生的事情。为了得到真相，他会不择手段——穿着滑稽的衣服、睡在远古的石屋里、用两年时间秘密假扮爱尔兰革命者。但在得到事实之前，他不会做主观臆测。他捍卫自己的分析不受意识形态和偏见的影响，不像小说中典型的苏格兰场警探那样，通常乐于逮捕遇到的第一个长相鬼鬼祟祟的人。早期的喜剧性顿悟出现在《血字研究》的高潮部分，当时格雷格森和莱斯特雷德同时获悉，他们一直在追踪毫不相关、毫无用处的线索，结果发现福尔摩斯在得意扬扬地介绍凶手。与此同时，华生亦是以自己独特的方式，做着同样的事。福尔摩斯常会化身挑刺的元文学（meta-literary）评论家，批评华生关于他们共同冒险经历的叙述，因为这实在太有趣了。福尔摩斯反复说，叙述太过于浪漫，缺乏足够的科学推理。（读者很想回答说这至少是归纳法，你个白痴。）华生反驳这种批评，说他只是在报告事实，福尔摩斯觉得这个论点有点儿讨厌，但无法驳斥。

现在，一切都是显而易见的。侦探还能做什么？但是想想我们现在多么迫切地需要这条准则。对于所谓的"信息时代"，我们淹没在扭曲事实的理论、拙劣的结论和自私的"分析"中。花五分钟时间看一看任何一家报纸的在线评论,你都会发现一个反夏洛克思维的典型例子。每当一位知名人士否认二氧化碳的排放扰乱了大气,每当有人说生物进化论"只是一种理论",每当出现全大写的邮件(非说联邦政府的普通部门在精心策划一些阴谋的全部字母大写的电子邮件,简略概述了联邦医疗政策的高度集中倾向)落入局外人的收件箱时:这些言论就像是给夏洛克·福尔摩斯的一记耳光。幸运的是,福尔摩斯这个巴顿术专家准备为自己辩护。我们其他人呢?我们21世纪的公民屡屡遇到类似"荧光狗"的东西,这些东西的释放让我们毫无头绪地四处奔跑。我们需要记住自己的眼睛、耳朵,以及一生中所有能坐在由五个垫子制成的东方沙发上的机会,思考一下事实——粗烟丝可有可无,而且如今我们也不鼓励吸烟。在一个充满迷惑的世界里,大侦探提醒我们,应该同时去看和观察。

　　他还提醒我们,仅有事实是不够的,想出答案是另一回事。夏洛克·福尔摩斯总会寻求一个解决方案,即以其发现为基础展开正确的行动。有时,需要他那顽皮的戏剧天分——粉碎拿破仑的半身像来侦破波吉亚黑珍珠案件(华生和莱斯特雷德在破案后爆发出掌声),或是假装胡言乱语,好像命不久矣,让华生躲藏在床架后,哄骗意欲行凶的人招供。但是,在其他时候,夏洛克的解决方案是谨慎地选择性遗忘一些事实。在《蓝宝石案》中,一个狡猾的小偷落入了他和华生的圈套,这个小偷企图陷害另一个男人以抢劫珠宝。福尔摩斯让他认罪后,便放他离去。他说:"我现在还没有被警察局请去向他们提供他们所不知道的案情。我想我使一项重罪得以减轻,但也可能我是挽救了一个人。"在《身份问题》中,福尔摩斯选择不向自己的当事人揭开疑案的谜团,因为这会使她心碎。

在《第二块血迹》中，福尔摩斯掩盖了一桩几乎会引发欧洲战争的罪行，因为真相将摧毁一段婚姻。

在福尔摩斯的实践中，事实可以主导一切，但必须通过艺术和慈悲来过滤。他用自己设计的科学来解决疑案，但也注入了灵魂和良知。大侦探之所以被列为我们时代的人，这一点的作用最为重要。我们需要夏洛克·福尔摩斯。幸运的是，那十七级台阶顶上的大门总是为你敞开着。

我和罗杰·约翰逊（Roger Johnson）、琼·厄普顿（Jean Upton）在夏洛克·福尔摩斯酒吧喝了几品脱的夏洛克·福尔摩斯啤酒，开始了谈论——嗯，你觉得我们这组合怎么样？约翰逊是英国人风格的鲜明体现，他穿着粗花呢，长着络腮胡，体格健壮，是伦敦福尔摩斯协会《夏洛克·福尔摩斯杂志》的编辑。最近，他和琼一起编著了《夏洛克·福尔摩斯杂集》（The Sherlock Holmes Miscellany），一本可以向好奇的文学旅游者介绍这位杰出文学人物的书。事实上，贝克街是他们婚姻的定情之地：罗杰在夏洛克协会的一次会议上遇见了美国人琼。这一天，他们结束了在加的夫的旅行，来到伦敦。在加的夫，他们参观了为《神探夏洛克》精心打造的室内取景地。

"当然，我很喜欢他们布置的贝克街房间的样式，"约翰逊说，带着一丝梦幻般的表情，"神韵很棒，很真实。我告诉琼，你知道，我可以住在里面。"

"我告诉他，"厄普顿插嘴说，"他基本上已经这么做了。"

距离角色诞生已有一百三十年了，这一对夫妻提醒我，正是我们对夏洛克·福尔摩斯的爱，温柔又深沉地影响着我们的感受能力。"这些故事是了解社会史最精彩的窗口，"厄普顿说，"真的，他们向你展示了我们现代世界的整个开端。"我们谈论了夏洛克的冒险如何在不经意间反映了维多利亚时代的女性生活，以及对社会变革有重要影响的技术。但是谈话内容很快就转向了当今的生活，还有通过世界范围的夏洛克亚文化而形成的友谊。我们知道，事实证明，相当多的人有共同之处。我们这张桌子所在的酒吧——在1957年因大侦探而出名，同时，也是伦敦的大侦探崇拜者在现实中的俱乐部——充当了真实世界中的临时纽带，将创造力、有趣和奉献精神联系在一起。多么不可思议：从诈骗、暴力和诡计中衍生出来的一系列故事，却创造了一个充满友谊和娱乐的全球社群。

"让人好奇的是，柯南·道尔对我们生活的影响程度到底有多大。"约翰逊说。没有他，我们三人肯定不会在这家雅致的维多利亚餐厅见面。餐厅墙壁上装饰着西德尼·佩吉特的画作，还有一幅留着胡子的苏格兰医生的油画。现实——维多利亚时代的犯罪、医学观察的训练、柯南·道尔的许多个人魅力——塑造了想象中的福尔摩斯。如今，夏洛克传奇证明了有力的幻想可以征服现实：必须说，这基本算是一个现实世界献身于从未存在过的人物、事件和地点的良性案例。

或者，至少，最初不存在。因为尽管福尔摩斯和华生自己在肉体上可能仍然难以捉摸，但由阿瑟·柯南·道尔开创，以及其他许多人帮助构建的世界，现在已明显可见。罗杰·约翰逊报告说，伦敦夏洛克·福尔摩斯协会的会员人数已创纪录，投给《夏洛克·福尔摩斯杂志》的稿件已大大超额。当然，这种现象也表现在其他许多方面。我们中的任何人都可以迅速打开手机，搜寻到大量的相关推特、视频、散文和故事。尽管，不用说，放弃啤酒、中止谈话去查看手机极不像夏洛克迷的行为。

到了分别时，我们往酒吧角落的一个小房间处仔细瞧了瞧，它被用警戒线隔开了。或者我应该说，是那个房间：221B的另一个再现，也可能是最著名的一个。最初，它是圣玛丽勒本区为1951年不列颠节的展览会而筹备的，自酒吧开业以来，这个广为人知的房间一直保留着。我们往里凝视着。立在那的蜡制胸像是气枪子弹的诱饵。在那里，有小提琴，有化学实验室，有方便储存烟草的波斯拖鞋，有负责把未答复的信件固定在壁炉架上的折叠刀。超越所有细节的是：此处尽管每个物件都已褪色但仍具有诱人的魅力，维多利亚时期的洛可可风格和乔治时代的优雅风格交织在一起，暗示着弥漫在雾霭和煤气灯光下的冒险旅程。

"真令人惊叹，是吧？"罗杰·约翰逊说。

是的。我想象着有一个尖锐而精确的声音，思考着这全然不可能的一切——全民参与了这个塑造和重塑福尔摩斯和华生以及他们的环境的项目，永不停歇。福尔摩斯曾经告诉他那不知疲倦、长生不老的朋友兼记录者：如果我们能手牵手飞出窗外，翱翔在这个大城市的上空，轻轻地揭开那些屋顶，窥视里边正在发生的稀奇古怪的事情：奇妙的巧合、阴谋的策划、钩心斗角以及一系列令人震惊的事件……这些事情代代不息，导致千奇百怪的结果，这就会使得一切陈腐的、一看开头就知道结局的小说，变得面目可憎而失去销路。

当我走下台阶来到伦敦街头时，令我感到舒心自在的——自从我第一次从图书馆的书架上拿起一套古老破旧的侦探小说以来，我已经有很多次这样的感觉了——是两个联结在一起的领域，即我们的世界和大侦探的世界，一个非凡的全球心灵之国。

致　谢

如同很多规模更大更重要的福尔摩斯研究一样，本书也是众人之力的成果。在此，我要向我所有的朋友、家人、同事、写作过程中帮助我的学者和福尔摩斯研究同行们致以最诚挚的感谢。尤其要感谢以下各位：

我得力能干的代理人梅利莎·福什曼（Melissa Flashman）和她在三叉戟传媒（Trident Media）的同事们；最好的编辑本·海曼（Ben Hyman），他给了本书出版机会，并为本书出版提供了极大的帮助（他多次把我从莱辛巴赫悬崖的边上拯救回来）；霍顿·米夫林·哈考特（Houghton Mifflin Harcourt）集团的好心人们，尤其是拉里·库珀（Larry Cooper）、汉娜·哈洛（Hannah Harlow）、米歇尔·博南诺（Michelle Bonanno）以及朱莉亚娜·弗里茨（Giuliana Fritz）；为本书设计了好看封面的帕特里克·巴里（Patrick Barry）；设计了合适版式的克丽茜·克皮斯基（Chrissy Kurpeski）；莫尔特诺玛县（Multnomah County）图书馆的优秀馆员们，尤其是露丝·艾伦（Ruth Allen）；了不起的馆际互借项目，这真是文明的奇迹；英国报纸档案馆；纽约公共图书馆贝格英美文学收藏（Berg Collection of English and American Literature）的管理员；林赛·费伊，她提供了早期的指导和人脉，也解答了我的很多疑问；还有莱斯利·克林格也是如此，他关于伟大的游戏的现状和自由夏洛克（Free Sherlock）计划的洞见令我获益；迈尔斯·帕特里克·布赖恩，顶级专家；俄勒冈州科学与工业博物馆（Oregon Museum of Science and Industry）的工作人员，夏洛克·福尔摩斯国际展的负责人和创办者；艺术家剧目剧院；文学侦探保罗·柯林斯；朱迪斯·弗兰德斯，《谋杀的发明》的作者；改革俱乐部的西蒙·布伦德尔；贝克街女孩组织，尤其是其中的克里斯蒂娜·马嫩特、阿尔迪和克费尔；让我在地狱厨房里落脚的玛特·马登和博比·格雷厄姆；马蒂亚斯·博斯特伦，贝克街小分队、"街头流浪儿"等组织；感谢友人的款待，让我有幸目睹最高等级、最独特的蓝宝石；艾米·斯图吉斯关于粉丝文化历史的洞见令我受益；我想感谢花费时间为我提供专业知识的迈克尔·塞勒；我想对广大曾经的"街头流浪儿"成员致以歉意；我还想感谢乔·弗雷、阿什利·波拉谢克以及其他在2013年贝克街小分队最后一次周末活动上与我同桌的人；汤姆·索比，我们在荒原的向导；露辛达·考克森，她向我解释了笔下的柯南·道尔；劳丽·金关于仿作与原创作品写作技法的洞见；莱斯利·卡茨关于伟大的游戏的独到的见解；还有为我提供了马里波恩图书馆中夏洛克·福尔摩斯相关图书的凯瑟琳·库克；《华生与福尔摩斯》的创作者布兰登·珀洛和卡尔·鲍勒斯；在洛杉矶热情款待了我的戴夫·麦考伊和詹姆·纳托利；波士顿公共电视频道的艾伦·多克瑟，他帮我安排了在朗廷酒店的事项；史蒂文·莫法特和苏·弗图，我们三人在室外露台进行了一次私人聊天；丽贝卡·伊顿关于流星动态的说法；本尼迪克特·康巴伯奇——我可是曾经近距离接触过他；向我耐心解释同人小说的埃莉诺·格雷；福尔摩斯相关艺术品收藏家和管理人杰里·玛戈林；真正的福尔摩斯乔·里格斯；罗杰·约翰逊、琼·厄普顿以及一品脱夏洛克·福尔摩斯啤酒；将福尔摩斯带入了21世纪的波特兰的阿龙·卡茨；还要特别感谢我在《波特兰月刊》的同事们，他们在我写作本书的时候包容我、支持我，他们是：蕾切尔·里奇（Rachel Ritchie）、兰迪·格拉格（Randy Gragg）、迈克·诺瓦（Mike Novak）、凯特·马登（Kate Madden）、马蒂·帕泰尔（Marty Patail）、尼克尔·沃格尔（Nicole Vogel）、比尔·胡特菲兹（Bill Hutfilz）、凯莉·欣顿（Carrie Hinton），以及自2012年至今在编辑、销售、生产部门任职的同事们。

还要感谢我自己的贝克街组织的警探分部成员：

佩吉·麦克莱·加德博（Peggy Maclay Gadbow，1924—2013）；妈妈和蒂姆（Tim）；爸爸和玛丽·安妮（Mary Anne）；我的教父乔治（George）；我的弟弟查德，他是"街头流浪儿"的第一位成员，以及后来出生的考特尼（Courtney）和比丽阿特斯（Beatrice）；格雷迪（Grady）和阿里（Ali），他们是长期忍受我的同辈亲戚，耶西（Jessa）和贾森（Jason）则是他们的另一半；还有韦尔斯（Wells），另一位晚生的同辈亲戚。发挥了关键作用的上一辈亲戚包括：凯蒂（Katie）、达里尔（Daryl）、哈里（Harry）、维姬（Vicki）和苏桑（Suzanne），还有唐（Don）与格雷琴（Gretchen）、苏珊（Susan）、丽萨（Lisa）、希瑟（Heather）、海伦（Helen）。

来自波特兰市、蒙大拿州、新罕布尔什州和新英格兰地区的很多朋友和同志都给了我帮助，数量太多，无法一一列举。还有我的猫华生（2000—2013）。此外，没有我的家人克里斯蒂娜（Christina）、卡什（Cash）和塔比莎（Tabitha），我就无法写作完成本书。

最后，我想对于夏洛克·福尔摩斯和约翰·华生的创作者柯南·道尔表示由衷的感激，对于将他们的世界带到观众和读者面前的人表示由衷的感谢。共勉。

注释与评论

写作本书最重要的资料来源无疑是柯南·道尔创作的60篇夏洛克·福尔摩斯故事。毫无疑问，身为读者的你们已经读完了这全部的故事。是这样吧？如果没有，那么有众多版本可供选择，有免费的下载版，也有价格不菲的豪华版。如果还想深入挖掘贝克街的冷门知识，可以读一读莱斯利·克林格的《新注本夏洛克·福尔摩斯全集》，这本书主要依据伟大的游戏——几十年来《贝克街杂志》《夏洛克·福尔摩斯杂志》以及其他传统的福尔摩斯研究的重要刊物上发表的关于风格分析的文章，对柯南·道尔的文本和福尔摩斯相关事件，无论巨细，都进行了精彩剖析。（且不论本书算学术还是准学术著作，克林格在这部著作中，对福尔摩斯故事和维多利亚时代进行了大量的详细说明，解释了很多令人费解的问题。）

对于想追求精炼的阅读体验的读者，我谨提供以下书单，以供参考：

福尔摩斯的二十个重要故事（按出版顺序）

《血字研究》

《四签名》

《波希米亚丑闻》

《红发俱乐部》

《歪唇男人》

《蓝宝石案》

《花斑带之谜》

《单身贵族》

《银色马》

《马斯格雷夫典礼》

《硬纸壳盒子》

《最后一案》

《巴斯克维尔的猎犬》

《空房子》

《查尔斯·奥古斯塔斯·米尔沃顿》

《六尊拿破仑胸像》

《第二块血迹》

《布鲁斯-帕丁顿计划》

《最后的致意》

《显贵的主顾》

还有一种方法可以至少了解柯南·道尔讲述故事才能的一个方面：阅读或重复阅读全部五十六个短篇故事中每篇的前几段。

参考文献

序　言

我对贝克街 221B 的舞台布置的描写，源自参观波特兰艺术家保留剧目剧院（Portland's Artists Repertory Theatre）以及观看其剧目《夏洛克·福尔摩斯与圣诞颂歌》（*Sherlock Holmes and the Case of the Christmas Carol*）的体验。这部剧将福尔摩斯的背景与查尔斯·狄更斯对圣诞节的巧妙隐喻进行了巧妙又令人捧腹的结合，作者是约翰·隆根伯格（John Longenbaugh，），一位来自西雅图的著名福尔摩斯学者。

2012 年，史密森尼网站上登载了关于"设计与夏洛克·福尔摩斯"这个主题的一系列有趣而又实用的博文，大部分文章的作者是吉米·斯坦普（Jimmy Stamp）。作者写作本文的时候，网站上仍能搜到这些博文。

第一章

西德尼·佩吉特为《波希米亚丑闻》绘制的插图是对夏洛

克·福尔摩斯故事中那个可爱又可怕的维多利亚时代图景的绝佳展现。这个时代实在是过于庞大,不可能在我们这样一本书中进行全面讨论,哪怕为它单写一本书,也是讨论不完的。不过,对于所有想要通过想象来构建属于自己的维多利亚时代的读者,我都建议把柯南·道尔的作品、奥斯卡·王尔德在同一时代的作品、莎拉·沃特斯(Sarah Waters)的历史小说,以及英国报纸档案馆的网上资料进行交叉阅读,线上英国档案馆是由英国图书馆支持和参与的为读者提供的一项特别服务。尤其推荐阅读《蓓尔美公报》。一些像谷歌图书、古登堡计划、互联网档案馆这样的组织让读者随时可以进入维多利亚时代作品的宝库,好奇的读者只需要在搜索引擎上做一番搜寻,就能找到。本书中提到的大部分那个年代的读本都可以在线上找到完整版或者节选版。本章脚注中引用的《夜色中的伦敦》(The Night Side of London),对伦敦的黑暗面进行了绝妙的描写,我觉得年轻的阿瑟·柯南·道尔在心中构思夏洛克·福尔摩斯的时候,也有可能从某些角度思考过这个英国首都。

有关阿瑟·柯南·道尔的长篇传记很多,多到任何一个理智的人都无法穷尽。我在准备写作本书的时候,有两部柯南·道尔的书信集让我受益最多:一本是《阿瑟·柯南·道尔的文字生活》(Arthur Conan Doyle: A Life in Letters,Penguin,2007),编者是乔恩·雷能伯格、丹尼尔·斯塔肖尔(Daniel Stashower)和查尔斯·福利(Charles Foley),另一本是《致媒体的信:不为人知的柯南·道尔》(Letters to the Press: The Unknown Conan Doyle,University of Iowa,1986),编者是约翰·迈克尔·吉布森(John Michael Gibson)和理查德·兰斯林·格林(Richard Lancelyn Gree)。在众多的叙事型传记中,丹尼尔·斯塔肖尔的《讲故事的人》(Teller of Tales,Henry Holt,1999)是公认最好的,尤以其对唯灵主义同情但又理智坚定的态度而著名。其他我觉得有用的传记还有，安德鲁·莱西特（Andrew Lycett）的《创造夏洛克·福尔摩斯的男人》（*The Man Who Created Sherlock Holmes*, Free Press，2007），理查德·米勒的《阿瑟·柯南·道尔历险记》（*The Adventures of Arthur Conan Doyle*，Thomas Dunne，2008）和马丁·布思（Martin Booth）的《医生与侦探》（*The Doctor and the Detective*，Macmillan，1997）。推理小说家约翰·狄克森·卡尔（John Dickson Carr）1949年的作品《阿瑟·柯南·道尔爵士传》（*The Life of Sir Arthur Conan Doyle*）据说是在柯南·道尔儿子阿德里安的不良影响下写的，这部作品的小说价值大于历史价值，不过仍为本书的有些段落提供了有用信息。其中有一个异类：约翰·拉蒙德写于1931年的《阿瑟·柯南·道尔回忆录》（*Arthur Conan Doyle: A Memoir*）是由柯南·道尔家族授权的，或者说促成的，这本书完全专注于唯灵主义。

另外，毫无疑问，我也充分参考了柯南·道尔自己的《回忆与冒险》——其实本章中参考的不如接下来的几章多，但是这部作品也为分析这个男人的思想、理智和自我认知提供了一个横截面。他的文学作品集《通过神奇的门》（*Through the Magic Door*），也为他的智力发展和艺术观提供了几点关键性的解释。

有两部与福尔摩斯研究相关的书特别有趣，我要推荐给所有喜爱这个角色的业余读者，一本是文森特·斯塔雷特的《福尔摩斯秘史》，一本是詹姆斯·爱德华·霍尔罗伊德（James Edward Holroyd）的喜剧作品《贝克街冷门研究》（*Baker Street By-ways*），前者为读者窥见那个时代提供了自己的视角，同时也能让读者感受到福尔摩斯的视角。当然，还有很多优秀作品可以选择。不过这两部作品在表现这个主题上体现出了难得的欢快和精致的笔调。

近年来，罗杰·约翰逊和琼·厄普顿的《夏洛克·福尔摩斯杂集》也很好。

第二章

2011年1月7日，《纽约时报》刊登了保罗·柯林斯对《诺丁山之谜》(*The Notting Hill Mystery*) 作者身份的鉴定。这或许是给夏洛克的一份迟到的生日礼物？

如果你想读一本夏洛克时代之前的维多利亚侦探小说，我推荐《月光石》(*The Moonstone*)。

在阿瑟·柯南·道尔的众多运动事业中，我尤其喜欢思索"核桃队"的意义，这是一支由道尔的朋友和合伙人J. M. 巴里埃组织的板球队，其特点是球队不断变化的队员阵容全是由维多利亚－爱德华时代的文学大家组成的。威尔斯、吉普林、沃德豪斯、米尔恩、E. W. 霍尔农、乔治·塞西尔·艾夫斯（George Cecil Ives），以及其他很多文学大家都拿起了球棒为"核桃队"而战。这支球队是《彼得·潘的第一个11》(*Peter Pan's First XI*, Sceptre, 2010) 的主题，作者是凯文·特尔弗（Kevin Telfer）。

有一篇关于约瑟夫·贝尔的长篇传记，对培养了贝尔和之后的柯南·道尔的爱丁堡知识界进行了详尽的刻画，书名为《乔·贝尔医生：夏洛克·福尔摩斯的原型》(*Dr. Joe Bell: Model for Sherlock Holmes*, Poplar Press, 1982)，作者是伊利·利伯（Ely M. Liebow）。贝尔和柯南·道尔成了英国作家大卫·皮里（David Pirie）一系列推理小说的断案主角。他还以同样的设定，操刀编写了BBC连续剧《谋杀室》。

马修·斯威特，让人大开眼界的《创造维多利亚人》的作者，据网上搜索显示，也写作了很多关于夏洛克·福尔摩斯的文章，发表了很多关于这个主题的演讲。

第三章和第四章

我竭尽愚力向读者描绘、展示 1881 年左右的皮卡迪利大街和贝克街的时候，线上英国报纸档案馆发挥了至关重要的作用。唐纳德·赛雷尔·托马斯（Donald Serrell Thomas）的《维多利亚时代的犯罪集团》(*The Victorian Underworld*, New York University Press, 1998）对很多夏洛克·福尔摩斯故事背后的犯罪传说进行了有益的介绍。

第五章

关于福尔摩斯社团，彼得·布劳（Peter E. Blau）一直持有权威榜单，他是福尔摩斯研究专家中一个和蔼可亲的传奇人物。写作本书时，这个单子可以在 sherlocktron.com 搜到。贝克街女孩持有几个数字呼叫端口，这些端口都可以在 bakerstreetbabes.com 上找到。

关于贝克街小分队的历史，有大量的、不计其数的介绍文章，作者很多是这个令人尊敬的团体的成员。乔恩·雷能伯格的贝克街小分队档案历史网站 bsiarchivalhistory.org 为读者们提供了一个了解的窗口，也为我描写小分队早期活动的历史提供了很多信息。贝克街小分队创办之时和其后的年代事件也被记载在报纸报道中。自然，当今的福尔摩斯研究留下了很多数字资料。斯科特·蒙蒂（Scott Monty）创作的博客系列节目《夏洛克的声音无处不在》

(*I Hear of Sherlock Everywhere*)，以及有马特·拉菲（Matt Laffey）定期在 always1895.net 上发表的链接与新闻汇编，就是两个可靠的资料来源。

关于威廉·胡克·吉勒特的两段传记，请参阅多丽丝·库克（Doris E. Cook）的《夏洛克·福尔摩斯和其他》(*Sherlock Holmes and Much More*, Connecticut Historical Society，1974）和亨利·泽克（Henry Zecher）的《威廉·吉勒特：美国的夏洛克·福尔摩斯》(*William Gillette: America's Sherlock Holmes*, Xlibris，2011）。

第六章

近年来，关于伯特伦·弗莱切·鲁滨逊在《巴斯克维尔的猎犬》中的角色，一直存在一些夸大的争议，坦率地说，我不想在本书的叙述文本中美化这种争议。2005 年，英国的《每日电讯报》刊登了诱人的标题："柯南·道尔有没有给他的朋友下毒，以骗取《巴斯克维尔的猎犬》的手稿？"，还报道了有一队"调查人员"想把弗莱彻的遗体挖掘出来。一家英国教会法庭带着极端的偏见，驳回了这一请求，此事从此没了下文。（该观点可能出错的一点是：鲁滨逊直到 1907 年才去世，此时《猎犬》已面世六年了，对于著作权之争，这段时间实在是太长，而且时间顺序上这么明显的漏洞，就是华生也不会置之不理吧。）不过《巴斯克维尔的猎犬》确实有些奇怪之处：这是夏洛克·福尔摩斯故事里唯一一个柯南·道尔列上了合作者的。这一系列事件看起来很简单：鲁滨逊和柯南·道尔在一些基本概念上合作过，但是一旦他们的"爬行侠"成了夏洛克·福尔摩斯故事的一员，柯南·道尔就全面接手了，双方达成了互相都满意的协议。并非有关夏洛克·福尔摩斯的所有事都是谜案。

所有对如今的达特穆尔感兴趣的读者都建议从达特穆尔保护区协会的网站开始了解，网址是 dartmoorpreservation.com。

第七章

一些杂乱却有趣的关于夏洛克的剪报、卡通、海报、广告，还有其他昙花一现的东西帮助我了解了这个角色在流行文化中的各种形象。尤其是由彼得·海宁（Peter Haining）编辑的《夏洛克·福尔摩斯剪贴簿》（*The Sherlock Holmes Scrapbook*，Bramhall House，1974），以及比尔·布莱克彼尔德（Bill Blackbeard）编辑的《夏洛克·福尔摩斯在美国》（*Sherlock Holmes in America*，Harry N.Abrams，1981）。

《维伯斯时报》（*Wipers Time*）和其他"一战"期间战士们创办的报纸上对夏洛克的模仿和仿作，都被收集在《另类夏洛克·福尔摩斯》（*The Alternative Sherlock Holmes*，Ashgate，2003）里，编者是彼得·里奇威·瓦特（Peter Ridgway Watt）和约瑟夫·格林（Joseph Green）。

第八章

在此重申，要想对柯南·道尔的通灵活动有一个感性的、符合语境的认识，可以去读丹尼尔·斯塔肖尔的《讲故事的人》。

乔治安娜·道尔（Georgina Doyle）的《走出阴影：阿瑟·柯南道尔第一个家庭的不为人知的故事》（*Out of the Shadows: The Untold Story of Arthur Conan Doyle's First Family*，Calabash，2004）

对柯南·道尔对待女儿玛丽的方式进行了揭露，内情令人震惊。

第九章

有五部特别优秀的巴兹尔·拉思伯恩和尼格尔·布鲁斯合作的电影值得推荐（仅为我个人的观点）：《巴斯克维尔的猎犬》（1939）、《恐怖之声》（1942）、《蜘蛛人》（1944年版，哪怕只是为了欣赏拉思伯恩装扮成印第安人的奇观也值得一看）、《绿衣女子》（1945，你能归纳出剧情我就服气！），以及《追击阿尔及尔》（1945）。

我对拉思伯恩和布鲁斯合作的系列电影的起源和制作的记述依据的是布鲁斯的回忆录，这部回忆录从未完整出版过，1998年冬天，《夏洛克·福尔摩斯杂志》上登载了回忆录的节选。

本章提到的大部分古早夏洛克·福尔摩斯电影都可以在视频网站上找到完整版或者片段。看看这些电影打发掉一天或一周，甚至更久的时光都是很惬意的。

要说对福尔摩斯伟大的游戏做出了详尽的介绍和总的指南的，当属莱斯利·克林格的《新注本夏洛克·福尔摩斯全集》。还有很多选题和专著为研究这个主题提供了更多的情境视角，有的经过重新编辑，在20世纪90年代归入奥托·本茨勒（Otto Penzler）的"夏洛克·福尔摩斯文库"（Sherlock Holmes Library），其中《到达221B的十七个步骤》（*17 Steps to 221B*），一部由詹姆斯·爱德华·霍尔罗伊德编辑的英国古典散文集，以古老的风格对游戏做了一个令人愉悦的介绍。如果还想在了解最新福尔摩斯研究方面花点钱，那么可以去找找莱斯利·卡兹自己出版的文章或者由《贝克街杂志》提供的少而精的在线文档。例如，索尼娅·费瑟斯顿

（Sonia Fetherston）的《镜中窥视肖斯科姆别墅》研究了这最后一个福尔摩斯故事与刘易斯·卡罗尔之间文本和意象上的联系。彼得·卡尔梅（Peter Calmai）的《离开荒原》研究了《巴斯克维尔的猎犬》中对报纸的使用，等等。订阅《贝克街杂志》或成为伦敦夏洛克·福尔摩斯协会的成员（获赠半年的《夏洛克·福尔摩斯杂志》），自然就能对福尔摩斯获得更深的认识。

还有很多形式的福尔摩斯研究和分析，既不符合伟大的游戏传统，也不属于官方学术范畴。例如，斯蒂芬·肯德里克（Stephen Kendrick）的《神圣的线索：夏洛克·福尔摩斯的福音书》（*Holy Clues*：*The Gospel According to Sherlock Holmes*，Pantheon，1999），就是一部关于福尔摩斯经典中宗教问题的分析。

第十章

视频网站上现在关于夏洛克的电视节目很多，包括但不仅限于谢尔顿·雷诺兹系列。这部绝无仅有的剧集由艾伦·纳皮尔和约翰·朗登主演。还有受到观众喜爱的杰里米·布雷特、道格拉斯·威尔默、彼得·库欣、克里斯托弗·普鲁默的《银色马》，卡通剧《猎犬》，等等。

我关于布雷特的一些描写根据的是特丽·曼纳斯（Terry Manners）的《成为夏洛克·福尔摩斯的人：杰里米·布雷特那饱受折磨的心灵》（*The Man Who Became Sherlock Holmes：The Tortured Mind of Jeremy Brett*，Virgin，2001）。

以我之见，埃莉诺·格雷在 sherlockian.net 上发布的福尔摩斯同人小说榜是目前了解这个庞大的（也是让人吃力的）领域的最有效的方式。在 2011 年的美国电影《寒日》（*Cold Weather*）中，可以找到一个有趣的关于夏洛克的衍生故事。在这部电影中，一个 20 多岁的年轻人在波特兰（事实上就在我家附近）漫无目的地游荡，试图用他对福尔摩斯孩子气的喜爱来解决一个巨大的谜团。当我找到导演阿龙·卡茨进行了采访后，发现他可说是我在福尔摩斯研究上的精神兄弟。我们都是土生土长的波特兰人，看着威廉·巴林-古尔德的《全注版夏洛克·福尔摩斯》长大，10 岁左右的时候，对巴兹尔·拉思伯恩这样愚蠢的现代改编者不屑一顾。至于他将角色置身反常的环境中——在这部小成本电影中，受过良好教育的年轻人窃窃私语，做着不合逻辑的推理——卡茨指出："这个角色把科学、现代的外表和浪漫善感的内在无缝衔接在了一起，让人感到也许生活中的谜案比想象中的要更多……我想体现两个人如何应对他们以前完全束手无措的情况。他们是如何处理的？他们做的就是我会做的：他们试着像夏洛克·福尔摩斯一样思考和行动。你所做的可能更糟。关于福尔摩斯，他有一些非常令人满意、放心的特质——他从来不打无准备之战。将角色元素融入当代场景并非易事。他的方法、他的伦理、他的感情——关于夏洛克·福尔摩斯的一切，也即角色的核心，都是现代的。"

新知文库

01 《证据：历史上最具争议的法医学案例》[美] 科林·埃文斯 著　毕小青 译
02 《香料传奇：一部由诱惑衍生的历史》[澳] 杰克·特纳 著　周子平 译
03 《查理曼大帝的桌布：一部开胃的宴会史》[英] 尼科拉·弗莱彻 著　李响 译
04 《改变西方世界的 26 个字母》[英] 约翰·曼 著　江正文 译
05 《破解古埃及：一场激烈的智力竞争》[英] 莱斯利·罗伊·亚京斯 著　黄中宪 译
06 《狗智慧：它们在想什么》[加] 斯坦利·科伦 著　江天帆、马云霏 译
07 《狗故事：人类历史上狗的爪印》[加] 斯坦利·科伦 著　江天帆 译
08 《血液的故事》[美] 比尔·海斯 著　郎可华 译　张铁梅 校
09 《君主制的历史》[美] 布伦达·拉尔夫·刘易斯 著　荣予、方力维 译
10 《人类基因的历史地图》[美] 史蒂夫·奥尔森 著　霍达文 译
11 《隐疾：名人与人格障碍》[德] 博尔温·班德洛 著　麦湛雄 译
12 《逼近的瘟疫》[美] 劳里·加勒特 著　杨岐鸣、杨宁 译
13 《颜色的故事》[英] 维多利亚·芬利 著　姚芸竹 译
14 《我不是杀人犯》[法] 弗雷德里克·肖索依 著　孟晖 译
15 《说谎：揭穿商业、政治与婚姻中的骗局》[美] 保罗·埃克曼 著　邓伯宸 译　徐国强 校
16 《蛛丝马迹：犯罪现场专家讲述的故事》[美] 康妮·弗莱彻 著　毕小青 译
17 《战争的果实：军事冲突如何加速科技创新》[美] 迈克尔·怀特 著　卢欣渝 译
18 《最早发现北美洲的中国移民》[加] 保罗·夏亚松 著　暴永宁 译
19 《私密的神话：梦之解析》[英] 安东尼·史蒂文斯 著　薛绚 译
20 《生物武器：从国家赞助的研制计划到当代生物恐怖活动》[美] 珍妮·吉耶曼 著　周子平 译
21 《疯狂实验史》[瑞士] 雷托·U. 施奈德 著　许阳 译
22 《智商测试：一段闪光的历史，一个失色的点子》[美] 斯蒂芬·默多克 著　卢欣渝 译
23 《第三帝国的艺术博物馆：希特勒与"林茨特别任务"》[德] 哈恩斯-克里斯蒂安·罗尔 著　孙书柱、刘英兰 译
24 《茶：嗜好、开拓与帝国》[英] 罗伊·莫克塞姆 著　毕小青 译
25 《路西法效应：好人是如何变成恶魔的》[美] 菲利普·津巴多 著　孙佩妏、陈雅馨 译
26 《阿司匹林传奇》[英] 迪尔米德·杰弗里斯 著　暴永宁、王惠 译

27	《美味欺诈：食品造假与打假的历史》[英]比·威尔逊 著　周继岚 译	
28	《英国人的言行潜规则》[英]凯特·福克斯 著　姚芸竹 译	
29	《战争的文化》[以]马丁·范克勒韦尔德 著　李阳 译	
30	《大背叛：科学中的欺诈》[美]霍勒斯·弗里兰·贾德森 著　张铁梅、徐国强 译	
31	《多重宇宙：一个世界太少了？》[德]托比阿斯·胡阿特、马克斯·劳讷 著　车云 译	
32	《现代医学的偶然发现》[美]默顿·迈耶斯 著　周子平 译	
33	《咖啡机中的间谍：个人隐私的终结》[英]吉隆·奥哈拉、奈杰尔·沙德博尔特 著　毕小青 译	
34	《洞穴奇案》[美]彼得·萨伯 著　陈福勇、张世泰 译	
35	《权力的餐桌：从古希腊宴会到爱丽舍宫》[法]让-马克·阿尔贝 著　刘可有、刘惠杰 译	
36	《致命元素：毒药的历史》[英]约翰·埃姆斯利 著　毕小青 译	
37	《神祇、陵墓与学者：考古学传奇》[德]C.W.策拉姆 著　张芸、孟薇 译	
38	《谋杀手段：用刑侦科学破解致命罪案》[德]马克·贝内克 著　李响 译	
39	《为什么不杀光？种族大屠杀的反思》[美]丹尼尔·希罗、克拉克·麦考利 著　薛绚 译	
40	《伊索尔德的魔汤：春药的文化史》[德]克劳迪娅·米勒-埃贝林、克里斯蒂安·拉奇 著　王泰智、沈惠珠 译	
41	《错引耶稣：〈圣经〉传抄、更改的内幕》[美]巴特·埃尔曼 著　黄恩邻 译	
42	《百变小红帽：一则童话中的性、道德及演变》[美]凯瑟琳·奥兰丝汀 著　杨淑智 译	
43	《穆斯林发现欧洲：天下大国的视野转换》[英]伯纳德·刘易斯 著　李中文 译	
44	《烟火撩人：香烟的历史》[法]迪迪埃·努里松 著　陈睿、李欣 译	
45	《菜单中的秘密：爱丽舍宫的飨宴》[日]西川惠 著　尤可欣 译	
46	《气候创造历史》[瑞士]许靖华 著　甘锡安 译	
47	《特权：哈佛与统治阶层的教育》[美]罗斯·格雷戈里·多塞特 著　珍栎 译	
48	《死亡晚餐派对：真实医学探案故事集》[美]乔纳森·埃德罗 著　江孟蓉 译	
49	《重返人类演化现场》[美]奇普·沃尔特 著　蔡承志 译	
50	《破窗效应：失序世界的关键影响力》[美]乔治·凯林、凯瑟琳·科尔斯 著　陈智文 译	
51	《违童之愿：冷战时期美国儿童医学实验秘史》[美]艾伦·M.霍恩布鲁姆、朱迪斯·L.纽曼、格雷戈里·J.多贝尔 著　丁立松 译	
52	《活着有多久：关于死亡的科学和哲学》[加]理查德·贝利沃、丹尼斯·金格拉斯 著　白紫阳 译	
53	《疯狂实验史Ⅱ》[瑞士]雷托·U.施奈德 著　郭鑫、姚敏多 译	

54	《猿形毕露：从猩猩看人类的权力、暴力、爱与性》	[美] 弗朗斯·德瓦尔 著　陈信宏 译
55	《正常的另一面：美貌、信任与养育的生物学》	[美] 乔丹·斯莫勒 著　郑嬿 译
56	《奇妙的尘埃》	[美] 汉娜·霍姆斯 著　陈芝仪 译
57	《卡路里与束身衣：跨越两千年的节食史》	[英] 路易丝·福克斯克罗夫特 著　王以勤 译
58	《哈希的故事：世界上最具暴利的毒品业内幕》	[英] 温斯利·克拉克森 著　珍栎 译
59	《黑色盛宴：嗜血动物的奇异生活》	[美] 比尔·舒特 著　帕特里曼·J. 温 绘图　赵越 译
60	《城市的故事》	[美] 约翰·里德 著　郝笑丛 译
61	《树荫的温柔：亘古人类激情之源》	[法] 阿兰·科尔班 著　苜蓿 译
62	《水果猎人：关于自然、冒险、商业与痴迷的故事》	[加] 亚当·李斯·格尔纳 著　于是 译
63	《囚徒、情人与间谍：古今隐形墨水的故事》	[美] 克里斯蒂·马克拉奇斯 著　张哲、师小涵 译
64	《欧洲王室另类史》	[美] 迈克尔·法夸尔 著　康怡 译
65	《致命药瘾：让人沉迷的食品和药物》	[美] 辛西娅·库恩等 著　林慧珍、关莹 译
66	《拉丁文帝国》	[法] 弗朗索瓦·瓦克 著　陈绮文 译
67	《欲望之石：权力、谎言与爱情交织的钻石梦》	[美] 汤姆·佐尔纳 著　麦慧芬 译
68	《女人的起源》	[英] 伊莲·摩根 著　刘筠 译
69	《蒙娜丽莎传奇：新发现破解终极谜团》	[美] 让－皮埃尔·伊斯鲍茨、克里斯托弗·希斯·布朗 著　陈薇薇 译
70	《无人读过的书：哥白尼〈天体运行论〉追寻记》	[美] 欧文·金格里奇 著　王今、徐国强 译
71	《人类时代：被我们改变的世界》	[美] 黛安娜·阿克曼 著　伍秋玉、澄影、王丹 译
72	《大气：万物的起源》	[英] 加布里埃尔·沃克 著　蔡承志 译
73	《碳时代：文明与毁灭》	[美] 埃里克·罗斯顿 著　吴妍仪 译
74	《一念之差：关于风险的故事与数字》	[英] 迈克尔·布拉斯兰德、戴维·施皮格哈尔特 著　威治 译
75	《脂肪：文化与物质性》	[美] 克里斯托弗·E. 福思、艾莉森·利奇 编著　李黎、丁立松 译
76	《笑的科学：解开笑与幽默感背后的大脑谜团》	[美] 斯科特·威姆斯 著　刘书维 译
77	《黑丝路：从里海到伦敦的石油溯源之旅》	[英] 詹姆斯·马里奥特、米卡·米尼奥－帕卢埃洛 著　黄煜文 译
78	《通向世界尽头：跨西伯利亚大铁路的故事》	[英] 克里斯蒂安·沃尔玛 著　李阳 译
79	《生命的关键决定：从医生做主到患者赋权》	[美] 彼得·于贝尔 著　张琼懿 译
80	《艺术侦探：找寻失踪艺术瑰宝的故事》	[英] 菲利普·莫尔德 著　李欣 译

81	《共病时代：动物疾病与人类健康的惊人联系》［美］芭芭拉·纳特森－霍洛威茨、凯瑟琳·鲍尔斯 著　陈筱婉 译
82	《巴黎浪漫吗？——关于法国人的传闻与真相》［英］皮乌·玛丽·伊特韦尔 著　李阳 译
83	《时尚与恋物主义：紧身褡、束腰术及其他体形塑造法》［美］戴维·孔兹 著　珍栎 译
84	《上穷碧落：热气球的故事》［英］理查德·霍姆斯 著　暴永宁 译
85	《贵族：历史与传承》［法］埃里克·芒雄－里高 著　彭禄娴 译
86	《纸影寻踪：旷世发明的传奇之旅》［英］亚历山大·门罗 著　史先涛 译
87	《吃的大冒险：烹饪猎人笔记》［美］罗布·沃乐什 著　薛绚 译
88	《南极洲：一片神秘的大陆》［英］加布里埃尔·沃克 著　蒋功艳、岳玉庆 译
89	《民间传说与日本人的心灵》［日］河合隼雄 著　范作申 译
90	《象牙维京人：刘易斯棋中的北欧历史与神话》［美］南希·玛丽·布朗 著　赵越 译
91	《食物的心机：过敏的历史》［英］马修·史密斯 著　伊玉岩 译
92	《当世界又老又穷：全球老龄化大冲击》［美］泰德·菲什曼 著　黄煜文 译
93	《神话与日本人的心灵》［日］河合隼雄 著　王华 译
94	《度量世界：探索绝对度量衡体系的历史》［美］罗伯特·P.克里斯 著　卢欣渝 译
95	《绿色宝藏：英国皇家植物园史话》［英］凯茜·威利斯、卡罗琳·弗里 著　珍栎 译
96	《牛顿与伪币制造者：科学巨匠鲜为人知的侦探生涯》［美］托马斯·利文森 著　周子平 译
97	《音乐如何可能？》［法］弗朗西斯·沃尔夫 著　白紫阳 译
98	《改变世界的七种花》［英］詹妮弗·波特 著　赵丽洁、刘佳 译
99	《伦敦的崛起：五个人重塑一座城》［英］利奥·霍利斯 著　宋美莹 译
100	《来自中国的礼物：大熊猫与人类相遇的一百年》［英］亨利·尼科尔斯 著　黄建强 译
101	《筷子：饮食与文化》［美］王晴佳 著　汪精玲 译
102	《天生恶魔？：纽伦堡审判与罗夏墨迹测验》［美］乔尔·迪姆斯代尔 著　史先涛 译
103	《告别伊甸园：多偶制怎样改变了我们的生活》［美］戴维·巴拉什 著　吴宝沛 译
104	《第一口：饮食习惯的真相》［英］比·威尔逊 著　唐海娇 译
105	《蜂房：蜜蜂与人类的故事》［英］比·威尔逊 著　暴永宁 译
106	《过敏大流行：微生物的消失与免疫系统的永恒之战》［美］莫伊塞斯·贝拉斯克斯－曼诺夫 著　李黎、丁立松 译
107	《饭局的起源：我们为什么喜欢分享食物》［英］马丁·琼斯 著　陈雪香 译　方辉 审校
108	《金钱的智慧》［法］帕斯卡尔·布吕克内 著　张叶、陈雪乔 译　张新木 校
109	《杀人执照：情报机构的暗杀行动》［德］埃格蒙特·科赫 著　张芸、孔令逊 译

110	《圣安布罗焦的修女们：一个真实的故事》[德]胡贝特·沃尔夫 著　徐逸群 译	
111	《细菌》[德]汉诺·夏里修斯 里夏德·弗里贝 著　许嫚红 译	
112	《千丝万缕：头发的隐秘生活》[英]爱玛·塔罗 著　郑嬿 译	
113	《香水史诗》[法]伊丽莎白·德·费多 著　彭禄娴 译	
114	《微生物改变命运：人类超级有机体的健康革命》[美]罗德尼·迪塔特 著　李秦川 译	
115	《离开荒野：狗猫牛马的驯养史》[美]加文·艾林格 著　赵越 译	
116	《不生不熟：发酵食物的文明史》[法]玛丽-克莱尔·弗雷德里克 著　冷碧莹 译	
117	《好奇年代：英国科学浪漫史》[英]理查德·霍姆斯 著　暴永宁 译	
118	《极度深寒：地球最冷地域的极限冒险》[英]雷纳夫·法恩斯 著　蒋功艳、岳玉庆 译	
119	《时尚的精髓：法国路易十四时代的优雅品位及奢侈生活》[美]琼·德让 著　杨冀 译	
120	《地狱与良伴：西班牙内战及其造就的世界》[美]理查德·罗兹 著　李阳 译	
121	《骗局：历史上的骗子、赝品和诡计》[美]迈克尔·法夸尔 著　康怡 译	
122	《丛林：澳大利亚内陆文明之旅》[澳]唐·沃森 著　李景艳 译	
123	《书的大历史：六千年的演化与变迁》[英]基思·休斯敦 著　伊玉岩、邵慧敏 译	
124	《战疫：传染病能否根除？》[美]南希·丽思·斯特潘 著　郭骏、赵谊 译	
125	《伦敦的石头：十二座建筑塑名城》[英]利奥·霍利斯 著　罗隽、何晓昕、鲍捷 译	
126	《自愈之路：开创癌症免疫疗法的科学家们》[美]尼尔·卡纳万 著　贾颐 译	
127	《智能简史》[韩]李大烈 著　张之昊 译	
128	《家的起源：西方居所五百年》[英]朱迪丝·弗兰德斯 著　珍栎 译	
129	《深解地球》[英]马丁·拉德威克 著　史先涛 译	
130	《丘吉尔的原子弹：一部科学、战争与政治的秘史》[英]格雷厄姆·法米罗 著　刘晓 译	
131	《亲历纳粹：见证战争的孩子们》[英]尼古拉斯·斯塔加特 著　卢欣渝 译	
132	《尼罗河：穿越埃及古今的旅程》[英]托比·威尔金森 著　罗静 译	
133	《大侦探：福尔摩斯的惊人崛起和不朽生命》[美]扎克·邓达斯 著　肖洁茹 译